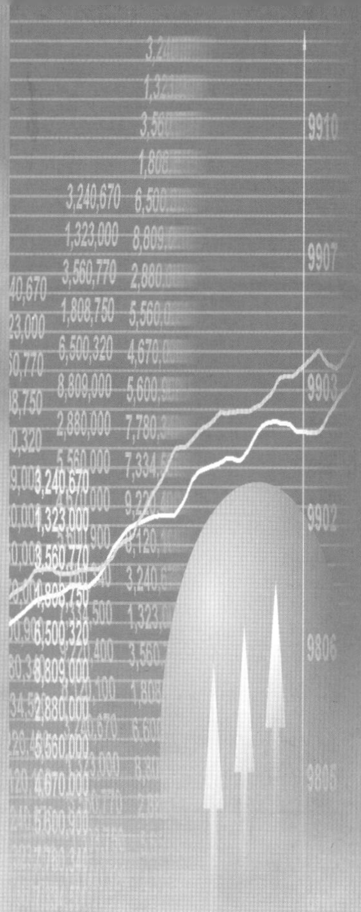

●中国人民银行货币政策司

●中央国债登记结算有限责任公司

●全国银行间同业拆借中心

中国货币市场年鉴 2000

中国金融出版社

责任编辑：王海晔
设计制作：北京三土图文设计制作中心
责任印制：丁淮宾

图书在版编目（CIP）数据

中国货币市场年鉴 2000／中国人民银行货币政策司，中央国债登记结算有限责任公司，全国银行间同业拆借中心编著．—北京：中国金融出版社，2000.7

ISBN 7-5049-1780-X

Ⅰ．中…
Ⅱ．①中…②中…③全…
Ⅲ．货币市场—年鉴—中国—2000
Ⅳ．F832.5-54

中国版本图书馆 CIP 数据核字（2000）第 64499 号

出版发行 中国金融出版社
社址 北京广安门外小红庙南里3号
邮编 100055
开本 889毫米×1194毫米 1/16
印张 31.625
字数 518千
版次 2000年10月第1版
印次 2000年10月第1次印刷
定价 228.00元

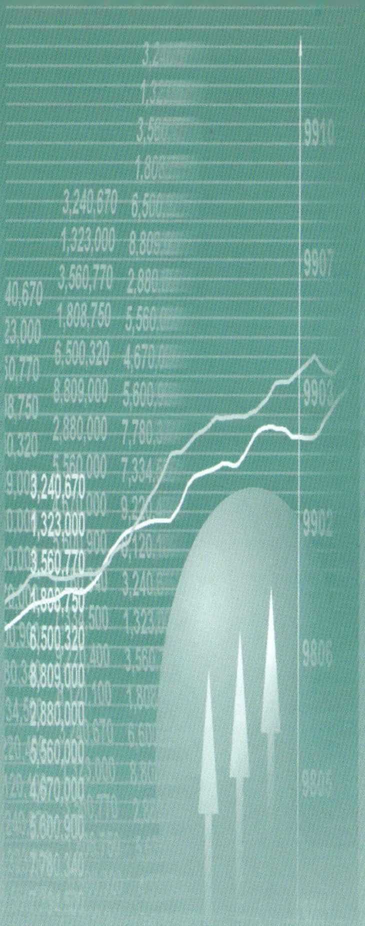

●中国人民银行货币政策司

●中央国债登记结算有限责任公司

●全国银行间同业拆借中心

中国货币市场年鉴

2000

CHINA MONETARY MARKET YEARBOOK 2000

中国金融出版社

目录

第一部分 货币市场概况

第二部分 货币市场管理

第三部分 货币市场中介机构与参与者

目录

第四部分 货币市场统计

目录

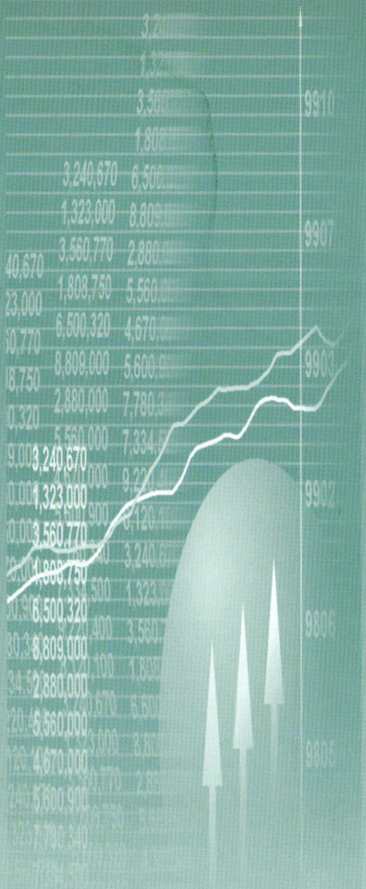

第一部分

货币市场概况

中国货币市场年鉴

CHINA
MONETARY
MARKET
YEARBOOK
2000

2000

迎接债券市场的新发展

中国人民银行货币政策司司长　戴根有

中国债券市场在过去两年有了一个迅速的发展，特别是银行间债券市场发展更为显著：1997年银行间债券发行总额为1,898亿元，1998年达到2,993亿元，1999年猛增到3,817亿元，到1999年，银行间债券市场可流通债券总额达10,500亿元，是1997年末的近3倍。

债券市场发展是中国经济、金融发展的必然结果，也是市场交易主体共同努力的结果，中央银行货币市场主管部门也为此付出了巨大的努力。这两年，中央银行千方百计改善条件，积极为市场主体服务。债券市场成员不断增加，债券市场化程度显著提高，市场交易规则日趋完善，债券托管体系和交易系统等基础建设不断加快。1997年在银行间债券市场进行交易的只有16家商业银行总行，1999年末已经达到461家，参加者包括商业银行总行及其授权分行、保险公司、证券投资基金、证券公司、农村信用社联社以及外资银行、外资保险公司等众多类型的金融机构。1997年以前，政策性金融债都是以行政摊派方式发行，市场流通性很差。在中央银行的积极推动下，1998年国家开发银行政策性金融债实行市场化发行，取得重要突破；1999年国债在银行间债券市场实行利率招标发行，再次取得突破。这两年中央银行投入很大精力完善市场交易规则，先后制定并颁发了《银行间债券回购暂行规定》、《银行间市场债券交易规则》、《银行间市场结算规则》、《政策性金融债发行管理暂行办法》和《债券回购主协议》等法规文件。

银行间债券市场的迅速发展，为商业银行和其他金融机构的资产和流动性管理创造了条件。在商业银行的资产总额中，债券比重1997年为5%，1999年已上升到11%。银行间债券市场回购交易额，1997年为307亿元，1998年为1,021亿元，1999年达3,949亿元。商业银行和其他金融机构通过债券回购，及时、有效地调节了自身资金余缺。

银行间债券市场的迅速发展，为中央银行通过公开市场业务实施货币政策间接调控创造了条件。中央银行公开市场业务最初是于1996年开展的，但当时由于诸多客观条件的限制，实际成交额只有21.8亿元。1997年按照货币政策操作的总体要求，中央银行暂时停止了公开市场业务债券操作。1998年根据宏观经济调节的需要，于5月26日恢复此项操作，当年公开市场业务成交额为1,761亿元。1999年快速发展，成交额达7,076亿元，是1998年的4倍，公开市场业务目前已经成为货币政策的主要工具之一。1999年中央银行通过公开市场业务投放基础货币1,907亿元，占中央银行当年新增基础货币的50%左右。

中国债券市场发展取得了很大进步，但由于历史的原因，目前仍面临一些亟待解决的问题。主要是：（一）1997年商业银行退出了交易所场内市场后，中央银行货币政策通过货币市场支持资本市场的意图难以顺利通达。银行间债券市场与交易所场内市场分别服务于不同的对象，具有不同的功能，适当分工是必要的，但是两个市场没有有效地联通，不利于市场充分发挥配置资源的基础性作用。（二）银行间债券市场的流动性亟待提高。目前债券市场尚未开通柜台交易，众多的个人投资者和中小企业无法通过银行柜台自由买卖债券，商业银行也无法通过自己的柜台分销和买卖债券，银行间债券市场的进一步发展受到很大限制。过去几年，凭证式国债虽然也是通过商业银行柜台发行的，但由于承诺了债券持有人可以提前兑取，因而银行实际承担了可能发生的利率风险，并且可能给银行带来流动性冲击。（三）债券市场基础设施需要进一步拓展和完善。统一、安全、规范的债券托管体系是确保债券市场规范发展的基石。90年代初，国债假回购成为严重问题，其重要原因就是缺乏严格规范的托管体系。目前，债券托管体系的覆盖面尚不能适应建立柜台交易系统的需要，是限制银行间债券市场进一步发展的重要因素。实时、安全、有效的债券交易和资金清算体系是提高债券市场效率、防范市场风险的前提。目前，债券交易系统还不能充分满足市场交易主体防范违约风险的需要，一定程度上影响了债券市场的发展和效率的提高。

中国债券市场有巨大的发展潜力。这不仅是中国经济发展的客观需要，而且是中国金融业发展的客观需要。发展中国债券市场，首先需要根据中国国情，理顺总体思路。我们认为，中国债券市场应是全国统一、面向所有金融机构及企业法人和个人投资者的市场。这个市场由银行间

市场和交易所市场组成。二者功能有所不同，但应该通过服务对象相互交叉，实现相互渗透和联结。银行间债券市场由以机构投资者为主的场外交易和以中小企业、个人投资者为主的柜台交易组成。以机构投资者为主的场外交易是中国债券市场的主体，它是一个开放的、公开的市场；以个人和众多中小企业投资者为主的银行柜台交易和证券交易所交易是其延伸和补充。中央银行通过债券公开市场业务操作，实现货币政策目标，搞好与财政政策的协调配合。

根据这一总体思路，针对目前债券市场发展中遇到的突出问题，需要抓紧做好以下几项主要工作：（一）完善银行间债券市场托管及交易、结算、清算体系，为债券市场的发展提供坚实的物质技术基础；（二）积极创造条件，开通银行柜台债券交易业务，扩大债券市场覆盖面，有效提高银行间债券市场容量，提高银行间市场流动性；（三）扩大交易主体，除商业银行外，原则上允许证券公司、证券投资基金等非银行金融机构及非金融法人机构进入银行间债券市场，从事债券买卖和回购业务，沟通银行间市场与交易所市场之间的联系；（四）建立商业银行债券买卖代理人制度，在发展中逐渐建立做市商制度，以便活跃市场交易；（五）进一步完善债券市场法规，规范债券市场秩序。

努力推进银行间债券市场的发展

中国人民银行货币政策司副司长　吕世蕴

我国的债券市场在过去的两年间取得了迅速的发展，尤其是银行间债券市场的发展更为显著，已成为发债筹资、优化金融资产结构、贯彻实施财政货币政策的重要场所。

债券市场的发展既是我国经济、金融发展的必然结果，也是市场参与主体共同努力的结果。而中央银行不仅为培育、规范、发展这一市场作出了巨大的努力，同时也积极利用公开市场业务操作手段，引导市场，传导中央银行的货币政策和意图。

一、发展银行间债券市场是构筑中央银行间接调控基础的需要

一个完善的金融市场是中央银行实施有效货币政策调控的基础性条件。作为金融市场的重要组成部分，债券市场尤其是银行间债券市场除了为发债主体实现筹资功能外，更为连接货币市场与资本市场架起了一座桥梁。发展中国债券市场是构筑中央银行间接调控坚实基础的需要，作为主管部门，我们一直有紧迫感并且不断在努力推进这项工作。这里需要做个简要回顾，1998年以来人民银行在货币政策机制方面已经进行了一系列改革，主要是取消了对商业银行贷款规模的控制，合并存款准备金账户，4次下调存款准备金率，更多地运用利率、再贴现、存款准备金率等间接调控工具，在对基础货币的日常管理中，减少再贷款，同时加大运用公开市场业务操作进行债券的回购与买卖。这些变革都体现出央行货币政策调控正在走向间接化，同时也为间接调控机制的形成铺平了道路。与此同时，发展银行间债券市场成为势在必行的一件事。

仅仅两年多一点时间，我们高兴地看到银行间债券市场的发行和交易规模迅速扩大。仅1999年，通过银行间债券市场发行的国债和政策性金融债就达3,817亿元，约占发行总量的60%；发行各类记账式债券占整个记账式债券发行量的89%；银行间债券市场上可流通的债券为10,500亿元；1999年银行间债券回购交易量达3,900多亿元；市场交易主体由最初的16家商业银行总行扩展到包括商业银行总行及其授权分行、保险公司、证券公司、证券投资基金、农村信用联社等在内的461家各类金融机构，全部成员存款总额和资产总额占中国金融体系的95%以上。可以说，银行间债券市场已具备了相当的规模，并开始在多方面发挥重要作用：一是保证了国债和政策性金融债的大量发行；二是为金融机构调节资金余缺提供流动性管理的工具创造了条件；三是为中央银行实施公开市场操作提供了重要基础。

作为市场的主管部门，中央银行在推动银行间债券市场规范发展方面做了很多工作。

1997年上半年，根据国务院的统一部署，商业银行全部退出深沪证券交易所，同时借助中国外汇交易中心的电子计算机网络系统，建立银行存款机构相互调节头寸的同业拆借市场。同年下半年，人民银行进一步规范拆借市场，要求人民银行融资中心停止为金融机构办理融出、融入资金的自营业务，停止拆借业务，逐步清理撤消并退出拆借市场。这两项改革给市场带来的变化是，如何在信用拆借中防范金融机构自身风险？如何在融资中心退出市场的同时，建立金融机构间的融资链？否则资金拆借量的下降既不利于商业银行资金使用效率的提高，也不利于存款机构间实现流动性需求，特别是对中小金融机构来说，流动性风险会导致支付风险和机构风险。市场如何进一步发展，成为我们研究的重点。从1998年开始，我们就提出了要重点推进银行间债券市场发展的工作意见。依据主要是看到从1998年开始，以扩大内需为主导的积极财政政策的实施，使得国债和政策性金融债的发行量大幅增加，客观上又为银行间债券市场的发展提供了一个契机。

两年多来，人民银行主要从引导、规范、发展方面推动市场。首先是在1998年推动支持国家开发银行将政策性金融债券由计划分配改革为市场化招标发行，为债券二级市场提供有流通性的金融产品；二是从1998年5月起恢复中央银行公开市场操作，在增加基础货币供应的同时，通过以国家开发银行市场化发行的债券作为回购工具，给予银行间债券市场以信心支持；三是不断扩大市场交易主体，使尽可能多的金融机构进入银行间债券市场；四是组织部分有条件的商业银行开展代理行业务，运用市场规则为中小金融机构进行债券分销、回购融资进而形成彼此信任的拆借关系；五是制订一系列市场运行管理办法，保证有共同的游戏规则。由于操作和管理都有法可循，两年多来，银行间债券市场现券和回购交易都没有发生大的违规行为。

二、公开市场业务操作将成为中央银行今后基础货币日常管理的主要工具

根据宏观经济调节和货币政策需要，人民银行于1998年5月恢复了公开市场业务操作，并逐渐加大力度。仅1999年，中央银行通过公开市场业务投放基础货币1,907.3亿元，占当年新增基础货币的52%。公开市场业务操作已经成为中央银行主要的货币政策手段之一，今后随着金融市场的不断发展和金融改革的不断深化，并将成为中央银行对基础货币调控的日常性管理工具。

从国际上金融体制较为成熟的一些国家来看，一般都采用公开市场业务作为主要的货币调控工具；从80年代开始，许多发展中国家也开始运用公开市场业务来调节货币供应量。这是由于公开市场业务具有较大的灵活性，可以作为一个经常性的、微调性的基础货币日常管理工具，不会对市场产生剧烈的影响和震动。因此，它是一种比较理想的间接调控工具。

另外，虽然所有的货币政策工具都会对利率和信用总量产生影响，但不同的工具在实现某些中介目标的效果上存在明显的区别。准备金可以被认为是货币扩张的自动控制阀门，其作用力也是很大的；利率的信号作用十分清楚，利率的传导需要有良好的对资金价格变动比较敏感的反应传导机制；再贴现需要以贴现票据为基础，从我国情况看，适宜区域性经济发达的中小金融机构重点开展。随着债券市场的发展与完善，我国的公开市场业务还会有一个较大的发展空间。

三、提高银行间债券市场的流动性，促进银行间债券市场的更大发展

银行间债券市场的现券交易不够活跃，市场流动性差，制约了市场的进一步发展。我们对流动性问题一直十分关注。存款银行由于将债券作为可随时变现的工具而不是用于投资的目的，因此行间的现券买卖不活跃。为此，需要从以下几方面努力：

1. 继续扩大市场交易主体，使更多的非银行金融机构及非金融法人机构进入银行间债券交易市场，沟通银行间市场与交易所市场之间的联系。主管部门应严格管理债券托管交割，控制债券交易风险，尤其是清算风险。

2. 提高一级市场发债的市场化程度，以更好地支持二级市场的流动性。

3. 逐步培养做市商。做市商在市场上通过不断地报出买卖价格，保持债券交易的连续性。但做市商自身存在资金头寸和债券存货风险，从市场对做市商的要求看，与人民银行进行公开市场交易的一级交易商适合担当这一角色。做市商必须在市场上产生。

4. 根据市场发展培养经纪人，为买卖双方牵线搭桥，实现市场某些特殊交易的化整为零或化零为整，满足不同机构投资主体的不同需求。

5. 中央银行日常货币调控手段，通过公开市场业务操作调控基础货币的同时，对债券二级市场流动性予以信心上的支持。

中国的债券市场应是全国统一的、面向所有金融机构及企业法人和个人投资者的、由银行间市场和交易所市场共同组成的相互渗透和联结的市场。为实现这一目标，我们想作的事情很多。今年人民银行工作会议提出要进一步发展同业拆借市场和债券市场，扩大公开市场业务。因此，今年的工作重点主要是：

1. 发展银行的债券柜台零售市场，使之既可满足个人投资者和中小企业的投资理财需求，又使银行承购的巨大数量债券有长远分销渠道。这将有利于支持发债主体更好地实现筹资，有利于债券市场向广度发展，有利于中央银行货币政策调控机制的进一步完善，也有利于在金融开放的形势下提高商业银行的业务竞争力。

2. 在已有的双边报价行基础上，引导、培育、发展做市商，提高市场的活跃程度。

3. 完善商业银行代小金融机构融资的代理行制度。

4. 进一步完善债券托管和支付系统的建设。

5. 市场法规建设上，将陆续颁布《银行间债券市场交易管理办法》、《银行间市场回购交易主协议》，修改《银行间同业拆借市场管理办法》，并对商业银行金融债券发行、商业银行债券托管与柜台交易办法的制订进行研究。

银行间债券市场有着巨大的发展潜力，作为主管部门，中央银行将尽全力引导市场，遵循市场规律，重点是明确游戏规则，为市场参与各方创造一个公平交易、公平竞争的环境，促进银行间债券市场在未来几年内有更大发展。

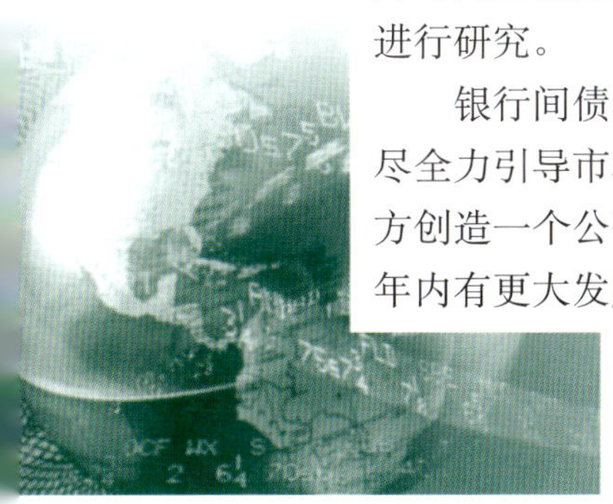

1998－1999年货币市场

1998年货币市场

一、1998年货币市场发展回顾

（一）1998年货币市场总的情况

1998年，在亚洲金融危机蔓延并继续加深、国际金融市场持续动荡的情况下，我国货币市场健康运行，防范了金融风险，对保障货币政策和财政政策的顺利实施发挥了积极作用。全年金融机构进行同业拆借989亿元，债券回购 1,021 亿元。同时，货币市场建设的步伐进一步加快，初步建成了完善的市场法规体系，更多新类型的金融机构加入市场，交易主体的数量有大幅度的增长，市场交易工具多样化，债券发行市场取得了开拓性的进展，同业拆借市场和债券流通市场日趋规范和活跃，符合社会主义市场经济要求的货币市场体系的框架初步确立。

（二）1998年货币市场运行特点

1. 货币市场交易主体的数量和类型有大幅度的增加

1998年初，商业银行的资金管理体制变为以法人为单位统一管理资金，商业银行分支机构的资金余缺改由系统内资金调度解决，使得货币市场主体发生了很大变化，由过去的金融机构授权分支机构为主转变为以法人机构为主。这一改变符合国际惯例。

1998年底，全国同业拆借市场成员增加至177家， 比1998年初的61家增加了近两倍，市场主体已包括所有国有独资商业银行和股份制商业银行及其授权分行、绝大部分城市商业银行，以及经营人民币业务的外资银行、保险公司等。在政策性银行市场化发行债券的过程中，通过商业银行和保险公司代理的方式，使大量的农村信用社也认购了政策性金融债，进一步拓宽了货币市场参与者的范围。货币市场交易主体的存款总额和资产总额占金融体系的90%以上，无论从这些机构的数量、资产总量、种类，还是在中国金融体系中的地位看，货币市场交易主体都已经基本涵盖了整个金融体系。

2. 同业拆借市场的发展步入正轨，实现了正常的功能

1998年，中国人民银行不以盲目扩大拆借交易量为目的，坚持规范的发展原则，在亚洲金融危机蔓延并继续加深、国际金融市场持续动荡的情况下，使我国同业拆借市场最大限度地降低了信用风险，同时也实现了从盈利目的的融资市场向真正的调节商业银行短期头寸的拆借市场的根本性转变。1998年，在这个转变过程中，各银行普遍完善了法人内部资金调拨体系，建立了严格的对外授信和对内授权制度，市场交易主体的自律性明显增强，在中国人民银行的严格管理下，同业拆借市场进行的基本上是商业银行法人间以调节准备金为目的的交易。1998年同业拆借市场成交989亿元，比1997年减少3,160亿元。交易量较1997年有一定幅度的减少，但交易性质发生了实质性转变，拆借风险大大降低，同业拆借利率的参考价值明显提高，同业拆借发挥的作用显著增强。

3. 银行间债券市场发展有了重大突破

1998年银行间债券市场快速发展，突出表现在以下几个方面：（1）银行间债券市场的快速发展，使1998年财政部顺利发行了4,213 亿元国债，政策性银行发行了410亿元金融债券，而且利率较低。在一些东南亚国家和俄罗斯的债券市场出现危机、国际债券市场发债利率大幅上扬、政府发债成本提高的情况下，中国债券市场显得格外突出。（2）市场债券存量大幅增加，由年初的4,204亿元大幅增加至10,103亿元，突破10,000亿元大关，增幅超过1倍，是深沪交易所债券存量的10倍以上。（3）交易渐趋活跃。自7月开始，成交金额逐月攀升，12月份单月成交已达到226亿元，全年债券回购成交1,021亿元，比1997年增加714亿元，现券交易成交30亿元。考虑到公开市场操作对银行间市场的替代作用，银行间债券交易的金额会更大。（4）市场利率的形成机制比较完善，一方面真实反映了金融机构资金供求，另一方面也影响商业银行的贷款行为，对宏观经济有较大的影响力，对货币政策有较高的参考价值。（5）有效防范了风险。债券回购到期履约率为100%，成为商业银行融通资金的主要渠道，有助于商业银行增加优质债券资产，优化资产结构，促进了银行的商业化经营。一些小商业银行通过债券回购融资，及时应付了支付问题，防止了可能发生的金融风险。

从国际上通行评价债券市场的几个指标，如发债数量、发债利率、市场的债券存量、市场利率的形成机制与影响力、风险防范机制来看，我国的银行间债券市场已经成为我国债券市场的主导。

4. 货币市场利率对金融机构流动性和中央银行政策的敏感度不断提高，已经成为货币政策的重要指标

货币市场利率主要包括同业拆借利率、债券回购利率和债券发行利率等，是货币市场资金供求和金融机构流动性情况的集中反映。在金融机构流动性总量不变的情况下，流动性的分布和商业银行对宏观经济、政策等因素判断的变化也会影响银行的流动性供求，进而影响货币市场利率。因此，与流动性总量相比，货币市场利率更能全面灵敏地反映商业银行创造货币的意愿。

图1.1998年货币市场成交量图

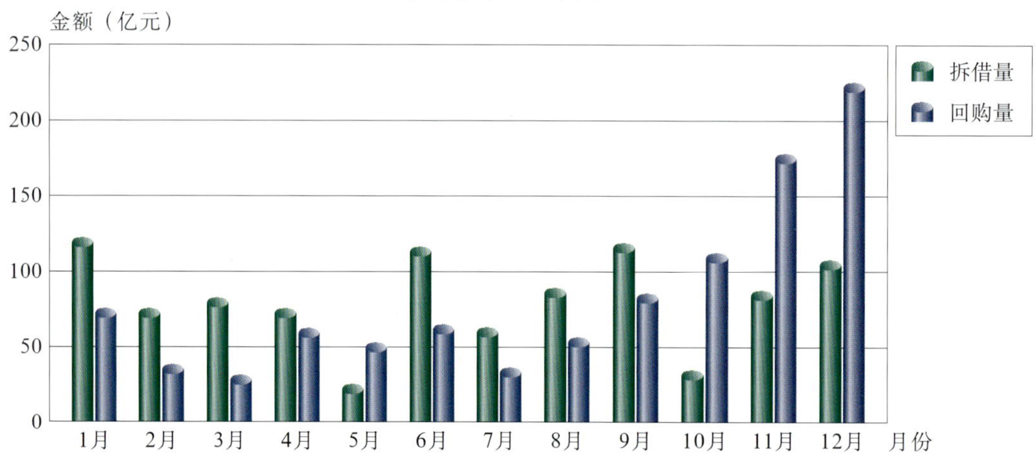

从我国货币市场利率的具体情况看，我国金融机构的信用程度有较大的差别，因此各金融机构的拆借利率差异较大。小银行的拆借利率波动剧烈，主要银行的拆借利率运行平稳，比较准确及时地反映了流动性情况，是中央银行观测的指标。债券回购利率由于没有信用风险因素，因此更多地反映了金融机构流动性情况，也是重要指标。1998年，同业拆借市场和银行间债券市场发展步入正轨，同业拆借、债券回购和债券发行的利率反映金融机构流动性的灵敏度也在提高，相互影响的程度不断加深，协调的货币市场利率体系已经形成。

货币市场利率的变动为货币政策制定提供了依据。1998年货币市场利率除年初上升外，总体上呈逐级下降的走势。同业拆借利率年初为8.4%，春节前夕受现金大投放的影响，商业银行头寸紧张，拆借利率上升到10.8%，人民银行及时通过再贷款投放基础货币，拆借利率在2月份回落到8.64%，3月25日中央银行降息后，拆借利率基本稳定在7%左右。6月以后，人民银行通过公开市场操作等货币政策工具影响货币市场利率，又两次下调了存贷款利率，再次下调了存款准备金利率，货币市场利率灵敏地反映了金融机构流动性变化和中央银行的货币政策呈逐步下行的走势。12月底主要银行的30天同业拆借利率为4.26%左右，比年初下降4个百分点左右；7天债券回购利率为4.04%，比年初下降4.7个百分点左右；国家开发银行3个月金融债券发行利率为 4.04 %。在人民银行三次降息每次降息的当日，同业拆借利率和债券回购利率都大幅下降，即时反应。

图2.1998年货币市场利率图

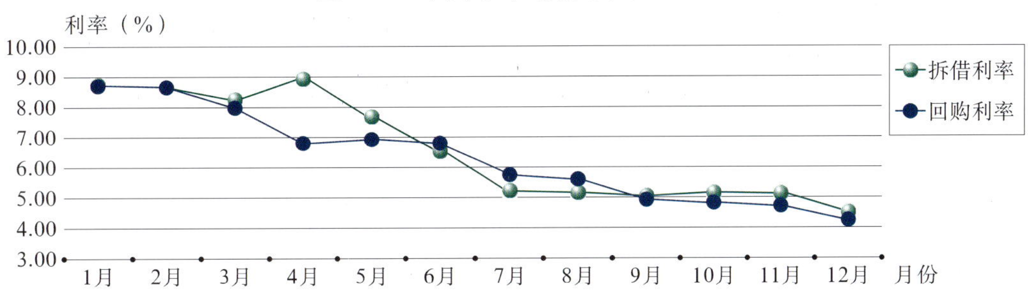

5. 债券发行迈出市场化步伐

过去，政策性银行实行了不同于商业银行的融资体制，即主要依靠向商业银行计划分配金融债券的方式来筹资。随着金融体制的改革，银行商业化程度的提高，上述计划分配政策性债券的体制的弱点越来越突出。中国人民银行制定了《政策性银行金融债券市场发行管理暂行规定》等有关规定，组织国家开发银行和进出口银行，通过中国人民银行债券发行系统市场化发行金融债券，并通过公开市场业务操作买入一级交易商持有的这类债券，在资金上直接支持了发债。

1998年，国家开发银行共发行了5期债券，筹资350亿元，进出口银行发行了两期债券，筹资60亿元。债券期限有3个月、1年、2年和3年，发行方式采取了底价利率招标、贴现发行等多种方式，发行对象包括了商业银行、商业保险公司和城乡信用社。政策性金融债券发行从计划模式转变为市场模式，符合建立市场化金融体系的方向，降低了发行成本，增加了认购对象，提高了政策性金融债券的流通性。同时，市场化发债也有利于债券二级市场交易品种的增加，配合了货币调控机制的转变。

二、1998年货币市场发展分析

（一）上述特点形成的背景

货币市场是一年以下短期资金融通的市场，包括同业拆借市场、国债市场、金融债券市场、大额定期存单市场和商业票据市场等子市场。货币市场是金融机构调节流动性的重要场所，是中央银行货币政策操作的基础，对于宏观经济健康发展和金融体系正常运行发挥着重要作用。

我国货币市场的发展是从1984年建设同业拆借市场起步的，1994年建立了债券回购市场，经过1992年清理“乱拆借”和1995年整顿证券回购市场，1996年 1 月，中国人民银行建立了全国统一的金融机构间同业拆借市场，同年6月放开了对同业拆借利率的管制，1997年6月在拆借市场的基础上建立了银行间债券市场，初步形成了统一规范的货币市场格局。

1996年以来，虽然在形式上建立了统一的货币市场，但其中拆借市场、债券市场的定位和功能仍没有发生实质性转变，银行的风险意识和商业化意识还十分淡薄，拆借交易量较大，但蕴藏巨大风险，债券市场交易萎缩。1998年初，面对亚洲金融危机爆发、国内金融风险也开始暴露的情况，中国人民银行总行党组果断决策，停止了融资中心的自营拆借业务，全力清收融资中心逾期拆出资金，同时大力发展债券市场，严格控制同业拆借市场风险。在人民银行有关政策的指导下，商业银行的风险意识和商业化意识也逐渐增强，在同业拆借市场上的交易十分审慎，有效规避了风险。中国银行等国有独资商业银行利用高信用等级的优势，在同业拆借市场中融通资金，降低了成本，改善了财务状况。

商业银行普遍认识到债券市场既避免了信用风险，同时也可获得相当的收益。北京市商业银行、南京市商业银行等银行在债券市场积极运作，债券交易十分活跃。同业拆借市场的高信用、调节准备金的特点逐渐体现，债券市场盈利性、低信用风险的功能也逐步发挥。两个市场的利率的参考价值也明显增强。

（二）中国人民银行采取一系列发展货币市场的措施

1998年以来，为促进国民经济增长，实施间接货币政策，中国人民银行又采取了一系列措施，完善货币市场法规，继续扩大货币市场主体，增加市场交易工具，大力发展债券一级市场，在货币市场积极运用间接货币政策工具，全面推进了货币市场的发展。

1. 完善货币市场规章制度，加强监管，保障了货币市场的规范安全运行

中国人民银行1998年以来批准颁布了《银行间债券交易规则》、《银行间债券交易结算规则》、《政策性银行金融债券市场发行管理暂行规定》等一系列规定，严格货币市场准入资格。在同业拆借市场核定了交易成员的最高拆借资金余额，并通过计算机设置自动控制，实施逾期拆借举报制度。在债券市场，坚持交易成员用于回购和现券交易的债券必须是真实足额的自营债券，严禁买空和卖空债券，严禁租券、借券、融券行为，处罚了违反规定的金融机构，使债券市场真正体现了安全性的特点。严格市场退出制度，对不符合条件的银行，坚决取消其全国同业拆借市场交易成员资格。

2. 继续增加货币市场交易主体，增加了市场的广度和深度

1998年采取了三个重要措施，大幅增加了货币市场交易主体，使全国同业拆借市场交易成员在机构类型、成员数量等方面都有了突飞猛进的发展。

1998年初，为便于商业银行加强内部资金管理，批准了商业银行可以授权分行加入全国同业拆借市场，从事其总行授权范围内的信用拆借、债券回购和现券买卖业务；1998年 5 月，作为有步骤地实施金融对外开放的一次重要举措，人民银行批准经营人民币业务的外资银行加入全国同业拆借市场，从事同业拆借、债券回购和现券买卖业务；1998年10月，批准保险公司加入全国同业拆借市场，从事债券买卖业务。

1998年共批准了35家城市商业银行、 9 家外资银行、70家商业银行授权分行、10家保险公司加入全国同业拆借市场。1998年底全国同业拆借市场交易成员有177家。

3. 增加市场交易工具，为金融机构的资金营运提供安全有效的管理手段

高信用等级的货币市场交易工具，可以为商业银行提供安全的资金运用方式，有利于其资产调整和流动性管理。结合存款准备金制度改革，中国人民银行与财政部共同决定对国有独资商业银行发行 2,700 亿元特别国债，对其他商业银行和城市商业银行发行 450 亿元专项国债，财政部为实施积极的财政政策， 对国有独资商业银行发行了1,000 亿元建设国债，增加了商业银行持有的债券数量，优化了商业银行的资产结构。

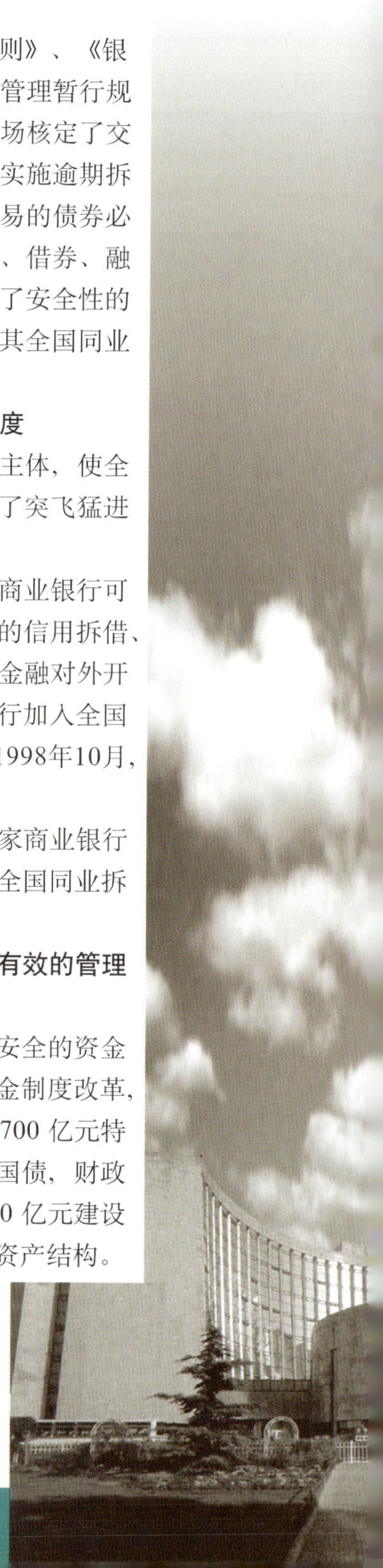

中国人民银行批准专项国债和建设国债在全国同业拆借市场上市交易，使债券流通市场增加了优质的交易工具。

政策性银行受到中国政府在资本金、流动性等方面的支持，具有较高的信用等级。在财政发行国债的数量不能满足商业银行庞大的债券需求的情况下，为支持政策性金融，增加政策性金融债券是理想的选择。中国人民银行组织了政策性银行市场化发债，增加了债券市场交易工具。人民银行批准市场化发行的政策性金融债券在银行间债券市场流通，可以进行现券交易和回购，大大丰富了市场交易工具。至1998年底，市场债券存量由年初的4,204亿元大幅增加至10,103亿元，其中国债4,816亿元，政策性银行发行的金融债券5,168亿元，中央银行融资券118亿元。

4. 改进市场交易规则，提高市场运行效率

1998年初，人民银行确定债券交易结算采用交易合同与结算指令三方匹配的原则，有效地防止了结算中的风险。1998年5月，为解决原计划发行的政策性金融债券券种极为分散、银行交易不便的问题，人民银行将1996、1997、1998三年的政策性金融债券按年归并，方便了金融机构的交易债券回购，便利了商业银行的资金运作。1998年10月，为充分发挥债券回购低风险、有利于融通长期资金的优势，中国人民银行将银行间债券回购的最长期限延长到一年，方便商业银行资金管理，提高商业银行信贷能力，为其资产管理提供更广阔的空间。1998年11月，人民银行在《银行间债券交易结算规则》中，将原来的债券结算时间由“T+1”改为由交易双方自行选择“T+1”或“T+0”，极大地方便了商业银行的头寸管理。改革后银行选择“T+0”的交易超出了“T+1”的交易。

5. 大力发展债券发行市场，组织政策性银行市场化发行债券

中国人民银行组织研究了中央银行债券招投标系统和债券招标发行的具体办法，制定了《政策性银行市场化发行金融债券规定》等规定，组织了国家开发银行和中国进出口银行市场化发行债券410亿元，推动了债券发行市场的发展，使债券一二级市场接轨。

6. 在货币市场积极运用间接货币政策工具调节金融机构总体流动性，为货币市场提供了有力的资金支持

1998年，中国人民银行恢复了债券公开市场操作，通过债券回购和现券交易的形式吞吐基础货币，平衡货币市场资金供求，调节货币市场利率，支持了市场的发展。

（三）中国人民银行有关措施的效应

在中国人民银行有关措施的推动和金融机构积极运作下，1998年我国货币市场呈现出以下良好的发展态势:

1. 货币市场发展始终坚持规范的原则，有效防范了金融风险

货币市场的交易主体主要是商业银行，其资金来源主要是对存款人的负债，因此，保证货币市场交易的安全性，对于维护存款人利益，防范和化解金融风险，保持金融体系健康运行至关重要。中国人民银行在组建全国同业拆借市场的开始，就一直坚持先规范后发展的原则。先后制定颁布了一系列规定，从市场准入、日常监管到市场退出实施全面监管，并形成了一套行之有效的监管办法。在严格规范下，交易成员风险意识也明显增强，有效地防范了金融风险。

2. 增加市场交易主体，使金融机构有了资金融通的渠道，也扩大了货币政策传导的广度

中国人民银行批准城市商业银行入市。由于城市商业银行经营地域的局限，资金的稳定性和可控性较弱，货币市场成为城市商业银行资金管理的主渠道，为城市商业银行防范风险发挥了重要作用。

批准商业银行总行可以授权分行入市，分行进行同业拆借、债券交易的权限都由其总行决定，人民银行对商业银行以法人为单位考核限额，使商业银行除在法人内部进行头寸调拨外，增加了授权分行在市场上融通资金的方式，有利于提高资金使用效率，完善资金管理，更好地支持国民经济增长。

批准外资银行入市，有利于外资银行合理摆布头寸，进行流动性管理。

批准保险公司入市从事债券买卖业务，使保险公司资金运用有了一个安全、高效的新渠道。保险公司可以购买在全国同业拆借市场上市交易的各种债券，通过债券买卖调节资产结构。全国银行间市场债券数额庞大，有利于保险公司买卖各种债券。保险公司的入市也为全国银行间市场增添了新的金融机构，有助于促进全国银行间货币市场上债券交易的活跃。

扩大货币市场交易主体，既要考虑给金融机构一个合理的融资渠道，同时也要根据货币市场不同子市场的性质和功能，规范有序地批准不同类型的金融机构进入有关的货币市场子市场。同业拆借市场是商业银行调整准备金的场所，其特点是以隔夜的信用拆借为主，我国的非银行金融机构普遍信誉较低，真正的同业拆借需求较少，因此要严格规范非银行金融机构加入同业拆借市场。保险公司加入银行间债券市场，批准其进行债券的现券交易。

3. 货币市场资金畅通流动，加强了银行的贷款能力，提高了货币政策传导的效率和力度

1998年金融机构通过货币市场相互融通资金2,010 亿元， 解决了银行的资金融通需求。资金在全国货币市场上由头寸宽松或经营保守的银行流动到头寸紧张或倾向扩张的银行，提高了商业银行资金管理的效率，以市场化的方式优化了金融机构体系的资金配置，提高了中央银行基础货币作用效果。更重要的是，由于有货币市场可以方便地临时性融入资金，银行就可以持有相对较少的流动性，从而增强了银行的贷款能力，也使货币政策通过控制银行流动性来间接控制货币的手段的效率和力度都明显增强。

4. 货币市场交易已经成为商业银行资金管理的首选方式，促进了银行经营向商业化的转变

1998年一个显著特点是商业银行在需要资金时，首先考虑在货币市场上借入资金。在资金宽松时，也首先考虑购买高品质债券，或通过同业拆借和债券回购方式融出资金。改变了以往缺资金就找人民银行的倚赖做法，而是积极在货币市场上运作。中国银行、中国建设银行、中国农业银行、北京市商业银行、南京市商业银行等银行在同业拆借市场和债券市场上交易活跃，形成了广泛稳定的交易网络，能够在货币市场及时实现资金融通需求。

银行的商业化经营要兼顾盈利性、流动性和安全性，保持适度的流动性水平是关键，货币市场的发展和不断完善，为商业银行的流动性管理和商业化经营提供了必要的、良好的外部条件，大大推动了银行的商业化进程。同时银行的商业化经营使其更加注重在货币市场上的运作，也促进了货币市场的发展。

5. 货币市场利率灵敏地反映金融机构头寸变化和中央银行货币政策，逐步成为中央银行货币政策的重要操作目标和主要的经济指标，也为利

率市场化奠定了良好的基础

中国人民银行坚持货币市场的发展导向，明确各子市场的功能和定位，使货币市场交易规范有序，货币市场利率的代表性和对宏观经济的反映程度在不断提高。在1998年的利率体系中，存贷款等利率都是计划利率，只有货币市场利率是市场化利率，充分反映金融机构的流动性供求，也便于人民银行灵活调控利率。1998年人民银行除降低存贷款利率外，人民银行几次调低了公开市场操作利率，引导货币市场利率下行，发挥了重要的传导和信号作用。人民银行调控货币市场利率实践的成功，也为利率进一步市场化奠定了良好的基础。

6. 银行间债券市场的发展，支持了积极的财政政策的实施和政策性银行的发展

人民银行增加货币市场交易主体，促进债券市场交易的活跃性，扩大了银行间债券市场的吸纳能力，大大提高了国债、政策性金融债券的流通性，商业银行购买债券的意愿增强，从而有利于发债规模的增大和债券发行成本的降低。1998年为实施积极的财政政策，政府对银行发行了 1,000 亿元建设国债和90亿元记账式国债。 由于银行间债券市场的发展，商业银行不仅全部购买了这些国债，而且国债利率较低，减轻了财政负担，有助于扩大政府的举债规模，支持了积极财政政策的实施。政策性银行在银行间债券市场发债融资 410 亿元，利率较低，支持了政策性银行的发展。

三、1998年货币市场存在的问题及展望

（一）1998年货币市场存在的问题

1. 我国金融机构资金和信用分布不均衡、商业银行资金管理水平低、支付清算体系落后是严重制约货币市场发展的三个主要因素

从西方发达国家货币市场的实践看，同业拆借市场主要以信用拆借为主。大银行主要经营贷款和批发业务，缺少资金，但有高信用；小银行以吸收存款为主，信用较低，但资金富余。因此在同业拆借市场上，资金是从小银行向大银行流动。在国外，小银行也是很难从同业拆借市场上拆入资金的。可见，同业拆借实际上是信用和资金的交换。在我国，四大国有独资商业银行有庞大的吸存网点，有人民银行再贷款支持，资金实力雄厚，有很高的信用，而且不需要资金。而如城市商业银行等小银行，网点少，吸存能力弱，信用低，需要资金又没有信用。因此造成资金在银行间的流动仍不很通畅。

西方发达国家有现代化的支付清算体系和先进的资金管理系统，能够准确预测每天的资金缺口，中央银行的超额准备金都控制在很低的水平上，因此同业拆借大多以隔夜为主。我国由于支付清算体系和资金管理相对落后，商业银行无法做到预测短期内的资金情况，因此在人民银行保持较多的超额准备金。只有在出现较多的资金需求时才需要借入资金，因此隔夜拆借交易很少，限制了同业拆借市场的发展。

这三个外部因素同时也制约了债券市场的进一步活跃。由于资金分布的不均衡，四大国有独资商业银行等有资金的大银行持有了大量债券，小银行缺资金，也缺债券，在其现有的资金情况下，又没有资金购买债券，因此小银行也难以通过债券回购方式融入资金。在现有的金融体系下，由于历史原因，小银行既缺信用，又缺债券，又缺资金，因此难以从大银行借入资金。大银行的资金难以安全融出。货币市场的资金融通渠道难以畅通。落后的资金管理和支付体系也制约了货币市场的进一步发展。

2. 缺少货币市场的中介组织，资金供求难以匹配

原来融资中心发挥的功能包括以下几个方面：（1）为中小金融机构提供信息中介服务；（2）组织当地中小金融机构之间调剂资金，使其完成在本地拆借；（3）直接买断或卖断资金，在资金量上化零为整

和化整为零，联接大银行和中小金融机构的短期资金融通。实际上，融资中心同时承担了经纪人和做市商的职能，由于实现了上述功能，市场供求得以平衡。融资中心的问题主要是由人民银行进行了自营业务，而对风险又未加以严格的控制；在撤消融资中心后，融资中心原来承担的活跃市场的功能出现空缺。1998年，由于缺乏这类交易中介组织，带来了三个问题，一是市场信息不畅通，金融机构间很难了解其他机构的资金供求情况；二是由于资信问题，大小金融机构之间和中小机构之间很难成交；三是大小金融机构的交易金额相差悬殊，大银行的需求难以实现。因此，缺乏活跃市场的中介组织是货币市场不够活跃的重要原因。

3. 货币市场交易方式过于单一，阻碍市场进一步发展

1996年在清理整顿“乱拆借”的基础上组建了全国统一同业拆借市场，分为一级网和二级网。一级网是银行通过全国银行间拆借中心的电子网络进行，二级网是银行通过融资中心鉴证进行。1998年融资中心进行改革，市场交易通过拆借中心的电子网络进行。从国外的经验看，货币市场交易除外汇交易外，同业拆借、债券交易等都以直接交易和经纪人中介为主，这是符合这些交易品种需要了解对手信用、交易复杂等自身特点的。1998年我国货币市场交易方式以电子交易为主，而大多数中小金融机构交易需求较少，电子网络的成本较高，而且单一的交易方式也阻碍了货币市场的进一步发展。

4. 债券托管体系覆盖面有限

现有的债券托管体系是金融机构在中央国债登记结算有限责任公司一级托管。由于中央国债登记结算有限责任公司没有分支机构，我国金融机构众多，地域分散，全部与中央国债登记结算有限责任公司电子联网难以实现。随着货币市场交易主体的进一步扩大，新入市机构，尤其是农村信用社等中小金融机构的债券托管成为市场下一步发展重要的问题。随着金融发展的不断深化，非金融机构和个人的债券无纸化托管的要求也越来越迫切。建立一个统一、安全、高效的托管体系成为货币市场建设的重要前提。

5. 债券结算和资金清算

1998年银行间债券交易和人民银行公开市场操作的债券结算和资金清算采用纯券结算方式（FOP），即交易双方划付资金和债券过户分开进行，这样就有一定的风险。随着银行间债券市场成员的扩大，尤其是大批农村信用社进行债券交易后，风险问题将突显出来。

6. 市场的组织体系和法规体系有待完善

1998年货币市场的组织体系仍欠缺一些功能机构，各组成部分的定位也不明确，没有做到各司其职。市场的中介服务机构和托管机构职责不清，有碍其本职功能的充分发挥。货币市场没有银行自律组织，使银行的自律管理没有形成较为完整的体系。

7. 债券发行的方式与结构仍制约银行间债券市场发展

1998年政策性银行进行了市场化发债，但政策性银行市场化发债数量为 410 亿元，占1998年发债总额的比例为28%，仍较低，国债仍全部是计划发行。1998年国债和政策性金融债券主要为四大国有独资商业银行所持有，其他银行持有的债券数量较少，不能满足资产多元化的需要。1998年财政部发债主要面向四大国有独资商业银行，其他银行持有的国债数量仍然有限。

（二）展望

今后将在防范金融风险原则的基础上，坚持规范的发展方向，继续在以下几个方面推进货币市场的发展。

1. 根据我国实际情况，制定货币市场发展规划，加快建立与社会主义市场经济相适应的货币市场体系

根据我国地域广阔、金融机构众多的实际情况，借鉴国外经验，制定货币市场发展规划，加快建立与社会主义市场经济相适应的货币市场体系。在新的货币市场构架的设计中，坚持以下原则：首先要有利于金融机构及时有效地进行资金融通；其次要有完善的风险防范机制；三是便于中央银行的监管和货币政策操作。

2. 继续大力完善市场法规建设，建立银行自律组织，严格监管，创造安全规范的市场环境

1999年将制定同业拆借的管理规定，修订债券回购和现券买卖的有关管理规定，制定对市场信息服务机构、托管机构的管理办法，完善各项市场规定的实施细则，组织交易成员签署同业拆借和债券回购主协议。组建银行自律组织，加强银行自律管理。严格监管，对于违反人民银行有关规定的机构要坚决查处，以维护市场秩序，创造安全规范的市场环境。

3. 建设全国统一的债券托管体系

将研究切实可行的操作办法，在建立完善的风险监控体系的基础上，有计划有步骤地推进统一债券托管体系的建设，争取将更多的机构纳入统一债券托管体系中。

4. 继续有步骤地扩大市场交易主体

将在有关办法和监管措施到位的情况下，按照总体发展战略，坚持安全规范的原则，有计划、有步骤地吸收更多的不同类型的金融机构加入货币市场，继续增加市场的广度。

5. 在继续搞好现有交易模式的同时，根据不同子市场的性质积极探索多种货币市场交易方式

1998年我国货币市场全部采用电子联网交易方式，交易成员通过全国银行间同业拆借中心提供的计算机网络谈判成交。根据国际货币市场的经验，外汇市场中主要采用电子经纪的交易方式，同业拆借和债券市场中主要采用交易双方直接交易或通过经纪人交易，这是由交易品种本身的特点和市场的需求决定的。

对于同业拆借市场和债券回购市场，将在继续搞好电子联网交易模式的同时，根据不同交易品种的本身特性积极探索多种交易方式。在制定有关管理办法后，成立为不同交易方式服务的有关中介机构。在1998年工作的基础上，继续推动商业银行的代理业务和做市商制度。

6. 加强货币市场信息服务，提高服务质量，降低市场运行成本

货币市场采用交易者谈判成交的交易方式，全面快捷的信息对于银行至关重要。要进一步加强对市场信息服务机构的管理，督促其加强货币市场信息服务，提高服务质量，降低市场运行成本。

7. 继续积极推动债券一级市场的发展

1999年，将在1998年组织政策性银行市场化发债的基础上，积极与其他部门协商，推动国债发行的市场化进程。试点金融机构发行金融债券，探索金融债券的多种发行方式。建立金融债券的评级制度，允许高信用级别的金融债券在货币市场上市交易。在有关办法制定后，允许中、外资银行发行大额可转让定期存单。推动商业票据的一二级市场发展。

1998－1999年货币市场

1999年货币市场

货币市场是金融市场的重要组成部分，包括同业拆借市场、债券发行市场、债券交易市场、债券回购市场等市场。货币市场对于宏观经济和金融体系的健康运行发挥着重要作用。经过几年来的培育，1999年我国货币市场进入了快速发展阶段，全年金融机构融通资金15,051亿元，其中同业拆借3,912亿元，债券现券交易710亿元，金融机构间债券回购3,966亿元，商业银行与中央银行债券回购6,463亿元。全年债券发行5,946亿元，其中财政部发行国债4,036亿元，政策性银行发行金融债券1,670亿元，发行企业债券240亿元。市场法规体系进一步健全，交易更趋活跃，市场主体空前增加，市场化程度不断增强。货币市场的快速发展对于促进金融体制改革的深化、建立市场化的货币政策传导机制、保障货币政策和财政政策的顺利实施，起到了积极的作用。

一、1999年货币市场情况介绍

（一）同业拆借市场情况

1999年同业拆借市场交易量大幅增加，全年成交3,912亿元，其中全国银行间同业拆借市场成交3,292亿元，非全国银行间同业拆借市场成员成交约620亿元。全年拆借成交量比1998年的989亿元增加2,923亿元，增加了3倍，与1996年的5,871亿元和1997年的4,149亿元的成交水平接近。应当注意到，1996年和1997年拆借市场的主体是作为中介机构的融资中心，作为实际资金供求者的金融机构拆借量比数据显示的要小很多。经过规范后的拆借市场，交易主体均为金融机构法人及其授权分支机构，拆借量全部反映金融机构的资金交易情况。从金融机构的拆借量来看，1999年的拆借市场交易量超过了1996年的1,779亿元和1997年的2,773亿元，创出了1996年全国银行间同业市场成立以来的新高。

1. 国有独资商业银行交易仍居市场首位

从表2可见，国有独资商业银行的拆借量最大，仍为同业拆借市场的最大交易主体。国有独资商业银行资产规模大，信誉相对高，同业拆借是其调剂短期资金的有力手段。1999年国有独资商业银行加强了在同业拆借市场的运作，同业拆借交易量比1998年大幅增加，交易份额仍稳居首位。

表1.1999年全国银行间同业拆借市场交易量排名表

排名	金融机构
1	中国银行
2	中国建设银行
3	中国工商银行
4	中国农业银行
5	招商银行
6	国家开发银行
7	交通银行
8	广东发展银行
9	中国民生银行
10	北京市商业银行

表2.同业拆借市场各类机构总拆借量表

单位：亿元

年份	国有独资商业银行	其他商业银行	非银行金融机构	外资金融机构	融资中心	总计
1996	1,272	1,238	1,047	0	8,184	11,742
1997	1,642	1,415	558	5	2,753	8,298
1998	1,332	635	5	1	3	1,978
1999	5,318	1,022	235	7	0	6,582

注：“总计”栏为拆入拆出双边计算。

2. 商业银行授权分行交易活跃

1998年中国人民银行下发《关于商业银行授权分行加入全国同业拆借市场的通知》，规定商业银行可以授权分行进入全国同业拆借市场，从事总行授权的同业拆借业务。至1999年底，全国银行间同业拆借市场共有商业银行授权分行90家。由于新股发行方式对商业银行资金头寸的影响较大，国有独资商业银行的深圳和上海分行经常有较大的资金调剂要求，商业银行总行授权这些分行在全国同业拆借市场运作，有利于加快其资金运转，解决短期头寸问题。中国银行深圳分行、中国工商银行深圳分行和上海分行、中国建设银行深圳分行拆借交易量均较大。商业银行授权分行全年拆借共成交1,035.53亿元，占拆借总量的31.46%。

3. 同业拆借的期限结构更趋合理

最反映同业拆借头寸调节性质的隔夜拆借交易量占拆借总量比例由1998年的6%上升至 10.9 %，7天以内的短期头寸拆借比例为39.5%，超过了1/3，比1998年上升 11 个百分点。 同业拆借调节短期资金余缺的特点更加明显。（见表3）。

表3.全国银行间同业拆借市场拆借期限结构表

	隔夜	7天内	8-20天	21-30天	31-60天	61-90天	91-120天
1997	6.5%	26.2%	10.65%	13.7%	23.1%	12.9%	6.9%
1998	6%	22.5%	14.5%	22.6%	18.3%	10.5%	5.6%
1999	10.9%	28.6%	7.4%	21.2%	27.9%	3.3%	0.7%

注：栏内数字为该期限品种的同业拆借成交量占同业拆借总成交量的比例。

4. 市场的资金流向变化

从表 4 可见，在1996年和1997年，资金主要是从国有独资商业银行和其他商业银行流向融资中心，融资中心再拆给当地的非全国银行间同业拆借市场成员的金融机构。1998年融资中心停止自营业务后，国有独资商业银行、股份制商业银行和城市商业银行由于每笔交易金额、资金实力和信誉的明显差别，形成了三个“资金集团”，同类型机构间的拆借交易占拆借总量的主要部分，不同类型金融机构之间进行同业拆借的数量较少，反映为几类机构的净拆借量基本为零。1999年，人民银行规范市场措施逐渐发挥作用，金融机构间信用开始恢复，不同类型金融机构拆借显著增加，从资金流向上看，主要是国有独资商业银行和非银行金融机构从其他商业银行拆入资金。

表4. 同业拆借市场金融机构分类净拆借表

单位：亿元

	国有独资商业银行	其他商业银行	非银行金融机构	外资金融机构	融资中心
1996	−852	−324	−55	0	1,232
1997	−291	−573	17	−5	953
1998	5	−3	−2	1	−1
1999	247	−416	140	5	

注：净拆借指拆入金额减拆出金额后的余额，大于零表示是净拆入，小于零表示是净拆出。

（二）债券发行市场情况

1999年财政部发行国债4,615亿元，其中记账式国债 3,086 亿元，凭证式国债 1,529 亿元，对养老基金和商业保险公司定向发行国债60亿元。财政部在银行间债券市场发行的记账式国债 2,756 亿元，占记账式国债总量的89.3%。国家开发银行和中国进出口银行发行政策性金融债券 1,670 亿元，全部在银行间债券市场发行。全年在银行间债券市场发行的债券占我国全年债券发行总量的74%，银行间债券市场已经成为我国债券发行的首要场所。到1999年底，在中央国债登记结算有限责任公司托管的债券为 13,402 亿元，银行间债券市场上可流通的债券为10,500亿元。

表5.1999年金融机构承销国债、政策性金融债排名表

排名	承销国债排名	承销政策性金融债排名
1	中国工商银行	中国建设银行
2	中国建设银行	中国工商银行
3	中国农业银行	中国农业银行
4	中国银行	南京市商业银行
5	中国人寿保险公司	广东发展银行
6	北京市商业银行	杭州市商业银行
7	中国光大银行	中国光大银行
8	上海银行	招商银行
9	广东发展银行	中国银行
10	上海浦东发展银行	上海浦东发展银行

全年债券发行呈以下特点:

1. 公开招标成为我国债券发行方式的主要方式，招标方式多样化

1998年国家开发银行在全国银行间债券市场首次采取招标方式发行债券，进行了成功的探索，当年国家开发银行和中国进出口银行招标发行债券共410亿元。1999年，政策性银行全面采用了招标方式发债，财政部也于1999年在银行间债券市场首次以底价利率招标的方式发行国债，面向承销团成员公开招标的发债方式已经成为债券发行方式的主流。发债主体在招标方式上也不断进行金融创新，全年的招标方式以利率招标为主，占招标总金额的76%，数量招标占24%。采取数量招标方式发行债券，债券发行利率是事先确定的，但与计划摊派不同，投资者购买债券的数量是根据投标金额比例分配的，避免了计划摊派随意性强的缺点，使发行更加公开和公平。财政部在招标发行国债时，还采取了国际上政府发债通行的做法，将招标划分为非竞争性招标部分和竞争性招标部分，承销团成员首先申报非竞争性投标数量，然后通过竞标决定中标利率，再按申报数量和中标利率分配非竞争性招标部分。这种方式能够保证承销团成员购买到国债，保证国债二级市场的活跃，有利于保持国债发行的连续性。

2. 我国首次发行浮动利率债券

1999年 3 月17日国家开发银行在银行间债券市场发行浮动利率债券，是我国首次规范化发行浮动利率债券，是我国债券市场发展历史上的重要创新。财政部也于1999年9月3日在银行间债券市场发行浮动利率国债。近年来中央银行连续降息，宏观经济明显转好，随着经济的逐渐复苏，金融机构也普遍预期利率长期下降趋势有可能逆转，从而对购买长期固定利率债券缺乏积极性。发行浮动利率债券可以锁定双方的利率风险，保证了巨额长期债券的发行成功。财政部和政策性银行发行的浮动利率债券都以人民银行公布的一年期定期存款利率为基准利率，使中央银行货币政策和政府财政政策结合得更加紧密。

3. 债券招标定价方式不断创新

债券的招标定价方式有美国式和荷兰式两种。美国式为多价格中标方式，中标者的中标利率为其实际投标利率，荷兰式为单一价格中标方式，中标者的中标利率相同，为实现发标总量的边际利率。发达国家都根据债券的期限采取不同的招标定价方式，以实现发行主体和投资人的长期利益最大化。1998年我国债券招标发行方式均为荷兰式，1999年国家开发银行在发债中尝试了美国式招标。两种定价方式各有优点，发行主体尝试不同的定价方式，促进了我国债券发行市场的发展，有助于探索既符合国际惯例又适合我国国情的债券发行方式。

4. 债券的期限品种逐渐丰富

近几年，财政部发行国债基本上都是 7 年以上期限的，在金融机构对利率未来走势预期不确定的情况下，长期债券的交易不活跃，在很大程度上影响了银行间债券市场的流动性。1999年财政部开始发行中短期债券，全年共发行了一期1年期国债、两期3年期国债和两期5年期国债。国家开发银行在1998年底发行 3 个月短期债券的基础上，1999年明显加大了短期债券发行的力度，全年共发行四期6个月的贴现债券。中国进出口银行发行了一期 1 年期债券。银行间债券市场的期限结构逐渐丰富，有利于形成连续的债券收益率曲线，为发行市场提供收益率标尺。

（三）债券回购市场情况

1999年债券回购市场成交大幅放大，全年成交 3,966 亿元，比1998年增加2,945亿元，创银行间债券市场创建以来的新高。

表6.1999年全国银行间债券市场回购交易量排名表

排名	金融机构
1	中国工商银行
2	南京市商业银行
3	北京市商业银行
4	中国银行
5	上海银行
6	中国建设银行
7	交通银行
8	中信实业银行
9	上海浦东发展银行
10	杭州市商业银行

债券回购市场呈以下特点:

1. 短期债券回购的比例继续增加

从表7可见，1999年，7天以内的债券回购交易量已经占回购总量的41.4%，1个月以下的债券回购占比达83.7%，显示绝大多数的债券回购都是短期交易。7天以下的债券回购是债券回购市场的最主要交易品种，反映商业银行的流动性管理水平显著提高。

表7.全国债券回购市场拆借期限结构表

	7天内	8-14天	14-21天	22-30天	31-60天	61-90天	91-120天
1997	8.4%	17.7%	8.2%	17%	19.3%	12.5%	16.9%
1998	37%	17.8%	6.5%	16.9%	9.9%	7%	3.8%
1999	41.4%	23.6%	6.8%	11.9%	8%	6.7%	1%

注：栏内数字为该期限品种的债券回购成交量占债券回购总成交量的比例。

2. 股份制商业银行和城市商业银行在债券流通市场交易活跃

从表 8 可见，1999年国有独资商业银行债券回购交易量大大超过了1998年的水平，在回购总量中的比重也大幅上升。股份制商业银行占比有所下降，城市商业银行交易量保持了较高的增长水平，占比略有下降。农村信用社在1999年开始进入债券回购市场运作，交易逐渐活跃。

表8. 债券回购市场各类机构交易量比例表

	国有独资商业银行占比	股份制商业银行占比	城市商业银行占比	农村信用社占比	总计（亿元）
1998	6.5%	44.1%	49.4%		2,043
1999	24.2%	26.9%	43.8%	4.1%	7,913

注：“总计”栏为融入融出双边计算。

3. 市场的资金流向变化

从表 9 可见，国有独资商业银行仍为债券回购市场的主要资金融出方，与1998年不同的是城市商业银行由总体融出资金变为总体融入资金，农村信用社也是市场主要资金供给方，全年累计净融出资金149.7亿元。

表9. 债券回购市场金融机构分类净融资表

单位：亿元

	国有独资商业银行	股份制商业银行	城市商业银行	农村信用社
1998	73.6	−255.8	182.3	-0.1
1999	591.6	−151.4	−588.3	149.7

注：净融资指融入金额减融出金额后的余额，大于零表示是净融入，小于零表示是净融出。

（四）现券交易市场

1999年全国银行间债券市场现券成交 77.41 亿元， 比1998年增加了47.41亿元，增幅达1.58倍。国有独资商业银行、其他商业银行和城市商业银行均为净买入债券，农村信用社净卖出债券。1999年10月份人民银行开始了公开市场业务的现券操作，银行间债券市场的现券交易开始活跃， 11月和12月分别成交29.23亿元和23.39亿元， 呈现良好的发展势头（见图1）。 北京市商业银行、 南京市商业银行等金融机构开始对一些债券进行双边报价，实际上发挥了做市商的功能。现券交易的活跃态势，有利于债券市场流动性的提高。

表10.1999年全国银行间债券市场现券交易量排名表

排名	金融机构
1	中国工商银行
2	北京市商业银行
3	中国平安保险公司
4	武汉市商业银行
5	南京市商业银行
6	烟台住房储蓄银行
7	中国人寿保险公司
8	中国再保险公司
9	天元基金
10	开元基金

图1.1999年银行间债券市场现券交易量图

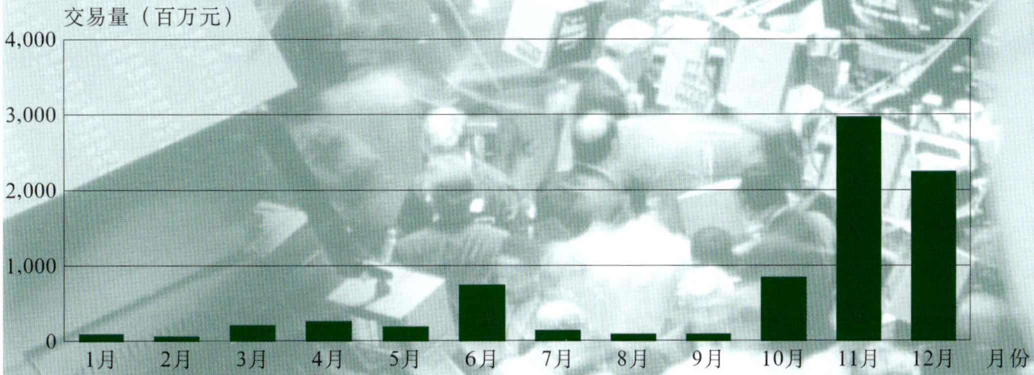

二、中国人民银行采取的措施和效应

1999年，中国人民银行作为货币市场和债券市场主管部门，采取了一系列重大措施，推动我国货币市场和债券市场快速发展。

1. 明确货币市场和债券市场的管理体系，加强市场制度建设

1999年1月，中国人民银行下发《关于农村信用社资金融通若干问题的通知》，明确规定农村信用社可以与全国范围内的金融机构进行同业拆借和债券交易，交易方式包括直接交易、通过全国银行间同业拆借中心的交易系统进行、由商业银行或其他农村信用社联社代理进行，放宽了农村信用社资金融通的期限和限额，开辟农村信用社的债券交易渠道。1999年5月18日，中国人民银行根据发展货币市场的总体思路，下发《关于农村信用社等金融机构资金融通管理问题的通知》，明确人民银行分支行对辖内金融机构资金融通业务的管理办法，规定所有农村信用社联社和其他非全国银行间同业市场成员的金融机构在进行资金融通交易前必须报所在地人民银行分支行备案。这样，在融资中心撤消后又重新明确了货币市场和债券市场管理体系。上述两个文件重新构建了我国货币市场和债券市场的管理框架，使市场扩展为包括所有金融机构的统一市场。

1999年，人民银行继续加强了市场法规制度建设，对《金融违法行为处罚办法》的拆借部分违法行为认定和处罚措施作了详细的解释，使同业拆借市场交易双方的合法权益受到法律的保护。为使银行间债券市场参与者提高交易和结算效率，减少违约风险，增强市场的自律机制，人民银行组织起草了《债券回购主协议》，银行间债券市场成员通过共同签署主协议，明确回购双方的权利和义务，约定违约行为的认定和处理方式，通过主协议的方式规范市场各交易者的行为。

2. 继续增加全国银行间同业市场交易成员

全国银行间同业市场是进行货币市场和债券市场交易的金融机构组织，包括全国银行间同业拆借市场和全国银行间债券市场。1999年，中国人民银行有计划地批准金融机构进入全国银行间同业市场，全年共批准了72家金融机构入市。至1999年底，全国银行间同业市场成员达246家，包括商业银行及其授权分行、政策性银行、外资银行、农村信用社联社、中外资保险公司、中外资证券公司及证券投资基金管理公司。不同类型的金融机构进入全国银行间同业市场，活跃了市场交易，有利于金融机构的资金调剂，使全国银行间同业市场对整个金融体系发挥着越来越重要的影响。

作为货币政策支持资本市场发展的重要举措，经国务院批准，中国人民银行于1999年 8 月19日下发《证券公司进入银行间同业市场管理规定》，规定证券公司经中国证券监督管理委员会（以下简称“证监会”）推荐后，可向中国人民银行申请进入银行间同业市场，从事同业拆借和债券交易业务。1999年9月下旬，中国人民银行批准国通证券公司等7家证券公司和国泰基金管理公司等10家基金管理公司首批进入全国银行间同业市场。9月30日，国信证券公司从中国建设银行深圳分行拆入2亿元资金，成为证券公司进入全国银行间同业市场以来与商业银行的首笔融资交易。从1999年 9 月30日至当年年底，经人民银行批准首批入市的证券公司和基金管理公司在银行间同业市场共购买财政部发行的国债2.7亿元，从商业银行融入资金累计195.31亿元。

3. 推动债券发行市场化

1999年人民银行继续推动债券发行的市场化，新批准了10家金融机构成为政策性金融债券发行承销商，使承销商增加到了44家；允许所有城乡信用社等金融机构购买银行间债券市场发行的国债和政策性金融债券，扩大了认购对象，降低了债券发行的成本。人民银行与财政部协调，促进国债的市场化发行，组织政策性银行市场化发债，债券市场化发行的比例显著提高。

4. 完善市场的基础设施

结合解决计算机2000年问题，人民银行组织指导全国银行间同业拆借中心和中央国债登记结算有限责任公司对交易系统、中央债券簿记系统、人民银行债券发行系统、公开市场业务系统等计算机网络系统进行了升级改造，以适应市场不断发展的需要。人民银行指导中央国债登记结算有限责任公司完善了债券托管结算体系，加强了市场防范风险的能力，提高了市场运行效率。

1999年，人民银行为发展货币市场和债券市场而采取的上述措施取得了显著的效果:

首先，货币市场和债券市场的发展保证了政府积极财政政策的顺利实施。1999年国债和政策性金融债发行金额大大增加，全年财政部在银行间债券市场发债 2,756 亿元，比1998年增加了82%，政策性银行在银行间债券市场发债1,670亿元，比1998年增加了3倍。1999年，在债券发行额增加2,503亿元的情况下，债券发行利率保持了持续下降的趋势。

其次，为中央银行努力发挥货币政策作用创造了条件。货币市场和债券市场的快速发展为中央银行的公开市场业务提供了广阔的平台。1999年，人民银行加大了公开市场业务操作力度，投放基础货币1,907亿元，占中央银行当年新增基础货币的50%左右，成为中央银行主要的货币政策工具。同时，公开市场操作也促进了银行间债券市场交易的活跃，发挥了对货币市场和债券市场的引导作用。

第三，货币市场和债券市场的发展为国有银行的商业化改革创造了条件。1999年货币市场和债券市场的一个突出特点是国有银行积极参与各项交易。银行商业化经营运作需要做到资金的高效使用和资产负债的合理搭配，货币市场和债券市场的发展，为国有银行等商业银行大量持有债券、及时调节流动性、降低超额储备水平提供了广阔的空间，截至1999年底银行共持有债券13,000多亿元。1997年，债券资产在银行资产总额中的比重为 5 %，1999年底上升到11%，其中工农中建四家国有独资商业银行持有债券 7,000 多亿元，占四家银行总资产的比重为10%左右。1999年，商业银行资产过于单一的情况已有了明显的改观。货币市场和债券市场交易已成为国有商业银行重要的利润增长点。

第四，为利率市场化提供了基础。我国利率市场化是从货币市场起步的，1996年6月1日人民银行放开同业拆借利率。1997年组建银行间债券市场后，债券回购利率完全由交易双方自行决定。当前债券发行利率也已基本上实现了市场化。我国货币市场和债券市场的市场化利率体系基本形成，为利率市场化进一步深入提供了基础。中央银行取得通过公开市场业务等货币政策工具调控货币市场利率和债券市场利率的经验，为实现利率市场化目标提供了良好的基础。

第五，沟通了货币市场和资本市场。1999年人民银行批准证券公司和基金管理公司进入全国银行间同业市场，批准保险公司在全国银行间同业市场办理债券回购业务，从三个方面沟通了货币市场和资本市场：一是开辟了证券公司合规的融资渠道，为资本市场和证券公司的发展提供了支持；二是货币政策能够通过货币市场影响资本市场，从而使货币政策的作用范围扩大到整个金融市场，有利于更好地实现货币政策目标；三是通过交易主体的沟通使代表我国批发债券市场的银行间债券市场和一些中小投资者参与的证券交易所债券市场相互连接。

三、我国货币市场存在的问题

我国货币市场的快速发展对中央银行努力发挥货币政策作用，实施积极的财政政策，促进金融体制改革的深化等方面都起到了十分积极的作用，在金融体系和国家经济生活中的地位日益重要。随着市场的不断发展，货币市场从金融机构短期资金调节的小市场正逐渐向实现社会资源基础性配置作用的大市场方向转化，社会各界对货币市场和债券市场提出了更高的要求，市场发展面对为社会经济运行提供更大支持的目标，还存在一些不可忽视的问题。

1. 银行间债券市场现券交易不活跃

银行间债券市场的回购交易比较活跃，现券交易在1999年底交易量开始放大，但绝对量仍不够。主要原因是银行间债券市场债券存量的期限结构不够合理，长期债券的比重偏大，中短期债券的比重偏小。由于金融机构对利率长期走势预期不确定，不容易判断长期债券的价值，因此长期债券的现券交易难以成交。1999年财政部和政策性银行发行了一些中短期债券，但由于长期债券的数量较多，债券期限结构不合理的状况仍难以在短期内消除。另外，债券现券交易的税收也是阻碍债券现券交易活跃的因素。

2. 尚未建立商业银行债券托管体系和债券零售市场

1999年银行间债券市场成员持有的债券全部直接集中托管在中央国

债登记结算有限责任公司，而金融机构自身不能作为债券的托管人，这样居民就不能在商业银行等金融机构开立债券托管账户，从而就没有零售债券市场。1999年居民只能购买不能交易的凭证式国债，限制了居民储蓄的转化。

3. 国债发行市场化程度还有待提高

从1999年下半年起，财政部的国债发行方式进行了改革，市场化发债的数量增加，但招标办法还存在很多非市场化的因素，发行利率的产生还不能完全体现资金供求，造成国债发行利率与市场利率脱节，这也是国债现券交易不活跃的一个原因。 而且财政部发行的国债多是8年或10年的长期债券，由于中国的商业银行缺少预测长期利率走势的信心，因此商业银行普遍不欢迎这类长期债券，这也影响了国债的流动性。

四、关于货币市场和债券市场发展的若干设想

随着市场的不断发展，货币市场和债券市场在金融体系和国家经济生活中的地位日益提高，社会各界对货币市场和债券市场提出更高的要求。但在市场发展过程中还存在一些缺陷，银行间债券市场现券交易还不够活跃，银行间债券市场债券存量的期限结构不够合理，尚未建立商业银行债券托管体系和债券零售市场，缺乏债券市场做市商，市场基础设施建设也有待加强。2000年，为支持财政政策和货币政策的实施，需要加快发展货币市场和债券市场。

1. 进一步完善货币市场和债券市场的法规体系

伴随货币市场和债券市场的快速发展，对法规体系建设提出了更高要求。2000年，人民银行将出台有关同业拆借管理等一系列法规，组织全国银行间债券市场成员签署《债券回购主协议》，全面完善货币市场和债券市场的法规体系，为市场进一步快速发展奠定法规基础。

2. 建立银行间债券市场和商业银行柜台债券相统一的场外债券市场

我国的银行间债券市场已发展成为运作规范、安全高效的批发债券市场。目前迫切需要发展我国的零售债券市场。我国商业银行有雄厚的资金实力和广泛的业务网络和成熟的系统内联网，具备办理债券托管结算的条件。以商业银行为主的金融机构对非金融公众金融资产进行债券托管，金融机构以银行间债券市场的价格为依据在柜台报双边价格，非金融公众在商业银行等金融机构柜台进行交易，这种托管和交易方式是

适合我国国情的。2000年人民银行将组织研究建立商业银行的债券托管体系和相应的法规和管理体系，推动银行柜台债券市场的建立。

3. 研究新债券的发行

面临加入 WTO 的挑战，我国商业银行需要按国际惯例进行商业化运作，发行金融债券是一种重要的负债管理形式。人民银行将根据商业银行业务经营的实际情况，研究商业银行发行金融债券等问题。

4. 进一步扩大银行间债券市场的交易主体，建立做市商制度

批准更多的金融机构进入全国银行间债券市场，从事购买债券、债券回购、现券交易业务，促进城乡信用社进入银行间债券市场，使作为批发债券市场的银行间债券市场包括各类金融机构，从而扩大债券认购对象，增加市场交易主体，活跃市场交易。

5. 继续加大公开市场业务的操作力度

2000年，人民银行将继续加大公开市场业务的操作力度，尤其是债券现券交易的操作力度，进一步推动银行间债券市场交易的活跃。

1998－1999年全国同业拆借市场

1998年全国同业拆借市场

1998年，同业拆借市场的运行进一步规范化，交易主体不断扩大，风险防范意识日益提高，公开、公正、公平的交易原则得以发扬，市场利率灵敏度有所提高，但由于较大的风险成本导致跨地区、跨系统资金流动困难，信用拆借空前低迷；与信用拆借不同，债券回购市场虽然运行才一年半，但由于其控制风险的有效性，交易日渐稳健和活跃。

一、市场建设

1998年，为了适应融资中心进入清理后金融机构短期资金融通和头寸管理的需要，人民银行在扩大公开市场操作、加快政策性金融债市场化发行、支持和推动债券回购与现券交易发展的同时，对原二级市场网络的交易成员采取循序渐进的方式，分批吸收入网，迅速扩大了同业拆借市场的交易主体。

1998年4月28日，8家经营人民币业务的外资银行上海分行获准进入全国同业拆借交易网络进行拆借交易、现券交易和债券回购交易。 7 月23日发生了首笔拆借交易： 东京三菱银行以5.88%的价格拆入一笔资金；8月 31 日发生了首笔债券交易：汇丰银行上海分行从中国工商银行上海分行买入 300 万元人民币的国债现券。外资银行参与拆借和债券市场交易，开辟了中外资商业银行人民币资金融通的新渠道，拓宽了资金运营途径，迈出了中外资商业银行金融合作的新步伐。

1998年6月5日，人民银行批准中国银行的 7 家省级分行成为全国银行间市场的成员。自此，中资银行省级分行开始陆续加入全国同业拆借交易网络。

1998年10月12日，人民银行批准保险公司加入全国同业拆借交易网络从事现券交易，这是银行间债券市场首次迎来非银行金融机构的加入，标志着统一货币市场的建设又迈出了重要的一步。

到1998年末，全国同业拆借交易网络的交易成员由年初的61家增加到177家，其中：国有商业银行 15 家，其授权分行66家；各地城市商业银行77家；经营人民币业务的外资银行 9 家；保险公司（只能从事现券买卖业务）10家。

二、市场运行特征

1998年，同业拆借市场运行254个交易日，总计成交2,040.59亿元。其中，信用拆借成交 989.58 亿元，日均成交 3.90 亿元，较 1997 年减少76.25%；现券和回购交易分别成交29.53亿元和1,021.48亿元，日均分别成交0.12亿元和4.02亿元，较1997年分别增加2.38倍和2.28倍。类同1997年，1998年的拆借和回购交易主要以30天以内的资金头寸调剂和短期融资为主。1998年加权平均拆借利率和回购利率分别为6.34%和5.66%，较1997年分别下跌4.60和3.36个百分点。年末，市场拆借余额为74.45亿元，较1997年末减少76.37%，市场回购余额为94.38亿元，较 1997 年末减少28.24%。

1. 信用拆借量大幅萎缩，回购交易日渐活跃

1998年，信用拆借交投非常低迷。1月份日均拆借额5.95亿元，是全年交易量最大的月份，从2月份开始交易量逐月萎缩，5月份降到全年最低，日均拆借额仅为 1.14 亿元。6月份开始，拆借量的增减主要由工农中建等全国性商业银行资金需求的多少所决定，尤其是季度末上缴央行再贷款利息等因素促使每个季度的第三个月拆借量小幅放大。

与信用拆借趋势不同，1998年债券回购交易日渐活跃，交易规模逐渐放大。10 月份，回购交易量首次突破100亿元，11月份增加到174.69亿元，12 月份突破200亿元，成交225.95亿元，相当于同期拆借量的2倍多。

表1.1998年12个月拆借和回购交易趋势比较

交易月份	1997年月日均拆借量（亿元）	1998年月日均拆借量（亿元）	1998年月日均拆借量同比增减幅（%）	1998年月日均回购量（亿元）	1998年月回购量占拆借量百分比
1	29.15	5.95	−79.60	3.64	61.12%
2	16.30	4.02	−75.36	2.31	57.40%
3	24.62	3.54	−85.64	1.38	39.01%
4	19.98	3.30	−83.47	2.79	84.36%
5	28.52	1.14	−96.02	2.59	228.14%
6	22.22	5.30	−76.13	3.09	58.21%
7	18.96	2.93	−84.54	1.73	59.12%
8	8.44	4.38	−48.12	2.72	62.16%
9	7.37	5.33	−27.70	3.97	74.44%
10	9.31	1.98	−78.78	5.55	280.85%
11	4.79	4.22	−11.99	8.32	197.32%
12	7.01	4.49	−35.99	9.82	218.93%

2. 国有商业银行信用拆借笔数少，市场份额大

1998年，各类交易成员在拆借市场上的表现差异非常大。城市商业银行具有拆借笔数多、每笔拆借额小（0.5亿元左右）、价格高、期限短的特点，而国有商业银行相比之下拆借笔数少、每笔拆借额大（5亿元左右）、价格较低、期限较长；外资银行平均一笔拆借额不足1,000万元。国有商业银行拆借笔数占总拆借笔数的比重不足33%，但拆借额占总拆借额的比重超过81.8%；城市商业银行拆借笔数占总拆借笔数的比重超过62.5%，但拆借额占总拆借额的比重不足18%。

表2.1998年各类金融机构拆借情况汇总

	拆入笔数	拆入量（亿元）	平均一笔拆入额（亿元）	拆入余额（亿元）	拆出笔数	拆出量（亿元）	平均一笔拆出额（亿元）	拆出余额（亿元）
国有商业银行	170	845.85	4.98	63.00	164	773.659	4.72	63.19
城市商业银行	316	139.65	0.44	10.90	332	209.340	0.63	11.26
非银行金融机构	12	1.79	0.15	0.00	13	3.990	0.31	0.00
融资中心	4	1.20	0.30	0.00	5	2.490	0.50	0.00
外资银行	14	0.99	0.07	0.55	2	0.004	0.00	0.00
合计	516	989.48	1.92	74.45	516	989.483	1.92	74.45

尤其值得注意的是，工农中建四大国有商业银行的拆借量占市场总拆借量的份额超过67%。

3. 信用拆借集中在北京地区，资金跨地区流动效率低

1998年， 80.75%的拆入量和83.86%的拆出量集中在北京地区。拆借市场跨地区资金流向格局为：北京、上海等地的资金流向广东、深圳等地。资金跨地区流动效率低，以上海地区为例，1997年上海地区向全国其他地区净拆出资金597亿元， 而1998年仅净拆出资金23.80亿元，大量的闲置资金无法或不敢流向外地，市场跨地区资金流动规模大幅下降。

值得注意的是， 深圳地区1997年净拆出资金101.64亿元，仅次于上海和北京， 而1998年资金流向发生逆转，净拆入资金 18.50 亿元，名列资金净拆入地区第二。

图1.1998年全国银行间拆借市场地区净拆借额直方图

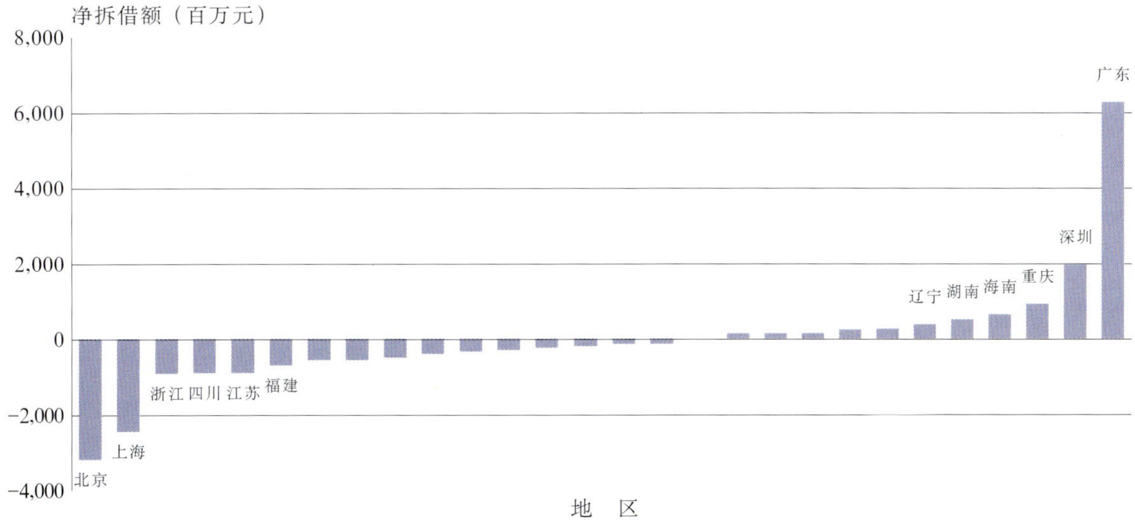

4. 拆借利率高幅振动性下跌，回购利率平稳下降

1997年1月至8月，融资中心尚未开始改制，拆借利率平稳下跌，每连续两个交易日的日均拆借利率平均波动幅度低于0.18个百分点； 1997年9月至12月底， 随着融资中心逐步停止自营， 拆借利率在下跌的同时，振动幅度开始放大，每连续两个交易日的日均拆借利率平均波动幅度达到0.63个百分点。 1998年，拆借利率呈现高幅振动性下跌，每连续两个交易日的日均拆借利率平均波动幅度超过1.05个百分点。

图2.1997年、1998年全国银行间拆借市场
日拆借量和日均拆借利率走势图

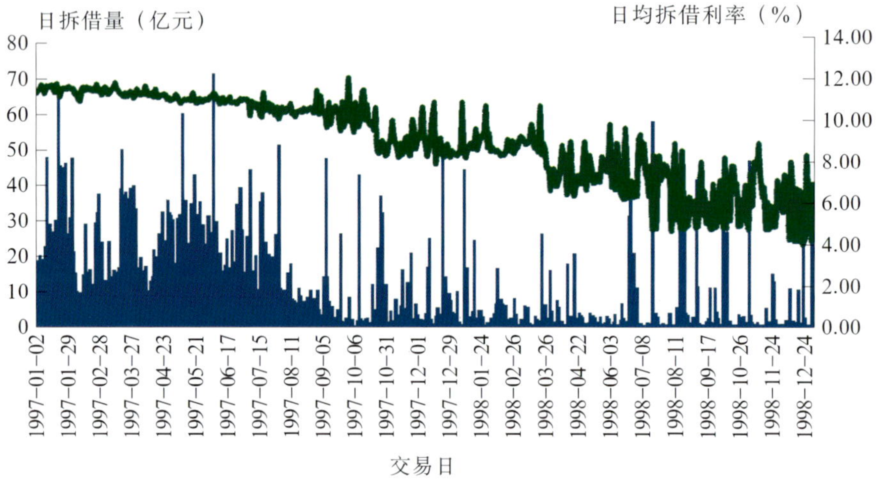

与拆借利率不同， 自1997年6月16日债券市场开始运行以来，回购利率始终呈现平稳性下降，每连续两个交易日的日均回购利率平均波动幅度低于0.26个百分点。

图3.1997年6月16日至1998年末日回购量和日均回购利率趋势图

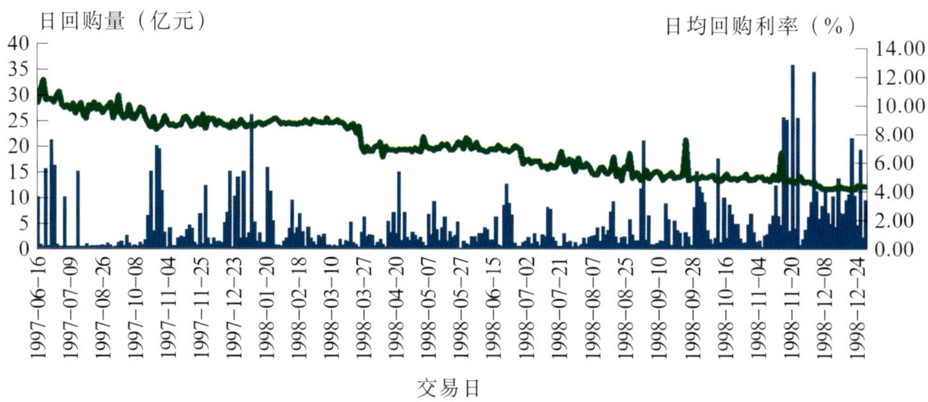

虽然日均拆借利率和日均回购利率下跌的方式差异较大，但月加权拆借利率和月加权回购利率始终保持较强的联动性，两者相关系数高达0.97。值得注意的是，拆借利率一般情况下均高出回购利率，而在6月、7月和8月这三个月，回购利率却分别高出拆借利率0.27、0.57、0.49个百分点，反映出拆借市场资金充足，以及以中国银行为主的全国性商业银行通过大额资金拆入而压低拆入价格的局面。

表3.1998年月加权拆借利率和回购利率联动表

1998年	1月	2月	3月	4月	5月	6月	7月	8月	9月	10月	11月	12月
月加权平均拆借利率（%）	8.70	8.62	8.25	6.92	7.63	6.52	5.18	5.09	5.07	5.18	5.14	4.50
环比增减百分点	0.08	−0.08	−0.38	−1.33	0.71	−1.11	−1.34	−0.09	−0.02	0.12	−0.04	−0.64
月加权平均回购利率（%）	8.66	8.63	8.02	6.81	6.95	6.79	5.75	5.58	4.99	4.85	4.74	4.26
环比增减百分点	0.15	−0.03	−0.61	−1.21	0.14	−0.16	−1.04	−0.17	−0.59	−0.14	−0.11	−0.48
拆借、回购价格差	0.04	−0.01	0.23	0.11	0.68	−0.27	−0.57	−0.49	0.08	0.33	0.40	0.24

5. 市场价格传导中央银行利率政策迅速、有效

1998年，拆借利率和回购利率传导中央银行利率政策非常迅速和有效。3月下旬，中央银行合并准备金账户并降低准备金率，调低银行存贷款利率和对金融机构的存贷款利率。受此影响，4月份的拆借利率和回购利率分别较3月份下跌1.33和1.21个百分点；7月1日，中央银行再次下调存贷款利率，致使7月份拆借利率和回购利率较6月份分别下跌1.34和1.04个百分点；12月7日，中央银行本年度第三次下调金融机构存贷款利率，同时降低了准备金利率和再贷款利率，受此利率政策影响，12月份的拆借利率和回购利率较11月份分别下跌0.64和0.48个百分点。

6. 短期拆借和回购交易活跃，利率跌幅大

1998年，拆借交易量主要集中在7天、30天、60天等品种，回购交易量主要集中在7天、14天两个品种。7天以内的拆借和回购所占市场份额分别为28.42%和37.05%，1个月以内的拆借和回购所占市场份额分别为65.57%和78.36%。各品种的拆借利率和回购利率较1997年均有大幅度的下跌，其中，隔夜拆借下跌5.23个百分点，7天品种回购下跌4.51个百分点，分别列拆借和回购各品种跌幅之最。

表4.1998年拆借市场各品种交易情况（与1997年比较）

	1天	7天	20天	30天	60天	90天	120天
拆借量（百万元）	5,846	22,270.4	14,367	22,395	18,120	10,447.4	5,502.5
日均增减（%）	−78.41	−79.56	−67.56	−60.87	−81.20	−80.57	−80.93
市场份额（%）	5.91	22.51	14.52	22.63	18.31	10.56	5.56
最高利率（%）	8.70	15.60	11.88	11.52	11.52	16.20	16.20
增减百分点	−4.12	1.20	−9.24	−2.88	−4.08	−1.80	−1.80
最低利率（%）	4.50	4.14	4.08	4.26	4.32	4.95	4.95
增减百分点	0.90	−3.36	−4.20	−3.93	−3.96	−3.33	−2.07
加权利率（%）	5.17	6.22	6.98	6.17	6.07	6.75	7.25
增减百分点	−5.23	−4.91	−3.66	−4.92	−4.93	−4.26	−3.35

三、原因分析

1998年，同业拆借市场运行的状况与我国实施的货币财政政策及国内外经济金融形势的发展变化密切相关。

1. 货币政策引导市场利率下跌

1998年，中央银行在运用货币政策调控货币供应量、支持扩大国内需求方面出台的措施之多、频率之高、力度之大，是前所未有的。取消商业银行贷款规模限制，实行资产负债比例管理和风险管理；连续三次大幅度降低金融机构存贷款利率；改革商业银行存款准备金制度；恢复中央银行债券回购业务；增加再贷款、再贴现等。年末，广义货币M_2余额为104,498.5亿元，较1997年末增长15.3%；狭义货币M_1余额为38,953.7亿元，较1997年末增长11.9%；现金流通量M_0余额为 11,204.2 亿元，较1997年末增长10.1%，全年累计净投放现金1,026.5亿元。在中央银行货币政策的引导下，拆借利率和回购利率及时下跌，且下跌力度基本到位。

2. 交易成员风险防范意识提高和市场缺少相应措施的矛盾，导致跨地区、跨系统资金流动困难

1998年，中国农村发展信托投资公司、中国新技术创业投资公司、海南发展银行及广东国际信托投资公司的相继倒闭，在我国金融领域引起强烈反响，东南亚金融危机警钟长鸣，各商业银行在人民银行的监管下，纷纷把自身系统内的风险防范、监控和管理放在首要的位置来抓，更加强调资产的流动性和安全性。由于我国商业银行资产质量和资产负债比例管理水平有待提高，诸类因素给拆借市场带来无法预测的潜在信用风险，而市场缺少有效防范和补偿风险的措施，缺少相应的交易法规，使得交易成员们对交易心存顾虑，被迫采取回避拆借市场、提高系统内资金调剂能力和加强系统内风险管理的经营策略，拆借市场跨地区、跨系统资金流动因此大幅萎缩。

同时，交投清淡和信用风险引起的拆借利率高幅振动特性，使拆借交易更加低迷。拆借利率受交易主体特性的影响过大，不能有效反映资金供求关系，连续交易日相同期限的拆借利率不具备连续性、可比性，因此以昨天的拆借利率水平来推断今天的拆借利率变化意义不大，即昨天的拆借利率水平对今天的资金拆借价格定位借鉴意义不大。在这种情况下，许多交易成员依然拿昨天的价格来定位今天的资金拆出价格，导致许多该成交的交易没有成交，使低迷的拆借市场交易更加清淡。

3. 交易成员聚类分割，资金跨地区、跨系统流动效率进一步降低

由于资产规模、区域分布及历史背景、经营策略的不同，各交易成员在货币市场上的表现差异非常大，通过市场行为自发聚成五大类，呈现出显著的聚类分割特点：

全国性商业银行总行绝大多数集中于北京地区，资金实力雄厚，同时又是中央银行公开市场操作一级交易商。这些银行由于相互比较了解，相互之间达成调剂资金余缺的默契，因此组成一个相对封闭的交易集体。由于资金余缺的同向性，以及对防范信用风险的高度重视，这类银行只是偶尔情况下才参与拆借市场交易。然而，1998年，工农中建等数量极少的几笔拆借却成为拆借市场维持一定交易规模的决定性因素。值得一提的是，工农中建四大国有商业银行凭借自身的优势和相互间的默契，仅仅依靠拆借市场就可以实现调剂资金头寸余缺和短期融资的高效率、低成本，回购市场相对而言较高的托管成本和清算成本，在这四家银行的经营策略中不如拆借市场来得方便，因此参与回购交易不是很活跃。

区域性商业银行总行分布于不同地区，资产负债比例管理的意识和质量比较高，资金运用灵活，为了生存积极进取，追求资产效益最大化。因此，经常产生资金需求，参与货币市场调剂资金头寸余缺和短期融资的积极性和迫切性较强。1998年，这类交易成员是正常情况下真正的资金需求方，但拆入资金较困难，主要通过回购的方式融入资金。但是，资金多的银行券多、资金少的银行缺券的矛盾限制了这类银行回购融入资金的有效性。

正式加入全国同业拆借网络的 9 家外资银行上海分行，虽然人民币存款的规模越来越大，且有几家资本金已从3,000万元增至1亿元，但与1997年一样，外资银行的存款仍然以活期为主，难以满足贷款的期限需求和流动性需求，因此，出现了较1997年更多的资金盈余。但是，由于受国际金融危机的影响，1998年外资银行，尤其是日资银行，一改1997年积极进取、追求资金效益最大化的经营策略，将流动性、安全性放在第一位，利润放在第二位。为了防止出现流动性不足的情况，外资银行大多将存款存放中央银行。虽然外资银行之间以及和中资银行之间发生了几笔拆借和债券回购交易，但基本上不是出自资金业务的需要，而是为了熟悉一级市场网络的交易程序做一点象征性的尝试，与1997年的交易情况大不相同。

以前，商业银行省级分行作为二级市场网络的交易成员，拆借行为主要受余额的上限控制。加入一级市场网络后，其总行不仅对其进行了更严格的余额限制，而且增加了地区和交易对象的限制，一般情况下总行只允许其省级分行与当地的少数几家银行进行拆借和债券回购交易。如工农中建交等几家大的全国性商业银行总行只允许其省级分行与当地的工农中建交分行及外资银行进行交易，中国工商银行总行授权其上海分行的交易对象为交通银行上海分行、中国农业银行上海分行、中国建设银行上海分行、中国银行上海分行及外资银行上海分行，即使上海银行和上海浦东发展银行都不在授权之列，由此可见总行对其分行参与货币市场的限制之严格。1998年，省级分行中只有中国工商银行上海分行与几家外资银行上海分行通过全国同业拆借交易网络发生了几笔象征性的拆借和债券回购交易，其他省级分行均无交易发生。

城市商业银行经营范围局限于一个城市，除上海和北京外，其他城市商业银行普遍资金规模小，抗风险能力相对较弱，因此运用资金非常谨慎。尽管普遍资金盈余（广东地区除外），却尽量避免通过拆借市场拆出资金，主要通过逆回购融出资金。1998年，城市商业银行一直是银行间债券回购市场上的主要资金供给方。

总的来看，1998年，同业拆借市场在困难中发展，市场逐步规范，但效率有待提高。

1998－1999年全国同业拆借市场

1999年全国同业拆借市场

1999年，银行间同业拆借市场的建设步伐进一步加快，市场交易趋向活跃，货币政策效应表现明显。在中国人民银行的领导下，货币市场交易网络不断延伸，交易成员大幅增加，继续向规范、有效的方向发展。

一、市场建设成果显著

年初，戴相龙行长在中国人民银行工作会议上提出，1999年要大力培育货币市场。在中国人民银行各级分、支行的直接支持和市场参与者的共同努力下，银行间同业拆借市场的发展速度进一步加快。

1. 市场成员大幅增加，种类趋向多样

1999年，中国人民银行继续有计划地增加银行间同业拆借市场成员。1月2日，中国人民银行出台了关于拓宽农村信用联社资金融通的政策，开始批准农村信用联社入市； 8 月19日，开始允许证券投资基金和证券公司经申请，并经中国证监会推荐和中国人民银行批准进入银行间同业拆借市场；12月底，首家投资银行——中国金融公司入市。与此同时，一些商业银行也加大了授权分行入市的力度。截至1999年底，银行间同业拆借市场的已经批准入市的市场成员达到319家，较1998年底增加143家，增长幅度约81%（见表 1 ）。成员大幅增加和入市机构种类多样化，有助于逐渐突破银行间市场原有的供求单向的格局，从而促进市场的活跃。

表1.银行间同业拆借市场成员结构

市场成员	数量	市场成员	数量
国有独资银行	4	保险公司	12
股份制商业银行	10	证券公司	7
政策性银行	2	基金	15
城市商业银行	84	农村信用联社	19
商业银行授权分行	74	投资银行	1
外资银行	11	其他	80
		合计	319

注:（1）“农村信用联社”是经人民银行总行批准入市的，属于交易成员。（2）“其他”是指经人民银行分支机构批准的各地农村信用联社，属于系统用户。

2. 债券发行规模不断扩大，市场化发债机制进一步完善

财政部、国家开发银行、中国进出口银行通过银行间市场发债的规模不断扩大，发行机制进一步创新。尤其国家开发银行在政策性金融债券的发行方面比较活跃，1999年年初新发行 3 个月和半年两种期限的短期债券；发债的期限涵盖短中长期，结构比较合理；继续市场化发行，在记账式基础上，新推出贴现式和浮动利率式两种债券；尝试多种形式的发行招标方式。截至1999年12月底，当年财政部通过银行间市场累计发行国债11期，金额达2,097.6亿元，两家政策性银行通过银行间市场累计发行政策性金融债券16期，金额达1,570亿元（见表2）。

通过银行间市场发行的国债和政策性金融债券都在银行间市场上市交易，银行间市场的债券存量和品种大大增加。截至1999年底，中央国债登记结算有限责任公司托管的各类债券余额已经达到13,264.61亿元，其中，国债 6,695.76 亿元，政策性金融债券 6,174.60 亿元，特种金融债32.14亿元， 中央银行融资券118.92亿元，企业债券240.19亿元。除了特种金融债和企业债券，其他债券都可以在银行间市场上交易。

截至1999年底，银行间市场共有可供现券买卖和回购的债券共36种，其中国债19种，政策性金融债券16种，还有中央银行融资券 1 种只可用于债券回购。

表2.1999年国债和政策性金融债券的发行情况

	国债发行				政策性金融债发行
	凭证式	记账式		定向国债	记账式
发行场所	—	银行间	证交所	—	银行间
发行次数	3	11	2	1	16
发行额（亿元）	1,529	2,097.6	328.4	60.03	1,570
发行对象	个人投资者	银行间市场成员	社会各类投资者	保险公司	银行间市场成员
期限	3年，5年	2年，3年，5年，7年，8年，10年	8年，10年	7年	3个月，6个月，1年，2年，3年，5年，7年，10年

主要资料来源：(1)《上海证券报》1999年12月27日江小震《发行市场气象新，流通市场走势平——从今年国债市场特点看明年国债市场发展趋势》；(2)2000年1月4日《中国经营报》。

3. 公开市场操作力度不断加强，对市场的影响逐步扩大

公开市场的债券操作自1998年5月26日恢复以来， 操作力度不断加强。1999年中国人民银行进一步扩大了公开市场业务，实现了增加基础货币供应、满足商业银行流动性需要、适当引导货币市场利率下降的操作目标，对银行间市场的影响作用日益增强。

4. 市场基础建设不断完善，风险防范能力得到强化

在中国人民银行的指导下，银行间同业拆借市场的基础建设进一步完善。一是全国银行间同业拆借中心在重点解决了计算机2000年问题的基础上，对交易网络和交易系统软件进行了多次升级和扩容，系统的安全性、便利性和可扩容性大大增强。1999年交易网络已经可以联接到县一级金融机构，一个以37个大中城市为节点、覆盖全国金融机构的统一交易网络已经基本形成。二是全国银行间同业拆借中心开发推出了交易信息系统，并在此基础上初步推出了服务于人民银行大区行的市场监管信息系统，大大增强了市场信息的透明度，提高了市场防范风险的能力。三是债券结算系统和资金清算系统不断完善，中央国债登记结算有限责任公司在第四季度推出了服务于代理行业务的二级债券托管账户，增强了市场有效防范债券清算风险的能力。

二、市场规模扩大，交易量大幅上升

1999年，银行间同业拆借市场运行251天，累计成交达7,326亿元，日均成交 29.2 亿元，其中信用拆借日均成交13.1亿元，债券回购日均成交15.8亿元，现券买卖日均成交0.3亿元。信用拆借和债券回购的总余额为652.6亿元，较1998年同期增加287%（详见表3和图1）。

表3.1999年银行间同业拆借市场概况

	1999年 交易额（亿元）	1999年 交易量（笔数）	1999年 未清偿余额（亿元）	1999年 加权平均利率
信用拆借	3,291.6	563	486.1	3.067%
同比	233%	9%	415%	-52%
债券回购	3,956.9	3,552	166.5	3.039%
同比	287%	219%	124%	-46%
现券买卖	77.4	75	—	—
同比	133%	79%	—	—

1999年，银行间同业拆借市场的运行呈现出以下三个主要特点:

1. 市场趋向活跃，交易规模不断放大，融资利率继续大幅下降

年初以来，银行间同业拆借市场交投趋向活跃，交易规模不断扩大。1至12月，市场累计成交4,190笔交易，同比增长151%，成交金额则较去年增长258%。其中债券回购尤其突出，其1999年的累计交易笔数已经达到 3,552 笔，较去年增加了2倍有余，交易额较去年更增长287%。而且，银行间市场的债券交易（包括现券买卖和回购，下同）规模与沪深证交所的国债交易规模的差距在逐渐缩小，1998年两个市场交易额之比为1:20，今年则达到了约1:4。

受公开市场业务招标利率不断下降、中央银行降息和下调存款准备金率等诸多因素的综合影响，货币市场利率延续近两年来的下降走势。1999年，银行间市场上信用拆借和债券回购的加权平均利率分别为3.0670%和3.0394%,较去年分别下跌52%和46%，且跌幅较去年增加。

图1.1999年银行间市场同业拆借与债券回购的

月度成交额与加权平均利率走势图

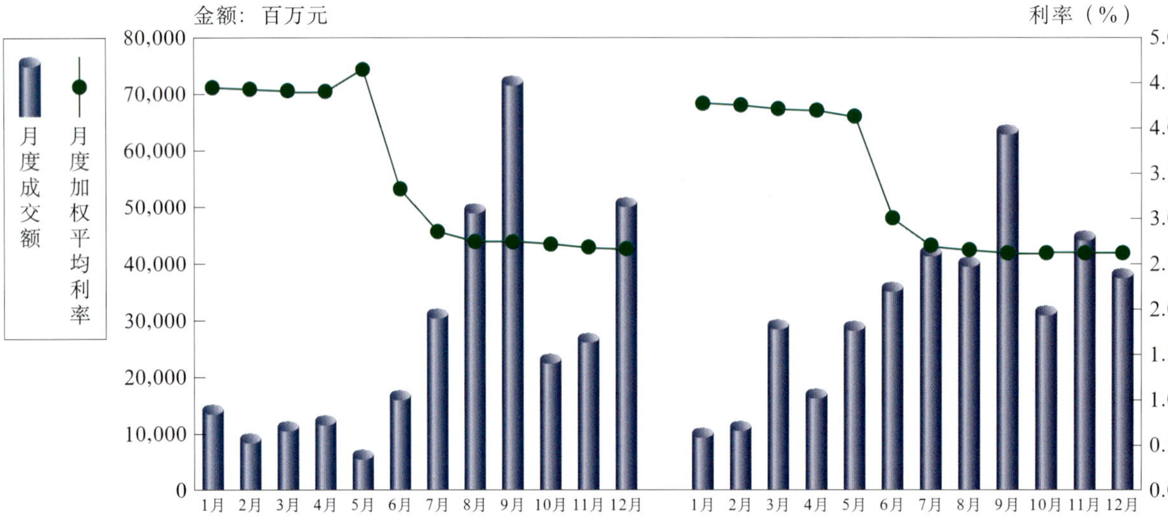

注：图中左面为信用拆借，右面为债券回购。

2. 债券回购成为市场主流，信用拆借集中于大银行

1999年有大批中小金融机构入市，一方面增加了市场上的实际交易需求，另一方面也在一定程度上因参与者的资信状况不一和信息透明度不高或信息不对称而加大了交易的风险。债券回购因有高信誉度的债券作为抵押，安全性相对较高，故受到众多市场成员的青睐，并且成为中小金融机构融资的首选。1999年，债券回购的交易额占到市场54%的份额，超过了信用拆借，开始成为银行间市场的主流。而且，就债券回购的交易额而言，商业银行总行及其授权分行所占份额最大，为52%；城市商业银行其次，为44%；非银行金融机构（包括农村信用联社、保险公司、证券公司和基金管理公司等）最低， 只有4%。 就融资方式而言，商业银行总行及其授权分行的债券回购额与信用拆借额之比为1:1.5，城市商业银行为15:1， 而非银行金融机构则为1.4:1。这表明，银行间债券回购交易的最积极参与者是城市商业银行。

另一方面，信用拆借越来越向大银行集中。从上面分析也可以看出，商业银行总行及其授权分行虽也参与债券回购，但更主要是参与信用拆借。其信用拆借额占市场的份额不断提高，1999年的份额为93%，较1998年提高约11个百分点。而且，受银行特别是大银行的交易规模相对较大的影响，1999年信用拆借的交易笔数虽变动不大，但单笔交易额却大幅增加，其全年单笔交易额平均达到5.8亿元，较1998年增长205%，而同期债券回购的单笔交易额平均只有1.1亿元，与1998年基本持平。因此，客观存在的风险和金融机构的风险意识的普遍提高这两个主要因素导致了信用拆借越来越向大银行集中。

现券买卖不活跃的格局虽没有本质改变，但年底出现的变化为其来年的发展增抹了一丝亮色。现券买卖1999全年交易额仅占市场份额的1%。自10月份起，随着中央银行加大了现券的公开市场操作力度，银行间市场上的现券买卖出现了少有的活跃，10月至12月三个月的交易额分别为7.8亿元、29.2亿元和23.4亿元，分别较9月份增长8.8倍、35.5倍和28.3倍。现券买卖流动性较差，其原因是多方面的，与金融机构在资金头寸普遍宽松情况下对债券的超额需求、现券买卖要交税和参与者的持券分布结构不合理等因素有很大的关系。但不容忽视的是，这种状况的存在不仅已在很大程度上制约了银行间市场的进一步发展，而且给银行间市场带来了潜在的风险，对中央银行的公开市场操作的有效性也带来间接的影响。

3. 融资期限继续短期化，债券回购偏向7天和14天品种，信用拆借以7天和60天品种为主

1个月以内的短期融资（包括信用拆借和债券回购）出现了较大幅度的增长，其比重从1998年的72%上升到1999年的77%。其中，在债券回购中，7天和14天两个期限品种的交易额最大，其市场份额分别为41%和24%，较1998年分别增加约4个和6个百分点。而相比于债券回购，信用拆借的期限相对偏长，7天和60天依次是两个交易额较大的期限品种，且两者规模相差不大，而隔夜拆借的交易额与1998年相比出现了大幅增长，幅度高达5倍。

融资期限的缩短，在一定程度上表明，银行间同业拆借市场的流动性正在逐步增强，而信用拆借与债券回购之间存在的期限差异也在一定程度上反映了两种交易方式在当前情况下的流动性的高低差异。

附录:

表4.1999年同业拆借、债券回购前10名市场成员排名表

拆借额	拆入额	拆出额	净拆入额
中国银行	中国银行	中国建设银行	中国银行
中国建设银行	中国农业银行	中国工商银行	中国农业银行
中国工商银行	中国银行深圳分行	招商银行	中国银行深圳分行
中国农业银行	中国建设银行	中国工商银行深圳分行	广东发展银行
中国银行深圳分行	广东发展银行	中国农业银行	中国民生银行
招商银行	中国民生银行	国家开发银行	北京市商业银行
中国工商银行深圳分行	国信证券	中国建设银行深圳分行	中国工商银行深圳分行
国家开发银行	广发证券	北京市商业银行	招商银行
中国工商银行上海分行	中国工商银行上海分行	中国工商银行上海分行	中国工商银行
中国建设银行深圳分行	国家开发银行	交通银行	中国建设银行

表5.银行间市场交易额前10名地区排名表

拆借额	净拆入额	回购额	净正回购额
北京	广东	北京	广东
深圳	湖南	上海	湖南
上海	重庆	江苏	重庆
广东	辽宁	深圳	辽宁
湖南	北京	广东	北京
辽宁	贵州	浙江	贵州
江苏	安徽	福建	安徽
重庆	湖北	山东	湖北
湖北	深圳	湖北	深圳
安徽	上海	天津	上海

回购额	正回购额	逆回购额	净正回购额
中国工商银行	中国银行	中国工商银行	中国银行
南京市商业银行	南京市商业银行	上海银行	中信实业银行
北京市商业银行	中信实业银行	交通银行	南京市商业银行
中国银行	北京市商业银行	北京市商业银行	深圳市商业银行
上海银行	深圳市商业银行	中国建设银行	广东发展银行
中国建设银行	广东发展银行	浦东发展银行	中国建设银行
交通银行	杭州市商业银行	南京市商业银行	浦东发展银行
中信实业银行	中国光大银行	无锡市商业银行	上海银行
浦东发展银行	福建兴业银行	招商银行	交通银行
杭州市商业银行	中国建设银行	常熟农村信用联社	中国工商银行

注：(1)表4和表5中的净拆入额是指拆入额减去拆出额，净正回购额表示正回购额减去逆回购额。 (2)两张表中“净拆入额”和“净正回购额”两列的前5位是净融入资金额（正数）最大的5家市场会员或地区，后5位是净融出资金（负数）最大的5家市场会员或地区。 (3)其余各列表示依该列标题排序的前10名市场成员或地区。

1997－1999年全国银行间债券市场

1997年全国银行间债券市场

一、市场建设

1997年6月以前，在证券交易所的回购市场上，由于非银行金融机构被允许进入，因此，回购市场是银行资金流向非银行金融机构的重要渠道。在股市旺盛时，回购市场上的短期利率很高，特别是当新股发行时，短期利率更是涨幅惊人。这往往抑制了国债本身的投资价值。更重要的是，一些机构利用国债回购市场买空卖空，形成债务链，扰乱了正常的金融秩序。1997年6月，为了防止股市过热，中央银行规定了商业银行不得进入证券交易所的回购交易市场，同时开办了商业银行间的回购市场。自此，各商业银行退出了在上交所、深交所等证券交易场所中的回购业务，改在银行间债券市场上从事国债、政策性金融债、中央银行融资券等券种的回购和现券业务。至1997年底，银行间债券市场已运行半年，实践证明，银行间债券回购市场的建立，在规范资金融通行为、防范金融风险、降低融资成本上发挥了积极作用。

二、市场概述

从1997年6月市场启动至1997年底，在128个营业日中，中央国债登记结算有限责任公司为与债券结算系统联网的31家商业银行和城市合作银行办理了276笔交易结算业务，交割量为 476.66 亿元。其中：现券结算10笔，使用了 3 个品种国债，交割量为8.696亿元；回购首期结算165笔， 交割量为298.51亿元，7个回购品种均有发生；回购到期返售101笔，交割量为178.15亿元，所有到期结算指令全部履约。

从交易规模看，在31家商业银行和城市合作银行中，中国银行排名第一，债券交割额为178.8亿元，占总量的58.2%，中信实业银行排名第二，债券交割额为46亿元，占总量的14.97%。

从使用的工具看，以国债为质押品进行回购的交割额为70.76亿元，占总额的2.83%； 以政策性金融债为质押品进行回购的交割额为227.75亿元，占总额的74.13%。

从1996年四季度开始，随着银行持有的国债逐步从交易所转入中央国债登记结算有限责任公司托管，以国债作为质押品进行回购融资的量逐渐增大。在1997年9月份以前的3个半月中，国债交割额仅为8.2亿元，占交割总额的7.68%；10月份为4.5亿元， 占当月交割额的5.43%；11月份猛增为26.58亿元， 占当月交割额的56.45%；12月份为40.18亿元，占当月交割额的56.92%。

在商业银行使用的回购工具中，中国银行用金融债进行回购的债券额最大，为 177.3 亿元，占政策性金融债交割总额的77.85%。中国建设银行用国债进行回购的债券额最大，为32.5 亿元，占国债交割总额的44.68%。

三、运行特征

（一）利率分析

从运行初始至年底，银行间债券市场回购利率呈平稳下滑势态。自6月16日市场运行至7月4日，回购利率在10%－12%之间，最高点在6月20日，利率为11.6%，回购期限为2个月，资金融入方是成都城市合作银行，融出方是投资银行；自7月7日至10月17日，回购利率在9%－11%之间；自10月20日至12月8日，回购利率在8%－10%之间，最低点在11月28日，利率为8.245%，回购期限4个月，资金融入方是中国银行，融出方是上海城市合作银行；自12月10日至12月底，回购利率在9%以下。

1997年，银行间债券市场回购利率呈现出两大特点：一是中长期回购品种跌幅较深，以2个月品种跌幅最大，为26.216%，其次为4个月品种，跌幅为22.918%。原因是这两个回购品种的期初利率较高，均为11%以上，随着商业银行资金逐渐宽松，利率呈平稳下滑势态，这与同期同业拆借市场中长期品种利率大幅波动有很大区别。另一特点是短期回购品种利率跌幅不大，7天品种利率跌幅为5.352%；14天品种利率跌幅为14.504%，这两个回购品种的利率均在8%－11%之间，与上交所短期回购利率的上下跳跃又成鲜明对比。此现象表明银行间债券市场更具规范性，需求较为平稳。

（二）交易量分析

1997年，银行间债券市场的交易量呈两头热中间凉的格局。市场运行初期，商业银行刚从交易场所退出，转在银行同业间债券市场运作，充分感受到这一新兴市场融资成本低、风险小的优越性，热情很高。从6月16日至7月8日仅15个营业日，交割量达76.3亿元，占全年交割量的25.56%。但由于当时结算成员较少，只有16家商业银行和2家城市合作银行参与交易，市场主体单一，资金需求的趋同性很大，交易日趋清淡。从7月9日至10月22日的74个营业日内，交割量仅36.87亿元，占全年交割量的12.35%。随着市场的发展，新的城市合作银行陆续加入市场，到1997年底结算成员已发展到61家，参与交易的有31家。市场的活跃程度有所改善，交割量明显增加。从10月23日至12月31日的50个营业日内，交割量达169.46亿元，占全年交割量的56.77%。

在7个回购品种中，2个月品种交割量最大，为59.9亿元，占全年交割量的20.7%；其次是4个月品种，交割量为52.58亿元，占全年交割量的17.61%。而在上交所回购市场，短期回购品种的交易量占绝大比例。此现象表明商业银行之间的资金需求与非银行金融机构的资金需求有很大不同。

（三）资金流向分析

1. 全国性商业银行总行资金流向分析

最大资金融入行是中国银行，净融入资金175.2亿元，占净融入资金总量的69.01%；其次为中国建设银行，净融入资金26.31亿元，占净融入资金总量的10.36%；第三为投资银行，净融入资金17.7亿元，占净融入资金总量的6.97%。

最大资金融出行是交通银行，净融出资金41.7亿元，占融出资金总量的16.42%；其次为中信实业银行，净融出资金40亿元，占净融出资金总量的15.75%；第三为中国农业银行，净融出资金29.3亿元，占净出资金总量的11.54%。

2. 地区性城市合作银行资金流向比较

资金流入最多的地区为广东地区，流入资金共14.08亿元，占资金流入总量的5.5%。其中包括：广州城市合作银行融入资金10.58亿元；广东发展银行融入资金1.9亿元；珠海城市合作银行融入资金1.6亿元。其次为四川地区，流入资金共10.8亿元，占资金流入总量的4.25%。其中包括：成都城市合作银行融入资金5.8亿元；重庆城市合作银行融入资金5亿元。

资金流出最多的地区为上海地区，流出资金共45.58亿元，占资金流出总量的17.97%。其中包括：上海城市合作银行融出资金41.58亿元，占融出资金总量的16.38%；浦东发展银行融出资金4亿元。

北京城市合作银行融出资金20亿元，占融出资金总量的7.88%。

1997年银行间债券市场交割量统计表

日期／品种	7天		14天		21天		1个月	
	交割量（万元）	平均利率（%）	交割量（万元）	平均利率（%）	交割量（万元）	平均利率（%）	交割量（万元）	平均利率（%）
6月	150,000	10.220	100,000	10.080	200,000	10.295	2,000	10.965
7月	155,000	10.045	103,000	9.730			3,000	9.240
8月	3,000	9.000	10,000	9.861			3,000	9.000
9月			10,000	9.840			6,500	10.020
10月	24,000	9.049	54,000	9.156			140,000	8.398
11月	77,000	8.620	40,000	9.247	3,000	8.821	62,000	9.076
12月	1,000	9.673	80,000	8.656	54,000	8.616	190,000	8.500
总计	410,000		397,000		257,000		406,500	

	2个月		3个月		4个月		现券		总计	
	交割量（万元）	平均利率（%）	交割量（万元）	平均利率（%）	交割量（万元）	平均利率（%）	交割量（万元）	平均利率（%）	交割量（万元）	平均利率（%）
	17,000	10.603	5,000	10.756	5,000	11.310	11,000		490,000	10.257
	19,000	9.983	60,000	9.751	100,000	9.900			440,000	9.890
	3,000	9.900	23,000	9.681			43,000		85,000	9.642
	18,000	9.118	5,000	9.600	10,000	10.548	2,960		52,460	9.720
	256,000	8.406	170,200	8.688	183,750	8.692			827,950	8.594
	83,000	8.638	83,800	8.782	122,000	8.307			470,800	8.685
	203,000	8.631	42,823	9.004	105,000	8.734	30,000		705,823	8.638
	599,000		389,823		525,750		86,960		3,072,033	9.110

1997－1999年全国银行间债券市场

1998年全国银行间债券市场

1998年银行间债券市场共运行252个营业日， 78家城市合作银行参与了债券交易结算业务。中央国债登记结算有限责任公司在1998年共办理2,181笔交割业务，债券交割量为2,082.51亿元,其中回购首期交割1,105笔， 交割量为1,009.55亿元； 回购到期交割1,035笔，交割量为1,042.24亿元；现货交割41笔，交割量为30.72亿元。年平均利率为5.685%。

一、规则出台，市场更趋规范

银行间债券市场成立初期，人民银行颁布了一些市场规定，中介服务机构也制定了交易结算试行规则。经过一年多的实践，这些业务规则发挥了很大的作用。但随着业务的发展，初时制定的业务规则有些已不适应当前业务的需要。例如当初制定的债券交易的交割日为交易日的下一个营业日， 即T+1交割制度。在业务进行中，越来越多的结算成员为了防范交割风险， 要求实行T+0交割制度。但当时没有正式的规章制度出台，前台与后台的交割时间不统一，影响了交易结算业务的效率。1998年，政策性银行发行债券初期没有统一的发行管理办法，各家发行债券不规范、不统一。1998年11月，中央银行核准下发了《银行间债券交易结算规则》（试行）、《银行间债券交易规则》（试行）和关于印发《政策性银行金融债券市场发行管理暂行规定》的通知，明确了债券发行交易结算制度，实现了前后台的统一，对一级市场和二级市场均起到了规范作用。

二、公开市场操作，货币政策传导显现

1998年5月，人民银行恢复了公开市场业务，有力地促进了银行间债券市场的发展。公开市场业务恢复初期，货币政策的传导作用并未充分显现出来，市场持观望态度，而且由于当时市场资金需求不旺，中央银行向市场释放资金，市场的反应不很明显，5月至8月的债券交割量仅占全年交割总量的21.7%。进入9月份以后，随着政策性金融债的大量发行，资金需求加大，债券交割量逐月增加。中央银行通过公开市场操作，来调控和引导25家公开市场一级交易商在市场的交易，并传递和影响银行间债券市场债券交易结算业务，中央银行公开市场操作的债券回购利率，成为银行同业间债券回购利率的指标性利率。1998年，公开市场一级交易商已发展到29家，初步形成了以公开市场操作为核心，一级交易商为骨干，广大银行与农村信用联社参与的银行间债券市场。

三、市场参与者，数量不断扩大

银行间债券市场结算成员在1998年初只有79家，并且只有国有商业银行、全国股份制商业银行和城市合作银行。到1998年底结算成员已发展到118家，其中包括国有商业银行4家，全国股份制商业银行11家，城市合作银行76家，商业银行授权分行9家，外资银行8家，保险公司6家，通过认购政策性金融债券进入银行间债券市场的农村信用联社达201家。

交易主体的增加，尤其是吸收保险公司等非银行机构加入市场，有利于市场的供求平衡和交易的活跃。虽然受到一些条件的限制，保险公司、授权分行与外资银行、农村信用联社所做的业务尚不多，但随着市场的发展，相信这些机构将为市场注入新的活力。

四、银行机构，内部管理加强

1998年，商业银行在进行债券交易结算业务时，认识到防范风险的重要性，因此进一步加强了内部管理。例如：一些商业银行增设处室，从事债券交易结算业务；还有一些商业银行在原有机构的基础上增加业务人员，把前后台人员分开，改变过去由一个交易员同时做前后台业务的局面，把风险控制在最低限度。

五、一级市场，债券发行市场化

1998年银行间债券结算系统为国家开发银行和中国进出口银行发行了7期政策性金融债券， 期限有3个月、1年、2年、3年，累计发行额达410 亿元，财政部向商业银行议价发行了90亿元国债。政策性金融债由计划摊派到市场化发行，受到结算成员的普遍欢迎。市场化发行债券是通过招标和议价方式确定利率和承销额，降低了发行成本，尊重商业银行的合法权益。商业银行可根据自身的经营状况，通过债券招标购进政策性金融债，可以不断优化自身的债券资产，调整资产结构，保证了资产的多元化，降低了银行的经营风险。

六、二级市场，活跃程度增加

1998年中央银行推出了适当增加货币供应量的一系列措施，比如取消对国有商业银行贷款限额控制，改革存款准备金制度，降低存款准备金率，并三次降低存贷款利率等等，这些措施对活跃债券市场起了很大的推动作用。经过调整，利率结构基本合理， 6 个月以内商业银行贷款利率为6.12%， 中央银行对金融机构存款利率为3.24%， 银行间债券市场 1998年 12 月份的平均回购利率为4.303%，介于贷款利率和中央银行存款利率之间，并更接近中央银行存款利率。整体利率分布基本上达到了高收益高风险、风险低收益也低的效果。1998年10月份，中央银行又推出增加银行间债券市场交易品种的新举措， 增加了6个月、 9个月和1年的债券回购交易品种，以适应商业银行的多种短期融资需求。

1998年银行间市场的债券交割量同1997年相比有较大幅度的增长， 1997 年债券交割量平均每月为 43.89 亿元， 1998 年平均每月交割量为 86.69 亿元，增加幅度为97.52%。而交割量放大主要表现在1998年的下半年，从 7 月份开始，交割量每月递增，10月份首期交割量首次突破百亿元，为118.79亿元； 11月份首期交割量为174.46亿元；12月份首期交割量为231.98亿元。第四季度首期交割量占全年首期交割量的50.49%。直接原因是财政部、政策性银行在 9 月份以后集中向商业银行发行了约1,600亿元的债券，一级市场债券的集中增量发行，导致商业银行增加短期资金头寸的需求，刺激了商业银行在二级市场的交易，第四季度的债券交割量放大较为明显。

1998年债券交割量排名在前三位的商业银行是：北京市城市合作银行、投资银行、南京市城市合作银行，它们分别占债券交割总量的13.18%、11.23%和9.85%。值得一提的是，城市合作银行在债券市场中表现相当活跃，1997年城市合作银行的交割量占债券交割总量的49.54%，最具代表性的城市合作银行如北京市城市合作银行、南京市城市合作银行、杭州市城市合作银行等大城市合作银行，市场意识较强，开始发挥了做市商的作用，为市场双边报价，提供流动性。

结算成员通过一年来的运作，切身体会到银行间债券市场为商业银行盘活存量资产、加速资金周转、扩大资产收益创造了良好条件。同时，银行间债券市场发挥了以债券为质押的资金拆借功能，在风险控制方面更具有优势，成为商业银行运作资金的优良场所。

七、问题犹存，市场仍须完善

1998年银行间债券市场虽然发展较快，但也暴露出一些问题，最为突出的是市场的结构依然分散，结算成员由于缺乏沟通的渠道，业务范围局限性很大。商业银行甚至一些大的商业银行对货币市场的作用尚认识不清，市场参与意识还不强，组织准备工作不足。因此商业银行要突破传统计划经济的发展模式和不规范的市场经济模式，把发展货币市场业务作为整体战略来考虑，是当务之急。1998年市场活跃的部分原因是靠少数几家商业银行自发地充当做市商来实现的，如果它们减少在债券市场的交易，市场的活跃程度便有所降低，所以经纪人和做市商的建立成为市场迫切的需求。

明确农村信用社在货币市场中的地位，解决好农村信用社参与债券认购交易结算的渠道，吸引更多的农村信用社加入市场。另外，还应吸收一些证券基金和资信良好的财务公司、证券公司入市。可以考虑建立货币市场债券基金。

为了防范结算风险，结算成员对钱券对付（DVP）的要求更加迫切，对质押式回购的法律地位也应进一步明确。

银行间债券市场是国民经济发展的综合反映，表现为资金供应过剩而合理需求不足，该市场有巨大的潜力。应继续加大通过银行间债券市场的国债和政策性金融债的发行量，使该市场为实现国家的财政政策和货币政策发挥更大作用。

1997－1999年全国银行间债券市场

1999年全国银行间债券市场

1999年是银行间债券市场加速发展的一年，随着规模的扩大，银行间债券市场已经成为发债筹资，优化金融资产结构，贯彻实施财政政策与货币政策的重要场所。在主管部门、市场主体及中介机构的共同培育下，市场在稳健运行中孕育出蓬勃的发展生机。

一、一级市场取得突破性进展

为贯彻中央关于继续实行积极的财政政策，支持基础设施建设以拉动内需的方针，1999年财政部和政策性银行在银行间债券市场公开与定向发行债券面值达3,817.6亿元。其中，财政部发行国债11期，面值2,097.6亿元，占全年国债发行量的52.24%和记账式国债的87.4%。这11期国债有7期采用协议方式发行，3 期通过债券发行系统招标发行，1 期定向发行，发行量比例分别为74.3%、10%和15.7%；国家开发银行发行金融债券16期，面值1,580亿元，其中13期为招标发行，3期为定向发行，发行量各占84.2%和15.8%；中国进出口银行招标发行金融债券共3期，面值140亿元。政策性银行已结束了摊派发行政策性金融债券的历史。

债券品种趋于丰富。从债券期限上看，最长为10年，最短为6个月。5年至10年期限债券面值为2,545.6亿元，占总量的66.7%，1年至 5 年以下期限债券面值为972亿元，占25.5%，1年期以下的短期债为300亿元，占7.8%。从付息方式上看，固定利率附息债券1,597.6亿元，占41.8%，

浮动利率附息债券1,860亿元，占48.7%，贴现债券300亿元，占7.8%，到期一次还本付息债券 60 亿元，占1.6%。这种期限与付息方式的变化初步改变了长期以来债券品种较为单纯的状况，在一定程度上优化了发行体的债务期限结构和认购人的资产组合。

债券招标发行体制逐步完善。1999年全年在银行间债券市场发行的30期债券中有19期是通过债券发行系统采用市场化招标方式发行的，发行数量为1,850亿元，占总量的48.5%。在招标发行中，发债体根据每期债券的特点和对当时市场情况的分析，组合采用了数量招标、利率或利差招标和价格招标、设底价和不设底价、连续或不连续投标以及单一价位和多重价位中标确认等招标技术，使发行结果更加能够体现市场主体的意愿，成功完成了每期招标发债的任务。值得一提的是，财政部第 9 期国债是我国债券发行史上首次同时使用竞争性和非竞争性招标发行的债券。中央国债登记结算有限责任公司通过参与招标发债的业务和技术操作支持工作，形成债券发行、登记和托管各业务环节的一体化，并辅之以中国债券信息网及时到位的信息发布，既保证了招标发债过程的效率性和安全性，又降低了发行费用。中国人民银行适时颁布了《政策性银行金融债券市场化发行管理办法》，并对每次政策性银行金融债券的招标发行均派观察员到场，使招标过程得以在公开、公平、公正的“三公”原则下有序进行。在各方的协同努力下，通过一年多的探索，债券招标发行逐步形成了一整套简捷有效、秩序井然的标准化工作程序，为今后定期、连续、滚动高频率发行短期债券奠定了基础。

债券承销商开始发挥积极作用。一些具有债券承销资格的金融机构市场意识较强，利用其可直接参与债券发行投标的优势，积极建立相对固定的债券分销客户网络，拓展批发业务。在提高自身债券承销能力和增加收益的同时，为一些中小金融机构解决了资金出路的问题，提高了其资金效益，同时也促进了债券一级市场和二级市场范围的扩大。

二、二级市场交易日趋活跃

银行间债券市场自1997年6月16日开通以来，同业间单边债券交割量逐年放大，1997年为307.2亿元，1998年为1,042.27亿元，1999年为4,047亿元，以200%以上的速度递增。

在1999年的258个交易日中，中央国债登记结算有限责任公司共办理同业间债券交割业务7,198笔，债券交割量7,805.58亿元，较1998年交易笔数增加230%，交割量增加275%。其中回购首次交割3,587笔，交割量3,949.08亿元，较1998年交割笔数增加225%，交割量增加291%；回购到期交割3,504笔，交割量3,758.13亿元，较上年交割笔数增加239%，交割量增加261%；现货交割107笔，交割量98.37亿元，较上年交割笔数增加161%，交割量增加220%。日均交割14笔，为1998年的近3倍，日均交割量为15.69亿元，是1998年的4倍。单笔额度较1998年有所放大，平均每笔交割债券面值为1.08亿元。二级市场呈现以下几个主要特点:

1. **短期回购品种的比重较大。** 3个月以内的回购品种首期交割笔数为3,536笔，占总笔数的98.58%，首期交割量为3,897.92亿元，占回购首期交割总量的98.7%，其中7天以内的回购首期交割笔数为1,455笔，占回购首期交割总笔数的40.57%，首期交割量为1,620.86亿元，占回购首期交割总量的41.04%；8天到14天的回购首期交割笔数为712笔，占回购首期交割总笔数的19.85%，回购首期交割量为930.64亿元，占回购首期交割总量的23.57%。可以看出，14天以内的回购首期交割量占首期交割总量的六成以上。

2. **现券交易开始增加。** 进入10月份以后，市场现货交易结算开始逐步放量，1999年前3个季度的现货交割量为20.55亿元，第四季度为77.82亿元，占全年现货交易量的79%。这与中央银行公开市场业务操作加大投放基础货币的力度以及南京市商业银行、北京市商业银行积极开展双边报价业务有密切的关系。尽管如此，1999年全年的现货交割量增长幅度仍远低于回购业务。

3. **城市商业银行成为市场中的生力军。** 城市商业银行市场意识较强，其全年债券交割量达3,554.29亿元，占债券交割总量的43.91%。1999年城市商业银行在活跃银行间债券市场和传导中央银行货币政策等方面发挥了较为突出的作用。

4. 回购利率走势紧随中央银行利率政策变化。 中央银行公开市场业务回购利率的变化对银行间债券市场的回购利率走势起着指导作用。一般情况下，银行间债券市场的平均回购利率基本保持略低于28天公开市场回购利率的水平运行。1999年1月至5月银行间债券市场平均回购利率基本保持在4%，变化甚微，6月份受到降息影响，平均回购利率降至3.144%，7月份下降至2.711%，此后的几个月中平均回购利率下降幅度明显趋缓，12月份降至全年最低点2.631%。全年的回购平均年利率为3.073%，较1998年下降45.95%。

5. 债券流动性有所提高。 银行间债券市场开通运行两年多来，与上交所国债交易相比，从流动性技术指标上看一直存在着较大差距。但如果从发展的角度来看，1998年银行间债券市场换手率为0.1419，1999年提高到0.3957，1999年较1998年提高了178%，在交易量增加的同时，换手率也接近于同步提高。

三、银行间债券市场1999年取得较大发展的原因分析

1. **市场运作方式逐渐得到参与者认同。**银行间债券市场开通初期，参与者对逐笔成交的交易方式不习惯，总是与交易所的集中撮合相比较，感到前者操作麻烦。经过一段时间后，参与者逐渐认识到这种货币市场的交易方式对于处理大宗交易业务、调节短期头寸、降低交易成本、保证交易价格及控制结算风险等方面具有独到的优势，参与者数量逐渐增多，1999年参与二级市场交易的机构为157家，比1998年的78家增加了1倍。

2. **交易主体市场意识开始觉醒。**一部分商业银行和农村信用联社已经通过参与银行间债券市场找到了新的安全的业务与效益的增长点。中国工商银行1998年未参与债券交易，1999年以885.93亿元的债券交割量排名榜首；城市商业银行中有 7 家交易量排名在前20位内，其中南京市商业银行、北京市商业银行、上海银行和杭州市商业银行分别以债券交割量673.78亿元、615.93亿元、507.73亿元和271.16亿元位列第2、第3、第6和第9。南京市商业银行和北京市商业银行的债券交割笔数和交割量超过诸多资产规模远大于它们的全国性商业银行，并积极开展双边报价业务，为市场发展进行了有益探索；1999年，农村信用联社也异军突起，交易潜力初步显现，共有50家农村信用联社参与债券交易，全年债券双边交割量为356.03亿元，占债券双边交割总量的4.4%。其中以常熟、东莞、海安等为代表的部分农村信用联社市场意识较强，业务开展积极。在排名榜中，这 3 家农村信用联社分别名列第17、21和43名，甚至超过个别一级交易商。

积极的市场参与者在促进市场发展的同时，也实现了可观的经济效益，有的机构一名从事债券业务的员工所创的效益甚至与一个支行的效益相当。

3. **市场参与者成份渐趋多元化。**继1998年中国人民银行批准外资银行、保险公司等机构加入银行间债券市场之后，1999年又相继批准了农村信用联社（283家）、部分投资基金（20只）和证券公司（7家）入市交易。市场参与者已涵盖商业银行总行及其授权分行、保险公司、证券投资基金、证券公司、农村信用联社以及外资银行、外资保险公司等众多类型的金融机构。

1999年下半年，部分证券投资基金和证券公司被批准入市交易，这些机构的加入为货币市场和资本市场架起了桥梁，虽然交易量不大，但影响深远。

4. 市场交易工具数量增加。截至1999年底，在中央国债登记结算有限责任公司托管的债券达13,261.61亿元，比上年同期增长29.8%，约为全国金融资产的 10%。其中，可流通的债券数量为 10,229.28 亿元，较1998年底增加了 2,886.01 亿元，增长幅度为39.3%。二级市场的流通筹码进一步增加。

5. 中国人民银行的政策推动力度加大。银行间债券市场作为中央银行公开市场业务的基础性市场和货币政策传导机制载体，几年来得到了中国人民银行的精心培育。1999年，中国人民银行制定和颁布了若干规定和管理办法，指导完善了各项基础设施建设，对银行间债券市场的建设和发展起了决定性的作用。1998年，中国人民银行根据政策需要加大公开市场操作力度，特别是增加了现券买入量，直接促进了一级市场和二级市场的进一步活跃，公开市场业务回购利率也对市场回购利率起到了重要的引导作用。

尽管在市场发展中仍然存在着一些问题，但我们有理由相信，在主管部门和市场有关各方的共同培育下，银行间债券市场必将健康成长。

四、市场发展存在的问题

1999年银行间债券市场进行了大量的内部建设和整体规划工作，不仅使市场交易水平上了一个新的台阶，同时也为市场今后的发展制定了较为明确的方向，开拓了广阔的空间。应当说，1999年银行间债券市场的进步是有目共睹的，但距离其发展目标还有不小的差距。

展望2000年，市场将重点围绕加速出台政策法律规则、健全核心市场运作机制、扩大货币市场外延和继续加强金融基础设施系统建设这四个主题开展业务，主要包含以下几方面的工作:

1. 市场交易规则和法律制度应抓紧出台。市场的发展需要相应的交易规则及法律制度的制约。因此，对于主管部门和中介服务机构来说，制定新的交易规则和进一步细化现有的交易规则是一项极为紧迫的工作。

2. 继续完善银行间债券市场机制，建立代理行制度。目前，银行间债券市场交易者局限于存款机构、保险机构、股票基金和少量的证券公司，其他金融机构和工商企事业单位不能入市，这是限制债券交易进一步活跃的重要因素之一。对于中小型金融机构和工商企事业机构投资人，应由市场中信誉较高、有业务能力的商业银行等金融机构为其提供代理报价和代理结算服务。中央国债登记结算有限责任公司的债券簿记系统和业务服务已具备了提供代理行托管和结算业务的技术支持，亟待有关政策的出台。

3. **促进货币市场向广度发展，建立债券柜台交易市场。**债券柜台交易主要是为债券个人投资者和中小非金融机构投资人提供的交易方式，货币市场中的银行间债券市场与柜台交易市场应是互通的统一市场，银行间债券市场将因有柜台交易市场而更具活力，柜台交易市场也会在银行间债券市场的支持下而有可靠的发展依托。

4. **完善托管、交易和结算等基础设施建设。**业务的发展不仅需要法规的约束，还应有完备的系统支持。因此，目前所使用的中央债券综合业务系统也需要不断的完善和改进。

5. **增加货币市场工具种类。**目前，银行间债券市场中可流通的债券有国债、中央银行融资券和政策性金融债三大类，品种还是较为单一的。今后，应将商业银行、证券公司发行的金融债券、企业债券、商业银行大额存单（CD）和商业票据等纳为货币市场的交易工具。

6. **加强舆论宣传、培训教育和理论研究。**目前，银行间债券市场进入了高速发展的阶段，在这一时期应加强舆论宣传力度，使社会各界对市场概况有一个客观的了解。同时，对交易成员进行及时的业务培训和对市场的发展进行深入的理论研究等工作也应同时进行。

7. **充分调动和运用人民银行各大区行的金融监管职能，健全市场监控体系。**

8. **更加灵活有效地使用公开市场业务操作，充分发挥其货币市场调控功能。**

9. **加强市场中介机构的服务意识，提高其服务层次和水平。**

1998－1999年公开市场业务

1998年公开市场业务

一、1998年公开市场业务开展情况

（一）操作情况

中国人民银行于1998年5月26日恢复公开市场业务债券交易。截至1998年底，当年人民银行共进行了36次操作，累计融出资金1,761.3亿元，净投放基础货币701.5亿元，占人民银行总资产的比例从年初的0上升到2.22%，成为1998年人民银行投放基础货币的重要渠道。

1. **从交易品种看**，正回购成交量为1,720.5亿元，其中：14天、28天、91天、182天和364天5个品种的成交量分别为322.2亿元、1,047.6亿元、299.3亿元、48.9亿元和2.5亿元，5个品种的未到期余额分别为300.5亿元、172.5亿元、136.3亿元、48.9亿元和 2.5 亿元。现券交易量为人民银行单向买入债券40.8亿元，其中建设国债35亿元，政策金融债5.8亿元。

图1.1998年公开市场业务债券交易价量图

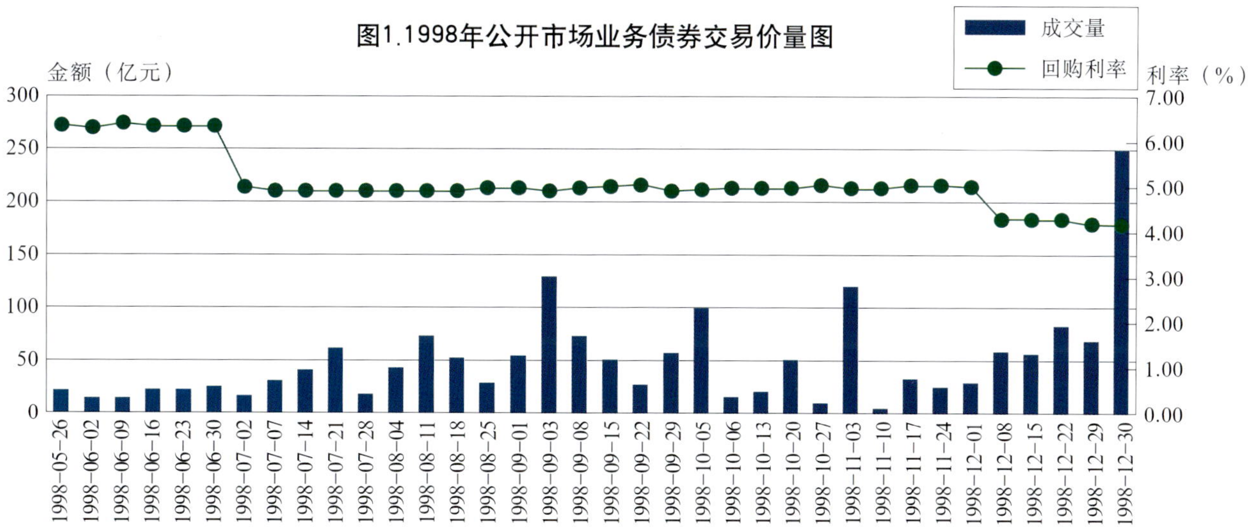

2. 从交易工具看，国债、中央银行债券和政策金融债的成交量分别为735.9亿元、38.4亿元和987亿元。

3. 从交易对象看，一级交易商积极参加，在29家一级交易商中，参加交易的有22家，其中中国银行、中国农业银行和中国工商银行的成交量分别为 565 亿元、350亿元和300亿元，分别占总成交量的32%、20%和 17%， 排名前三位。从交易对象性质来看，国有独资商业银行成交1,215亿元， 股份制商业银行成交435.5亿元，城市商业银行成交110.8亿元。

4. 分月来看，公开市场业务债券成交量逐月增加。5月和6月当月的成交量分别为18.1亿元和89.1亿元，从 7 月份起，每月的成交量均在160亿元以上，特别是9月和12月，债券成交分别达到384亿元和537.8亿元。

（二）操作特点

1. 操作目标明确。根据货币政策需要，1998年人民银行公开市场业务的操作目标确定为适度增加基础货币供应，满足商业银行流动性资金需要，适当引导货币市场利率下降。

2. 交易对象有所增加。人民银行公开市场业务实行一级交易商制度，选择了一些实力雄厚，资产质量较好，资信较高，并能进行大额债券交易的商业银行作为公开市场业务的交易对象。1996年启动公开市场业务时， 公开市场业务债券交易对象只有14家商业银行，1998年5月26日恢复债券交易时，公开市场业务交易对象为25家，12月份又增加到29家，其中： 国有独资商业银行4家，股份制商业银行11家，城市商业银行14家。

3. 交易工具不断扩展。1996年人民银行启动公开市场业务时，使用的交易工具只有财政部当年发行的短期国债。1998年恢复公开市场业务债券操作，人民银行把国债、中央银行融资券和政策性金融债纳入交易工具之列，大大拓宽了公开市场业务交易工具范围。1998年底，在中央国债登记结算有限责任公司开设的债券托管账户总数为490户， 托管的债券总额已达 10,210.34 亿元之多， 其中： 人民银行持有的债券资产近

2,900亿元， 一级交易商持有的债券资产总额也有6,000亿元，这为人民银行充分利用公开市场业务债券操作，吞吐基础货币，调控货币供应量提供了广阔的空间。

4. **交易品种极大丰富。**1996年启动公开市场业务时，只有正回购一个交易品种，期限品种也只有7天、14天和21天3个短期品种。1998年为了充分满足商业银行中短期的资金需求，积极配合财政政策的实施以及政策性银行融资方式的改革，人民银行不仅增加了国债和市场化政策金融债的现券买断交易品种，还进一步丰富了正回购期限品种，先后开设了14天、28天、91天、182天和364天5个品种。

5. **交易方式有所完善。**1996年公开市场业务只采用了底价利率招标方式，1998年人民银行又增加了固定利率数量招标和底价价格招标两种交易方式。为突出体现货币政策意图，加强引导货币市场利率下调，1998年人民银行以固定利率数量招标交易方式为主。

6. **适时下调回购招标利率。**人民银行在确定公开市场业务债券回购招标利率时，主要考虑三方面的因素：一是如何通过回购利率水平体现中央银行货币政策意图；二是如何防止各种利率的错位，避免商业银行不合理的套利行为；三是如何处理回购利率与中央银行基准利率、商业银行存贷款利率、货币市场利率之间的关系。基于1998年公开市场业务的操作目标，人民银行均以低于同档次再贷款利率水平但高于存款准备金利率水平的利率开展公开市场业务，并配合下半年两次利率的下调，根据市场的变化情况，适时下调招标利率。公开市场业务1998年最高成交加权平均利率为6月9日的6.38%， 最低成交加权平均利率为12月30日的4.23%。

7. **招标数量大幅度增加。**1996年公开市场业务每次的招标量一般在1亿－2亿元， 最多为5亿元。1998年公开市场业务恢复初期每次的招标量为20亿元，之后根据货币政策需要和商业银行资金状况，逐步调增至40亿元、60亿元、80亿元，甚至更多，充分满足了商业银行的头寸需求。

（三）采取的措施

为保证公开市场业务的正常进行，人民银行采取了以下措施:

1. 制定公开市场业务债券交易方案，对债券交易的对象、工具、方式、品种、基本规则及债券交割和资金清算等事项作了明确规定。

2. 制定《公开市场业务债券交易操作规程》，明确了债券交易操作事项的请示及指令下达的程序，完善了内部控制制度。

3. 设计、开发了公开市场业务债券资产电子会计核算总账和明细账，加强对债券资产的核算和管理。

4. 为解决在债券回购交易中因债券品种繁多、期限不一、不便于大额交易的矛盾，对公开市场业务和货币市场债券回购交易采取过渡性办法，对政策性金融债券交易券种进行归并。在进行回购交易和结算时，公开市场业务回购所融资金按回购债券面值 1:1 折算，银行间债券市场回购所融资金与回购债券面值比例由交易双方自行商议确定。随后，根据实际操作的需要，在进行公开市场业务招投标时，又采取了不指定债券交易的措施，从操作技术上保证了公开市场业务交易效率的提高和操作力度的加大。

二、1998年公开市场业务开展情况分析

（一）历史回顾

我国公开市场业务是从外汇操作起步的。1994年，我国进行了外汇体制改革，实行了银行结售汇制度，实现了人民币汇率并轨，建立了全国统一的银行间外汇市场。为维护人民币汇率的稳定，促进银行间外汇市场的稳步发展，1994年 4 月，人民银行正式进入银行间外汇市场，开展外汇公开市场业务，进行外汇买卖。1994年 4 月至1997年底，人民银行在外汇市场上累计买入外汇近 1,200 亿美元，增加了国家外汇储备，保持了人民币汇率的基本稳定。

1996年 4 月，人民银行又试办了债券公开市场业务，以财政部当年发行的短期国债为交易工具，进行了7天、14天和21天3个期限品种的正回购交易。当年共进行了26次交易，成交总额为21.8亿元，初步建立起了公开市场业务运作框架，并积累了一定的操作经验。

根据我国实际情况，参照国际惯例，在总结1996年实际操作经验的基础上，1997年中国人民银行制订并颁布了《公开市场业务暨一级交易

商管理暂行规定》，审批了25家公开市场业务一级交易商，确立了我国公开市场业务一级交易商制度。同时，修订了公开市场业务有关制度和办法，完善了公开市场业务交易系统和统计系统，为以后扩大公开市场业务奠定了良好的基础。

（二）1998年恢复公开市场业务的背景

1998年，人民银行取消了对商业银行贷款规模的限额控制，改革了存款准备金制度，三次调低了存贷款利率。这些措施增强了金融机构信贷供给能力，有利于扩大货币供应，同时，也促进了人民银行对货币信贷总量的调控向间接方式的转变，相应也就迫切需要建立起能够代替规模管理进行总量控制的间接货币政策工具。

与其他货币政策工具相比，作为总量调节的间接货币政策工具，公开市场业务具有主动、灵活、快捷、公平和作用范围广的特点。中央银行可以充分控制操作规模，可以经常、连续地进行操作，对货币供应既可进行微调，也可进行较大幅度的调整，而且还可以随时逆转操作方向，以使金融运行不至产生强烈的震动；还可通过对长、短期债券的不同操作，影响利率水平和利率结构。

从货币市场的发展情况来看，自1997年6月银行间债券市场开办以来，银行间同业市场不断发展，交易主体不断增加，交易日趋活跃，利率弹性增强，已逐步成为商业银行调剂头寸的首选和主要场所。特别是在中央国债登记结算有限责任公司托管的可在银行间债券市场交易的债券种类和数量大量增加，为人民银行开展公开市场业务提供了必要条件。

为了保证1998年经济增长目标的实现，人民银行陆续出台了一系列货币政策措施。作为1998年重要的货币政策措施之一，人民银行于5月26日恢复公开市场业务，加大操作力度，灵活有效地管理基础货币，保证商业银行增加贷款的资金需要，支持经济发展。

（三）实际效果

从1998年货币政策执行情况看，公开市场业务作为1998年重要的货币政策措施之一，与其他货币政策措施协调、配套，实现了货币政策要求，成为1998年人民银行增加基础货币供应的重要渠道，这标志着取消对商业银行贷款规模限额控制之后，人民银行金融宏观调控手段由直接方式向间接方式的转化迈出了重要的一步。公开市场业务作为总量控制的一种市场化货币政策工具，在1998年货币政策操作中充分体现了其主动性、灵活性、时效性和公平性的特点，对增加中央银行基础货币、扩

大货币供应量、促进经济增长发挥了重要作用，取得了较为明显的效果，主要表现在以下几个方面:

1. 实现了公开市场业务操作目标，进而实现了货币政策操作的要求。 1998年公开市场业务实现了其增加基础货币供应、满足商业银行流动性需要、适当引导货币市场利率下降的操作目标。1998年，在人民银行再贷款、外汇占款增幅大幅度下降的情况下，通过公开市场业务渠道净投放基础货币 700 多亿元，有效地增加了货币供应；同时，向商业银行累计融出资金 1,760 多亿元，适时满足了商业银行的资金需求，为商业银行增加贷款创造了良好的外部宏观环境；另外，配合下半年两次利率下调，在公开市场业务操作中，人民银行以低于同档次再贷款利率的利率水平招标，通过货币市场的传导，适当引导银行间拆借利率和债券回购利率的下降。银行间市场成交量较大的 7天期品种的同业拆借利率和债券回购利率分别从 5 月份的 6.60% 和 6.57%下降至 12 月份的 4.22%和 4.16%。

图2.1998年银行间市场利率走势图

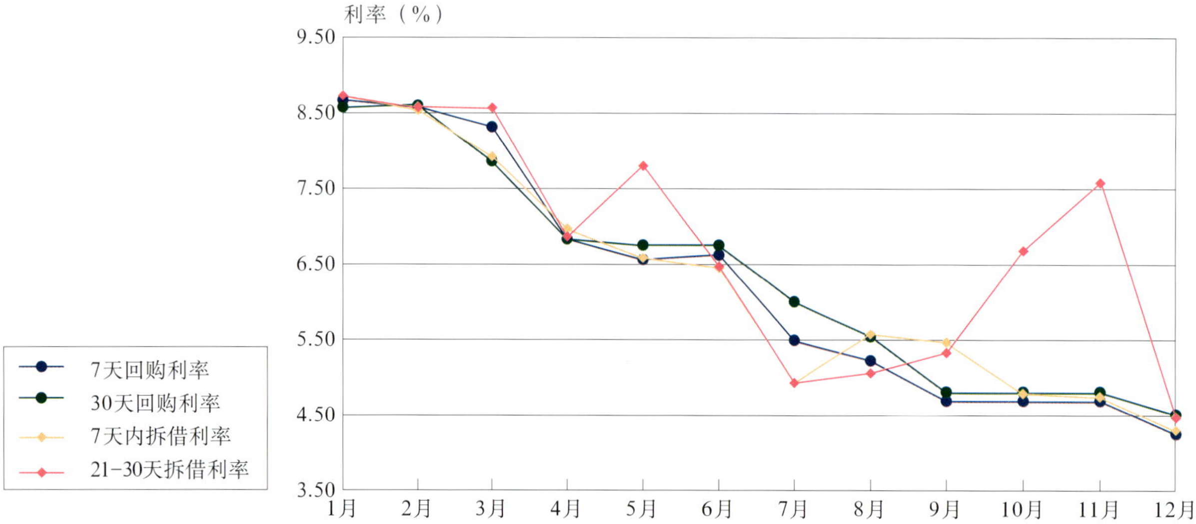

2. 初步形成了通过公开市场业务进行货币政策传导的机制。人民银行实行公开市场业务一级交易商制度，适时增加一级交易商，扩大公开市场业务的影响广度，初步建立了通过公开市场业务传导货币政策的框架。为便于货币市场成员及时了解中央银行公开市场业务信息，加快货币政策操作意图的传导，人民银行定期向银行间同业市场成员发布公开市场业务信息公告，公布公开市场业务债券交易利率、价格等信息；人民银行还倡导和鼓励一级交易商在银行间同业市场积极代理中小金融机构融通资金，传导中央银行货币政策意图；货币市场利率，尤其是债券回购利率对商业银行流动性状况和人民银行货币政策操作的灵敏度越来越强；一级交易商通过参与公开市场业务，强化了经营意识，加强了内部资金管理，对货币政策信号的反应渐趋灵敏。

3. 配合财政政策的实施，减少财政政策的"挤出效应"。中央银行公开市场业务是货币政策和财政政策的结合点。1998年，为确保经济增长目标的实现，人民银行在进行一系列货币政策调整的同时，还积极配合财政政策的实施。财政部1998年5月中旬向商业银行发行了420多亿元专项国债，人民银行适时于5月26日恢复公开市场业务，把专项国债作为公开市场业务操作工具之一，与商业银行开展正回购交易，向商业银行融出资金。为配合1998年建设国债的发行，人民银行通过公开市场业务及时向国有商业银行融通资金，保证了1,000亿元建设国债的顺利发行；同时，及时批准1,000亿元建设国债上市流通并作为公开市场业务操作工具；更为重要的是又于9月中旬开办了公开市场业务现券交易，买进建设国债，满足商业银行增加贷款的资金需要，减少财政政策的"挤出效应"。另外，为补充国有独资商业银行资本金而发行的2,700亿元特别国债，其上市流通问题也正在研究之中。

4. 大大推动了银行间债券市场的发展。人民银行通过公开市场业务，有效促进了债券一级市场的发展。人民银行以政策金融债为公开市场业务操作工具，并开展政策金融债的现券交易，增强了政策金融债的流动性，促进了国家开发银行和中国进出口银行共计410亿元政策金融债市场化发行的顺利进行，降低了政策性银行发债利率和筹资成本。公开市场业务的开展，还激活了债券二级市场，市场交易程度日趋活跃，成交量自1998年8月份起不断放大，10月份成交量首次突破100亿元大关，达到118亿元，11月份增至175亿元，12月份又冲高至225亿元。债券二级市场全年回购成交量达到1,021.48亿元，现券成交也有30.5亿元。

三、1998年公开市场业务发展中遇到的问题及展望

（一）制约因素和需要解决的问题

1998年，人民银行公开市场业务迈出了可喜的一步。同时也应该看到，在人民银行金融宏观调控由直接方式向间接方式的转化过程中，公开市场业务的发展还受到诸多因素的制约，一些问题需要逐步解决。

1. 货币政策框架和传导机制还制约着公开市场业务的发展。经济金融变革时期，我国以市场为导向的货币政策框架和传导机制的建立还有相当一个过程，货币政策目标、中介目标、操作目标、操作工具和传导机制的确立和有机组合尚处于探索之中，从而制约了公开市场业务作为一种市场化货币政策工具所应发挥的作用。

图3.1998年银行间债券回购成交图

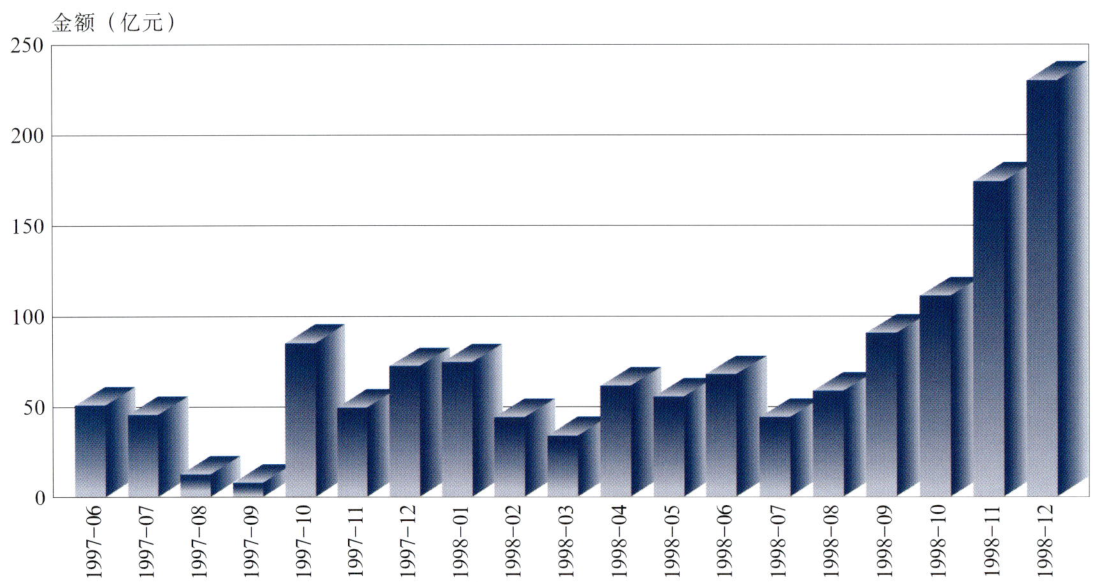

2. 我国利率市场化程度不高，在一定程度上抑制了公开市场业务效用的发挥。从一些国家的经验来看，短期利率是公开市场业务最为理想的操作目标。但由于我国利率市场化程度不高，商业银行存贷款利率和大部分债券发行利率都实行管制利率，利率缺乏一定的弹性，从而决定了我国中央银行公开市场业务操作缺乏清晰的、科学的操作目标，影响了公开市场业务操作的实际效用。

3. 我国货币市场尚处于起步阶段，公开市场业务通过货币市场的传导还有一定局限性。货币市场是公开市场业务操作的基础。近年来，人民银行采取多种措施，加快货币市场建设步伐，初步建立起了统一、规范的货币市场，为加大公开市场业务操作力度奠定了一定的基础。但是，我国货币市场毕竟还处于起步阶段，还存在诸如市场交易方式和交易主体过于单一、交易工具简单、缺乏市场中介组织等问题，致使市场交易不活跃，传导中央银行货币政策意图无论在时效方面还是在广度和深度方面都不能适应要求。

4. 债券结算系统、资金支付体系以及债券交易清算方式不能满足公开市场业务发展的需要。统一、高效的债券结算系统和资金支付体系是发展债券场外交易市场的必备条件。公开市场业务是通过对一级交易商的债券操作，影响市场的资金活动和债券价格，进而影响商业银行的信贷行为，调节社会货币供应量，如果没有统一、安全、高效、快捷的债券托管和资金支付体系的保证，不仅会给公开市场业务债券交易带来不便，使得货币政策信号的传导不能及时到位，也使商业银行不能有效地预测和管理资金头寸，提高资金运营水平和化解支付风险。另外，由于我国现行资金支付体系相对落后，而且债券结算系统与之又未实行联网，公开市场业务和银行间市场的债券交易实行的还是纯券交割方式（即债券的交割统一由中央国债登记结算有限责任公司办理，而资金清算则通过人民银行电子联行系统进行），造成债券交易的债券交割和资金清算不能同步进行，既存在一定的风险隐患，又制约了一些交易品种和交易方式的发展，不能适应公开市场业务和银行间市场的发展。

（二）展望

1999年，为保持国民经济的持续、快速、健康的发展，我国仍将实行积极的财政政策和适当的货币政策，扩大内需，以刺激经济增长。作为财政政策和货币政策结合点的公开市场业务，人民银行要积极创造条件，采取有力措施，充分发挥这一货币政策工具的特点，适时、适度增加货币供应，满足经济发展的需要。

1. 加强货币政策工具的相互协调，推动公开市场业务的进一步发展。 货币政策工具的选择和使用是以一定的经济制度和金融环境为基础的，随着经济金融条件的变化而不断更新和发展。我国正处于经济转轨和金融改革的重要时期，金融宏观调控体系需要不断完善和发展，对金融调控的方式也提出了新的要求。1998年，人民银行取消了贷款限额控制，改革了存款准备金制度，这些措施的实施推动了中央银行直接调控方式向间接调控方式的转变。为适应这种转变，人民银行将进一步协调各种货币政策工具的使用，更多地发挥作为市场化货币政策工具的公开市场业务应有的作用。

2. 加强对银行体系流动性的管理，保证公开市场业务操作的准确性和有效性。 商业银行流动性是公开市场业务操作的重要依据。中央银行通过吞吐基础货币，调节商业银行的流动性，进而影响商业银行系统的贷款能力，达到控制货币供应量、实现货币政策目标的目的。准确预测和分析商业银行流动性状况，对提高货币政策操作效率非常重要。人民银行要不断完善基础货币规划，加强对经济、金融形势的预测和分析工作，注重对商业银行头寸变化情况、货币市场和股票市场的日常监测与分析，综合考虑再贷款、外汇操作、现金投放回笼情况、财政收支变动、金融市场等因素对流动性的影响，根据金融形势的发展和变化，及时调整公开市场业务债券操作方向和力度，保证基础货币的适度供应，避免货币供应量大幅度波动，为国民经济发展创造一个适度宽松的金融环境。

3. 加强一级交易商管理，完善一级交易商制度。 人民银行在加强一级交易商管理，严格一级交易商的市场准入和退出的基础上，进一步扩大一级交易商成员，选择规模较大、管理规范、资产质量和内部风险控制较好，在货币市场上交易活跃，有利于货币政策信号传导的金融机构同人民银行进行债券交易，增强公开市场业务对货币市场影响的广度和深度，促进货币市场的进一步发展，完善中央银行的间接调控机制。

4. 扩大交易限额，适时增加交易频率，灵活运用各种交易方式。 1999年，根据货币政策需要和商业银行资金情况，应进一步扩大每次操作交易限额，适时增加每周交易次数，同时灵活运用底价利率（价格）招标、固定利率（价格）数量招标、边际利率（价格）中标和实价利率（价格）中标等多种招标方式和中标方式，不断强化市场资金供求的均衡利率发现机制，促进利率的市场化水平。

5. 要不断完善债券托管结算系统和资金支付体系。逐步改进公开市场业务和货币市场债券交易结算方式，尽早实现债券交割与资金清算同步的全额实时结算方式（RTGS），提高市场流动性，防范和化解市场风险。加强债券托管结算系统与资金清算系统联网的技术研究与准备工作，尽快实施债券托管结算系统与资金清算系统的联网，第一步先从纯券结算方式（FOP）过渡到钱券对付方式（DVP），然后再创造条件最终实现国际债券市场普遍推崇的全额实时结算，在此基础上，配套建立自动质押融资机制，一旦金融机构头寸不足，人民银行立即给予当日或隔夜回购融资，保证资金清算的效率，维护清算系统的稳定，降低人民银行融资的风险。

6. 发展和完善货币市场，为公开市场业务提供有效的市场基础。一是有计划、有步骤地吸收不同类型的金融机构加入银行间同业市场，不断增加市场交易主体，加大银行间同业市场的覆盖面。二是积极推动国债和政策金融债的市场化发行，综合考虑债券的期限结构，做到短、中、长期债券分布合理，提高债券的市场流动性，既降低发债人的筹资成本，又满足金融机构投资债券、改善资产结构状况的需要，还为银行间债券市场增加高品质、高流动性的交易工具。三是进一步完善货币市场架构，逐步建立同业经纪人制度、做市商制度和货币市场债券调节基金，方便中小金融机构和个人参与债券市场，保证市场有连续性的双边报价，以活跃市场，满足市场流动性的需求，促进货币市场的稳步发展。

1998－1999年公开市场业务

1999年公开市场业务

1998年5月底，人民银行恢复公开市场业务操作，公开市场业务经历了一段时期的恢复运行后，于1999年获得长足发展。公开市场业务已成为重要的货币政策工具之一，对于增加中央银行基础货币投放、传导中央银行货币政策意图、调剂商业银行的资金头寸、促进货币政策与财政政策的协调运行发挥了积极的作用，并取得了较为明显的效果。

一、公开市场业务开展的基本情况

1999年，中国人民银行的公开市场业务债券交易主要包括回购和现券交易两个品种。公开市场业务原则上每周进行一次，同时根据商业银行的大额资金要求和市场实际情况，进行专场交易。截至1999年底，人民银行通过公开市场业务投放基础货币余额为2,603.6亿元，其中1999年投放基础货币余额为1,907.3亿元，占当年人民银行新增基础货币的52%，公开市场业务已发展成为主要的货币政策工具之一。公开市场业务操作虽然起步晚，但起点高、发展快，具体而言，主要具有以下特点：

（一）债券交易量迅猛增长

1999年，按照适度增加基础货币供应、满足商业银行流动性资金需要的公开市场业务操作目标，根据不同时期商业银行对短期资金的不同需求，中国人民银行适时调整公开市场业务的招标数量，债券交易量迅猛增长。1999年中国人民银行共进行了60次公开市场业务操作，累计向商业银行融出资金7,076亿元，其中回购交易6,443.2亿元，现券交易632.8亿元。

（二）交易对象不断扩大

为了进一步扩大一级交易商成员，选择一批实力雄厚、管理规范、资产质量较好、资信较高、并能承担大额债券交易的商业银行作为公开市场业务的交易对象， 中国人民银行于1999年6月批准武汉、济南、长沙、乌鲁木齐和宁波等 5 家城市商业银行成为一级交易商，使原有的一级交易商增加到33家。1999年底，根据商业银行参与公开市场业务及全国银行间债券市场的交易情况，再次对一级交易商进行了调整，在剔除 3 家商业银行一级交易商资格的同时，批准大连市商业银行、淄博市商业银行和烟台住房储蓄银行为公开市场业务一级交易商。初步建立了公开市场业务一级交易商的市场准入与退出制度。

（三）回购交易品种丰富

1999年，公开市场业务回购交易主要包括7天、14天、28天、91天、182天和365天 6 个期限品种。在实际业务操作中，中国人民银行根据商业银行流动性的变化情况相机选择这些交易品种，其中以 7 天、14天这两个品种的交易为主。到1999年底，通过逆回购共向商业银行融出资金6,443.2亿元，7天、14天、28天、91天和182天 5 个交易品种的成交量分别为1,237.8亿元、 3,273.4亿元、1,030.4亿元、601.6亿元和300亿元，其中7天、14天期限品种的成交量分别占全年逆回购总量的19.2%和50.8%。期限品种的丰富，适应了商业银行对流动性调整的不同期限要求。

（四）现券交易力度加大

1999年 9 月份以来，公开市场业务加大了对市场化发行的国债和政策性金融债券的买入力度。到1999年12月底，通过公开市场业务共买入债券632.8亿元，占当年公开市场业务投放基础货币总额的33.1%，加上1998年买入的41.2 亿元， 到1999年底通过公开市场业务共买入现券674亿元。现券交易力度的加大，有效地扩大了基础货币供应，同时也改善了中央银行债券资产结构。

（五）尝试不同的交易方式

1998年中国人民银行曾采用了底价利率招标方式进行交易，旨在发现市场债券回购利率水平和了解商业银行对利率的心理预期。1999年为突出体现货币政策意图，加强引导货币市场利率变化，中国人民银行又增加了固定利率数量招标交易方式。1999年，公开市场业务主要以固定利率数量招标交易方式为主。

（六）扩展操作工具

国债、中央银行融资券和政策性金融债均为公开市场业务的交易工具。1999年以来，国家开发银行和中国进出口银行主要运用市场化招标方式发行债券，共发行政策性金融债1720亿元；财政部也于1999年10月开始向市场化发行债券的方式转变，全年共发行国债4036亿元。到1999年12月底，在中央国债登记结算有限公司开设的债券托管账户总数为679户，托管的债券总额已达13,262亿元，其中人民银行持有的债券资产为3,439.5亿元，一级交易商持有的债券资产总额为8,805.5亿元，这为人民银行利用公开市场业务吞吐基础货币、调控货币供应量提供了广阔的空间和操作手段。

（七）公开市场业务传导机制初步形成

在进行公开市场业务操作的同时，中国人民银行还力求建立通过公开市场业务进行货币政策传导的机制。在日常操作中，加强与一级交易商的沟通和联系，扩大公开市场业务的影响范围。中国人民银行定期向全国银行间同业市场成员公布公开市场业务债券回购交易期限品种、利率，现券交易券种和价格等信息，加强中央银行货币政策操作意图的传导。同时还倡导和鼓励一级交易商代理中小金融机构通过债券回购和现券买卖融通资金，化解金融风险。通过参与公开市场业务，一级交易商强化了经营意识，加强了内部资金管理，对货币政策信号的反应渐趋灵敏。

（八）交易制度逐步完善

根据我国实际情况，并参照国际惯例，中国人民银行于1997年颁布了《公开市场业务一级交易商管理暂行规定》，确立了公开市场业务一级交易商制度。1998年 5 月恢复公开市场业务后，中国人民银行修订了公开市场业务有关制度和办法。中国人民银行还制定了《公开市场业务债券交易操作规程》，对业务操作前的信息收集、操作方案的制定、操作过程中的招标、投标和中标的监测处理、资金清算和债券结算以及操作完成后的信息披露，制定了一套严密的操作规程。中国人民银行依托中央国债登记结算有限公司的通信网络，组织开发了公开市场业务交易系统，并不断进行升级和完善。针对计算机2000年问题，中国人民银行与中央国债登记结算有限公司对中央债券簿记系统、中国人民银行公开市场业务交易系统和中国人民银行债券发行系统进行了多次测试，并制定了相应的应急方案和敏感日期特殊处理方式。以上各项工作的实施与开展，使公开市场业务的开展具备了较为完善的内控制度和一整套先进的操作系统。

二、公开市场业务操作意图与实施效果

（一）操作意图与依据

1. 坚持单向操作

根据货币政策需要，1998年 5 月以来，在回购交易中，只进行逆回购交易，向商业银行融出资金，满足其短期资金需要；在现券交易中，只开展了现券买断交易，通过买入商业银行持有的国债或政策性金融债券吐出基础货币。与此同时，密切关注商业银行资金头寸情况及市场利率走势，为开展公开市场业务双向操作做研究准备工作。

2. 利率确定依据

中国人民银行在确定公开市场业务债券回购招标利率时，主要基于以下三方面的考虑：一是通过回购利率水平体现中央银行的货币政策意图；二是协调回购利率与中央银行基准利率、商业银行存贷款利率、货币市场利率的关系；三是防止各种利率的错位，避免商业银行不合理的套利行为。为此，公开市场业务债券回购利率的区间确定在准备金存款利率和同期再贷款利率之间，每次拟定操作方案时，根据货币政策操作总体要求，参考上周银行间同业拆借利率和回购利率的变化情况，适时调整招标利率。自1998年 5 月以来，人民银行先后三次下调利率，公开市场业务的招标利率也随之进行了适当的调整， 1999年7天、14天、28天、91天 4 个回购品种的利率分别在2.57%、2.59%、2.63%和2.75%的水平上下波动。

3. 现券交易操作意图和价格计算方法

在买入债券交易中，中国人民银行的操作意图是：一是以增加基础货币投放为主要目的；二是国债和政策性金融债并重，以提高两种债券的流动性，支持财政部和政策性银行顺利发债；三是优先买入市场化发行的债券，债券长短期限合理搭配。

现券交易价格的确定，主要按照美国债券市场附息债券净价交易交割价格的计算方法和零息债券交易价格的计算方法进行，计算需考虑期限、票面利率、到期收益率等因素，其中到期收益率的确定尤为重要。中国人民银行确定到期收益率主要考虑，一是要符合货币政策总体要求，

按收益率计算的价格要对商业银行具有一定的吸引力，以便实现中央银行的操作意图；二是要保证按收益率计算的价格尽可能地贴近市场，避免造成市场价格扭曲，对债券市场造成冲击；三是按收益率计算的价格要保证中央银行能够从中获得相应收益，优化资产结构；四是要引导债券市场形成合理的债券收益率曲线。

中国人民银行已建立了全国银行间债券市场各类债券的要素数据库和现券价格计算机模型，每次计算现券价格，中国人民银行首先讨论和确定收益率水平，然后通过计算机模型测算债券价格，同时和市场有关中介机构和商业银行沟通和联系，参考其报价情况，最后修正和确定现券买入招标价格。

（二）实施效果

1. 公开市场业务已成为中央银行投放基础货币的重要渠道

据初步测算，到1999年底，中国人民银行对金融机构再贷款净增额约为960亿元，再贴现净增额约为150亿元，外汇买卖净投放人民币1,047亿元，公开市场业务净投放基础货币 1,907 亿元。通过公开市场业务净投放基础货币占全年投放基础货币增加额的50%左右，公开市场业务已成为中央银行投放基础货币的重要渠道。

2. 发挥了对市场利率的导向作用

中国人民银行于1996年6月放开了同业拆借市场利率； 银行间债券市场回购利率也完全放开；1998年第四季度以来，银行间债券市场的发行债券利率也逐步走向市场化招标。在此情况下，中央银行对短期利率的引导和调控就非常重要。中国人民银行利用公开市场业务每周都做、操作数量和招标方式灵活的特点，配合1998年 5 月底以来利率三次下调，适时经常调整公开市场业务债券回购利率，并通过货币市场的传导机制，适当引导银行间拆借利率和债券回购利率的下降，效果十分明显。中央银行掌握对金融市场短期利率的调控和影响力，对于在我国推进利率市场化改革中逐步放开长期利率具有十分重要的意义。

3. 满足了商业银行增加贷款的流动性需要

1998年5月以来，通过公开市场业务向商业银行累计融出资金8,837亿元，适时满足了商业银行的资金需求，为商业银行增加贷款创造了良好的外部宏观环境。

4. 配合积极财政政策的实施，减少财政政策的“挤出效应”

公开市场业务是货币政策和财政政策的结合点之一。财政部1998年5月中旬向商业银行发行了423亿元专项国债，中国人民银行适时于 5 月26日恢复公开市场业务，把专项国债作为公开市场业务操作工具之一，与商业银行开展回购交易，向商业银行融出资金。中国人民银行通过公开市场业务及时向国有商业银行融通资金， 保证了 1,600 亿元建设国债的顺利发行，并及时批准建设国债上市流通和作为公开市场业务操作工具。 批准为补充国有独资商业银行资本金而发行的 2,700 亿元特别国债作为公开市场业务操作工具，国有独资商业银行可以此与中央银行融资。更为重要的是通过公开市场业务现券交易，在二级市场买进国债，支持国债发行。通过上述工作，有效配合了积极财政政策的实施，减少了财政政策的“挤出效应”。

5. 促进了银行间债券市场的发展

公开市场业务促进了债券一级市场的发展。人民银行以国债和政策性金融债作为公开市场业务操作工具，并开展国债和政策性金融债的现券交易，提高了债券流动性，降低了财政部和政策性银行的发债成本，保证了国债和政策性金融债在全国银行间债券市场发行的成功。

公开市场业务还激活了债券二级市场。银行间债券市场1998年成交量为1,052亿元，其中回购成交1,021.5亿元，现券成交30.5亿元；1999年成交量达到4,043.4亿元，其中回购成交3,949亿元，现券成交98亿元。

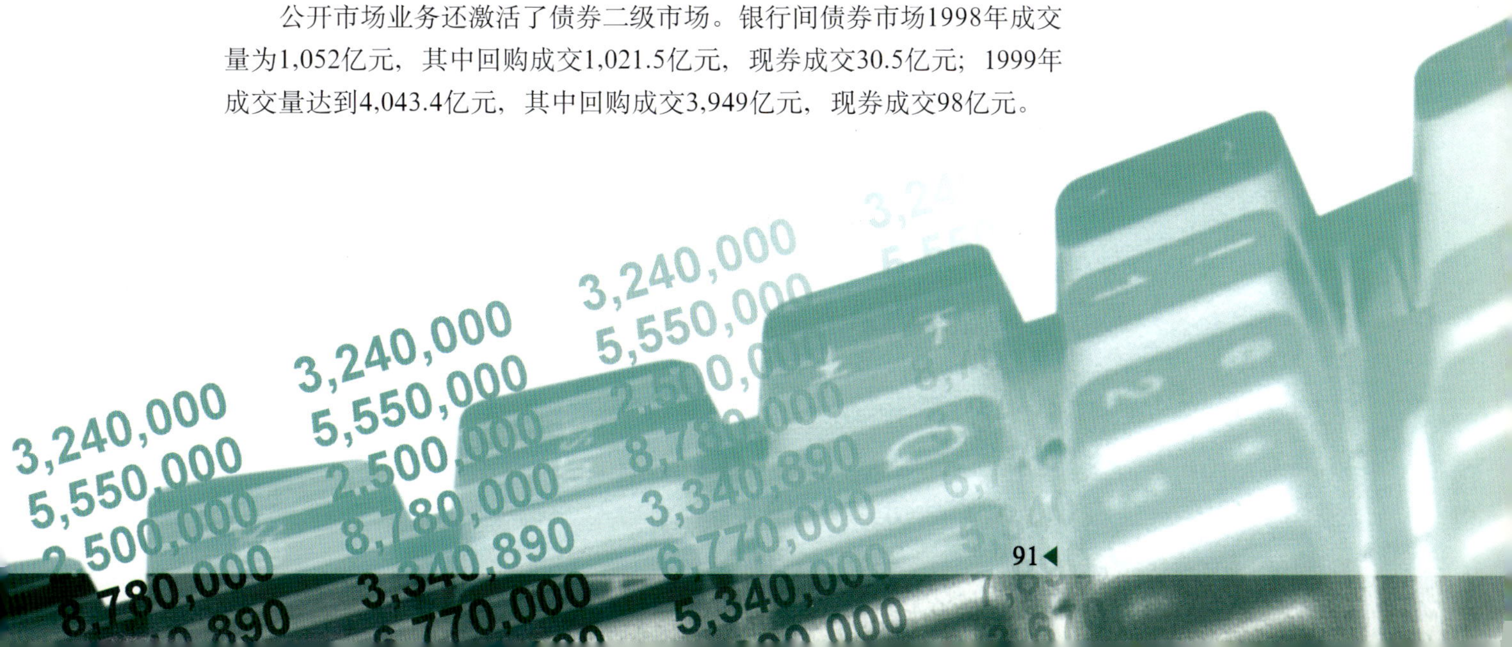

三、公开市场业务发展中存在的问题及展望

（一）公开市场业务发展中需要解决的问题

1999年是公开市场业务获得长足发展的一年，同时也应该看到，随着金融体制改革的深化与发展，公开市场业务还面临着一系列有待研究解决的问题。

第一，全国银行间债券市场尚处于起步发展阶段，对于货币政策的传导效果还有一定的局限性。中央银行全国分行间债券市场是公开市场业务的依托基础，也是公开市场业务传导货币政策的重要通道。全国银行间债券市场的交易成员比较有限，债券现券交易不够活跃，债券市场的基础建设也亟待加强，对中央银行货币政策意图的传导无论在时效方面还是在广度和深度方面都不能适应要求。

第二，利率市场化程度不高的现状影响了公开市场业务的效果。利率市场化和公开市场业务的发展是相辅相成的。一方面，公开市场业务的进一步发展离不开利率的市场化，只有在利率具有充分弹性的前提下，中央银行才能通过公开市场业务将货币政策意图传导向货币市场，再由货币市场传导向资本市场，进而传导向实际部门；另一方面，在利率市场化过程中，中央银行公开市场业务将促进市场基准利率的形成，并发挥其引导和调控市场短期利率的作用，使中央银行通过调控基准利率，影响市场利率的变化，进而影响其他利率的变化，从而保证利率市场化进程稳步推进。我国利率市场化程度较低，商业银行存贷款利率都实行管制利率，利率缺乏一定的弹性，从而使公开市场业务传导货币政策的作用相当有限，并且在一定程度上影响了公开市场业务操作的实际效果。

第三，公开市场业务内部建设还有待加强。公开市场业务一级交易商的市场准入与退出制度已初步建成，但还需进一步完善；对于一级交易商的流动性分析也急待加强，以便提高公开市场业务的决策水平；此外，公开市场业务和全国银行间债券市场的债券交易仍然以纯券交割方式为主（即债券的交割统一由中央国债登记结算有限公司办理，而资金清算则通过人民银行电子联行系统进行），造成一笔交易的债券交割和资金清算不能同步进行，既存在一定的风险隐患，又制约了一些交易品种和交易方式的发展，难以适应公开市场业务和全国银行间债券市场的发展，因此急需实现公开市场业务操作系统和北京营业管理部的交易和

清算指令等联网，并改革和完善债券结算系统和资金清算系统。

（二）公开市场业务发展展望

公开市场业务已具备一定规模的操作条件和良好的操作基础，有进一步发展的潜力和空间。与其他货币政策工具相比，公开市场业务可经常操作，在数量和利率上可不断变化，这种灵活性决定了今后要进一步加大公开市场业务操作力度，不断完善公开市场业务操作体系，并由此逐步建立中央银行影响金融市场活动的间接调控机制。

1. 灵活选择交易方式，逐步发挥公开市场业务引导和调控市场短期利率作用

从美国和欧洲主要国家的经验看，公开市场业务的交易方式不同，对市场利率的影响也不同。利率招标是中央银行用来发现和接受市场利率，数量招标是中央银行用来主动影响市场即期利率。在推进利率市场化的过程中，需要逐步形成具有参考价值的基准利率，以使市场利率在合理的区间内围绕其有序波动。中央银行公开市场业务回购利率将责无旁贷地扮演这一重要角色。中国人民银行将择机选用现券买入、债券回购交易品种以及固定利率数量招标、底价利率招标等交易方式，发挥公开市场业务引导和调控市场短期利率作用，引导银行间同业拆借利率、债券回购利率进而整个市场的利率，为利率市场化改革服务。

2. 完善一级交易商制度

中国人民银行已初步建成了对公开市场业务一级交易商的市场准入与退出制度，形成了优胜劣汰的竞争机制，从而激励一级交易商积极参与公开市场业务和市场交易，传导货币政策。为了完善一级交易商制度，加强对一级交易商的管理，中国人民银行将在1997年颁布的《公开市场业务一级交易商管理暂行规定》的基础上，进一步完善有关制度，敦促一级交易商积极传导货币政策意图，并倡导和鼓励一级交易商代理中小金融机构通过债券回购和现券买卖融通资金，化解金融风险。

3. 加强对一级交易商的流动性分析，提高公开市场业务决策水平

商业银行流动性是公开市场业务操作的重要依据，中央银行通过吞吐基础货币，调节商业银行的流动性，进而影响商业银行系统的贷款能力，从而控制货币供应量，实现货币政策目标。准确预测和分析商业银行流动性状况，对提高货币政策操作效率非常重要。今后应加强对一级交易商流动性的分析，监测货币市场和资本市场情况的变化，建立相应的数据库和预测模型，为公开市场业务操作提供决策依据，使公开市场业务能够根据金融形势的发展和变化，及时调整操作方向和力度，保证基础货币的适度供应和货币政策的有效实施。

4. 加强公开市场业务的基础设施建设，完善资金交易结算和清算系统

公开市场业务的基础设施包括通信网络、交易系统、资金结算和债券清算系统、交易场所等。债券结算系统和资金支付体系还难以适应公开市场业务和全国银行间债券市场的发展，因此急需实现公开市场业务操作系统和北京营业管理部的交易和清算指令等联网，并改革和完善债券结算系统和资金清算系统。2000年中国人民银行将会同有关部门完成总行大楼内建立公开市场业务交易室的工作，为公开市场业务提供必要的场所和技术支持。

5. 进一步发展全国银行间债券市场

今后中国人民银行将进一步拓展并完善银行间债券市场，以此作为机构投资者参加交易的债券批发市场；同时以现有的全国银行间债券市场为依托，逐步建立商业银行的债券托管体系，发展面对广大个人投资者的银行柜台零售市场。通过以公开市场业务一级交易商为基础建立做市商制度，增加债券发行主体，批准商业银行发行金融债券等措施，加快债券市场的发展，为加大公开市场业务操作力度奠定市场基础。

1998－1999年全国银行间债券市场债券发行情况

1998年全国银行间债券市场债券发行情况

一、全国银行间债券市场债券发行概况

随着我国债券市场的发展，银行间债券发行市场也得到了迅猛发展，债券发行市场从无到有，从小到大，从原来的由主管部门按计划定向定量派购发行债券时投资人不愿认购，到现在通过市场化招标方式发行债券供不应求，从不够规范到逐步走向规范，市场规模迅速扩大。

从1994年至1997年底，通过全国银行间债券市场以派购方式共发行债券4,194.92亿元人民币。其中，1994年为650亿元，1995年为950亿元，1996年为1,041亿元，1997年为1,553.92亿元。1995和1997年中国人民银行在全国银行间债券市场共发行了2期融资债券，共计318.92亿元。其中，1995年200亿元，1997年118.92亿元。发行认购对象均为商业银行。

1998年在全国银行间债券市场，债券发行主体主要有财政部、国家开发银行和中国进出口银行。1998年通过全国银行间债券市场以派购方式和市场化方式共发行债券6,273.5亿元。其中，以派购方式发行5,773.5亿元，以市场化方式发行债券500亿元。

（一）1998年全国银行间债券市场各类债券发行情况

1. 国债发行基本情况

1998年财政部通过全国银行间债券市场面向结算成员共发行了5期国债，共计4,273.5亿元。其中，（1）以派购方式向国有独资的中国工商银行、中国农业银行、中国银行和中国建设银行发行了专项用于基础设施建设的记账式国债2期，共1,000亿元，期限为10年，可上市流通。（2）以派购方式向国有独资的中国工商银行、中国农业银行、中国银行和中国建设银行发行了用于补充资本金的记账式国债1期，共2,700亿元，期限为30年，该期国债不上市流通。（3）以派购方式向非国有独资银行和城市商业银行发行了1期记账式国债423.5亿元，期限为7年，

可上市场流通。（4）以派购方式向商业保险公司发行了1期记账式国债60亿元，期限为5年，可上市流通。（5）以市场化发行面向商业银行和保险公司、投资人自愿认购方式发行了1期国债共90亿元，期限为7年，可上市流通。

2. 政策性金融债发行基本情况

1998年8月底以前全国银行间债券市场主要是采取派购的方式进行，共发行政策性金融债券 1,590 亿元。由于派购的发债方式是由发行主体在发债前事先确定所发债券的票面利率、期限及发债总额等主要因素，确定的债券票面利率等往往带有发行主体的主观意愿，很难准确反映市场的供求，作为发行认购对象主体的商业银行抵触情绪很大。为了减少发行阻力，调动投资人认购债券的积极性，保护投资人的合法权益，为国家建设提供长治久安的融资渠道，国家开发银行和中国进出口银行于1998年9－12月先后以市场化招标形式共发行金融债券7期，共计 410 亿元。以派购形式发行债券转向以市场化招标形式发债券后极大地激发了认购者的积极性，在7次招标中，有效投标量是招标总额的2.71倍。

（二）向市场化发债方式转轨

1998年1－8月全国银行间债券市场仍延续派购的发债方式。为了更有效地筹集资金，支持国家建设，促进国民经济发展，同时推进债券发行工作向市场化、规范化方向发展，财政部于1998年12月在全国银行间债券市场由派购向市场化发行债券的形式转轨，以事先确定价位（利率）、数量和期限，由投资人自愿认购的方式面向商业银行和保险公司发行了1期7年期国债，共90亿元，取得了圆满成功。在中国人民银行的领导下，1998年9月2日国家开发银行率先利用中国人民银行债券发行系统，在全国银行间债券市场开始进行以先进的计算机网络为依托，采取市场化招标方式的债券发行试点工作。

国家开发银行首次以市场化招标方式发行的债券，期限为 1 年期，招标发行总额为50亿元人民币，以利率招标的方式按统一价位（荷兰式中标）的中标原则，由金融债承销商通过竞争投标最终确定该期债券票面利率的方式发行。由30家金融债承销商组成的承销团，在此次竞价投标中共投标175笔（其中无效1笔数），有效投标总量达186.4亿元，是该期招标发行50亿元债券的3.73倍。经过激烈竞标，共有20家机构中标，中标票面利率为 5.19%，首次在全国银行间债券市场以市场化方式发行金融债券的试点工作获得圆满成功。

二、市场化发债方式充分调动了投资者的认购积极性

1998年9月2日以后，全国银行间债券市场上另外2家主要债券发行主体中国进出口银行和财政部也先后开始了由派购方式发债券向市场化发债券方式的转轨工作，从而彻底消除了派购发行债券的多种弊端，激发了投资者的认购热情，降低了发行成本，从根本上促进了债券一级市场向规范和健康的方向发展。其发展方向不仅得到了上级主管部门的认可，同时充分调动了投资者认购债券的积极性，受到了广大金融债承销商及投资者的欢迎。

1998年9－12月，国家开发银行和中国进出口银行以市场化方式共成功地发行了7期金融债券，共计410亿元。有效投标量总量共计1,112.26亿元，是所发行410亿元债券的2.71倍，有效投标笔数共计1,123笔，超额认购投标量最低为1.14倍，最高为6.73倍。其中，国家开发银行发行了5期，共350亿元，有效投标量总量共计826亿元，是所发350亿元债券的2.36倍,有效投标共计905笔。中国进出口银行发行了2期，共60亿元，有效投标量总量共计287亿元，是所发60亿元债券的4.78倍，有效投标共计218笔（国家开发银行及中国进出口银行1998年市场化发行债券投标认购情况详见表1、表2）

表1.国家开发银行1998年9－12月在全国银行间债券市场市场化招标发行债券投标情况表

期次	招标总额（亿元）	有效投标总额（亿元）	超额投标倍数	投标笔数	期限
第1期	50	186.4	3.73	174	1年期
第2期	100	219.4	2.19	158	3年期
第3期	100	113.7	1.14	95	3年期
第4期	50	142.4	2.85	259	1年期
第5期	50	163.56	3.27	219	3个月
合计	350	825.46		905	

表2.中国进出口银行1998年9－12月在全国银行间债券市场市场化招标发行债券投标情况表

期次	招标总额（亿元）	有效投标总额（亿元）	超额投标倍数	投标笔数	期限
第1期	30	84.7	2.82	83	2年期
第2期	30	202.1	6.73	135	1年期
合计	60	286.8		218	

国家开发银行于1998年9月2日按市场化方式在全国银行间债券市场发行债券的成功，标志着派购发行方式开始淡出历史舞台，代之以符合市场发展规律的市场化发行方式。以市场化方式发行债券，一方面彻底改变了派购发行债券时投资人须被动认购债券的而不能完全自主地支配各自资产的现象。另一方面促进了发行主体须主动认真地分析研究市场情况，推出既能足额按时筹集到所需资金又符合市场需求的不同期限的债券品种，并由承销商通过竞价投标来确定所发行债券的票面利率，使承销商及投资者起到能最终确定所发债券主要因素的作用，真实客观地反映出市场的供求点，从而极大地调动了投资人认购债券的积极性。为发行人提供了广泛、持久、稳定、合理的资金来源。

三、积极稳妥地探索市场化发行的多种组合形式

1998年全国银行间债券主要采取了两种市场化债券发行方式，一种是财政部采取的事先定价位（利率）、期限、数量，投资人自愿认购的发行方式，另一种是国家开发银行和中国进出口银行采取的招标发行、上网发行、承销团竞价确定发行价位的方式。

（一）事先定价位（利率）、期限、数量，投资人自愿认购的发行方式

1998年12月财政部在全国银行间债券市场成功地采取了事先定价位（利率）、期限、数量，投资人自愿认购的发行方式，面向全国银行间债券市场部分结算成员（商业银行、保险公司）以市场化的数量招标方式发行了1期记账式国债， 该期国债的利率为5.01%，期限7年，发行总额为90亿元，由商业银行和保险公司自愿上报认购数量，财政部根据实际认购情况确定各投资机构的认购数量（财政部1998年市场化发行债券情况见表3所示）

表3.财政部1998年在全国银行间债券市场市场化发行国债情况表

债券简称	发行总额（亿元）	数量招标	利率（%）	期限	认购对象
98记账式国债	90	自愿认购	5.01	7年期	商业银行 保险公司

（二）网上招标、承销团竞价发行方式

国家开发银行在1998年9月2日成功地以招标方式发行金融债券后，又与中国进出口银行先后积极稳妥地探索了市场化发行债券的不同组合形式。两家银行根据发债计划及实际使用资金需求，在对市场资金松紧情况等多方因素进行认真研究分析的基础上，在有关方面的支持配合下，结合所要发行的债券期限的长短， 于1998年9－12月期间先后采取了价格招标及利率招标等不同形式，又成功地发行了 4 期金融债券。在所发

债券中先后采取了三种不同的组合形式：（1）以利率招标形式按统一价位中标方式发行的1年期的零息票债券；（2）以利率招标形式按统一价位中标方式发行的3年期的附息票债券；（3）以价格招标形式按统一价位中标方式发行的3个月的贴现债。

中国进出口银行在以市场化发行的两期债券中，也采用两种不同的组合，即（1）以利率招标形式按统一价位中标发行的1年期零息票债券和招标形式统一价位中标方式发行的零息票债券；（2）以利率招标形式按统一价位中标方式发行的2年期附息票债券。

四、债券发行的分销认购情况

1998年与国家开发银行和中国进出口银行签订承销主协议的金融债承销商共30家。承销商积极开展了向银行间债券中小机构成员的债券分销认购工作，充分发挥了承上起下的债券批发商作用，从而一方面使中小机构认购债券的渠道更加通畅，调整了其资产的结构，增加了融通资金的操作工具，另一方面客观上促进了债券发行市场发展扩大了市场容量。1998年通过分销认购的金融债券共272笔，分销认购共158.3亿元，占市场化发行债券410亿元的38.61%，分销认购家数共计244家，分销认购的机构类型主要有农村信用联社和城市商业银行。

五、推广发债信息上网工作

由于全国银行间债券市场信息量大、变化快，有特定公布对象，只通过报纸、传真等形式向承销商及分销认购对象公告发债信息，不能及时全面地传递信息而且信息不能长时间保留、成本高、效率低。1998年中央国债登记结算有限责任公司根据市场发展的需要，在国际互联网上建立并注册了“中国债券信息网”，其中特别为债券发行工作开立了“债券发行”专栏，点击该站点，既能及时获取新发债券的相关信息，又可查阅发债券的历史资料。该站点建成后，中央国债登记结算有限责任公司在不断完善、丰富内容的同时，做了大量介绍推广工作，到1998年底，30家金融债券承销商均已成为“中国债券信息网”的会员，了解发债信息先上网，已逐步成为主流。

1998－1999年全国银行间债券市场债券发行情况

1999年全国银行间债券市场债券发行情况

一、1999年全国银行间债券市场债券发行概况

1999年全国银行间债券市场在有关主管部门的指导培育以及市场中介机构和市场主体参与者的共同努力下，在拓展多种市场化发行方式、债券品种的多样化和债券发行系统建设等多方面，都向前扎扎实实地迈进了一大步，全国银行间债券发行市场在稳健运行的基础上显现出蓬勃的发展生机。

1999年全国银行间债券市场三家发债主体共在全国银行间债券市场发行债券 3,937.6 亿元，共 32 期。其中，财政部发行国债 13 期，共计2,217.6亿元。其中，采用非定向协议方式发行了 7 期，计1,117.6亿元；通过债券发行系统招标发行3期，计380亿元；协议定向发行3期，计720亿元。国家开发银行发行金融债券 16 期，共计1,580亿元，其中，招标发行13期，计1,330亿元；协议定向发行 3 期，计250亿元。中国进出口银行招标发行金融债券共3期，共计140亿元，均为招标发行。

二、债券发行主体

1999年全国银行间债券市场的债券发行主体为财政部和两家政策性银行，即国家开发银行和中国进出口银行。

三、1999年全国银行间市场各类债券发行情况

（一）国债发行基本情况

1999年财政部通过全国银行间债券市场面向结算成员共发行了13期国债，共计2,217.6亿元。

1. 面向全国银行间债券市场结算成员以招标方式发行了 3 期记账式国债， 共发行380亿元。其中，在我国首次采用了对同一期债券以竞争性招标和非竞争性招标相结合的发行的方式发行了2期记账式债券（第9、10期），共310亿元，其中一期为 5 年期的附息票债券150亿元，按年付息， 另一期为7年期的浮动利率债券160亿元， 基本利差为0.6%，按年付息，可上市流通。以利率招标、统一价位（荷兰式）中标方式发行了一期记账式国债共70亿元，期限为5年，按年付息。

2. 面向全国银行间债券市场结算成员以非定向协议方式（事先确定利率、期限，投资人自愿认购）发行 7 期记账式国债，共发行了1,117.6亿元。债券期限分别为2年、3年、7年和8年共4档，均为按年付息。

3. （1）以协议定向方式向国有独资的中国工商银行、 中国农业银行、中国银行和中国建设银行发行了记账式浮动利率债券 600 亿元，期限为 10 年，按年付息。（2）以协议定向方式向商业保险公司发行记账式浮动利率债券80亿元，期限为7年，按年付息，不上市。（3）以协议定向方式向社会保险公司发行记账式附息票债券40亿元，期限为 5 年，按年付息，不上市。

（二）政策性金融债发行基本情况

1999年国家开发银行和中国进出口银行在银行间债券市场共发行金融债券 19 期，共计 1,720 亿元。其中，国家开发银行发行 16 期， 共计1,580亿元， 中国进出口银行发行3期，共计140亿元。（1）以招标方式发行13期共1,470亿元， 协议定向方式发行3期（国家开发银行协议定向向中国工商银行、中国建设银行和邮政储蓄银行发行）共250亿元。（2）所发行的债券期限最短的6个月，最长的10年期，共7档，分别为 6 个月、1年、2年、3年、5年、7年和10年。

1999年政策性银行在债券发行方式、品种多样化等方面，有关各方做了积极的探索并积累了丰富的成功经验，特别是在债券市场化招标发行方面取得了突破性进展，政策性银行派购发行政策性金融债券已成为历史。

1. 国家开发银行债券发行情况

1999 年国家开发银行在全国银行间债券市场发行债券 1,580 亿元，共16期。其中：（1）招标发行13期，计 1,330 亿元。（2）协议定向发行3期，计250亿元，向中国建设银行和邮政储蓄银行发行的 2 期债券共150亿元不能上市流通（向中国工商银行协议定向发行的100亿元债券可上市流通，其余2期不上市流通）。（3）债券期限7－10年的共9期共计1,050亿元，其中，以招标方式发行的浮动利率债券共7期，以协议定向方式发行浮动利率债券 2 期。（4）以招标方式发行的债券期限为6个月的贴现债券共4期300亿元。（5）期限为2－5年的附息票债券发行了3期共230亿元。（6）所发行的债券期限最短的6个月，最长的 10 年期，共6档，分别为6个月、2年、3年、5年、7年和10年。

2. 中国进出口银行债券发行情况

1999年中国进出口银行在全国银行间债券市场共发行债券 3 期，共计140亿元，期限分为1年和2年。其中，期限为1年期的零息票债券发行了1期，计60亿元；期限为2年期的附息票债券发行了 2 期，计80亿元。所发行的3期债券均以招标方式发行。

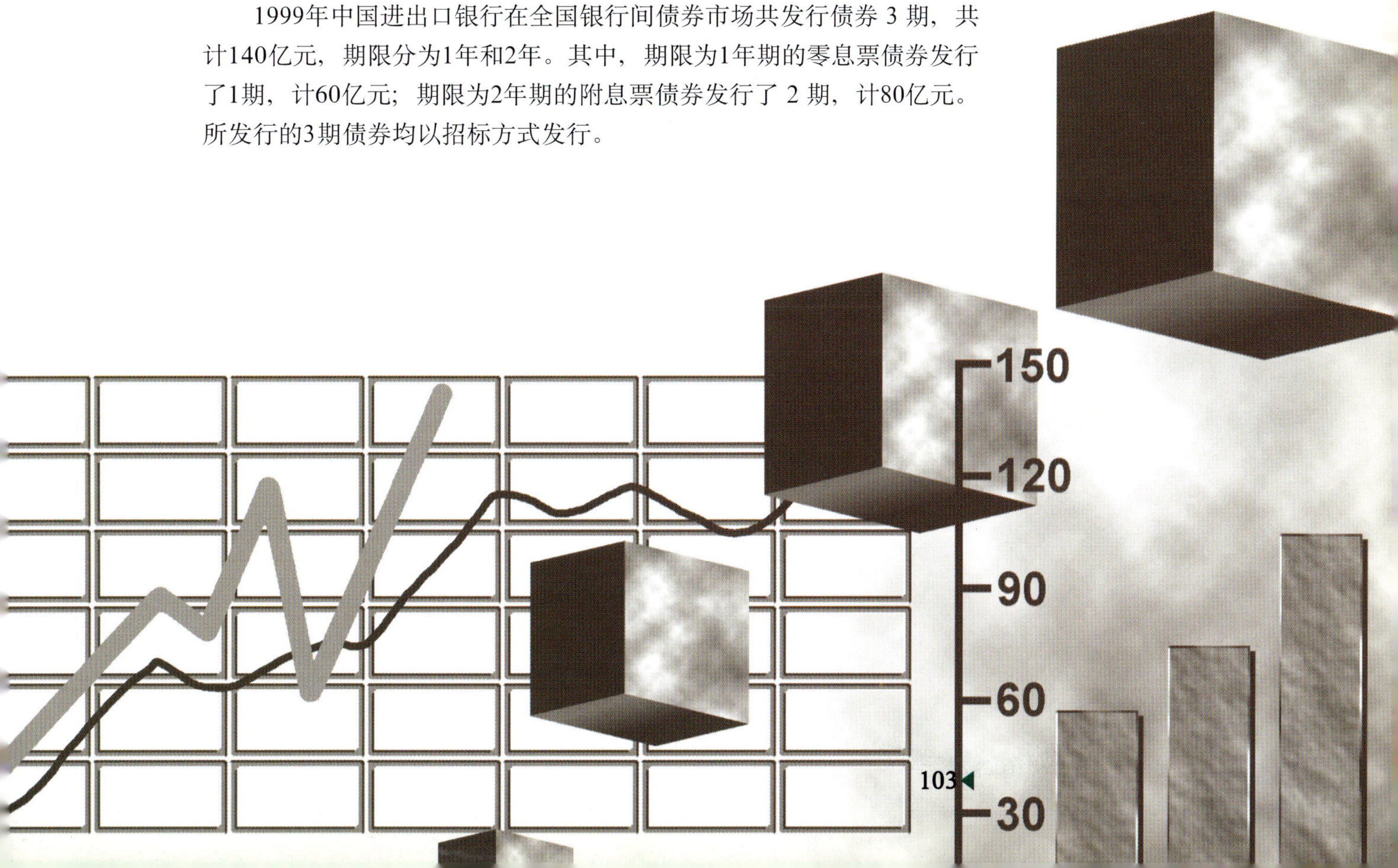

四、发行债券品种多样化

债券发行品种趋于丰富。1999年发行主体根据所筹资金的使用及市场的具体情况，适时推出了不同期限、不同付息方式等多种组合的债券品种，从而初步改变了长期以来债券品种较为单一的状况，在一定程度上优化了发行主体的债务期限结构和认购人的资产组合。从发行债券期限上看，有 6 个月期、1年期、2年期、3年期、5年期、7年和 10 年期，共7档，其中，期限为6个月的发行了4期共300亿元，期限为 1 年的发行了1期共60亿元，期限为2年的发行了3期共160亿元，期限为 3 年的发行了1期共100亿元，期限为5年的发行了1期共50亿元，期限为 7 年的发行了3期共400亿元，期限为10年的发行了6期共650亿元。从债券品种上看（按付息方式划分），有固定利率附息债券、浮动利率附息债券、贴现债券和零息票债券（到期一次还本付息）。

五、债券期限与品种的组合特点

债券发行主体依据筹资需要及市场实际情况，在确定发债期限及债券品种时，积极探索适合不同期限的债券品种，并在债券期限与品种组合上逐步形成了（1）长期债券利率浮动化（浮动利率债券）；（2）中期债券附息化（附息债券）；（3）短期债券贴现化（贴现债券）的发债模式。特别是长期浮动利率的成功发行，开创了我国浮动利率发行的先河，很好地规避了发行主体和投资人的利率风险，并为我国以后发行10年期以上的债券奠定了基础。

1. 长期债券利率浮动化

1999年全国银行间债券市场共发行7－10年期债券15期，共2,255.60亿元， 有11期债券采用了浮动利率债券，4期债券采用了附息票债券。其中，国家开发银行共发行 8 期，债券种类全部为浮动利率债券（按年付息）。财政部共发行债券 7 期，（3 期为浮动利率债券， 4 期为附息票债券）。浮动利率债券的基准利率的确定为中国人民银行公布的一年期定期储蓄存款利率，即债券的每年起息日那天的一年期定期储蓄存款利率为该年度的基准利率（基准利率＋基本利差＝当年的票面利率）。付息方式均为按年付息。

2. 中期债券附息化

1999年全国银行间债券市场共发行2－5年期债券9期，共1,222亿元，9期债券均按附息票债券方式发行。其中，财政部发行了附息票债券5期，国家开发银行发行了附息票债券2期，中国进出口银行发行了附息票债券2期，均为按年付息。

3. 短期债券贴现化

1999年全国银行间债券市场共发行1年期以下的短期债券5期，共360亿元。其中，贴现债券发行了4期，期限为6个月，到期按百元面值兑付。以上4期贴现债券均由国家开发银行发行。期限为1年期债券零息票债券方式发行了1期，付息方式为到期一次还本付息，发行主体为中国进出口银行。1999年财政部未发行低于1年期限（含1年）的债券。

六、招标发行为主，其他方式为辅

1999年银行间债券共发行债券32期，其中，有19期通过债券发行系统采用招标方式发行，有7期采用了非定向协议发行自愿认购的方式进行，有4期采用了协议定向发行方式，竞争性与非竞争性结合方式发行了2期。

1. 招标发行，承销商竞标

发债主体根据每期债券的特点和对当时市场情况的分析，组合采用了不同的招标方式及中标规则。（1）以数量招标按等比数量中标规则的发行方式；（2）利率、利差招标和价格招标按统一价位（荷兰式）或多重价位中标规则（美国式）等不同的结合方式，同时辅助以设底价和不设底价、连续或不连续投标等招标技术，使发行结果更加能够体现市场参与者的意愿，成功完成了每期招标发债的任务。

2. 非定向协议发行，全体成员自愿认购的方式

1999年财政部多次采取了此种发行方式，此种发行方式是由发行主体事先根据所发债券资金用途及市场资金的松紧程度等多方因素，确定该期债券的票面利率、期限、付息方式和缴款日期等要素并明确向投资人进行公告，由认购人根据各自的实际情况自愿进行认购并与发行主体共同签署认购协议的方式。该种方式虽然是由发行主体事先确定债券的利率、期限，但认购数额是由认购人在自愿的基础上申报的，市场化程度虽然相对较低，但在我国债券发行方式向市场化转换过程中仍具有十

分重要的现实意义。

3. 协议定向发行，投资人直接认购

由发行主体根据市场的具体情况，直接与少数债券认购人依据已发行的同类债券的利率，协商确定票面利率、期限、付息方式、认购数量和缴款日期，并由认购人直接认购的一种方式。此种发行债券的方式，因为是由发行主体与认购人根据市场的情况通过协商确定利率及期限，所以也能较好地反映出市场的实际价位。目前，我国银行同业间成员的资金实力不等，特别是四大国有独资商业银行与其他商业银行（如城市商业银行）无论是注册资本还是资产规模都相差很远。所以针对我国的实际情况，协议定向国有商业银行或资产规模较大的银行发行适当规模的债券，一方面能满足发行主体筹集资金的需求，同时也能满足个别大行的投资要求，另一方面可减轻对招标发行债券的价位震动。协议定向发行债券作为市场化发行债券的一种有效补充形式，今后一定时期内仍将会继续采用。

4. 竞争性与非竞争性招标相结合

财政部第 9 期国债是我国债券发行史上首次对发行的同一期债券使用竞争性和非竞争性招标相结合的发行方式。由于银行同业间市场成员之间实力及水平有很大差距，不同的投资人会有不同投资需求，财政部根据市场的这一实际情况，适时率先推出了竞争性与非竞争性招标相结合的发债方式，此种方式是对同一期债券采取两种招标方式。竞争性招标是面向具有实力并经发行主体确认的承销商进行招标，承销商主要参与竞争性投标，通过投标确定的债券利率为该期债券的票面利率。非竞争性招标是面向银行间债券市场全体成员（主要面对中小金融机构）进行招标，有资格进行投标的结算成员在投标时，只对其各自需认购的数量进行投标。该期发行的债券票面利率是以竞争性招标最终确定的价位（利率、价格）为准。 1999年财政部第9、10两期国债的发行均采取此种方式并获得了成功。

七、国家开发银行率先采用多重价位中标规则

由于多重价位中标规则对发行主体及投标人业务水平和市场的发达程度均有较高的要求，特别是对投标人来讲，其业务水平的高低及对市场的判断力，将会直接影响到各自中标利率的高低，所以发行主体一般不采用多重中标规则。随着我国债券市场化招标业务的深入发展，其各项条件已基本具备。1999年国家开发银行率先采用了多重价位中标规则，发行了2期（99国开7，9期）贴现债券共140亿元，期限 6 个月，获得圆满成功。其中：（1） 99国开7期债券中标的加权平均价格为 98.56 元，最高为98.76元,最低为98.44元。（2）99国开9期债券的中标的加权平均价格为98.57元，最高为98.64元,最低为98.54元。

八、计划派购发行退出发行市场

自1998年国家开发银行率先在全体银行间债券市场以市场化招标发行债券并取得圆满成功后，各发行主体先后开始探索多种不同的市场化债券发行方式。1999年发行主体通过银行间债券市场面向结算成员发行的债券，均结合各自具体情况及我国的国情推出了不同形式的市场化债券发行方式（市场化程度不同），传统的计划派购形式发行债券方式，已完成了其历史使命，退出了债券发行市场。

九、债券发行系统建设

随着银行间债券市场债券发行业务的迅猛发展，原债券发行系统已不能适应债券发行业务的需要。为此，中国人民银行组织中央国债登记结算有限责任公司进行了中国人民银行债券发行系统的升级工作。

1999年8月30日中国人民银行债券发行系统升级完成，新系统运行，分布在全国各地的证券承销商及认购人在债券发行时间内，足不出户即可通过债券发行系统的计算机终端看到招标书及相关信息并进行投标。债券发行的招标、投标、处理中标和提取中标书等项工作全部完成，全过程只须2小时左右即可完成。

该系统可支持两个以上的发行主体于同一天同一时间内进行不同的债券发行业务。债券承销商可针对不同的发行主体、不同的招标书的要求在同一系统内的不同操作界面进行相应的投标，债券发行系统均可同时进行相应处理且互不影响。在招标方式上可进行数量招标、价格招标、利率招标、浮动利率的利差招标和收益率招标五种方式。在处理中标上可实行等比数量中标、统一价位中标（荷兰式）和多重价位中标（美国式）三种规则。以上的五种招标方式和三种中标方式可由发行主体根据市场的具体情况进行相应技术组合（如招标方式采取利率招标，中标规则采用统一价位中标或招标方式采用价格方式，中标规则采用统一价位中标等）。同时还可辅之以设底价和不设底价、连续或不连续投标等多项技术措施，从而满足债券发行主体的多种需求。

十、承销商发挥积极作用

一些具有债券承销资格的金融机构市场的意识进一步增强，利用其可直接参与发行投标的优势，积极建立相对固定的债券分销客户网络，拓展债券批发业务。在提高自身债券承销能力、增加收益的同时，为一些中小金融机构解决了资金出路问题，提高了其资金效率，同时也促进了债券一级市场和二级市场范围的扩大。

十一、债券信息网发展迅速

“中国债券信息网”（http://www.chinabond.com.cn）使相关发债信息传递的环节降到最少，从而保证了发债信息能在最短的时间内上网，投资人随即可获取相关的债券发行信息，最快时在债券发行信息上网5分钟后，就有投资人打电话来咨询相关问题，这是传统的报纸等媒体所做不到的，市场参与者对“中国债券信息网”重要性的认识得到进一步加强。

“中国债券信息网”以其信息上网快、信息全、成本低、效率高、不受地域限制，同时又可查阅债券发行相关历史资料等优势，逐渐成为各投资人获取信息的首选。

十二、加强发行业务监管力度

为保证招标发行债券的过程得以在三公原则下有序进行，中国人民银行1998年11月28日颁布了《政策性银行金融债券市场化发行管理办法》，中国人民银行加强了对债券发行市场的监管力度并对每次政策性银行金融债券的招标发行均派观察员到场。另一方面银行间债券市场的债券的发行信息、招标、投标、登记和托管实现了一体化，不仅满足了债券发行主体和投资人的业务需要，而且为中国人民银行直接监管奠定了坚实的基础。在有关各方的协同努力和探索下，债券招标发行已逐步形成了一整套简捷有效、秩序井然的标准化工作程序，并为今后定期、连续、滚动高频率发行短期债券奠定了基础。

1998－1999年票据市场

票据市场是构造货币市场乃至整个金融市场的一个不可缺少的重要组成部分。1998年、1999年，我国票据市场有了长足发展，对于商业银行调整信贷资产结构，加强流动性管理，改善金融服务，对于规范信用行为，拓宽企业融资渠道，以及对于完善货币政策传导机制，促进转变金融宏观调控方式，都发挥了积极的作用。

一、1998－1999年票据市场基本情况

1998年，全国商业汇票发生额3,841亿元，商业银行累计办理贴现2,650亿元，人民银行累计办理再贴现1,200亿元，期末再贴现余额331亿元。1999年，全国商业汇票发生额5,076亿元，商业银行累计办理贴现2,499亿元，人民银行累计办理再贴现1,150亿元，期末再贴现余额502亿元。1999年商业汇票当年发生额和再贴现余额达到历史最高水平。票据市场的发展呈现以下几个特点:

1. 票据融资所占社会融资总量的比重提高，商业汇票已成为企业融通短期资金的重要渠道。1999年，企业签发商业汇票5,076亿元，比上年增加1,236亿元，增长32%，高于同期金融机构贷款增长19个百分点。当年企业签发商业汇票总额相当于同期金融机构贷款增加额的47%。而且据部分人民银行分行的典型调查，1999年票据背书转让明显增多，抵用率提高，通过连续背书转让，可以实现多次商品劳务交易，有效地发挥了票据的信用创造功能。因此，若加上企业间票据流通转让因素，实际票据融资量将大大超过票据签发量，票据融资所占社会信用总量的比重会进一步提高。商业汇票作为依附于商品劳务交易的延期付款的债务

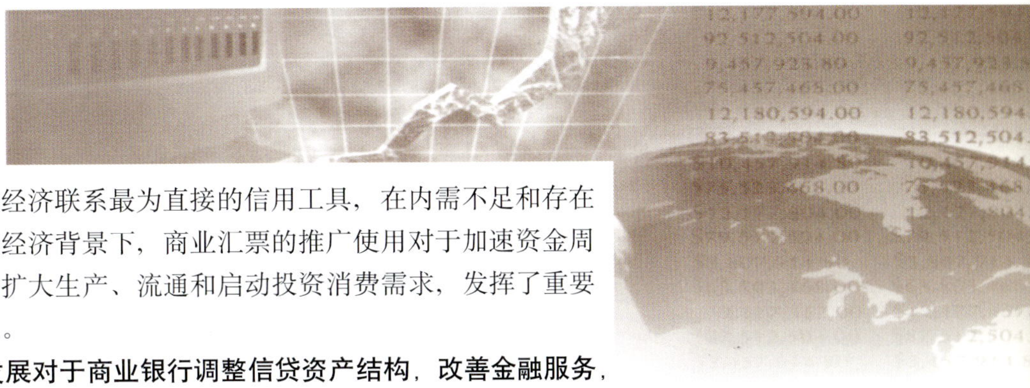

约束凭证，是与实质经济联系最为直接的信用工具，在内需不足和存在通货紧缩迹象的宏观经济背景下，商业汇票的推广使用对于加速资金周转，衔接产销关系，扩大生产、流通和启动投资消费需求，发挥了重要的、不可替代的作用。

2. 票据融资的发展对于商业银行调整信贷资产结构，改善金融服务，尤其是缓解中小金融机构短期流动性不足的矛盾发挥了重要的作用。根据中国人民银行的统一部署，各商业银行结合本系统实际采取了切实有效的措施，支持、鼓励和引导开户企业在商品劳务交易中使用商业汇票，扩大了对企业的票据承兑授信，票据业务量达到历史最高水平。金融机构间的票据转贴现和系统内的票据转让，已成为商业银行调剂头寸余缺，融通短期资金和加强流动性管理的一种重要手段。据部分中心城市人民银行统计，在辖内1999年的再贴现总量中转贴现票据所占比重明显提高，有的已超过50%。当年，国有银行以外的股份制商业银行、城乡信用社等中小金融机构的商业汇票业务发展较快。票据融资的扩大，有效地缓解了其短期流动性不足的矛盾。据统计，当年中小金融机构累计办理票据承兑 785 亿元，贴现 722 亿元，再贴现 353 亿元，分别占全国总量的16%、29%和31%，其票据承兑、贴现和再贴现所占全国总量的比重均比上年有大幅度提高。

3. 以中心城市为依托的区域性票据市场对全国商业汇票业务的发展发挥了积极的推动和辐射作用。一些商业银行扩大了辖内部分中心城市分行的票据承兑及贴现授权，为防范票据风险，规范业务操作和提高业务效率，还尝试建立专营票据承兑、贴现的业务部门或分支机构，效果明显。同时，部分人民银行分行会同当地商业银行制定了方案，开始筹建区域性票据中心。据统计，1999年重庆、广州、郑州、南京、深圳、沈阳等6个中心城市的新增再贴现约占全国新增再贴现总量的70%。

4. 票据市场的价格形成机制对促进利率市场化具有积极的作用。金融机构间的转贴现由交易双方按照市场原则自由商定利率水平，办理贴现主要根据企业资信情况和票据风险度，参照再贴现率商定利率水平，初步形成了通过再贴现率间接引导票据市场价格的机制。

二、1998年以来中国人民银行规范和发展票据市场采取的政策措施及其效果

1. 改革再贴现利率生成机制，使其首次成为独立的基准利率种类，为发挥再贴现利率的货币政策信号作用创造了条件。长期以来，再贴现率依附于再贷款利率，其利率水平与同档次再贷款利率挂钩，并按一定幅度下浮，从而限制了再贴现率传导货币政策信号的作用。从1998年3月21日起，改革了再贴现率确定方式，实行再贴现率与再贷款利率脱钩，单独发布。这项改革，标志着中国人民银行已注重运用再贴现这一传统的政策手段，也是中央银行1998年加大间接调控力度的一项政策举措。

2. 连续调低再贴现率。1998年3月21日，中国人民银行将再贴现率（以3个月期为例，下同）由8.38%下调为6.03%，7月1日下调至4.32%，12月7日进一步下调至3.96%，1998年当年再贴现率共下调4.42个百分点。1999年6月10日，人民银行再次大幅度下调再贴现利率，再贴现利率按2.16%执行。

3. 改革贴现率生成机制，使其与同期贷款利率脱钩，改为在再贴现率基础上加点的方式生成，并扩大了贴现率的浮动幅度。1998年3月21日将贴现率由在同档次贷款利率基础上下浮5%～10%改为在再贴现率基础上加点的方式生成，规定最高加点幅度为0.9个百分点；7月1日将贴现率加点幅度扩大到2个百分点；自12月7日起，实行贴现率在再贴现率基础上按不超过同期贷款利率（含浮动）加点的方式生成，加点幅度进一步扩大到2.77个百分点。

4. 改进和完善再贴现业务管理。一是进一步完善了再贴现操作体系，各分行根据总行的统一部署适当集中了再贴现业务管理，扩大了对辖内省会城市中心支行和副省级城市中心支行的再贴现转授权，加强了中心城市再贴现窗口的作用。二是适当扩大了再贴现的对象和范围。允许对一些资信情况良好、具有相应票据业务基础的城乡信用社和企业集团财务公司办理再贴现，并以此作为缓解部分中小金融机构流动性不足的一项重要政策措施。三是改进了再贴现操作方式。允许对商业银行省级分行持有的贴现、转贴现票据办理回购，以提高业务效率。

三、票据市场发展中存在的主要问题

1. 票据的流通秩序问题。自1997年改革商业汇票结算方式后，因一些企业和承兑银行行为不规范，法制、信用观念淡薄，结算纪律松弛，擅自违约，不履行到期付款的责任，扰乱了正常的商业票据流通秩序，导致票据的信用度下降，加大了票据到期付款的风险。人民银行曾就此多次专门发出通知，但未得到认真贯彻落实。发生商业汇票不按期付款的情况很普遍，以至于法不责众。票据流通秩序差已成为制约商业汇票业务进一步发展的主要原因之一。

2. 票源问题。自1997年以来各商业银行普遍加强了承兑授信管理，上收了承兑审批权限，有效遏止了一度出现的“乱承兑”问题，较好地控制了承兑业务风险。但由于一些商业银行对承兑审批权集中过度，采取不论票面金额大小，均逐笔由二级分行审批的管理办法，并逐级实行承兑额度控制，制约了承兑授信业务的正常发展。一些企业反映申请银行承兑难于贷款。据有关方面统计，尽管近几年商业汇票有了很大发展，但其所占“三票”（汇票、支票、本票）业务量的比重仅为3%左右，商业汇票业务量与实际业务需求不相适应，发展潜力很大。

3. 市场工具单一问题。目前，全国除上海外，都只有银行承兑汇票，商业承兑汇票尚未起步。在单一银行承兑汇票的情况下，该项业务的发展完全依赖于银行信用，既不利于商业银行防范票据风险，也不利于推动商业信用的正常发展和扩大企业票据融资。票据市场要进一步发展和深化，必须逐步改变目前票据的签发和流通主要依赖银行信用支撑的局面，大力推广使用商业承兑汇票，实行“银票”和“商票”并举，并逐步过渡到以商业承兑汇票为主。

4. 票据的业务手续和收益问题。从各地调查的情况看，企业反映申请承兑、贴现业务手续烦琐，开户银行规定的条件苛刻。商业银行则认为票据业务风险大，尤其是办理承兑的收益与承担的承兑授信风险不对称。目前迫切需要从出票和承兑环节解决票据授信的风险与收益问题，确定合理的承兑收益水平。

四、进一步发展票据市场的措施

1. 要充分认识现阶段大力推广使用商业汇票对促进转变金融宏观调控方式，健全信用制度，改善金融服务的重要性。货币市场是实施货币政策的载体，商业汇票是传统的货币市场工具，现阶段大力发展商业汇票业务，有利于推动货币市场建设，完善货币政策传导机制，促进商业银行加强流动性管理和拓宽企业融资渠道。商业汇票业务发展中存在的上述问题是在经济转轨的特定时期发生的，其根本原因在于社会信用关系、信用制度不尽健全和完善，不能因此否定现阶段发展商业汇票这一传统货币市场工具的可能性和必要性。商业票据作为依附于商品劳务交易的延期付款的债务约束凭证，具有结算和信用创造双重职能，它的推广使用，有利于规范市场主体的行为，促进健全社会信用制度。再贴现作为具有信贷工具特点的货币政策工具，不仅是基础货币的一种注入渠道，而且可以发挥引导信贷资金流向，促进结构调整的作用。现阶段要积极创造条件，注重发挥再贴现的优势，使之成为公开市场的重要辅助政策手段。

2. 加快发展以中心城市为依托的区域性票据市场。一是要支持商业银行在具备条件的中心城市建立专业机构，集中办理票据承兑、贴现、转贴现业务，发挥市场中介作用，以促进票据流通转让和有效防范票据风险，提高票据业务的效率和规模效益。近年来的实践表明，中心城市经济发达，市场化程度高，金融机构集中，对周边地区的辐射能力强，加快发展中心城市的商业汇票业务，有利于带动周边地区的票据业务发展，促进全国性票据市场的形成和发展。二是人民银行分行要按照中国人民银行银发[1999]320号通知的要求， 进一步集中再贴现业务管理，扩大对辖内中心城市的再贴现转授权，再贴现业务的操作应主要集中在分行和省会城市、副省级城市中心支行，以简化业务环节，提高业务效率，增强再贴现的可控性。要适当控制对商业银行基层营业机构的再贴现，其贴现后流动性不足需要转让票据，应主要通过同业转贴现和向其上级行转卖票据解决，以推动票据市场发展，增强票据功能，使之逐步成为商业银行短期融资和流动性管理的重要手段。三是中国人民银行总行将会同有关分行选择若干个中心城市作为再贴现授权窗口，争取在2000年初步建立若干个以中心城市为依托的、具有相应辐射能力的区域性票据市场。

3. **有步骤地推广使用商业承兑汇票，支持和促进商业信用发展，扩大企业票据融资。**各分行要会同当地商业银行，结合辖内实际情况制定推广使用商业承兑汇票的具体措施，选择一些资信情况良好的企业，鼓励其在采购中签发商业承兑汇票。要重点在具备条件的中心城市发展商业承兑汇票业务，总结经验后再逐步推开。对经人民银行分行和当地商业银行确认为资信情况良好的企业签发的商业承兑汇票，持票人申请贴现的，开户银行要积极给予信贷支持。对已经商业银行贴现的这类票据，人民银行优先给予再贴现。为防范商业承兑汇票业务风险，开户银行可对企业签发商业承兑汇票实行额度控制。企业在确认额度内签发商业承兑汇票，支付到期票款时发生短期资金周转困难的，开户银行要适当给予贷款支持。

4. **整顿商业汇票流通秩序，加大对违规票据当事人的处罚力度。**要进一步认真贯彻落实中国人民银行银发［1998］229号和银发［1999］320号通知要求，建立通报制度，对辖内商业汇票到期付款情况，定期组织检查，并向辖内各金融机构定期通报不按期支付票款的企业和承兑银行名单。情节严重的，要通过新闻媒介公开暴光。要严格按照《票据管理实施办法》的规定，对故意压票、拖延支付的承兑银行，处以压票、拖延支付期间内每日票据金额万分之七的罚款；承兑银行对承兑垫款，在垫付期间内按每日万分之五向承兑申请人计收罚息。承兑银行故意压票、拖延支付的，情节严重的，要追究直接负责的主管人员和其他直接责任人员的行政责任。

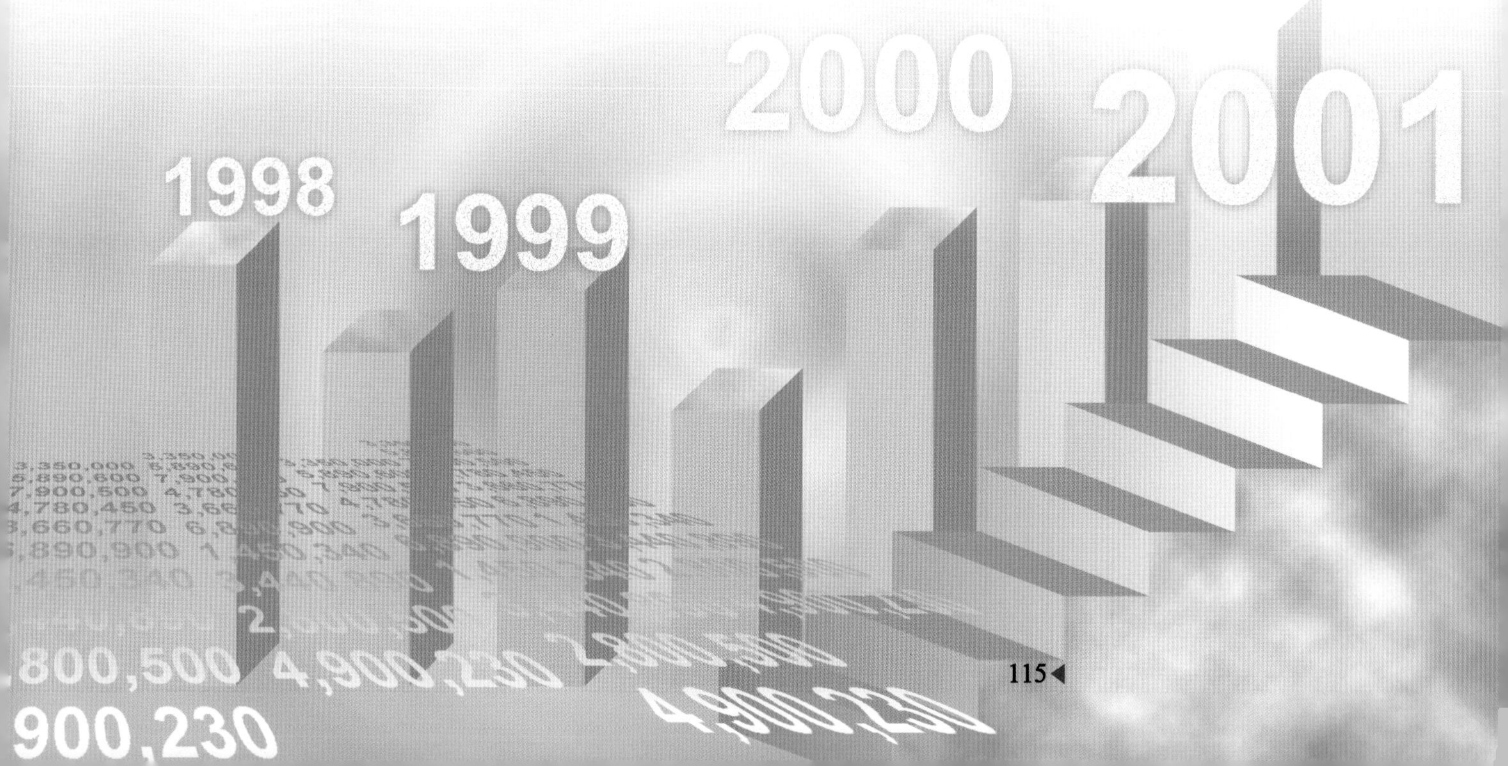

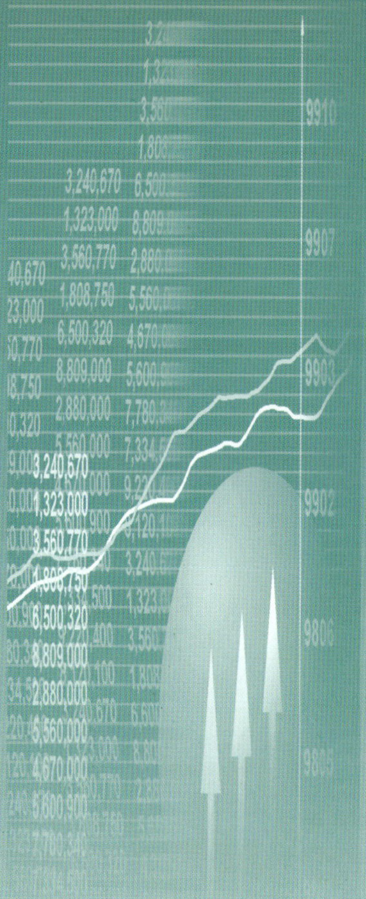

第二部分

货币市场管理

中国货币市场年鉴

2000

CHINA
MONETARY
MARKET
YEARBOOK
2000

1998－1999年中国同业拆借市场的监督、控制与管理

一、我国同业拆借市场的基本情况

我国同业拆借市场的发展是从1984年起步的，经过1992年清理“乱拆借”，1993年中国人民银行撤消商业银行组建的同业拆借中介机构，成立由各地人民银行牵头的融资中心，1996年1月，中国人民银行建立了全国统一的金融机构间同业拆借市场，同年6月放开了对同业拆借利率的管制，初步形成了统一规范的同业拆借市场格局。全国统一银行间同业拆借市场包括金融机构通过全国银行间同业拆借中心提供的交易系统进行的同业拆借（称一级网），以及通过各地融资中心进行的同业拆借（称二级网）。

虽然在形式上建立了统一的同业市场，但拆借市场的定位和功能仍没有发生实质性转变，商业银行还没有认识到融资中心和电子交易系统都不能承担风险，银行的风险意识和商业化意识还十分淡薄，拆借交易量较大，但蕴藏巨大风险，债券市场交易萎缩。1998年初，面对亚洲金融危机爆发，国内金融风险也开始暴露的情况，中国人民银行总行党组果断决策，停止了融资中心的自营拆借业务，全力清收融资中心逾期拆出资金，同时严格控制同业拆借市场风险。在人民银行有关政策的指导下，商业银行的风险意识和商业化意识逐渐增强，注重对手信誉，有效地降低了同业拆借市场的总体风险。

近年来中国人民银行坚持规范的发展原则，在亚洲金融危机蔓延并继续加深，国际金融市场持续动荡的情况下，我国同业拆借市场最大限度地降低了信用风险，同时也实现了从盈利目的的融资市场向真正的调节商业银行短期头寸的拆借市场的根本性转变。各银行普遍完善了法人

内部资金调拨体系，建立了严格的对外授信和对内授权制度，市场交易主体的自律性明显增强，在中国人民银行的严格管理下，同业拆借市场基本上是以商业银行法人间进行的调节准备金目的的交易。同业拆借的性质发生了实质性转变，拆借风险大大降低，同业拆借利率的参考价值明显提高，同业拆借发挥的作用显著增强。

1999年，我国同业拆借市场交易量大幅增加，全年成交3,912亿元，其中全国银行间同业拆借市场成交3,292 亿元， 非全国银行间同业拆借市场成员成交约 620 亿元。 全年拆借成交量比 1998 年的 989 亿元增加2,923亿元，增加了近 3 倍， 与1996年的5,871亿元和1997年的4,149亿元的成交水平接近。应当注意到，1996年和1997年拆借市场的主体是作为中介机构的融资中心，作为实际资金供求者的金融机构拆借量比数据显示的要小很多。经过规范后的拆借市场，交易主体均为金融机构法人及其授权分支机构，拆借量全部反映金融机构的资金交易情况。从金融机构的拆借量来看，1999年的拆借市场交易量超过了1996 年的 1,779 亿元和1997年的 2,773 亿元， 创出了1996年全国银行间同业市场成立以来的新高。

我国同业拆借市场呈现以下显著特点:

1. 同业拆借市场分为两个层次

我国的所有金融机构都可根据中国人民银行的有关规定进行同业拆借业务。我国的同业拆借市场根据金融机构的规模和信誉分为两个层次，第一个层次是中国人民银行总行管理的全国银行间同业拆借市场，它是一个金融机构的同业拆借组织，市场成员普遍有较大的规模和实力。第二个层次是非全国银行间同业市场成员的金融机构，在进行同业拆借前要在当地人民银行分支行备案。

1997年 9 月，人民银行开始清理撤消融资中心，同业拆借市场开始进入了规范化的发展阶段。1998年以来，人民银行采取了有力措施，大幅增加了全国银行间同业拆借市场成员。1998年初，为便于商业银行加强内部资金管理，批准了商业银行可以授权分行加入全国同业拆借市场，从事其总行授权范围内的信用拆借、债券回购和现券买卖业务。1998年5月， 作为有步骤地实施金融对外开放的一次重要举措， 人民银行批准经营人民币业务的外资银行加入全国同业拆借市场，从事同业拆借、债券回购和现券买卖业务。1998年10月，批准保险公司加入全国同业拆借市场，从事债券买卖业务。1999年 2 月，批准部分农村信用社联社进入全国银行间同业市场，从事同业拆借、债券回购和现券买卖业务。1999年8月，批准证券公司进入全国银行间同业市场，从事拆借、购买债券、债券回购和现券买卖业务。

至1999年底，全国银行间同业市场成员增加至243家，比1999年初的61家增加了3倍，全国银行间同业市场主体包括国有独资商业银行和股份制商业银行及其授权分行、城市商业银行、经营人民币业务的外资银行、保险公司、农村信用社联社、证券投资基金和证券公司。这些金融机构的存款总额和资产总额占金融体系的90%以上，无论从这些机构的数量、资产总量、种类，还是在中国金融体系中的地位看，全国银行间同业市场成员都发挥了在中国同业拆借市场体系中的影响力。

非全国银行间同业市场成员的金融机构可以与任何一个有拆借资格的金融机构进行同业拆借交易，极大地方便了金融机构的头寸调剂和资金运作。是否是银行间同业市场成员并不影响其进行同业拆借业务，在管理上的唯一区别是非银行间同业市场成员要在交易前备案。

2. 同业拆借利率已经成为社会经济和中央银行货币政策关注的重要指标

在金融机构流动性总量不变的情况下，流动性的分布和商业银行对宏观经济、政策等因素判断的变化也会影响银行的流动性供求，进而影响同业拆借市场利率。因此，与流动性总量相比，同业拆借市场利率更能全面灵敏地反映商业银行创造货币的意愿。

从我国同业拆借市场利率的具体情况看，我国金融机构的信用程度有较大的差别，因此各金融机构的拆借利率差异较大，小银行的拆借利率波动较大，大银行的拆借利率运行平稳，比较准确及时地反映流动性情况，是中央银行观测的指标。

3. 同业拆借已经成为商业银行资金管理的首选方式，促进了银行经营向商业化的转变

随着同业拆借市场的发展，商业银行在需要资金时，首先考虑在同业拆借市场上借入资金。在资金宽松时，也首先考虑通过同业拆借方式融出资金。改变了以往缺资金就找人民银行的倚赖做法，而是积极在同业拆借市场运作。一些银行在同业拆借市场交易活跃，形成了广泛稳定的交易网络，能够在同业拆借市场及时实现资金融通需求。

商业银行的商业化经营要兼顾盈利性、流动性和安全性，保持适度的流动性水平是关键，同业拆借市场的发展和不断完善，为商业银行的流动性管理和商业化经营提供了必要的、良好的外部条件，大大推动了银行的商业化进程。同时银行的商业化经营使其更加注重在同业拆借市场的运作，也促进了同业拆借市场的发展。

二、中国人民银行对同业拆借市场监督、控制与管理的出发点和原则

（一）中国人民银行对同业拆借市场管理的出发点

同业拆借市场是金融机构进行短期资金融通的主要场所。同业拆借不同于债券回购等其他资金融通方式，是在无担保的条件下进行的，是资金和信用的直接交换，因此同业拆借本身即是处于社会信用最高层次的金融机构——主要是商业银行之间融通资金的特有方式，是资金融通的最高形式。由于同业拆借的这个特殊性，也就相应衍生了同业拆借的明显优势——高效率，以及潜在弱点——信用风险。因此，中央银行对同业拆借市场管理的出发点是控制同业拆借市场的总体风险，即在保证提高同业拆借效率的同时，尽可能地减少同业拆借市场的风险。我国同业拆借市场自1984年起步，至今16年，由于金融体制改革的诸多因素的影响，以及全社会信用观念淡薄的背景，我国同业拆借市场的风险问题曾几度显现，影响了同业拆借市场的健康发展。实践证明，中央银行必须对同业拆借市场进行严格的监管，管理的重点就是风险控制，这是同业拆借市场监督、控制与管理的总出发点。

（二）中国人民银行管理同业拆借市场的基本原则

中央银行管理同业拆借市场必须坚持严格准入、风险自担、市场公平、分层有序的原则。

1. 严格准入原则。同业拆借市场是金融机构买卖短期资金的市场，必须是金融机构才能加入。企业与金融机构的资金往来只能是一种借贷关系。贷款与拆借有很大的不同，贷款人对借款人的资信要进行审查，对贷款资金用途要进行严格的监督，贷款操作人员受到有关法律的制约；同业拆借的管理没有贷款严格，拆出资金方对拆入资金方的资信有一定的要求，但不像发放贷款那样审查，通常也不限制资金的用途。这种区别正源于同业拆借的高信用等级，因此同业拆借的资格更应有严格的限定。在美国，只有在联邦储备银行开立准备金账户的商业银行才能参加联邦基金市场（即同业拆借市场）。我国同业拆借市场的主体目前包括

了所有金融机构，随着同业拆借市场的继续规范，范围将逐渐限定在存款金融机构之间。

2. **风险自担原则**。一个金融机构要根据对方的信用情况来决定是否进行同业拆借交易，拆借市场的信用风险只能由市场参与者自行承担。中国人民银行负责管理市场，控制市场总体风险，但不承担每一笔拆借的风险。回顾拆借市场的发展历史，可以发现我国金融机构的自我风险意识正在逐渐提高，在选择对手方面更加慎重，这种强调风险的大环境也促进了市场参与者更加注重自身信誉，提高了市场的总体安全性。

3. **市场公平原则**。公平的涵义是市场参与者必须使用相同的市场规则，每个加入同业拆借市场的金融机构都必须遵守人民银行制定的市场法规，遵守信用，维护市场公平。不论是大商业银行，还是小的农村信用社，在拆借市场上都必须恪守信用，执行统一的市场标准。

4. **分层有序原则**。同业拆借市场是分层次的。大小金融机构的信誉、实力不对等，市场必然是分层次的，大银行从小金融机构拆入资金容易，小金融机构从大银行拆入资金就相对困难，这是符合市场经济基本规律的。因此同业拆借市场必然是分层次的，资金的流动有明显的秩序性，中小金融机构以吸收存款后融出资金为主，而大银行利用自己的高信用，可以低于吸收存款的成本从其他金融机构拆入资金，降低了成本。同时大银行之间由于信用都比较高，资金的余缺比较大，相互拆借也比较频繁。

三、中国人民银行对同业拆借市场监督、控制与管理的发展历史

1986年，中国人民银行先后下发《完善信贷资金管理办法的规定》和《关于1987年信贷资金管理的几项规定》，一是明确拆借市场交易由中国人民银行领导和组织管理，同业拆借可以在同城和异地进行；二是明确同业拆借仅限于金融机构，凡具有法人资格的金融机构均可参加，非金融机构、个人不得以任何形式直接参加同业拆借市场；三是要求资金拆借坚持自愿拆借、恪守信用的原则；四是规定任何拆借资金的期限不得超过 4 个月，拆借资金主要用于解决临时性、季节性周转资金的不足。这几方面规定构成我国同业拆借市场管理的基本框架。其中的主要原则至今仍是管理同业拆借市场的重要出发点。

1990年，中国人民银行下发了《同业拆借管理试行办法》，首次对我国的同业拆借市场管理作了比较全面系统的规定。明确了同业拆借的性质是银行、非银行金融机构之间融通短期资金的行为，确定了建立同业拆借的市场组织，进一步明确规定了拆借资金的来源与基本用途，规定了金融机构拆出拆入资金的比例，规定了同业拆借利率管理体制和期限政策，明确了同业拆借利息和服务费用一律转账结算，不得收付现金。

1992年下半年拆借市场出现混乱，1993年 2 月，人民银行下发《关于进一步加强对同业拆借管理的通知》，6 月下发《关于进一步整顿和规范同业拆借市场秩序的通知》，这些整顿措施对维护市场秩序、规范拆借行为起到了良好作用。

1994年 2 月人民银行下发《信贷资金管理暂行办法》，首次将同业拆借市场的概念扩大为货币市场，对拆借期限和最高拆借资金余额作了更详细更合理的规定。

1995年下半年，中国人民银行发出《关于撤消商业银行办理同业拆借中介机构的通知》，开始组建全国同业拆借市场。1996年，同业拆借市场正式组建。同年 5 月人民银行下发《关于取消同业拆借利率上限管理规定的通知》，决定从6月1日起取消同业拆借利率管制，拆借利率由拆借双方自行决定，完全放开。

1997年，各地融资中心逾期拆借问题日益突出，下半年人民银行连续下发《关于清收融资中心拆借资金有关问题的通知》、《关于进一步抓紧融资中心逾期资金清收工作的通知》，开始全面停止融资中心的业

务，清收逾期拆借资金，清理完毕的融资中心予以撤消。

1999年，人民银行下发了《关于农村信用社资金融通若干问题的通知》和《关于农村信用社等金融机构资金融通管理问题的通知》，明确了所有金融机构都可以办理同业拆借业务，鼓励商业银行和农村信用社联社办理融资代理业务。8月人民银行公布了《证券公司进入银行间同业市场管理规定》，规定证券公司经中国证监会推荐，可向中国人民银行申请进入全国银行间同业市场，从事同业拆借等融资业务。这些规定和人民银行近年来颁布的一系列文件一起，构成了同业拆借市场监管控制的依据。

四、中国人民银行对同业拆借市场的监督、控制与管理

（一）对金融机构拆借业务管理

1. 同业拆借的期限管理

人民银行对金融机构同业拆借的期限进行管理的目的是防止短期资金长期占用，控制信用拆借风险。1984年以来，我国同业拆借市场出现了几次大的风险暴露，究其原因，主要是金融机构将拆入的短期资金用于房地产或其他项目等长期资金运用项目上，资产负债的期限不搭配，使资金不能灵活运用，资产的流动性低，致使拆借资金不能按时归还，造成信用风险积聚。有鉴于此，中国人民银行对金融机构拆借期限采取了比较严格的监管措施，在《中华人民共和国商业银行法》（以下简称《商业银行法》）、《金融违法行为处罚办法》等法规中都作了严格的规定。《商业银行法》第四十六条规定：“同业拆借，应当遵守中国人民银行规定的期限，拆借的期限最长不得超过四个月。”《金融违法行为处罚办法》第十七条规定：“金融机构从事拆借活动，不得有下列行为：（二）拆借资金超过最长期限”。

人民银行对金融机构拆借期限的管理，重点是控制拆入方的期限，规定金融机构拆出资金的期限不得超过对手方的最长拆入资金期限，这样在控制拆入期限的同时也控制了拆出资金的期限。

人民银行对金融机构拆借最长期限实行分类管理。目前各类金融机构的最长拆入资金期限的规定是：商业银行和城乡信用社最长拆入资金期限为4个月，国有独资商业银行和股份制商业银行的授权分行的最长拆入资金期限由其总行确定，但不得超过4个月；外资银行最长拆入资

金期限为 4 个月，外资银行可以办理人民币同业借款业务，但不属于同业拆借范畴；信托投资公司、财务公司、租赁公司最长拆入资金期限为 7 天；进入全国银行间同业市场的证券公司的最长拆入资金期限为 7 天，没有进入全国银行间同业市场的证券公司的最长拆入资金期限为 1 天，证券公司的分支机构不能拆借；保险公司只能拆出资金，不能拆入资金。

为保证拆借资金不被长期占用，也防止金融机构逃避期限管制，人民银行规定金融机构的拆借到期后不得展期和变相展期，拆借到期后拆入资金的金融机构必须将本金和利息全部划回。另外，对拆借资金到期后故意以逾期形式逃避人民银行对拆借期限管理的行为，人民银行将按照违反期限管理规定的有关条款进行处罚。

2. 限额管理

人民银行对金融机构的拆借行为进行限额管理，其目的在于防止金融机构过度拆借带来的风险，这也是吸收1993年以前“乱拆借”的教训而实施的管理。

人民银行对不同性质的金融机构实行分类限额管理，同时对全国银行间同业市场的成员与非成员实行分级管理。对全国银行间同业市场成员，由人民银行总行以有关比例为基础核定限额，对非全国银行间同业市场成员的金融机构，则由人民银行分支行根据有关比例进行监测和考核。

各类金融机构的拆借比例规定是：商业银行最高拆入资金余额不得超过存款余额的 4%，商业银行最高拆出资金余额不得超过存款余额的 8%，国有独资商业银行和股份制商业银行授权分行的最高拆借资金余额由其总行确定，但商业银行以法人为单位的总拆借资金余额不得超过上述比例；信托投资公司、财务公司、租赁公司最高拆借资金余额不得超过实收资本金的 100 %；证券公司最高拆借资金余额不得超过实收资本的80%，保险公司最高拆出资金余额不得超过实收资本的80%；外资银行最高拆借资金余额不得超过人民币营运资金余额的150%。

人民银行总行对全国银行间同业市场成员金融机构下达拆借限额的方式是，每半年根据商业银行的存款情况以及非银行金融机构的有关情况核定一次限额，金融机构如有经营情况的重大变化，可向人民银行总行货币政策司申请，调整或临时调整拆借限额。

3. 备案管理

人民银行要求金融机构的同业拆借要进行备案，其目的在于使中央银行及时完整地了解拆借市场的总体交易情况，监控金融机构的拆借风险情况，对拆借市场的突发事件及时作出回应。金融机构的拆借备案数据是统计数据，为中央银行决策提供参考，但它同时又与市场监管紧密结合，成为市场管理的重要部分。近年来，国际金融市场剧烈波动，在亚洲金融危机等金融动荡中，投机势力都是从东道国的本币同业拆借市场入手，拆入本币，然后冲击外汇市场、拆借市场和资本市场。因此，各国中央银行都迫切感到需要了解金融市场的交易情况。而在我国，从同业拆借市场建立初期，就实行了全面的备案管理，建立了比较完善的备案管理体系。

我国同业拆借市场的备案管理经历了几个发展阶段。1996年前，金融机构拆借必须通过融资中心办理，融资中心通过中介鉴证和自营两种方式实现金融机构间的拆借交易，实际上承担了备案功能。1996年全国银行间同业拆借中心成立后，全国银行间同业市场成员的同业拆借交易主要通过拆借中心的电子交易系统办理，电子交易系统实际上就起到了备案的作用。没有使用电子交易系统的金融机构，必须通过融资中心的鉴证业务来办理拆借。 1997年9月以来，融资中心停止自营业务，清收逾期拆借资金，清收完毕的融资中心撤消。人民银行总行规定由人民银行分支行指定由融资中心或人民银行分支行货币信贷部门办理备案业务。1999年初， 中国人民银行下发银货政[1999]64号文件，规定农村信用社以及其他非全国银行间同业市场的金融机构进行同业拆借，必须在所在地人民银行分支行货币信贷部门备案，人民银行分支行不得收费。人民银行各分行在汇总辖内金融机构有关数据后，在每月10日前上报中国人民银行总行货币政策司。人民银行通过备案管理可以及时了解到同业拆借市场的资金流向、利率水平，为货币政策的操作和执行提供有用信息。同时，备案管理也是风险管理的重要组成部分，保证了期限管理和限额管理的实现，也有利于人民银行随时掌握拆借市场的风险点，可以有的放矢地跟踪检查，及时控制拆借风险，避免小的拆借风险酿成连锁的债务链，防止系统性风险的发生，保障金融体系的稳健运行。

同业拆借的备案管理在操作上有五个要点:

（1）双方备案。为使人民银行分支行了解辖内金融机构的拆借情况，就地控制拆借风险，更好地实现期限管理和限额管理，规定拆借双方各自在当地的人民银行备案。两地人民银行各自统计上报上级人民银行。双方备案可以避免因备案地不清而产生的统计不全，也有利于人民

银行分支行及时了解辖内金融机构的资金情况，以及辖内的资金流入流出情况。人民银行总行和分行可以通过完整的备案数据，清楚资金的地域分布情况和资金流向，有助于货币政策和信贷政策的制定和实施。

（2）事前备案。金融机构要在交易前备案。人民银行对备案的拆借从主体资格、期限和限额等三方面进行审核，如果均符合人民银行规定，则予以备案。人民银行分支行不须审批拆借的利率等非监管要素。事前备案的具体时间要求由人民银行分支行自行确定。

（3）否决形式。人民银行分支行可以根据当地的实际情况制定有关办法，明确备案的具体形式。备案应当采取否决形式，即金融机构备案后一定时间内，如人民银行不否决该项备案，则视为人民银行认可该笔拆借交易的合规性。人民银行分支行不须逐笔审批拆借交易。

（4）农村信用社全部备案。1999年，中国人民银行总行批准了19家农村信用社联社加入了全国银行间同业市场。农村信用社也可以按照有偿原则使用拆借中心的交易系统。为保证对农村信用社系统监管的全面性，使人民银行分支行及时了解辖内农村信用社的情况，总行要求对于农村信用社，不论是否使用交易系统，在拆借前都必须备案。

（5）人民银行分支行要将备案统计数据及时上报总行，使全国统计数据完整。

（二）全国银行间同业市场管理

全国银行间同业市场是中国人民银行总行组织和管理的金融机构间组织。银行间同业市场的成员包括国有独资商业银行和股份制商业银行及其授权分行、城市商业银行、经营人民币业务的外资银行、城乡信用社、保险公司、证券公司。中国人民银行总行负责全国银行间同业市场的准入、日常监督和退出的管理。全国银行间同业市场成员作为同业拆借市场的核心力量，在树立维护拆借市场荣誉和秩序、活跃市场交易、传导中央银行货币政策方面都发挥了重要的作用。人民银行通过对银行间同业市场的严格管理，使拆借市场的主要部分高效安全运行，并促进整个拆借市场诚实守信，公平交易。

五、对当前拆借市场管理的评价和分析

解决拆借市场风险问题，要从三方面着手。一方面中央银行加强监管，对市场进行即时监测，通过下达调整信用拆借最高余额等方式及时控制市场风险。另一方面是从市场的组织架构上考虑，就是要建立信用评级制度，加强信息的充分交流，构架金融机构之间的相互制约体系，使不讲信用的金融机构不能在市场中生存。但同时也要明确，拆借风险是银行自己的问题，市场本身的服务只能使信息充分流动，中央银行的监管是解决违规问题和将风险控制在一定范围内，这两者并不能直接解决拆借风险问题。第三方面，对于规模较小的银行或不被其他银行了解的银行，可以采用债券回购和现券交易的方式融资，在银行间债券市场规范的债券托管结算制度下，债券交易结算没有风险问题。通过债券交易，一方面解决金融机构的资金余缺问题，另一方面，双方通过业务往来，将逐渐了解对方的信誉，建立信用关系，有利于开展信用拆借。

目前大银行的交易需求较难实现，这也从一方面说明，其内部资金调度的机制还有待于进一步完善。在这种现实情况下，商业银行总行可以授权其资金吞吐量较大的分行有条件地进入市场，使大的交易需求分解为多个较小的交易需求，便于需求和供给的对接，利于交易的实现。1998年中国人民银行下发《关于商业银行授权分行加入全国同业拆借市场的通知》，规定商业银行可以授权分行进入全国同业拆借市场，从事总行授权的同业拆借业务。至1999年底，全国银行间同业拆借市场共有商业银行授权分行90家。由于新股发行方式对商业银行资金头寸的影响较大，国有独资商业银行的深圳和上海分行经常有较大的资金调剂要求，商业银行总行授权这些分行在全国同业拆借市场运作，有利于加快其资金运转，解决短期头寸问题。中国银行深圳分行、中国工商银行深圳分行和上海分行、中国建设银行深圳分行拆借交易量均较大。商业银行授权分行全年拆借共成交1,035.53亿元，占拆借总量的31.46%。

商业银行的头寸调节要求交易能够迅速实现，目前的市场反映了商业银行的头寸需求，但交易笔数较少，为商业银行头寸调节带来了不便。为解决这个问题，可以考虑有机构充当做市商，在市场上双边报价，对拆出和拆入资金都吸纳，类似于美国的货币中心地区银行。融资中心的自营业务主要是省内与省外的资金调节，并不是做市商。做市商可以是

大的银行，也可以成立货币经纪公司，由其担负这个职责。要经过严格审查，并即时监测，保证其功能不出现偏差。

综上所述，评价拆借市场要从金融运行的大环境着眼，关键要看拆借市场是否有健全的价格实现机制，实现了何种功能，在金融体系的运行和国家宏观经济政策的实施方面发挥了什么作用。简单地比较交易量的大小、交易主体的多少、交易品种的花样，并不是判断拆借市场成功与否的合适指标。

拆借市场要成为商业银行头寸资金调节的首选和主要方式。商业银行首先互相交易，在基础货币的充分流动后，如果结果仍然是偏多或偏少，反映为利率的上升或下降，中央银行以此判断商业银行总体的头寸松紧，制定和实施相应的货币政策。这样，既使中央银行有了适当的判断指标，又使商业银行总体的行为方式稳定化，有利于货币政策的传导。中央银行对拆借市场的监督、管理和控制就是要使拆借充分发挥上述作用，并防范市场的总体风险。从近几年我国同业拆借市场监督、控制与管理的实践看，已经基本实现了这个目标。

1998－1999年中国债券市场的监督、控制与管理

一、中国债券市场的发展及监管体制的演变

（一）中国债券市场的发展概述

自1981年恢复国债发行以来，特别是进入90年代以来，我国债券市场得到飞速的发展。债券发行主体不断增加，发行方式逐步市场化，债券品种日益丰富，流通市场日趋活跃，市场运作水平明显提高，市场法规不断完善。债券市场已成为我国金融市场的重要组成部分，为我国经济建设和投融资体制的改革，为我国近两年积极财政政策的实施，以及金融宏观调控方式的转变均作出了重要贡献。

1. 发行市场

我国50年代就发行了人民胜利折实公债和经济建设公债，因理论上的认识问题，1958年后没有发行新的国债。1981年，为了弥补当年财政赤字，我国恢复了国债的发行，从此，国债发行量逐年增加。1985年、1986年我国先后开始了金融债券和地方企业债券的发行；1992年开始发行中央企业债券、住宅建设债券和地方投资公司债券。以后，随着 3 家政策性银行的成立，政策金融债券发行数量大幅增加。近两年，我国每年国债发行量均在 3,000 亿元以上，政策金融债券的发行量也近2,000亿元。

随着债券发行主体和数量的不断增加，我国债券发行方式已有了很大改进。1981年至1990年，我国国债的发行基本上采取行政手段和计划分配方式。1991年开始以承购包销的方式发行，1993年引进了一级自营商制度，1996年基本以招标方式发行，实现了国债发行的市场化。由于政策的调整与变化，近几年，国债以协议承购包销方式发行为主。政策

金融债券的发行刚开始由人民银行统一分配、派购给各有关金融机构，债券的票面利率由人民银行征求政策性银行和有关金融机构意见后确定，并随人民银行基准利率调整而调整，发行主体还可能随时提前兑付本息。为规范政策金融债券的发行，理顺和拓宽政策性银行融资渠道，增加债券市场的交易工具，中国人民银行积极推动政策金融债券的市场化发行，在公开市场业务一级交易商制度的基础上，建立了政策金融债券发行承销商制度。 从1998年9月开始，政策性银行以招标的方式发行政策金融债券，通过承销商向有关金融机构分销，实现了政策金融债券发行方式的重大转变，目前，我国政策金融债发行已基本实现了市场化。

2. 流通市场

我国虽然于1981年恢复了国债的发行，但当时并不允许国债流通。1987年，一些金融机构开办金融债券和地方企业债券转让业务，标志着我国债券流通市场的起步。1988年初，根据国务院的决定，由人民银行组织，在7个城市进行国债流通转让的试点，同年6月，又批准了54个大中城市进行国库券的流通转让试点工作。此后证券中介机构逐步建立起来，1990年底上海、深圳证券交易所相继成立，一些地区建立了证券交易中心，部分城市开展了国债交易，国债市场不断拓展，债券交易量也不断增加。1993年国债派生工具开始出现，回购交易首先在证券中介机构和银行之间，以及证券中介机构之间进行，成为融通短期资金的一种手段。1993年10月，上海证券交易所开办了国债期货交易业务。

几经变迁，目前我国债券市场形成了以竞价方式进行、撮合成交的证券交易所市场（即场内市场），和以询价方式进行、逐笔成交的全国银行间债券市场（即场外市场）共存的格局。

交易所市场与股票市场联系密切，是一种投资和投机市场，债券买卖价格和回购利率波动较大，成交相对活跃，每年的交易量数以千亿计。在交易所上市交易的债券包括国债和企业债券，约800亿元；参与交易的主要是非银行金融机构，还有一些其他机构投资者和个人投资者。

全国银行间债券市场主要还是商业银行间进行头寸调剂的市场，从1997年6月建立以来，发展迅速，现已成为中国债券市场的主体。交易工具从当初二三百亿的国债发展到包括国债、中央银行融资券和政策金融债券在内的三大类债券，几十个券种，可交易的债券总量达1万多亿元。市场交易主体从建立之初的16家商业银行发展到包括所有全国性商业银行和区域性商业银行及其授权分行、城市商业银行、经营人民币业务的外资银行、保险公司、农村信用社、证券公司和证券投资基金，其存款总额和资产总额占全部金融体系的90%左右，其主体已基本涵盖了整个金融体系。市场成交量从1997年的300多亿元，增加到1999年的1万多亿元，满足了商业银行和农村信用社等金融机构调剂资金头寸的需要，保证了支付，防范了金融风险；交易的活跃，也为1998年以来5,000多亿元国债和2,000多亿元政策金融债券的顺利发行提供了基本保证，降低了发行人的筹资成本。

全国银行间债券市场回购利率走势平稳，对中央银行货币政策操作反应渐趋灵敏，比较准确及时地反映了金融体系流动性情况，逐步成为市场基准利率，成为债券发行人制定债券发行利率的重要参考，也是中央银行重要的观测指标。全国银行间债券市场为中央银行金融调控方式的转变奠定了基础。不断完善和发展的银行间债券市场为人民银行1998年5月恢复公开市场业务操作提供了现实基础。人民银行依托于银行间债券市场，1998年累计向商业银行融出资金1,700多亿元，投放基础货币700多亿元。随着银行间债券市场的发展，公开市场业务的操作规模也越来越大。1999年，人民银行通过公开市场业务向商业银行融出资金7,076亿元，投放基础货币1,900多亿元，占人民银行当年投放基础货币总额的52%。公开市场业务已成为人民银行重要的货币政策调控手段。

（二）中国债券市场监管体制的演变

从十多年的实际运作情况来看，我国债券市场监管体制大体经历了三个阶段：

1. 财政部独立管理阶段

80年代中期以前，我国只有国债发行，既没有其他债券的发行，也没有债券的流通市场。当时，依据国务院颁布的《国库券条例》，国债的发行主要由财政部组织和管理，以行政摊派的方式向社会发行。

2. 以中国人民银行管理为主阶段

1986年，国务院发布《中华人民共和国银行管理暂行条例》，规定中国人民银行是国家的中央银行，负有全面管理债券、管理金融机构、制定有关金融法规和政策的职责。人民银行作为债券主管机关，负责债券的发行、上市的审批。当时，由于对各部门有关管理债券市场的职责规定不明确、具体，又没有一个统一协调的机构，结果，国务院其他部委都不同程度地参与了对债券市场的管理，导致政出多门，各种管理政策、规章制度不配套，办事效率低下，债券市场管理混乱，出现了不少漏洞。

1991年下半年，我国成立了第一个全国性的行业管理自律组织——中国证券业协会，另外，财政部牵头成立了国债协会。这两个民间自律性组织的建立，开始了我国政府管理与自律性管理相结合的证券管理阶段。

3. 以国务院证券管理委员会（简称证券委，后为中国证监会）为主的管理阶段

1992年10月，国务院决定成立证券委和证监会。1993年初，国务院又发布了《关于进一步加强证券市场宏观管理的通知》，初步确立了我国证券市场管理体系的基本框架，形成了一个以证券委为主管部门的证券市场管理体制。后来，根据我国证券市场的发展，撤销了国务院证券管理委员会，明确了证券市场由中国证监会管理，特别是《证券法》的颁布，确立了中国证监会管理我国证券市场的地位。

（三）中国债券市场存在的主要问题

1. 发行管理体制不顺，不利于发行市场与流通市场的协调发展

这一问题主要表现在国债和企业债券发行的管理方面。自1981年恢复国债发行以来，我国国债的发行管理体制一直没有理顺。恢复发行的最初几年，发行由财政部门自己组织管理，后来主要由人民银行组织、协调。1994年开始，凭证式国债发行的组织协调工作由人民银行承担，记账式国债的发行由财政部门负责，除跨年度的国债发行规模要经全国人大审批外，每次国债发行的组织形式、数量、期限、利率等发行条件均由财政部门决定，发行的组织管理工作也全部由其自身负责，这与经济发达国家成熟的国债发行做法是不相符的。虽说国债是财政部门代表国家发行的一种债券，但在国债发行条件的确定方面，财政部门与国债承销机构是法律地位平等的双方，而不是行政上管理与被管理的关系。由财政部门自己来管理国债发行工作，既于理不通，也不能充分保证承销人的权益，也不利于国家对财政部门国债发行的监督与制约。其结果是，财政部门单方面强调降低发债成本，完成自己的发债任务，不顾市场发展的需要，凭自己的主观臆断，确定债券发行条件，脱离市场实际情况，不利于国债流通市场的进一步发展。在全国银行间债券市场发行国债表现尤为突出。具体表现在：一是没有固定的债券发行时间表，不利于投资者的合理预期，也不便于承销机构合理摆布资金头寸，开展债券分销工作。二是债券持有人结构不合理。国债发行对象只局限于银行间债券市场120多家国内法人机构成员，尤其集中于国有独资商业银行，中小金融机构难以买到符合需求的债券资产，相当部分的金融机构、非金融机构和个人都没在认购对象之列。结果，在中央国债登记结算有限责任公司托管的6,000多亿元国债中，4家国有独资商业银行持有绝大部分，只有少部分由其他商业银行和少数农村信用社联社持有。三是国债期限结构不合理。财政部在银行间债券市场发行的国债主要是7—10年的中长期国债，只是在1999年6月第3期7年期记账式国债发行不畅的情况下，经有关部门多次协调，才发行了3年期（第4期）记账式国债。目前，在中央国债登记结算有限责任公司托管的债券中，有近3,000亿元的国债根本就不能流通。这都不同程度地影响了二级市场交易的活跃。

企业债券发行问题也不少：一是发行管理体制不顺。发行企业债券本来是一种商业行为，按现行管理要求却成了政府机构指定的行政行为。根据《企业债券管理条例》规定，企业债券年度发行规模和规模内的各项指标由国家计划管理委员会会同人民银行、财政部等部门决定。中央企业发行债券由人民银行会同国家计委审批；地方企业发行债券，由人民银行省分行会同同级计划主管部门审批。实际上是由计委逐一选择发债项目，确定每个企业的发债额度，人民银行只是履行批准手续。二是在发债项目、额度既定的前提下，人民银行对企业债券发行审查流于形式，债券发行审批制度形同虚设。发行企业债券未实行严格、公正、公开的资信评级，债券担保制度不健全。企业发行债券信息公布不充分，投资人对企业债券资信、风险等情况了解不详。三是对企业债券发行后的日常监管不严。对企业债券发行后资金到位情况、资金运用情况、兑付资金落实情况等没有一套严格的监管措施和制度，部分企业违反债券发行章程，挤占、挪用发债资金，还有部分企业效益低下，给企业债券到期兑付留下隐患，严重影响了企业债券的信誉，企业债券流通市场交易很不活跃。

2. 流通市场监管职责不明，市场交易不规范，风险隐患较大

90年代初，随着国债流通市场的逐步发展，各地纷纷设立证券交易中心，部分中介机构的设立根本没有经过主管部门批准；一些新的交易品种也未经主管部门批准，而由市场中介机构或其他非主管政府部门决定，就自发或半自发地开展起来。突出表现在1992年至1995年间的国债期货交易和国债回购交易。由于期货交易发展迅速，交易所的利润丰厚，又迎合了国债发行部门搞活交易的心理，有关部门和投资者风险意识不够，在缺乏相应的法律、法规约束下，一味追求市场规模和交易量，市场运行和管理不规范。结果，1995年2月23日终于爆发了“327国债期货”事件，几乎导致交易所国债市场的崩溃。从1992年开始，国债回购在各地自发开展起来，发展很快。这些所谓的国债回购，基本上是虚假回购，一些机构利用自制的代保管单，通过国债回购套取资金，实际上是一种买空或卖空国债行为，并且其期限和利率极不合理。1996年以来，交易所回购市场运行也不规范，大量银行信贷资金通过回购违规进入股市，造成回购利率大幅波动，股票市场极度震荡。这都严重扰乱了货币市场和股票市场秩序，影响了银行正常的信贷业务，也给有关机构造成不可挽回的损失，至今国债回购债务清欠还没有结束。几年来，这些问题的出现，主要原因就在于国债市场监管职责不清，政出多门，交易所、国债协会等自律性机构自我管理不规范，国债市场参与者内部控制制度没有建立或很不完善。

3. 债券市场分割

目前，我国债券市场分为银行间债券市场、商业银行柜台市场和交易所市场。三个市场服务于不同的对象，交易方式不同，具有不同的功能，适当分工是必要的。几个市场没有实现有效联通，不利于债券市场充分发挥配置资源的基础性作用。一方面商业银行持有债券时，无法对中小机构或个人投资者分销、买卖，限制了商业银行分销债券渠道，降低了债券买卖的活跃程度；另一方面，对个人销售的国债仍采用凭证式，规定个人投资者只能提前支取，不能转让，事实上是将债券的利率风险转嫁给了商业银行。

（四）中国债券市场的未来发展方向

中国债券市场有巨大的发展潜力，这也是我国金融业发展的客观需要。未来中国债券市场应是全国统一的、面向所有金融机构及非金融机构法人和个人投资者的市场。这个市场由银行间债券市场、商业银行柜台市场和交易所市场组成。三者功能有所不同，但通过服务对象的相互交叉，实现相互渗透和联通。以机构投资者为主的银行间债券市场是中国债券市场的主体，以中小企业和个人投资者为主的商业银行柜台市场和交易所市场是银行间债券市场的延伸和补充。人民银行通过在债券市场实施公开市场业务操作，实现货币政策目标。

二、中国债券市场的监管原则及体系设计

（一）监管基本原则

为适应我国债券市场未来发展方向的要求，防范债券市场风险，保证债券市场的平稳运行，提高债券市场运作效率，进一步推动我国债券市场的发展，对我国债券市场的监管应坚持以下基本原则：

1. 公平、公开、公正的原则。公平、公开、公正“三公”原则，是债券市场监管最基本的原则。公平是指债券市场上的参与者一律平等，享受平等的权利和承担同等的义务，任何一个参与者不应受到歧视或享受特殊待遇。公开是指债券市场上与债券交易活动有关的各种信息和资料、财务情况等要向市场参与者披露，以便市场参与者得到充分的信息，合理选择投资，任何参与者不得利用内部信息从事市场活动。公正是指债券市场管理者要以公正的立场对待债券市场的每一个参与者，合理制定有关债券市场的各项规章制度，不得以任何理由、任何方式偏袒或压制参与市场活动的任何一方。

2. 诚实信用的原则。债券市场的参与者必须做到诚实信用。债券发行人在公开财务信息时，必须做到真实、准确和完善；债券市场经纪商必须进行公开交易，为投资者提供咨询时，不得有欺诈或误导行为；债券市场投资者在进行投资时，不得制造虚假信息，影响或操纵市场价格；债券咨询部门必须向投资者提供有价值的咨询和进行买卖技术指导。任何市场参与者违反诚实信用原则，都应受到处罚。

3. 防止欺诈和操纵市场行为的原则。防止操纵行为，就是防止大额债券持有者联合组成集团，以各种形式的价格计划统一执行，控制债券行市。市场主管部门严格管理发行人、中介机构以及交易商和经纪人的目的在于取缔和防止欺诈、垄断、操纵及其他非法的债券投机行为，使债券能在公开竞争、公平合理价格条件下，自由流通、转让。禁止各种债券交易非法机构的成立和活动；防止各种形式的买空或卖空行为；禁止提供虚假资料、散布谣言、哄抬或压低价格等扰乱市场秩序的行为。

4. 公平竞争与风险自担的原则。市场管理要保护债券市场的公平竞争，反对垄断，反对不平等竞争和破坏性竞争，竞争只能在市场既定的

规则下进行。同时，由于竞争，债券市场不可避免存在风险，债券市场中介机构和投资者应自负风险，也应自担因市场风险而带来的利益损失。

（二）监管目的

加强债券市场控制与监管，规范市场行为，其主要目的是：

1. 保护广大投资者的合法权益。在债券发行市场，市场管理强调公开原则，目的就在于使投资者全面获取发行者的财务状况，自主地判断债券发行者的资信、债券的价值及风险，从而能比较合理地选择投资方向；在流通市场，通过建章建制对市场进行严格监督，避免或降低债券交易中垄断与操纵行为的发生，增进资金的合理流动，增强投资者信心，保护投资者的利益。

2. 避免或消除债券市场上的欺诈、垄断、操纵交易、哄抬价格与盲目投资等非规范行为，以保证债券市场按照“三公”原则要求进行交易，促进债券市场的顺利发展，维护债券市场的正常稳定运行。

3. 提高债券市场的运作效率。债券市场的生命力主要在于其效率。要保持市场运作的效率，就必须保持市场的流动性，保证债券市场在资源配置中发挥应有的作用。因此，市场管理目的是要促进市场健康发展，鼓励市场的正当竞争，增强市场的流动性，促进市场更高效地运作。

4. 增强金融宏观调控能力。债券市场是金融市场的重要组成部分，就其本身的活动来看，牵涉面广、内容复杂、程序繁琐、影响广泛。如对其缺乏有效的监督和控制，势必会产生消极后果。因此，加强对债券市场实施有效的监督与控制，有利于中央银行货币政策操作的传导，提高其操作实效，增强中央银行金融宏观调控能力。

（三）监管手段

一般来说，对债券市场的监管要兼顾运用法律的、经济的和行政的手段。

1. 法律手段。对债券市场首先要依法监管，一切监管活动必须符合国家法律、法规和有关业务政策的要求，对债券市场中带有规律和规范性的活动，以立法形式确定下来颁布执行。如《公司法》、《证券法》、《商业银行法》、《债券交易法》、《债券管理条例》等。用法律手段监管债券市场，一是确保债券投资活动中有关政策、制度和办法的贯彻执行；二是为正确处理各交易商、投资者及中介机构的经济关系提供依据；三是提供对一些违法乱纪、破坏债券市场稳定、侵犯国家和其他投资者利益的经济犯罪行为进行法律制裁的依据。

2. 经济手段。根据债券市场资金运动规律，使用经济手段对债券交易进行监管。监管部门通过调整交易商的各种交易比例限制、调增或调减其监管比例限制，影响交易商在债券市场的运作规模；中央银行也可综合运用公开市场业务、利率等手段吞吐债券，控制市场资金供求状况，影响债券交易价格和市场收益率。

3. 行政手段。依靠组织的权力，运用行政命令、规定等方法，按照行政系统、组织层次、机构区划，对债券市场进行监管。监管部门通过政策和制度的制定和执行等方式来调节市场、约束市场变动、建立市场正常秩序；定期或不定期地对债券市场中介机构、交易商、投资者进行稽核，检查其各项经营活动是否符合有关政策和规章，如有违反，给予经济的或行政的制裁，必要时，采取行政干预，以确保债券市场的稳健运行。

（四）监管体制的设计

借鉴债券市场发达国家的经验，结合我国债券市场实际发展情况及方向，完善的债券市场监管体制是债券市场参与者内部控制机制、自我管理机构自律机制和政府管理三部分的有机结合。

1. 债券投资者内部控制与管理。投资者自身内部的管理，涉及到机构建立适当的内部控制制度，并自行监督这些制度的实施。投资者健全的内部控制制度和积极的自我管理行为，是债券市场稳健发展的基础，是债券市场管理的第一道防线。同时，投资者内部控制制度也是机构自身发展的关键。

2. 自我管理机构的自律性管理。自律性管理以债券从业人员为基础，涉及到对债券业务的监管，要建立必要的管理规则，并组织实施。这是债券市场管理的第二道防线，其作用是不可忽视的。自我管理机构包括证券交易所、债券业协会、债券托管结算机构等。它们制订市场交易、结算规则，负责监督市场成员的债券买卖及相关活动情况，以确保交易成员遵守有关法律、法规。

3. 政府对债券市场的监管体制。政府对债券市场的监管体制是指由谁来管理债券市场及其权限的界定。纵观一些主要国家的债券市场管理体制，因其经济发展阶段和债券市场发育程度不同，其管理体制也不尽相同。主要有以下四种模式：

（1）独立部门管理。由单独的一个证券管理部门实施集中、统一管理。其优点在于：有利于进行专业化管理，提高债券市场的运行效率；有利于对债券市场实行全面综合管理，保证债券市场的协调发展；有利于实现证券业与银行业的相对分离和归口管理；有利于对债券市场实行超脱与公正的管理。不足的是：一是不利于中央银行对货币供应及社会资金的统一调控，可能导致货币和信贷失控，金融系统潜伏风险；二是不利于对社会固定资产投资规模的有效控制。

（2）财政部管理。这种管理体制的优点在于：有利于强化国家财政对债券市场的控制，便于国债的优先发行，保证财政的资金需要；有利于促进财政赤字的信用化。缺点主要有：易于使债券市场成为支撑财政扩大开支、增加预算赤字的重要弥补渠道，由此增加通货膨胀的潜在威胁，导致债券市场的巨大波动；易于使债券市场成为各级政府和企业扩大基建投资、助长投资膨胀和经济过热的重要机制；不利于中央银行对货币供应量及信用总量的有效控制，不利于金融的宏观调控；由财政部门监管债券市场，不符合债券发行与债券交易、债券经营与债券管理主体分离的管理基本要求，因而不利于对债券发行、交易及经营的公正、有效制约及监督。特别是在一个经济和信用制度还比较落后的国家，其弊端更为突出。

（3）中央银行管理。其优越性表现在：有利于国家对金融业的统一管理；有利于对债券市场进行有效调节，中央银行一方面通过公开市场业务可以直接调节商业银行和其他金融机构的债券市场活动，另一方面通过这些金融机构间接地调节非金融机构和个人投资者参与债券市场的活动；因中央银行不以盈利为目的，不追求部门、地方的局部利益，由中央银行监督债券市场有利于对债券市场实行公平、公正、超脱和严格的监督。中央银行监管债券市场的主要缺陷在于：不利于对债券市场实行专业化管理，因中央银行的主要任务是制定和执行货币政策，而监管债券市场只是其职能之一，所以，中央银行很难用主要精力强化对债券市场的监管；由于债券市场涉及政府有关部门，中央银行难以全面协调债券市场的管理，特别是对那些中央银行不够超脱和权威的国家而言，更难以实行。

（4）中央银行与财政部共同管理。财政部门编制预算时，根据财政收支平衡的需要，提出国债发行规模，经议会通过并批准后，由中央银行接受政府委托，承担具体的发行协调和组织工作。这种方式便于对财政部门的监督与制约，有利于发挥中央银行对市场了解、对市场调节能力强的优势，有利于降低发债成本，推动流通市场的发展。但是，这种体制往往引起不必要的分歧，管理效率不高，需要两家有密切的协作精神。

鉴于我国债券市场的现有格局和发展方向，以及有关部门的基本监管职责，我国政府对债券市场的监管体制应该是：在发行市场方面，国债由财政部根据国家预算收支情况确定发行规模，报经人大批准，国债发行的管理、监督由全国人大预算委员会下设机构负责，由中国人民银行负责具体的发行协调工作；金融债券由中国人民银行审批发行和上市管理；企业债券由国家计委选择项目，审批发行，中国证监会负责上市审批和监督。在流通市场方面，交易所市场由中国证监会监督管理，银行间债券市场及商业银行柜台市场由人民银行负责监督和管理。

三、中国债券市场监督、控制与管理的内容

债券市场的监督与控制的内容主要包括债券发行监管、债券流通监管、自律性监管和市场投资者内部监管四个部分。

（一）债券发行的监管与控制

1. 对债券发行实行审核制度

（1）实行实质管理原则。要求债券发行人把有关资料如实向投资者公布，使投资者能据此对债券的投资价值进行判断。若发行者披露的资料内容失真或遗漏要负法律责任。同时，规定必须符合有关法规规定的发行条件，经主管部门审查合格，获得批准后才可发行债券。

（2）债券发行前，债券发行人必须向主管部门办理发行申报注册手续。发行人应从审批机关领取并填写债券发行申报表，提交申请报告，并附有关报表材料。主要内容包括：发行人业务经营状况，资本结构及资产、负债变动情况，债务清偿情况，债券发行目的、用途和条件，债券承销机构及报酬，以及经公证的各种财务报表。

（3）严格发行申报注册程序。申报注册程序应该包括三个阶段：一是债券发行申报表送达前的阶段。这一阶段发行人可与承销人进行初步谈判，共同编制债券申报表和公开说明书，但不得有任何推销债券的行为，也不能组织分销团及发表有关的消息或作其他布置。二是等待阶段。即债券发行申报表送达主管部门后尚未生效的期间。在此期间，发行人不能进行债券的销售活动，但可以作简单的广告，发布参考性的公开说明书，组织分销团。三是生效阶段。从生效日起，发行人即可发行债券。

（4）财政部发行的国债享受发行注册豁免，但发行规模必须经全国人大通过并批准，并接受有关部门的监督与制约。

2. 发行债券要实行信誉评级制度

为保护投资者的利益，使其免受信息不足或判断不准而造成的损失，应对公司债券（含企业债券）、金融债券进行评级，将发行人的信誉和偿债的可靠程度等信息公之于众。债券评级要着重注意以下三个方面：

（1）注重债券发行人的偿债能力。考察发行人的预期盈利水平、负债比例、能否按期还本付息等。

（2）重视考察债券发行人的资信。注意考核发行人在金融市场上

的声誉、历次偿债情况、历史上有无违约行为等。

（3）注意投资者可能承担的风险。分析发行人破产的可能性大小，预计发行人一旦破产或出现其他意外时，投资者根据破产等有关法律所能受到的保护程度和所能得到的投资补偿程度。

（二）债券交易的监管与控制

1. 对交易行为的监管与控制

债券交易行为包括买卖债券的动机和交易活动过程两个方面。就买卖动机而言，一般有投资和投机两大动机。投机的主要功能是既能平抑价格，又能助长价格波动，因而从监管的角度来讲，需要区分正常投机和非法投机。非法投机行为就是超越法律或公共道德准许，利用欺诈、操纵、洗售等手段买卖债券，牟取暴利的行为。非法投机行为主要有四种表现形式：一是洗售。指出售者立即重新购回所出售的债券。不是把自己的债券卖给自己，就是在一天内以不同的价格或相同价格买进和出售同数量的某种债券。二是垄断操纵市场。指投机者全部买进某种在市场上流通的债券，使自己成为该债券的唯一供应者，以操纵该债券的市场价格。三是榨取佣金。指债券经纪人滥用客户的信任，通过那些与顾客账款规模和性质不适应的、经常的、大量的交易来赚取个体收益。四是联合操纵。是指两个或两个以上的投机者，以操纵价格和盈利为目的，形成正式或非正式联合的欺诈行为，目的达到时联合即告解散。

过度投机和非法投机会造成市场价格剧烈波动，影响投资者对市场的信心，严重者会造成市场崩溃。为此需要采取包括政策的、法律的和技术的手段进行控制和监管。

（1）政策手段。从宏观上采取有关措施，尽量保持债券市场上债券的供求与资金的供求基本平衡，这是价格稳定的基本保证，而价格稳定自然就会减少过度投机的机会。

（2）法律措施。制定有关法规、制度，限制进入债券市场的资金；限制开展债券期货、期权等衍生金融产品；禁止官卖；对债券市场从业人员的素质、资格和品德作出规定；对债券经营机构及其工作人员的某些行为作出限制，以防止过度投机可能带来的对市场的损害；贯彻债券发行利益均沾原则，对承销人自留额度、购入债券量上限及其再次转手前的持有期等作出详细规定，以减少过度、大规模投机的可能性；限制中介机构为引诱顾客进行交易而向其提供自己对某一特定债券行市的随意推测。

（3）技术措施。当市场上出现有关债券的大量谣传，致使其交易出现或可能出现大幅度波动时，可对该种债券停止交易一段时间，或实行涨跌停板制；当市场出现某种突发因素，造成债券市场大幅度波动或极度恐慌时，可停止债券市场的所有交易，以免造成市场失控的局面。

2. 对自律性机构和中介服务机构的监管与控制

主管部门应对自律性机构和中介服务机构进行注册登记，对其制定的规章、制度进行审查核准，并对这些机构实行必要的制裁措施，以加强对它们的监管与控制。

（1）对证券交易所的监管

证券交易所既是场内市场的自律性机构，又是一个集中公开竞价的交易场所，还是债券上市申请的初审机构。证券交易所负责对场内市场交易活动的日常组织和管理职责，处于市场管理的第一线，在场内市场的监管中起着举足轻重的作用。中国证监会应对其实行严格的监管。一是明确证券交易所的成立必须经证监会批准，并接受证监会的行政管理，其他部门或地方政府不得干预。二是督促、检查证券交易所完善规章制度。对债券的发行、承销以及债券的买卖制定严格的管理规定；建立管理投资人和债券经营中介机构从事债券买卖活动的制度和办法；拟定证券交易所内部的业务细则；要求证券交易所必须要有合格的经营管理人员和完备的债券交易设施。三是加强对证券交易所业务活动的检查和监督。向证券交易所派驻场内监察员，对证券交易所交易行为实施日常监查，对违反《证券法》和其他有关规定的人员进行处罚。

（2）对债券登记、托管结算机构的监管

债券登记、结算机构负责债券的登记过户，记录债券所有权关系的变化，并承办债券的还本付息工作。在债券交易中，通过债券的交割、结算起着事中控制与监督最后一道闸门的作用，在债券场外市场中的作用尤为突出。主管部门主要从以下几方面对债券登记、结算机构进行监管：一是登记、结算机构必须经主管部门注册、登记，并经批准后才能设立。二是制定有关法规，要求登记、结算机构必须建立和完善对债券的登记、托管、过户等凭证、账户、记录的保管制度。三是实行登记、结算机构定期报告制度。登记、结算机构要将自身业务开展情况，债券托管、债券债权转移变动情况，市场交易结算过户情况，以及主管部门规定的其他事项定期提交报告，并就债券登记、交割、结算中出现的突发事项或重大事项及时报告主管部门。四是债券市场主管部门对登记、结算机构实行定期或非定期的现场检查，就其业务开展活动、遵守市场法规等方面进行稽核、检查，作出总结报告，并对有关违规事项进行处理。

3. 对债券经营者的监管

主管部门要对从事债券经营业务的金融机构业务活动进行监督和控制，主要包括对各类债券经营机构的注册管理、审批程序的控制、经营范围的规划与监督。

（1）严格经营债券业务的金融机构的市场准入，实施规范的审批程序。从事债券经营业务的证券公司、信托投资公司，以及其他可以经营债券业务的商业银行等金融机构的设立，必须向主管部门提出申请，由主管部门审批。主管部门对设立此类机构规定必要的资格、条件，并要求申请者提供详尽的各种资料和有关报表。

主管部门接到申请后，按照规定的要求和内部管理程序，对提交的申请报告及有关材料进行严格审查，对不具备条件的坚决不予审批。经批准开业的机构，应出具开户银行的验资证明，主管部门向其颁发《经营证券或金融业务许可证》。

（2）严格界定各种债券经营机构的业务经营范围。债券市场主管部门对债券业务经营机构的业务范围必须作出明确的规定和限制，以使市场参与者开展公平的竞争，保证市场有序运行。

《证券法》对交易所场内市场各证券经营机构的业务范围作了比较明确的规定，下面只讲全国银行间债券市场参与者的业务范围界定。

一是经主管部门批准的公开市场业务一级交易商或债券双边报价商，可以从事债券自营业务、承销业务和代理买卖业务。但应做到：在银行间债券市场及柜台买卖业务中，积极从事交易债券的销售活动，对政府债券和准政府债券的拍卖作出连续不断的报价；对政府债券和准政府债券，愿意在任何时候造市，并报出双边价格。

二是严格把关经营柜台业务的机构范围。只有经主管部门批准的机构才能进行债券二级托管，并开展对中小机构和个人投资者的债券柜台买卖业务。

三是经主管部门批准的债券发行承销商，可以从事债券自营业务和承销业务，但不得从事债券经纪业务。

四是银行间债券市场其他参与者，只能从事债券自营买卖业务，不得开展经纪业务、债券承销业务，更不得开办柜台买卖业务。

（3）建立定期报告及严格的处罚制度。主管部门依照市场管理法规，要求债券业务经营机构定期向其报送业务报表，在经营中凡是违反有关规定的，主管部门要视情节轻重给予必要的处罚。在银行间债券市场，主管部门要密切监控公开市场业务一级交易商、做市商、债券承销商和开展柜台买卖机构的业务活动和市场行为，对其提交的债券业务报告进行书面审查和分析；为确定其非正常行为和潜在的不健康的趋势，对其债券交易和资金头寸的日常活动实行报告制度；对非正常情况，要通过电话询问，获取更多的资料和情况；为加强对这些机构业务活动的了解和管理，主管部门还应每年对其进行年检。

（三）自我管理机构的自律性监管与控制

1. 银行间债券市场协会

鉴于全国银行间债券市场已成为我国债券市场的主体，应尽快成立由银行间债券市场交易成员参加的银行间债券市场协会，加强对银行间债券市场场外交易及商业银行等金融机构的柜台买卖活动的自律性监管，规范协会成员交易行为，保护投资者利益，促进债券场外市场的健康发展。银行间债券市场协会的基本职责是：

（1）根据有关法律、法规或主管部门的指示，制定自律章程和规则，进行行业管理。

（2）协调成员之间的关系，解决成员之间、成员与客户之间的纠纷。

（3）收集及整理金融、债券业信息，并进行统计分析，为成员提供必要的服务。

（4）监督、检查成员行为，对违反法律和协会章程或规则的成员给予纪律处分。

（5）代表市场成员的共同利益，反映成员愿望和要求；就债券市场的重大问题向主管部门提出建议或报告。

2. 证券交易所

证券交易所是负责制定债券场内市场运作规则，对市场参与者行为进行一线监督和管理，以保证场内市场的公平、安全、高效的自律性机构。证券交易所自律性监管的措施与手段有：

（1）通过自我监控系统，对场内市场的交易、清算进行实时监控；利用交易程序，预防一些计算机自动识别的交易风险的发生；利用计算机自动配对，加强市场的集中监管；在实施动态监管的同时，利用债券集中托管和对投资者交易开户资料的掌握，强化对内幕交易、市场操纵行为的监控。

（2）建立场内市场预警系统，通过这一系统随时侦知市场潜在的问题，及时发现市场、证券商和投资者的异常情况，预防、调查和处理违法、违规事件，保证市场的平稳发展。

（3）加强调查、审核工作，及时处理违规事件，并报告主管部门。发现违规行为或可能存在的违规行为时，及时组织调查和探访；查明情况后，依据证券交易所规定作出处罚，或移交有关部门处理；对违规案件作出处理后，及时将处理结果向有关部门通报，对重大违规案件要及时向社会发布处理结果。

（四）市场参与者的内部控制与管理

市场参与者包括做市商、承销商、自营商，要建立完善的内部控制制度，防范内部交易风险。内部控制制度的基本内容应该包括:

1. 对包括客户、自身所有业务和包括货币、债券所有账款项目建立日常的管理报告制度。

2. 对所有货币、债券在必要的协调后建立可靠安全的保管制度。

3. 在客户方面，要建立适当的评估程序和信贷限额管理制度，并应受到独立的会计人员的监督。

4. 在自身债券交易方面，建立某种债券交易的适当授权和对交易员的交易限额制度，以确保其交易管理。

5. 实行职责分离，特别是交易人员，交易记录员，出纳员，现金、债券保管人员的职责必须分开。

6. 通过控制账户的记录，建立现金和债券的保管制度。现金和债券的转移要有经办人、复核人和负责人签章。对现金和债券的实际情况，要建立固定的、独立的平行账户，记录现金和债券的收划情况。

CHINA
MONETARY
MARKET
YEARBOOK
2000

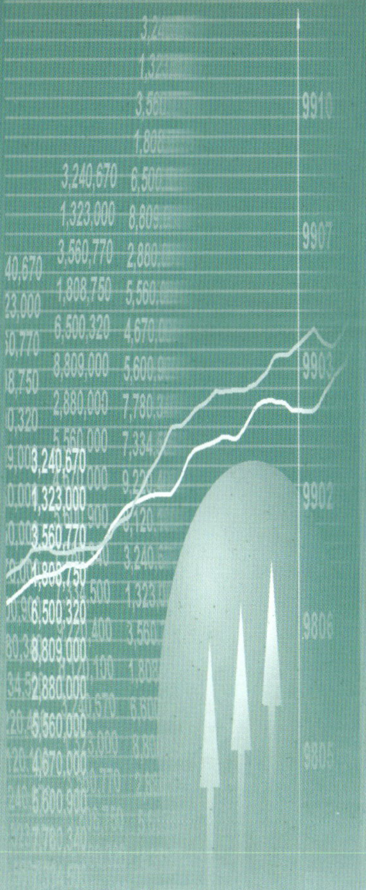

第三部分

货币市场中介机构与参与者

中国货币市场年鉴

CHINA MONETARY MARKET YEARBOOK 2000

2000

一、货币市场中介机构

（一）全国银行间同业拆借中心

全国银行间同业拆借中心于1996年1月在上海建立，为中国人民银行直属京外正局级事业单位，其基本职责是：提供外汇交易和人民币同业拆借系统；组织银行间外汇交易和同业拆借交易业务；办理外汇交易清算交割，负责人民银行同业拆借清算的监督；提供外汇市场和货币市场的信息服务；开展人民银行批准的其他业务。拆借系统现有交易成员和系统用户307家。

同业拆借市场实行自主报价、格式化询价、确认成交的交易方式。交易双方可在4个月范围内自行商定拆借期限。按1天、7天、20天、30天、60天、90天、120天七个品种产生加权平均利率，即全国银行间同业拆借利率（CHLBOR）。拆借双方全额直接清算，自担风险。资金清算速度为：7天以内（含7天）T+0，7天以外T+1。

1997年6月，全国银行间拆借市场增设债券交易，由中央银行的货币政策管理部门实施间接调控市场，交易中心提供电子交易系统服务并负责市场运行，中央国债登记结算有限责任公司负责债券的托管与结算。具有债券交易资格并经中国人民银行批准进入债券市场的各商业银行总行及其授权分支机构，经营人民币业务的外资金融机构和保险公司等非银行金融机构均可入市交易。

债券交易包括现券买卖与回购交易两部分。现券交易品种目前为国债和以市场化形式发行的政策性金融债券；回购的债券包括国债、中央银行融资券和政策性金融债。回购的期限为1天到1年，交易系统按7天、

14天、21天、1个月、2个月、3个月、4个月、6个月、9个月、1年共十个品种统计、公布债券回购的成交量和成交价。债券托管结算和资金清算则分别通过中央国债登记结算有限责任公司和中国人民银行清算系统进行。实行纯券结算的清算方式，清算速度为T＋1。

1996年拆借市场累计成交 5,871.58 亿元，日均成交23.1亿元。市场运行呈现交易量逐渐增加，各品种拆借利率呈阶段性缓慢下降的特点。1997年拆借市场累计成交 4,149.24 亿元。市场表现为拆借利率稳中下跌，交易量有所减少。同年 6 月，银行间债券市场开始运行，到年末运行近7个月，现券交易总成交9.66亿元，回购交易总成交309.87亿元；1998年拆借市场总计成交989.58亿元，银行间债券市场现券和回购交易分别成交29.53亿元和1,021.48亿元；1999年拆借市场总计成交3,291.6亿元，银行间债券市场现券和回购交易分别成交77.4亿元和3,956.9亿元。人民币同业拆借系统依托于比较成熟的银行间外汇交易系统，在全国范围内实现了同业拆借和债券交易的统一，生成了由市场决定的同业拆借利率，推动了我国货币市场的发展。

一、货币市场中介机构

（二）中央国债登记结算有限责任公司

中央国债登记结算有限责任公司是我国专业从事债券登记托管结算业务的全国性非银行金融机构，1996年12月由财政部、中国人民银行、中国工商银行、中国农业银行、中国银行、中国建设银行、交通银行、中国人民保险（集团）公司及华夏、国泰、南方三大证券公司共同出资1.8亿元人民币在中国证券交易系统有限公司基础上设立，1999年根据国家有关政策改组为国有独资公司。该公司经中国人民银行核准的金融业务范围为：国债、金融债券和其他债券的登记、托管、结算、代理还本付息；国债发行网络技术开发与运行管理；公开市场操作的招标、投标信息服务及国债同业市场的中介信息服务，债券市场其他信息服务；国债投资基金及其他基金等资产的托管、再托管和有关结算业务，与证券托管结算相关的国际业务；实物券存储保管及保管箱业务；国债业务的咨询、培训业务；经中国人民银行批准的其他业务。

该公司成立两年多来，在中国人民银行和财政部的领导下，本着不以营利为目的的原则，基本建成了国内统一的债券托管体系，托管与结算业务取得了较大的发展。截至1999年12月底，在该公司开立的托管账户总数达463户，托管债券总额为13,261亿元。1999年债券交割量20,042亿元。债券托管结算体系的成功运作，不仅支持了中央银行公开市场业务和金融市场的运行，也促进了国债和政策性金融债发行成本的降低。该公司在中国金融体系中作为国家金融基础设施的重要作用日益显现。

二、货币市场参与者

（一）全国银行间同业拆借市场会员名单

单位	联系人	区号	电话	传真	通信地址	邮编
中国外汇交易中心	场　务 值班室	021	63298988-5312, 5311,5208,5210 63234456 63234457 63233413 63230324	63298441 63234204	上海中山东一路15号	200002
中国工商银行	胡益民 刘　震	010	66108361 66108362	661906530 66108395	北京西城区复兴门内大街55号	100042
中国农业银行	张俊锋 唐毅亭	010	63219634 68297328	63297338	北京复兴路甲23号	100036
中国银行	孙燕萍 赵耀光	010	66084300 66084293 66016688-2224	66084303	北京阜城门内大街410号225，227室	100818
中信实业银行	孙　岚 任东旭 白　建	010	65541089 65542286	65541892	北京东城区朝阳门北大街8号富华大厦C座8层中信资金部	100027
中国光大银行	邓　波 王宇涛	010	68561280 65865577-2910	68561260 68561279	北京西城区复兴门外大街6号光大大厦	100045
华夏银行	孟秀兰 张志刚	010	66151199-2143	66151199-2118	北京西城区西单北大街111号	100032
中国民生银行	董　虹 赵　建	010	65269589 65269577	65269593 65269572	北京东城区正义路4号资金部	100006
交通银行	詹鹤云 邱文倩	021	62751234-1831, 1835	62751317	上海市仙霞路18号18楼	200334

续 表

单位	联系人	区号	电话	传真	通信地址	邮编
广东发展银行	李 湘 崔 英	020	87310650 87310507	87310881 87310779	广州农林下路83号	510080
招商银行	林 勇 孙 宇	0755	2242099 2242105	2242183	深圳深南中路2号	518027
深圳发展银行	王予昆 何 汀	0755	2081023 2088888-8849, 8845	2081024	深圳深南中路178号	518001
福建兴业银行	黄 娟 王建明	0591	7845501 7888266 7844185	7845504	福州湖东路154号中山大厦	350003
上海浦东发展银行	陈 兵 程云琦	021	63295188-5803 63298638	63297172	上海中山路一号12号资金部	200002
重庆市商业银行	周志强 贾有信	023	63714817 63835012	63711566	重庆渝中区民生路239号	630010
福州市商业银行	陈雄政 吴 雷	0591	7598493 7593354	7598494	福州六一北路158号	350011
上海银行	张晋川 张文捷	021	73370255 63370257 63370888 63371290	63371287	上海中山东二路585号18楼资金财部	200010
成都市商业银行	黄 吉 唐秀琼	028	6664526 6660667 5227684	6676980	成都市春熙路南段32号	610016
北京市商业银行	唐功怡 王一兵	010	63516972 63520014-2502	63516973 63520159	北京右安门内大街65号	100054
深圳市商业银行	李兆军 王明跃	0755	587124 5878110	5878120	深圳深南中路1099号深圳商业银行大厦5楼资金计划部	518031
珠海市商业银行	徐 骁 柳守锋	0656	8121106 8121181	8121116	珠海吉大九洲大道东段合行大厦	519015
南京市商业银行	戴 娟 王惠玲	025	4544317	4544315	南京淮海路50号	210005

续　表

单位	联系人	区号	电话	传真	通信地址	邮编
昆明市商业银行	张煜鹏 邓祖华	0871	5310345 5321982-4217	5310345 5328159	昆明东风西路41号	650031
广州市商业银行	袁　征 苏春华	020	83596435 83595416	83599213 83594187	广州恒福路238号	510060
天津市商业银行	彭改峡 张　祥	022	23118585 23118583	23118571	天津和平区解放北路72号	300041
西安市商业银行	田东涛 唐向黎	029	7450539 7451393	7232271	西安东四路中段甲字209号	710005
郑州市商业银行	王鹏文	0371	7430368 7427028	7430108	郑州棉纺东路55号	450052
长沙市商业银行	单国珍 李华军	0731	4304608 4305609	4305609	长沙芙蓉中路1号	410005
南宁市商业银行	朱文坚 闵雅红	0771	5645601 5645064	5643108	南宁民主路21号	530026
济南市商业银行	刘天义 崔　香	0531	6027945	6027945	济南乐源大街13号	250011
贵阳市商业银行	刘亚丽 丘　健	0851	6813821	6817882	贵阳瑞金北路天源大厦	550001
辽阳市商业银行	李春光 田泽精	0419	2123097	2125506	辽阳民主路	111000
荆州市商业银行	周慧玲 董祖邦	0716	88229640	8239394	荆州沙市区江汉北路59号	434100
柳州市商业银行	农承宽 李丹云	0772	2861765 2861754 2862501	2824702	柳州中山西路84号	545001
沈阳市商业银行	孟繁富 刘俊臣	024	24861286 24861287	24861287	沈阳沈和区中街路2号	110011
合肥市商业银行	张圣华 姚　欢	0551	2826879-3510 2840515	2840515 2844833	合肥安庆路235号	230061
桂林市商业银行	张　庆 阳明宝	0773	3826346 3820343	3820810	桂林中山路南路431号	541001
芜湖市商业银行	周仲强 孙爱武	0553	3822945	3822052	芜湖九华山路九华新村9号楼	241000

续 表

单位	联系人	区号	电话	传真	通信地址	邮编
青岛市商业银行	刘 美 章骏青	0532	2861515-6402 2866745	2865452	青岛湖北路17号	266001
宁波市商业银行	肖小保 翁胜平	0574	7882890 7397900	7882249	宁波百文东路868号	315050
安庆市商业银行	李 莉 李玉生	0556	5561523	5570777	安庆人民路284号	246003
杭州市商业银行	敖一帆 沈文英	0571	5103267	5060501	杭州风起路582号	310006
厦门市商业银行	林 萍 戴文进	0592	2105210 2105212	2105173	厦门头西路9号电控大厦1-3层	361004
抚顺市商业银行	佟德铨 赵健华	0413	2439520 2433786	2439552	抚顺新抚区永宁街2号	113008
东山市商业银行	蔡 红 左志强	0833	2133508 2136826	2136826	乐山东大街65号	614000
哈尔滨市商业银行	张 萌 王海滨	0451	4653674	4612187	哈尔滨道里区石头道街29号	150010
汕头市商业银行	林洪标 潘桂卿	0754	8897270 8884866	8897270	汕头金砂东路建信大厦1-2楼	515000
锦州市商业银行	刘 丽 郭 光	0416	3127467	3127264 3127467	锦州凌河区解放路五段7号	121000
鞍山市商业银行	许 猛 曲文斌	0412	2214560 2212987	2214560	鞍山铁东区五一路15号	114001
营口市商业银行	宋显明 王志明	0417	2802094 2830091	2830091	营口金牛山大街西八号	115000
石家庄市商业银行	史素仙 秦 川 田 芳	0311	66020555-318, 714 7032257 7034789	7032257 7020744	石家庄大厂前街2号	050000
丹东市商业银行	石晓东	0415	2122157 2161888-8207	2122157	丹东锦山大街62号	118000
苏州市商业银行	朱 键 吴晓蔚	0512	5217381	5210349	苏州干将东路608号	215005

续 表

单位	联系人	区号	电话	传真	通信地址	邮编
兰州市商业银行	何霄庆 李新民	0931	8881136	8881136 8811416	兰州城并区金昌路96号	730030
佛山市商业银行	龙卫平 梁晓阳	0757	3322153 3388992-409,410	3322153	佛山秀华五路南丫岛西侧金融培训中心大楼	528000
马鞍山市商业银行	王 飞	0555	2495794	2495730	马鞍山湖东北路9号	243000
威海市商业银行	程 育 孙剑江	0631	5222001 5222293	5210210	威海宝泉东路9号	264200
乌鲁木齐市商业银行	赵 君 宁新虎	0991	5838132 5820415 5832703 5838143	5830271 5824930	乌鲁木齐扬子江路52号	830000
吉林市商业银行	尹佩珩	0432	2039520	2055040	吉林市解放大路15号	132011
无锡市商业银行	肖 清 朱莉萍	0510	2757619 2757609	2757519	江苏无锡解放西路321号	214000
烟台市商业银行	冷绍辉 许晓光	0535	6648944	6286487	烟台北马路62号	264000
淄博市商业银行	张振平 余孝敏	0533	2178888-9797 2162464	2163888	淄博张店区中心路105号	255000
绍兴市商业银行	郑洪涛 裘 建	0575	5138588-8206 5142016	5131190	绍兴劳动路20号	312000
武汉市商业银行	王 茜 于小杰	027	82781668-2116,2109	82778291	武汉汉口江汉路21号	430014
扬州市商业银行	符庆桥 朱 兵	0514	7323962	7325253 7323949	扬州石塔西路5号	225001
湘潭市商业银行	胡增平 赵俊华	0732	8253008	8254848	湖南湘潭平站路	411100
南通市商业银行	曹 霞 余云飞	0513	5103302	5111760	南通人民东路55号金谊大厦	226001
黄石市商业银行	周 艳 王胜利	0714	6234911	6252098	黄石颐阳路62号	435000

续 表

单位	联系人	区号	电话	传真	通信地址	邮编
湖州市商业银行	姚国芬 胡建民	0572	2014576 2018408	2013721	湖州南街观风路25号	213000
开封市商业银行	杨全昌 张亚峰	0378	5977999-3046	5973888	武封中山路中段5号	465000
泉州市商业银行	王海峰 曹 杨	0595	2572611 1395073280	2572619	泉州泉秀路成州路口	362000
宜昌市商业银行	刘红莲 柳家联	0717	6744826 6744956	6744983	宜昌夷陵路22号	443000
齐齐哈尔市商业银行	陈 昱 佟玉秀	0452	2478076 2446160	2446171	齐齐哈尔卜奎大街46号	161005
东方汇理上海分行	沈 琳 吴祺鸿	021	58795559-382 58790279	58794379 58794393	上海浦东大道1号船泊大厦1704-1707室	200120
东京三菱上海分行	刘凌云 楼 毅 谭 颖	021	68411515 68412440 68413721	68411819	上海浦东新区银城路101号森茂大厦20楼	200120
汇丰银行上海分行	林 燕 洪 涛 马清正	021	58791734 5876111转 58792838	58792336	上海浦东大道1号船泊大厦5楼	200120
渣打银行上海分行	孙 峻 董 清 庄光宇	021	58764238 58767213	58767211	上海浦东陆家嘴路66号招商局大厦35楼	200120
第一劝业上海分行	温 泉 茶谷康弘	021	68410001	68410002	上海浦东新区银城路101号森茂大厦25楼	200120
日本兴业上海分行	李 倩 酒井千成	021	58790611	58790600	上海浦东大道1号船泊大厦401室	200120
花旗银行上海分行	毛骏翔 张铁群	021	58796118	58790298	上海浦东大道1号船泊大厦1楼	200120
三和银行上海分行	王 晨 平原清彦	021	58793818	58793816 58793817	上海浦东大道1号船泊大厦16楼	200120
长春市商业银行	孙玉英 张忠信	0431	8914004 8914054	8917648	长春市长春大街135号	130041

续 表

单位	联系人	区号	电话	传真	通信地址	邮编
中国工商银行上海分行	赵文建 唐建一	021	63238093 63238528	63238529 63238091	上海中山东二路11号	200002
岳阳市商业银行	陈孟君 郑　武	0730	8849375	8849776	湖南岳阳南湖大道康特大厦	414000
常州市商业银行	李　夏 邓琴姝	0519	8124654 8124639		常州和平南路125号	213003
湛江市商业银行	林广珠	0759	3189009 3189007	3189000	湛江人民大道中64号	524022
株洲市商业银行	周小方 何江卫	0733	8270076 8270090	8270084	湖南株洲建设南路1号	116011
西宁市商业银行	李彩霞 侯国云	0971	8224471 8224472	8224240	青海西宁花园北街7号	810000
上海巴黎国际银行	范明佳 毛　缨	021	58405500-172,171	58889232	上海浦东南路528号北塔13楼	200120
金华市商业银行	章春颜 张志涛	0579	2328511 2311854	2314666	金华八一北街480号	321000
洛阳市商业银行	孙国要 姜红霞	0379	4945105 4945103		洛阳建西区长西路临8号	471003
盐城市商业银行	郑皆林 张剑锋	0515	8307003	8302993	江苏盐城解放北路7号	224000
潍坊市商业银行	徐伟民 张建波	0536	8357037	8357037	山东潍坊和平路196号	261041
南昌市商业银行	蒋　刚	0791	6283579	6277160	江西南昌广场南路10号	330003
嘉兴市商业银行	金洪艳 董卫平	0573	2016361 2016362	2099880	浙江嘉兴中山路87-1号	314000
秦皇岛市商业银行	戚剑婷 石新新	0335	3070144 3065150-238	3068284	河北秦皇岛海港区燕山大街209号	066001
新乡市商业银行	任　艳 杜怀正	0373	2023137	2024423	河南新乡人民路142号	453000
唐山市商业银行	戚作江 陈建忠	0315	2842964	2842964	河北唐山建设南路78号	063000

续　表

单位	联系人	区号	电话	传真	通信地址	邮编
广东发展银行东莞分行	魏向平 林　根	0769	2456234 2482406	2456654	广东东莞城区东城西路	511700
广东发展银行北京分行	宋　和	010	65266749 65269966-200	65266744	北京东城区东单大华路2号华成大厦	100005
广东发展银行大连分行	柏　洁 毛金平	0411	2802896	2592971	辽宁大连中山区解放街5号	116001
广东发展银行上海分行	张　庆 史美萍	021	63230516 63216388-3025	63211052	上海四川中路261号	200002
广东发展银行杭州分行	李　慧	0571	6917932	7917932	杭州延安路368号	310006
广东发展银行广州分行	罗晓宁 张志宁	020	83573188-1011, 1003	83502655	广州市丽景路3号	510091
中国农业银行浙江分行	林　牧 汪　勤	0571	7226133 7226134 7226130	7226136	浙江杭州长庆街55号	310003
中国农业银行北京分行	姚尚延 黄晓敏	010	68355923	68355923	北京阜外大街5号	100081
中国农业银行江苏分行	向　庆 顾兆铭	025	4205413 4209807	4205413	江苏中山南路242号	210005
中国农业银行上海分行	施俊兴 叶孟麟	021	53961645	63961646	上海徐家汇路599号	200023
中国银行北京分行	任增辉 杜亚林	010	65199613 65199482	65199577	北京朝阳区雅宝路8号	100020
中国银行天津分行	张菊萍 王哲胜	022	27102158 23314373 27102159	23314373	天津解放北路80号	300040
中国银行上海分行	费晓娴 薛　瑾	021	64721224	64752977	上海茂名路205号1707室	200020
中国银行广州分行	唐林红 邓向阳	020	81843327 83340998-1108	83337872	广州长堤大马路91号	510120
中国银行深圳分行	温志英 刘小洪	0755	2288288-1710, 1719	2294952	深圳建设路23号国金大厦	518001

续 表

单位	联系人	区号	电话	传真	通信地址	邮编
中国银行重庆分行	刘 寅 李 凯	023	63889163 63889135	63889999 63500917 4063384	重庆渝中区中山一路218号	400013
中国银行山西分行	张建华	0351	4049896-2624, 2623	4063384	山西太原迎泽大街288号	030001
攀枝花市商业银行	邓湫芝 杨宗林	0812	3347302 9000999	3347919	攀枝花市	617000
中国平安保险公司	徐 刚 魏 冬 刘 喜	0755	2262888-3625, 3629 2436235	2400862	深圳八卦岭八卦三路平安大厦3楼	518029
中国太平洋保险公司	潘 晨	021	63215507	63212090	上海中山东一路1号518室	200002
中国人寿保险公司	姚克莉	010	66114433-1439 66116717	66116713	北京西直门内冠英园西区5号	100035
中国人民保险公司	阚志刚	010	63035150	63035150	北京宣武区宣武门东河沿69号	100052
中国再保险公司	任新为	010	62352637	62075560 62375643	北京海淀区花园路27号	100088
烟台住房储蓄银行	尹建行 迟德贤 张莉莉	0535	6621115		烟台芝罘区南大街248号	264001
中国建设银行深圳分行	茹纬苦	0755	2246069	2061334	深圳红岭南路金融中心东座建行大厦	518010
中国建设银行上海分行	何志芳 岭慧瑾	021	63181818-1030, 1050	63181818-1010	上海市淮海中路200号	200021
镇江市商业银行	赵少兵 刘金本	0511	4441088	4441088	镇江东路152号	212003
银川市商业银行	王彤岩 于文茂	0951	6030360 6026156	6030360	宁夏银川市商业银行	750004
东莞农村信用联社	刘小东	0769	2111846 01389278595			
太原市商业银行	武建新	0351	3336875	33323888	山西太原旱西关178号	030002

续　表

单位	联系人	区号	电话	传真	通信地址	邮编
招商银行杭州分行	陆　民 姚　亮	0571	7069003 7073559	7069003	杭州解放路175号	310001
招商银行南京分行	吴　健 史　原	025	22851277 22850458	22851277	辽宁沈阳和平区十一伟路82号	110003
招商银行上海分行	李　慧 袁　锦	021	58790441 58790228	48790442	上海陆家嘴路66号	200120
招商银行北京分行	仲昭田 郑彤华	010	66072911 66072919	66050381	北京复兴门北顺城街21号	100032
招商银行重庆分行	林　峰 李　定	023	68770214 68803802	68804328	重庆渝中区大坪长江二路77号	400042
华泰财产保险股份有限责任公司	徐友志 段胜武	010	66213745 66213752 66213751	88091757	北京西城区金融大街35号国际企业大厦19楼	100032
泰康人寿保险股份有限责任公司	朱彦蓉 徐　徐	010	68363322-9076 68330459	68330459	北京西直门外大街6号中仪大厦9层	100044
华安财产保险股份有限责任公司	高　松 鞠永平	0755	2070457 2070141 2070144	2070144	深圳深南东路168号金丰城大厦	518010
新华人寿保险股份有限责任公司	张若朴 沈志卫	010	63903399 63903438	63958610 86331299	北京丰台区莲花池西里8号	100073
丰润联社	段宝华 周志民	0315	5129484	5122693	丰润县曹雪芹东大街62号	064000
浦东联社	夏云昌 周　萍	021	58552998 58553096	58552906	浦东新区金张公路2137号	201203
济南联社	李永华 吴　蓉	0531	2017571 2017560		济南市经十一路72号	250002
北京联社	李　健 管宇明 齐晓春	010	63483885 62371524	63442066	北京海淀北蜂窝路2号	100038
杭州联社	倪鸿滨	0571	5238581 5301589		杭州中山北路503号	310014
常熟联社	宋建明 彭晓东	0520	2794746	2794748	新颜路100号	215500

续 表

单位	联系人	区号	电话	传真	通信地址	邮编
广州联社	郭去骞 蔡巧仪 梁子立	020	87619189 87619154	87519189	广州梅东路60号	
鄞县联社	周建斌 朱惠芳	0574	7336832 7336876	7330268	宁波市百丈东路787号	315040
石家庄联社	张会玲 殷胜荣	0311	3602384 3602364	3602384	石家庄中山西路671号	050081
东莞联社	王庆辉 刘晓东	0769	2112628 2111846	2111846	东莞市莞城南城路2号	511700
西安联社	李亚省 高亚东 卢砚超	029	8411253 8411623	8412846	西安市友谊西路61号	710068
龙口联社	纪卫群 姜盛杰	0535	8519485 8517097	8515199	龙口市黄城南市街45号	265701
武汉联社	詹声翊 林　凯	027	85497160 85497071	85497096	武汉市汉口建设大道618号综合大厦	430015
中国工商银行山西分行	张小玉 齐振平	0351	40936379 4036349	4041765	太原迎泽大街145号	030001
交通银行北京分行	李国峰 蒋全有	010	66101638	66101634	北京西城区金融大街33号	100032
交通银行郑州分行	王士强 牛桂真	0371	6227674 6962740	6962740	郑州市西大街171号	450000
交通银行深圳分行	赵　风 蔡纬阳	0755	3353225 3237963	3216167	深圳市深南中路34号华强三洋大厦	518028
交通银行武汉分行	高全星 吴　纯	027	85777928 85806596	85776100	武汉汉口解放大道845号	430016
交通银行南京分行	郭明秀 朱星春	025	3322555 33222003	3322003	南京市中山北路124号	210009
中国工商银行天津分行	孟广智 王　燕	022	23304646-218 23300695	23300696	天津和平区大同道11号	300041
中国工商银行广东分行	邓颖鲜 梅　超	020	81862301 81921049 81888748-1102	81840801	广州市沿江西路137号	510120

续　表

单位	联系人	区号	电话	传真	通信地址	邮编
中国工商银行江西分行	肖小和 盛建萍	0791	6611048		南昌市沿江中路1号	300008
中国工商银行北京分行	樊玉明 张铁军	010	66410055-4237 66410710 66411061	66411109	北京西城区复兴门南大街2号天银大厦B座	100031
中国工商银行山东分行	刘　华 燕　鹏	0531	6925688-82316,82335	7943517	济南市市中区经四路310号	250001
交通银行上海分行	吴晓萍 钱冲之	021	63111000-3439,3437	53856497	中山南路99号	200001
中国工商银行新疆分行	叶小春 管新江 李海燕	0991	2312898-61101,61103	2844205	乌鲁木齐市人民路88号	830002
住友银行上海分行						
栖霞联社	冯晓平 田　华	025	5621277 5622047	6525242	南京市中央门外和燕路10号	210037
普宁联社	卢树德 陈家莉	0663	2218500 2226787	2226787	普宁市流沙镇西园6幢	515300
成都联社	李　卓 陆　颖	028	5225214	5225213	成都市磨子桥科华北路18号	610041
重庆联社	冉建国 付玉兰	023	63740006 63822464	63740005	重庆市渝中区较场口85号	400010
中国工商银行河北分行	张金米 范建民	0311		30033055-2518	石家庄市工农路366号	050051
中国工商银行内蒙古分行	张　俊 吴志辉	0471	6940067	6940381	呼和浩特市锡林北路8号	010050
中国工商银行辽宁分行	陈晓光 于　萍	024	23414509	23414506	沈阳市和平区南京被街88号	110001
中国工商银行吉林分行	魏东升 窦洪涛	0431	8965763	8965606		
中国工商银行黑龙江分行	田宝财 所东斌	0451	4698144	4698141	哈尔滨道里区中央大街218号	150001
中国工商银行江苏分行	吴怀远 殷　丽	025	4411601	4411601	南京市中山东路404号	210002

续 表

单位	联系人	区号	电话	传真	通信地址	邮编
中国工商银行浙江分行	黄沈箭 周又红	0571	6803888			
中国工商银行安徽分行	查富生 胡　斌	0551	2658012	2658012	合肥市寿春路211号	230001
中国工商银行福建分行	林醒生 李志鹰	0591	3321521-431	3356538	福州市古田路108号	350005
中国工商银行河南分行	张硕岭 李进中	0371	5955404-224 5953232		郑州市黄河路119号	450003
中国工商银行湖北分行	周银林 杨　红	027	88914979	88914979	武汉武昌区解放路400号	430060
中国工商银行湖南分行	冷信武 王丽雯	0731	4427696	2255149	长沙市鞭蓉江路141号	410011
中国工商银行广西分行	杨世亮 李文彩	0771	5390735	5311539	南宁市教育路15号	530021
中国工商银行海南分行	周丽珠 陈　坚	0898	5337025	5363914	海口市和平路3号	570203
中国工商银行重庆分行	李永兰 雷宗信	023	62838750	62918076	重庆市南岸区南坪北路1号	400060
中国工商银行四川分行	贾越明 岳　军	028	6617823	667475	成都蜀都大道银行大厦	610016
中国工商银行贵州分行	吴　涛 邱　英	0851	5963340	5965757	贵阳市瑞金中路41号	550003
中国工商银行云南分行	黄良萍 高　燕	0871	3134933	3134933	昆明市五一路23号	650031
中国工商银行陕西分行	焦树堂 王喜云	029	7234735-2519	7231659	西安市东新街285号	710004
中国工商银行甘肃分行	晏贵宾 王金凌	0931	8886041	8823340	兰州市城关区静街路188号	740000
中国工商银行青海分行	李香玲 王海钰		6146211-1007	6131655	西宁市胜利路2号	810001
中国工商银行宁夏分行	张焕涛 李晓龙	0951	6024125	60118014		

续 表

单位	联系人	区号	电话	传真	通信地址	邮编
中国工商银行大连分行	张　静 吕岩兵	0411	2817741		大连市中山广场5号	116001
中国工商银行青岛分行	刘国建 张永宁	0532	5815513-0603	5814711	青岛市山东路25号	266071
中国工商银行宁波分行	陈良江 李　伟	0574	7361263	7361190	宁波市中山西路218号	315010
中国工商银行深圳分行	谢　斌 刘　源	0755	2240475	2248142	深圳市深南东路金融中心北座17楼	518015
中国工商银行厦门分行	黄森庆 黄燕珍	0592	5093083		湖滨北路17号工行大厦	361012
青岛市城阳区联社	张　兵	0532	6868751	7858729	青岛城阳区正阳路204号	266109
东亚银行上海分行	孙乐群	021	58208583-131	58201169	浦东张杨路828-838号1楼	200122
国家开发银行	刘冬青 李相毅	010	68364996 68307035	68306028	北京西城区阜成门外大街29号	100037
济宁市任城区联社	刘国前 梁丽丽	0537	288229 2269558-6789, 6206	2888009	济宁市中区古槐路	272000
东营市东营区联社	赵瑞雪 伊佩花	0546	8200318 8226064	8224884	东营市区泰山路409号	257000
潍坊市潍城区联社	彭　涛 吴　磊	0536	8366606 8312227	8225786	潍坊市潍城区东风西街539号	261021
德州市德城区联社	李燕青 王惠超	0534	2640944 2645041			253001
莱芜市莱城区联社	吴修田 李传刚	0634	6224667 6218740		莱芜市鲁中东大街42号	271100
淄博市张店区联社	李桂杰 朱树国	0533	2217000 2217238	2210546	淄博市张店区南西四路18号	255032
菏泽市联社	田洪流	0530	5336651 5316831	5337831	荷泽市中华东路	274000
滨州市联社	宋阿滨	0543	3215918 3391457		滨州市黄河三路649号-1	256615

续 表

单位	联系人	区号	电话	传真	通信地址	邮编
枣庄市市中区联社	蒋继伟 朱 格	0632	3322828 3319424		枣庄市市中区青檀路132号	277100
日照市东港区联社	邱靖刚	0633	8233158	8228745	日照市兴海路45号	276800
烟台市芝罘区联社	孙克文 李瑞风	0535	6285034 6648712 6648711	6285034 6270125	烟台市芝罘区西盛街26号	264000
温州市商业银行	林华侠 刘海风	0577	8533351	8533321	温州市马鞍池西路102号	325000
威海市环翠区联社	夏吉健 马晓峰	0631	5228216	5228238	威海市纪念路24号	264200
泰安市泰安区联社	魏晓朋 杨清军	0538	8203599 8235799	8229410	泰安市财源大街中段	271000
聊城市东昌府联社	赵 章 蔡士俊	0635	8222424	8227770	聊城市东昌东路95号	252000
临沂市兰山区联社	史 力 李 琳	0539	8235096 8237796	8235096 8238896	临沂市解放路124号	276002
安阳县联社	徐化斌 许永庆	0372	5920546 5917571	5917571	安阳市解放路106号	455000
鹤壁市郊区联社	郭银同 陈海梅	0392	2620081 6331111	6265247	鹤壁市红旗街中段	458000
洛阳市郊区联社	韩红伟 姜华磊	0379	3256921	3256921	洛阳市九都路30号	471002
骡河市源汇区联社	王自力 方 娜	0395	3137858 131881	3131986	骡河市沙北黄河路中段410号	462000
平顶山市郊区联社	常 征 李明超	0375	2916089 2916026	2916026	平顶山市中兴路16号	467000
南阳市宛城区联社	李采霞 冯 勇	0377	3212938 3212939			473000
濮阳市区联社	陈志勇 管艳花	0393	4491705 491223	4491705	濮阳市中原路中段335号	457001
周口市联社	胡秋芳 董俊豪	0394	8235575 8235617	8235617	周口市交通路160号	466000

续 表

单位	联系人	区号	电话	传真	通信地址	邮编
新乡市联社	原建军	0373	5029191	5039191		453000
信阳市狮河联社	梁力民 张德胜	0376	6331024 6335051			464100
许昌市魏都区联社	赵瑞民 王秋红	0374	2339868 2622531	2622531	许昌路建设路东路	461000
三门峡市陕县联社	王清亮 王百强	0398	2871807 2871809	2871807	三门峡市仓库路中段	472000
开封市郊区联社	王金禄 李　斌	0378	2924922	2924923	开封市劳动路北段11号	475002
焦作市联社	张　群 云勤照	0391	3911166	3911166	焦作市华恩路2号	
商丘市梁园区联社	李国平 赵新华	0370	2526322 2214937		商丘市团结路中段	476000
临沂市商业银行	马　磊 甄　之	0539	8309607 8316349	8328025	临沂市沂蒙路383号	265004
赣榆县联社	涂秀英 程文军	0518	6218943	6211053	赣榆县青口镇东关路40号	222100
东台市联社	张龙林 汪　珩	0515	5266878	5266878	东台市新东东路33号	224200
淮北市郊联社	毛宏荣	0561	3021141	3034134		235000
南陵联社	胡慧玲	0553	6821330 6823560	6826108	南陵县陵阳路农金大厦	242400
沧州市商业银行	郑金阁 王学文	0317	201054	201054	沧州市解放中路338号	061001
江都市联社	于庆堂	0514	6552946	6552946	江都市率城路21号	225200
宣州市联社	陈华彬	0563	3024623	3019651	宣州市状元路	242000
涟水县联社	张维贤	0517	2328144	2321436	涟水县安东路132号	223400
无为县联社	林　军	0565	6329134	6329964	无为县富康园1号	238300
宿州联社	屈家清	0557	3023030	3038644	宿州市淮海南路42号	234000
蚌埠市郊区联社	邹德成 王景辰	0552	4039887	4035155	蚌埠市朝阳路574号	233000

续 表

单位	联系人	区号	电话	传真	通信地址	邮编
铜山县联社	王善成 闫 芳	0516	5706779 5601662	5601670	徐州市王陵路65号	225700 221003
兴化市联社	陆海洋 侯长春	0523	2339894	3239862	兴化市建行路B号楼	
合肥市郊区联社	吴晓波 姜劲松				合肥市屯溪路69号	230022
当涂县联社	刘正友 朱 亮	0555	6715496	6712396	当涂县城庆镇提署中路532号	243100
武进市联社	卞英姿 梅秋华	0519	5305697	5324000	常州市永守北路3号	213017
通州市联社	蔡 伟 越 沁	0513	6523002	6523002	通州市新金西路76号	226300
张家港市联社	钱向东 李建新	0520	8236376 8236360	8236370	张家港市杨舍镇步行街12号	215600
桐城市联社	黄传忠 江 艳	0556	6200993	6200804	桐城市五十米大道	231400
江阴市联社	贺 健 周英姿	0510	6823416	6807529	江阴市橙江中路1号	214400
青阳县联社	陈 勇	0566	5022047	5028420	青阳县蓉城镇木镇路17-4号	242800
太和县联社	王海涛	0588	8633520		太和县镜湖中路金融大楼	236600
新乡市郊区联社	王瑞莲 齐云涛	0373	3049279 3039098	3043250	新乡市果园小区南侧	453000
焦作市解放区联社	张 群 杨建忠	0391	3911166 3911155	3911166	焦作市工业路东恩华小区2号	45400
泗洪县联社	许尔波 胡玉忠	0527	6223230	6223455	泗洪县泗洲大街15号	223900
六安市联社	刘明国 侯 辉	0564	3287247	3285966	六安市大别山路皖西城市信用联社3号楼	237001
驻马店市联社	于 雷 张玉花	0396	2819113	2819113	驻马店市文化路西段	463000

续　表

单位	联系人	区号	电话	传真	通信地址	邮编
郑州市郊区联社	周可军 陈　宠	0371	6227127	6227102	郑州铭功路275号	450000
中信实业银行上海分行	孔雯雯	021	63506350-2501，2508	63611600	南京东路61号	200002
大鹏证券有限责任公司	周慰承 邱亚杰 梁仁栋	0755	2462017 2462321	2461364	深圳市深南东路5002号地王大厦8楼	518008
广发证券有限责任公司	吴巧娟	020	02087553617 87555888-355，359	87553637	广州市天河北路183号大都会广场41楼	510075
国信证券有限责任公司	廖　源 卫　巍 黄艺平 卫攸悬	0755	2130553 2130617 2133236 2130582 2130833	2130573	深圳市红岭中路1012号国信证券大厦24楼	518001
嘉实基金管理有限公司（泰和基金）	蒋　征 尹　嘉	010	88091666-6685，6686	88091678	北京市西城区金融大街35号国际企业大厦1636室	100032
富国基金管理有限公司（汉盛基金）	杨卫东	010	65055959 65055955	65055977	北京建外大街1号国贸西楼601	100004
国泰基金管理有限公司（金泰基金）	童　辉 李需雄	021	62531226	62531226	上海市延平路135号	200042
南方基金管理有限公司（开元、天元基金）	姜　进 王　珂 蒋　彤	0755	5429578 5414578	5543121	深圳市深南东路深港花园3楼	518001
鹏华基金管理有限公司（普惠、普丰基金）	刘慧丘	0755	2080655	2080832	深南中路发展银行大厦27楼	518001
中信证券有限责任公司	李　晕 张东骏 李　炯 宋　莹	010	64654818-63106	64661061	北京朝阳区新源南路6号京城大厦	100004

续 表

单位	联系人	区号	电话	传真	通信地址	邮编
长盛基金管理有限公司（同益基金）	李志嘉 闽　星	010	64689198-653	64689471	北京朝阳区北三环东路8号静安中心2271	100028
湘财证券有限责任公司	金　笛 王卫红 王　可	0731	4431821 4431821	2251096	湖南长沙黄兴中路63号中山国际大厦12楼	410005
华安基金管理有限公司（安信、安顺基金）	邵骥咏 秦绪华	021	5888111-223	58409336	上海浦东南路360号新上海国际大厦38楼	200120
博时基金管理有限公司（裕隆、裕阳基金）	贺　庆 龚彦焱	010	65171166-613	65187060	北京建国门内大街18号恒基中心办公楼1座23层	100005
光大证券有限责任公司	钱　晨 张晓云	021	508134479 50812983	50813479	上海浦东新区张杨路1233号2901室	200120
国通证券有限责任公司	葛　纯 周自力 李　卓	0755	3796516 3796514 3796513	3796503 3796500	深圳深南中路34号华强佳和大厦A座10楼	581031
华夏基金管理有限公司（兴和、兴华基金）	朱彦蓉 闫　威	010	64156666-5007	64172880	北京东城区东直门南大街6号东方花园饭店6号	100027
大成基金管理有限公司（景宏基金）	黄万青	010	68366518	68366598	北京海淀区三里河路1路西苑饭店11号楼	100044

二、货币市场参与者

（二）全国银行间债券市场结算成员名单

1.国有商业银行通讯录

序号	成员名称	成员简称	联系人	性别	区号	联系电话	传真电话	地址	邮编
1	中国工商银行	工商银行	张景慧 董　震 胡益民	女 男 男	010	66106534 66108394	66108395 66106530 66108395	北京复兴门内大街55号	100031
2	中国农业银行	农业银行	唐毅亭 刘卫东	男 男	010	68297388 68297248	68297378	北京复兴路甲23号	100036
3	中国银行	中国银行	孙燕萍 汪　宁	女 女	010	66025804 66025805 66016688-3521,3522	66025806	北京阜城门内大街410号中国银行总行资金部	100818
4	中国建设银行	建设银行	崔　春	女	010	67597775	67597774	北京金融大街25号	100032

CHINA MONETARY MARKET YEARBOOK 2000

2.授权分行通讯录

序号	成员名称	成员简称	联系人	性别	区号	联系电话	传真电话	地址	邮编
1	中国银行上海分行	上海中行	薛　瑾 奚慧勤 祁　铭	女 女 男	021	64721224 64859710 63211410-1622	64452977 64721287	上海市虎丘路50号文汇大厦1603室	200002
2	中国银行广州分行	广州中行	唐林红	女	020	81843327 83340998	83337872-1108	广州市长堤大马路91号	510120
3	中国银行深圳分行	深圳中行	温志英 洪　亮	男 男	0755	2288288-1743,1719	2294952	深圳市建设路23号国际金融大厦	518001
4	中国银行重庆分行	重庆中行	李　健 李　凯 黄　念	男 男 男	023	63889212 63889163 63889163 63889135	63500917	重庆市渝中区中山一路218号	400013
5	中国工商银行深圳分行	深圳工行	刘　源 章　希 叶红英 王　颖	男 男 女 女	0755	2249485 2060240 2246230	2248142	深圳市深南东路金融中心北座17楼	518015
6	中国工商银行上海分行	上海工行	王勤超	男	021	63238092	63238091	上海市中山东二路11号	200002
7	招商银行上海分行	上海招商							
8	招商银行沈阳分行	沈阳招商							
9	招商银行北京分行	北京招商							
10	招商银行南京分行	南京招商	吴　健	男	025	3396815			
11	招商银行杭州分行	杭州招商							
12	招商银行重庆分行	重庆招商							
13	交通银行上海分行	上海交行	钱冲之 余　昕 刘　民	男 男 女	021	63111000-3447,3448 2832	53856497		
14	交通银行北京分行	北京交行	李国峰			66101638	66101634	北京市西城区金融大街33号	100032
15	交通银行深圳分行	深圳交行	蔡玮阳		0755	3216167			

续 表

序号	成员名称	成员简称	联系人	性别	区号	联系电话	传真电话	地址	邮编
16	交通银行南京分行	南京交行	朱早春		025	3322003			
17	交通银行武汉分行	武汉交行	吴 纯		027	85776100			
18	交通银行郑州分行	郑州交行	牛桂真		0371	6962740			
19	福建兴业银行深圳分行	深圳兴业	万 磊 林 茵	男 女	0755	2138118-180 2138118-105	2138130 2138132		
20	交通银行杭州分行	杭州交行							
21	交通银行兰州分行	兰州交行							
22	交通银行合肥分行	合肥交行							
23	交通银行石家庄分行	石家庄交行							
24	交通银行西安分行	西安交行							
25	华夏银行沈阳分行	沈阳华夏	祁 为 秦 岭		024	22879772	22877817	沈阳市和平区中山路112号	110002
26	福建兴业银行上海分行	上海兴业	史济滨		021	63210008	63230003	上海市北京路117号	200002
27	上海浦东发展银行宁波分行	宁波浦发							
28	上海浦东发展银行杭州分行	杭州浦发							
29	上海浦东发展银行广州分行	广州浦发							
30	上海浦东发展银行重庆分行	重庆浦发							
31	上海浦东发展银行苏州分行	苏州浦发							
32	中国民生银行北京分行	北京民生							
33	中国民生银行上海分行	上海民生							
34	中国民生银行深圳分行	深圳民生							

3.全国股份银行通讯录

序号	成员名称	成员简称	联系人	性别	区号	联系电话	传真电话	地址	邮编
1	交通银行	交通银行	徐　昕 詹鹤云	男 男	021	62083370 62751234-1833,1835	62751317 62083965	上海市仙霞路18号18楼综合计划部	200335
2	中信实业银行	中信银行	任东旭 白　建	男 男	010	65541089 65542371	65542273 65541892	北京市东城区朝阳门北大街8号C座8层中信资本市场部	100027
3	中国光大银行	光大银行	邓　波 吴富林	男 男	010	68561280 65865577-2913	68561260 68561279	北京市西城区复兴门外大街6号光大大厦	100045
4	华夏银行	华夏银行	王正茂 张志刚 孟秀兰 宁剑斌	 男	010	63188261 66151199-2143,2168	66151199-2118	北京市西单北大街111号11层计划财务部资金处	100081
5	中国民生银行	民生银行	董　虹 赵　建	女 男	010	65276996 65278383	65269572 65269577	北京市东城区正义路4号资金部	100006
6	广东发展银行	广东发展	李　湘 徐宏忠 戴志英 古红华	男 男 女 女	020	87310650 87310888	87310881-2906	广州市农林下路83号	510080
7	上海浦东发展银行	浦东发展	陈　兵 程云琦	男 男	021	63296188-5303	63297172	上海市宁波路50号	200002
8	福建兴业银行	福建兴业	黄　娟 陈　伟	女 男	0591	7845501 7844185	7845504	福州市湖东路154号中山大厦	350003
9	招商银行	招商银行	林　勇 刘　辉	男 男	0755	2190597 2242099 2242105	2242183	深圳市深南中路2号	518027
10	深圳发展银行	深圳发展	王予昆	男	0755	2081024	2081024	深圳市深南中路178号	518001

4.城市商业银行通讯录

序号	成员名称	成员简称	联系人	性别	区号	联系电话	传真电话	地址	邮编
1	北京市商业银行	北京商行	王　强 唐功怡	男 男	010	63575940 63520014-2217	63516973 63520159	北京市右安门内大街65号	100054
2	天津市商业银行	天津商行	彭改峡 黄　娟	女 女	022	28405583 28405585 23118585	28405580	天津市河西区友谊路15号	300201
3	上海银行	上海银行	张晋川 张文捷	男 男	021	63371291 63370257	63371287	上海市中山东二路585号18楼 上海银行资金财务部	200010
4	南京市商业银行	南京商行	戴　娟 李　雁	女 女	025	4544317 4544034	4544315	南京市淮海路50号	210005
5	广州市商业银行	广州商行	袁　征	女	020	83596435 83595416	83599213 83594187	广州市恒福路246号	510060
6	珠海市商业银行	珠海商行	徐　骁 柳守锋	男 女	0756	8121180 8121181	8121116	珠海市吉大 九州大道东段 合行大厦	519000
7	福州市商业银行	福州商行	陈雄政	男	0591	7598493 7593354	7598494	福州市六一北路158号	350011
8	成都市商业银行	成都商行	涂希懋	男	028	6664526	6676980	成都市春熙路南段32号资金计划部	610016
9	重庆市商业银行	重庆商行	周志强 贾有信	男 女	023	63714817 63717444	63711566 63824699	重庆市渝中区民生路239号	630010
10	昆明市商业银行	昆明商行	张煜鹏 邓祖华	男 男	0871	3136528 3136558 3136085	3131908	昆明市拓东路西段南廊云信大厦	650011
11	深圳市商业银行	深圳商行	韩伟志 万育全	男 女	0755	5878110 5878125-209,213	5878120	深圳市深南中路1099号深圳市商业银行大厦5楼	518031

续 表

序号	成员名称	成员简称	联系人	性别	区号	联系电话	传真电话	地址	邮编
12	青岛市商业银行	青岛商行	刘 美 林 海	女 男	0532	2866745	2865452	青岛市湖北路17号	266001
13	杭州市商业银行	杭州商行	敖一帆 沈文英	男	0571	5103267 5058192	5060501 5109707	浙江省杭州市凤起路582号计财处	310006
14	无锡市商业银行	无锡商行	肖 清	男	0510	2757619	2757619	江苏省无锡市解放西路321号	214001
15	武汉市商业银行	武汉商行	王 茜	女	027	82783835 82778291	82783931	武汉市汉口江汉路21号	430014
16	济南市商业银行	济南商行	宋 强 刘天义	男 男	0531	6027945	6027945	济南市泺源大街13号	250011
17	宁波市商业银行	宁波商行	沈静芬	女	0574	7882890	7882249	宁波市百丈东路868号	315040
18	乌鲁木齐市商业银行	乌鲁木齐	柳胜胜	女	0991	5870665	5870665	乌鲁木齐市扬子江路52号	830000
19	长沙市商业银行	长沙商行	李华军 廖 宇	男 男	0731	4305628 4305609 4305608 4305598	4305608	长沙市芙蓉中路1号计划筹资处	410005
20	鞍山市商业银行	鞍山商行	徐晓军 邱 东	男	0412	2212984 2234440	2235082 2231844	鞍山市铁东区五一路十号	114001
21	锦州市商业银行	锦州商行	贲艳东 刘 丽 赵 辉	女 女 男	0416	2145009 3126947	3127264	锦州市解放路段七号	121000
22	抚顺市商业银行	抚顺商行	高天曦 邱雷凌	男 女	0413	2433786	2439552	辽宁省抚顺市新抚区永宁街2号	113008
23	辽阳市商业银行	辽阳商行	李春光	男	0419	2123097	2125506	辽阳市民主路	111000
24	营口市商业银行	营口商行	王志刚 宋显明	男 男	0417	28020942 2830091	2802079	辽宁省营口市金牛山大街西8号	115000
25	厦门市商业银行	厦门商行	林 萍 何燕妮 陈冰舟	女 女 男	0592	2105210 2105223	2105173	厦门市斗西路9号电控大厦	361004

续　表

序号	成员名称	成员简称	联系人	性别	区号	联系电话	传真电话	地址	邮编
26	乐山市商业银行	乐山商行	蔡　红 杨鹏举 张晓东	女 男 男	0833	2136826 2135208	2136826	乐山市市中区大街65号	614000
27	合肥市商业银行	合肥商行	李宸宇 姚　梅 黄晓燕	男 女 女	0551	2840515 2823325	2840515	安徽省合肥市安庆235号	230061
28	芜湖市商业银行	芜湖商行	高　磊 周仲强	男 男	0553	3822247 3821925 3824942	3821925 3822493	芜湖市九华山路九华新村9号楼	
29	安庆市商业银行	安庆商行	李玉柱 倪　铭 王荣彬	男 男 男	0556	5561523 5570777	5570777	安徽省安庆市人民路284号	246003
30	丹东市商业银行	丹东商行	王定文 石晓东	男 男	0415	2122157	2162445 2122157	辽宁省丹东市锦山大街62号	113008
31	荆州市商业银行	荆州商行	董祖邦 江　卫 蔡　超 周慧玲	男 男 女 女	0716	8240826 8229650	8239394	湖北省荆州市沙市区北京路94号	434100
32	柳州市商业银行	柳州商行	甘　琳 苏　俊 林　站 农承宽	女 女 男 男	0772	2861764 2862501	2842702	柳州市中山西路84号	545001
33	桂林市商业银行	桂林商行	黄筱芬 侯桂梅 扈　波	女 女 女	0773	3834480 3820241 3826346	3820810	桂林市中山南路431号	541002
34	汕头市商业银行	汕头商行	廖　莹 谢丹莹	女 女	0754	8897270	8897270	汕头市金砂东路建信大厦1-2层	515000
35	贵阳市商业银行	贵阳商行	刘亚丽 张　悦 潘　毅	女 女 男	0851	6813821 6859066 6816405	6817882	贵阳市瑞金北路75号	550001
36	西安市商业银行	西安商行	冯　强 冯　箐	男 女	029	7457220 7438892	 7450956	西安市东大街皇城宾馆440房间	710001

续　表

序号	成员名称	成员简称	联系人	性别	区号	联系电话	传真电话	地址	邮编
37	沈阳市商业银行	沈阳商行	傅卓斌 孟繁富	男 男	024	24867286 24861286	24861287 24861287	辽宁省沈阳市沈河区中街路2号	110011
38	哈尔滨市商业银行	哈尔滨	王海滨 刘晓丹	男 女	0451	4653674	4612187	哈尔滨市道里区石头道街29号计划部	150010
39	石家庄市商业银行	石家庄	李发亮 石曙光 秦　川 黄　兴	男 男 男 男	0311	7030555-304 7034789 7020744	7020253 7020744	石家庄市大厂前街2号	050000
40	苏州市商业银行	苏州商行	何　晨 沈　澄 吴晓蔚	男 男 女	0512	5217381 5210349 5217844	5210349	苏州市干将东路608号	215005
41	兰州市商业银行	兰州商行	何霄庆 张怀民	男 男	0931	8881136 8880991	8811416	兰州市金昌路96号	730030
42	佛山市商业银行	佛山商行	龙卫平 黄奕扬	男 男	0757	3322153 3388992-409,410	3322153	佛山市季华五路南丫岛西侧金融培训中心大楼	
43	马鞍山市商业银行	马鞍山	李恩跃 王　飞 陈　梅	男 男 女	0555	2360994 2495794 2495730	2256744	安徽省马鞍山市湖东北路9号	243000
44	南通市商业银行	南通商行	余云飞 周广生 曹　霞	男 男 女	0513	5111760	5111760	江苏省南通市人民路55号金谊大厦5楼	226001
45	威海市商业银行	威海商行	程　育 徐孝占	男	0631	5222001 5214732	5222001	威海市宝泉路9号	264200
46	吉林市商业银行	吉林商行	薛天威	男	0432	2102085 2039520	2055040	吉林市解放大路15号	132011
47	绍兴市商业银行	绍兴商行	金　宏 丁建铭	男	0575	5138588-6203 5139621	5131190	绍兴市劳动路20号	312000
48	淄博市商业银行	淄博商行	曾爱萍	男	0533	2178888-9596	2163888	淄博市中心路105号	255000

续 表

序号	成员名称	成员简称	联系人	性别	区号	联系电话	传真电话	地址	邮编
49	湘潭市商业银行	湘潭商行	赵俊华 关新红	男 女	0732	8253008 8221014	8254848	湖南省湘潭市东站	411000
50	烟台市商业银行	烟台商行	冷绍辉 罗振庭 张 超	男 男 女	0535	6648944	6286487	烟台市北马路62号	
51	齐齐哈尔市商业银行	齐齐哈尔	刘 冬 陈 昱	男 男	0452	2446170 2474976 2478076	2446174	齐齐哈尔市龙沙区卜奎大街46号资金财会处	161005
52	湖州市商业银行	湖州商行	陈玉麟 林 春 钱莉芳	男 女 女	0572	2018405 2018408	2013721	浙江省湖州市观凤路25号	313000
53	泉州市商业银行	泉州商行	许鹏华 王海峰 曹 杨	男 男 女	0595	2576209 2572613 2572611	2572619	福建省泉州市泉秀路中段	362000
54	开封市商业银行	开封商行	杨全昌 马培军 赵自立	男 男 男	0378	5987040 5950081	5973888	河南省开封市中山路中段5号	475000
55	宜昌市商业银行	宜昌商行	刘红莲 崔文胜	女 男	0717	6744983 6744972	6744980	湖北省宜昌市夷陵路22号	443000
56	黄石市商业银行	黄石商行	郑长江 周 艳	男 女	0714	6220394 6234911	6252098	湖北省黄石市颐阳路262号	435000
57	岳阳市商业银行	岳阳商行	周小辉 周 军 余 意 谭 文	男 男 男 男	0730	8849373 8849776 8849286	8849776	湖南省岳阳市金鄂中路康特大厦	414000
58	株洲市商业银行	株洲商行	何江卫 李白良 欧小芳	男 男 女	0733	8270090 8270021	8270024 8270048	湖南省株洲市建设南路1号	412000
59	西宁市商业银行	西宁商行	吴淅宁 薛晓红		0971	8224794	8224240	青海省西宁市花园北街7号	810000
60	大连市商业银行	大连商行	秦彦君 于 艳	男 女	0411	3601042 3609966-2701,2705	3601042	大连市西岗区唐山街2-6号计划处	116011

续 表

序号	成员名称	成员简称	联系人	性别	区号	联系电话	传真电话	地址	邮编
61	长春市商业银行	长春商行	沈继燕 韩李鹏	男 男	0431	8914051 8914004	8917648	长春市长春大街135号	130041
62	常州市商业银行	常州商行	李　夏 蒋　忠 陈岳琴	男 男 女	0519	8124654 8124639	8114638	江苏省常州市和平南路125号	213003
63	金华市商业银行	金华商行	章春颜 王志坚 姜元新	女 男 男	0579	2314193 2311854 2320696	2314666	金华市八一北街480号	321000
64	潍坊市商业银行	潍坊商行	闫学顺 徐伟民 冯　箐	男 男 女	0536	8357037 7438892	7450956	潍坊市和平路196号	261021
65	洛阳市商业银行	洛阳商行	孙国要 朱军威 江希刚	男 男 男	0379	4934523 4945105 4910142	4909054	洛阳市长江西路临1号	471003
66	唐山市商业银行	唐山商行	陈建中 宗　林 戴舜明	男 男 男	0315	2842964 6283579		唐山市建设南路78号计划处	063000
67	秦皇岛市商业银行	秦皇岛商行	石新新 崔　力	男 男	0335	3070144 3604544	3617592	秦皇岛市燕山大街	066001
68	新乡市商业银行	新乡商行	杜怀正 孙　勇 任　艳	男 男 女	0373	2023137 2025942	2024423		
69	嘉兴市商业银行	嘉兴商行	金洪艳	女	0573	2016362	2099880	浙江省嘉兴市中山路87-1号计信处	314000
70	盐城市商业银行	盐城商行	郑皆林 朱　明	男 男	0515	8307003	8302993	江苏省盐城市解放北路7号	
71	镇江市商业银行	镇江商行	赵少兵 徐　敏 刘金本	男 男 男	0511	4441088 4415038		镇江市正东路152号	212003
72	银川市商业银行	银川商行	王彤岩 宋　磊	女 女	0951	6030360 6026156	6030360	银川市古楼北街2号	750004

续 表

序号	成员名称	成员简称	联系人	性别	区号	联系电话	传真电话	地址	邮编
73	太原市商业银行	太原商行	郭建中 夏艳霞	男 女	0351	3331347 3336875	3336875		
74	温州市商业银行	温州商行	林华侠	男	0577	8533351	8533306	温州市	
75	沧州市商业银行	沧州商行	李顺通 王学文 郑锦阁	男 男 女	0317	2010254	2010254	河北省沧州市解放中路	061001
76	德阳市商业银行	德阳商行	魏文娅 陈　滨	女 男	0838	2313708 2309356			
77	临沂市商业银行	临沂商行	彭穗峰 张　刚 甄　丽	男 男 女	0539	8305813 8311420 8316349	8328025		
78	烟台住房储蓄银行	烟台储蓄	杨　强	男	0535	6621115	6619838 6627184	烟台市南大街248号中间业务部	264001
79	郑州市商业银行	郑州商行	王鹏文	男	0371	7430368 7427028	7430318	郑州市棉纺东中55号	450052
80	南宁市商业银行	南宁商行	朱文坚 闵雅红	男 女	0771	5642550 5645064	5643108	南宁市民主路21号	530026
81	扬州市商业银行	扬州商行	徐德顺	男	0514	7323962	7325253	扬州市石塔西路5号	225009
82	湛江市商业银行	湛江商行	林广珠 王　飞	女 男	0759	3189009 3189019	3189000	广东省湛江市人民大道64号	524022
83	南昌市商业银行	南昌商行	蒋　刚 狄国强	男	0791	6213992 6283579	6277160	江西省南昌市广场南路10号	330003
84	攀枝花市商业银行	攀枝花商行	杨宗林	男	0812	3347302	3347919		
85	包头市商业银行	包头商行	陶　伟	男	0472	75105294	51015275		
86	东莞市商业银行	东莞商行	钟伟文 邓奕婷		0769	2111127	2111741	广东省东莞市城区运河东一路193号	523000

5.外资银行通讯录

序号	成员名称	成员简称	联系人	性别	区号	联系电话	传真电话	地址	邮编
1	日本兴业银行上海分行	兴业上海	王申东 陈　政 李　菁	男 男 女	021	68410000-281 68410000-441	68410399	浦东新区浦东大道1号中国船舶大厦401室	200120
2	日本三和银行上海分行	三和上海	张　琳 查文艳 曹云侃 邵家麟	女 女 男 男	021	58793818-323,381,302	58793816 58793817	浦东新区浦东大道1号中国船舶大厦16楼	200120
3	日本第一劝业银行上海分行	劝业上海	宋伟刚 温　泉 戴晓蕾	男 女 女	021	68410001-611,815,506	68410002 68410004	浦东新区银城东路101号森茂国际大厦25层	200120
4	日本东京三菱银行上海分行	三菱上海	徐　雷 楼　毅 谭　颖	男 男 女	021	68411515-264,183	68411819 68411820	浦东新区银城东路101号森茂国际大厦20楼	200120
5	法国东方汇理银行上海分行	汇理上海	杨晓霞 吴宗美 顾丽莎	女 女 女	021	58795559-342,371,381	58794379 58794939	浦东新区浦东大道1号中国船舶大厦17楼	200120
6	英国汇丰银行上海分行	汇丰上海	王如璎 尚　隽 施隆宜 黄　灏	女 女 男 男	021	58761111-221,505	58792336 58792238	浦东新区浦东大道1号中国船舶大厦5楼	200120
7	美国花旗银行上海分行	花旗上海	茅骏翔 张小颖 施　婷	男 女 女	021	58796118 58791200	58790298 58791132	上海市浦东大道1号中国船舶大厦20	200120
8	英国渣打银行上海分行	渣打上海	许国平 张　明 董　清	男 男 女	021	58871230 58764238	58877460 58767211	浦东新区陆家嘴路66号	200120
9	上海巴黎国际银行	巴黎上海	毛　缨 谢咏梅 沈旭妮	女 女 女	021	58405500-153,111	58889232	上海市浦东南路528号北塔13楼	200120

续 表

序号	成员名称	成员简称	联系人	性别	区号	联系电话	传真电话	地址	邮编
10	东亚银行上海分行	东亚上海	孙乐群 朱 燕 罗 玲	女 女 女	021	58208583-131,108,141	58201169	上海市浦东新区张杨路838号华都大厦	200122
11	住友银行上海分行	住友上海	严孟岭 李 燕		021	68415000-2596	68415111	上海市浦东新区银城东路101号30楼	200120
12	东亚银行深圳分行	东亚深圳							
13	美国花旗银行深圳分行	花旗深圳							
14	日本东京三菱银行深圳分行	三菱深圳							
15	南洋商业银行深圳分行	南洋深圳							
16	香港上海汇丰银行深圳分行	汇丰深圳							
17	英国渣打银行深圳分行	渣打深圳							
18	樱花银行上海分行	樱花上海							
19	新加坡发展银行上海分行	新加坡上海							
20	德累斯登银行上海分行	德累斯登							
21	法国里昂信贷银行上海分行	里昂上海							
22	华侨银行上海分行	华侨上海							
23	瑞士信贷银行	瑞士上海							
24	美国美洲银行上海分行	美洲上海	何建基 施国俭		021	68818686-247		上海市浦东南路528号证券大厦南塔18楼	200120
25	荷兰银行上海分行	荷兰上海	金宝泉 赵隽扬		021	50499303	50495199	上海市浦东新区世纪大道2号(金茂大厦28楼)	200120

6.保险公司通讯录

序号	成员名称	联系人	性别	区号	联系电话	传真电话	地址	邮编
1	中国人寿保险公司	姚克莉 孙庆海	女 男	010	66116717 66116713	66111579	北京市西城区西直门内冠英园西区5号资产管理部国债处	100035
2	中国再保险公司	黄仕祥 张　铁	男	010	62075560	62375744	北京市海淀区花园路27号	100088
3	中国太平洋保险公司	杨维瑾 潘　晨	女 男	021	63232488-5182,5181	63212090	上海市中山东一路1号	200002
4	中国平安保险公司	徐　刚		0755	2262888-3629,3625	2400862	深圳市八卦岭八卦三路平安大厦三楼国债部	518029
5	华泰财产保险股份有限责任公司	张　勇 徐友志	男 男		66218833-8626,8627 66213747	88091757	北京市西城区金融街35号国际企业大厦	100032
6	新华人寿保险股份有限责任公司	张若朴 龙向欣 苏　媛	男 女	010	63958812 63903399-1055,3200		北京市丰台区莲花池西里8号新华保险大厦	100073
7	天安保险股份有限责任公司	陈剖建 王　刚		021	58855348 62044383	58219955	上海市浦东大道2000号 北京市北三环西路11号高德写字楼225房间	200135 100088
8	华安保险股份有限责任公司	骆光国		0755	2070140		深圳市深南路5015号金丰城大厦2层／A座23层	518010
9	中国人民保险公司	张海波	男	010	63034157		北京市宣武区东河沿街69号	100052
10	泰康人寿保险股份有限责任公司	乔　巍 张君平			68363322-9081 68363322-9076	68330459 68330346	北京市西城区西直门外大街6号中仪大厦9层	100044
11	美国友邦保险公司上海分公司							
12	安联大众保险公司							
13	太平洋安泰保险公司							

7.农村信用联社通讯录

序号	成员名称	联系人	性别	区号	联系电话	传真电话	地址	邮编
1	江苏常熟联社	吴宇鸣	男	0520	2789991		江苏省常熟市新颜路100号	215500
2	云南昆明市联社	梁祖明	男	0871	3163831	3163864	昆明市兴仁街50号信贷计划处	650021
3	北京营业部	白晓东	男	010	63442062	63442066	北京市海淀区北蜂窝路2号	100038
4	上海浦东联社	陆重耳	男	021	58553667	58553759	浦东新区金张公路2173号	201203
5	重庆市城郊营业部	王庆祥 付玉兰	男 女	023	63740005 63743082	63710717	重庆市渝中区新华路89号	400011
6	武汉市联社	陆华田	男	027	85497096	85497096	武汉市建设大道618号信合大厦	430015
7	南京栖霞联社	崔世凤 由　华	女 女	025	5505696	5625242	南京市和燕路10号	210037
8	石家庄郊区联社	张孟学 颜胜华	男 男	0311	3602364 3602360	3602384	石家庄市中山西路671号业务科	050881
9	河北丰润县联社	段宝华	男	0315	5129484	5122693	丰润县曹雪芹东大街62号	064000
10	广州市联社	蔡巧仪 郭云骞		020	87619189 87619154	87619189	广州市梅车路60号	510600
11	广东东莞市联社	陈晓东 钟德英	男 女	0769	2111846 2112668	2111846	东莞市莞城南城路64号	511700
12	广东普宁市联社	陈家莉	女	0663	2226787	2226787	普宁市流沙镇西园六栋	515300
13	成都市南郊联社	李　卓 夏　瑜 陆　颖	男 男 女	028	5225214 5237140 5225214	5225213	成都市科华北路18号	610041

续 表

序号	成员名称	联系人	性别	区号	联系电话	传真电话	地址	邮编
14	杭州市区联社	马君杰 吴玲云 孙叔璇	男 女 女	0571	5238024 5301589 5301595	5238023	杭州市中山北路503号	310014
15	浙江鄞县联社	吴祈毅 李　波	男 男	0574	7335307 7336876	7330268	宁波市江东区百丈东路787号	315040
16	济南市市区联社	孔红霞 吴　蓉	女 女	0531	2067560	2067560	济南市经十一路72号	250002
17	青岛城阳区联社	江文亮 刘清池	男 男	0532	7868730	7868650	青岛市城阳区正阳路204号	266109
18	山东龙口市联社	纪卫群		0535	8519485	8514003	龙口市南环路南市街45号	265701
19	西安市联合营业部			029	8411239	8411590	西安市友谊西路甲61号	710068
20	江阴市农信联社	周英姿 王卫东	女 男	0510	6823400 6817772			
21	义乌市农信联社	王新荣 付剑俊 龚丽萍	男 男 女	0579	5312423			
22	深圳市农信联社	钱　文 张　琦	女 女	0755	5188271 5188267			
23	江都市农信联社	张大芳 于庆堂	女 男	0514	6552746			
24	海宁市农信联社	杨　波 谢利跃 朱建平	男 男 男	0573	7023645 7025403 7021300			
25	北京丰台农信联社	郭桂美 吕春燕	女 女	010	63842589			
26	晋州市农信联社	张彦中 刘兰波	男 男	0311	4322430			
27	武进农信联社	卞英姿 梅秋华 张　俊	女 女 男	0519	5324000 6639292			

续 表

序号	成员名称	联系人	性别	区号	联系电话	传真电话	地址	邮编
28	昆山市农信联社	石升升 唐宇新	男 男	0520	7317334 7317349			
29	溧阳市农信联社	董兰芳 吴　茵	女 女	0519	7218276 7218016			
30	吴江市农信联社	吴金翔 沈志超	男 男	0512	3421598			
31	东台市农信联社	张龙林 杨京平	男 男	0515	5266878			
32	兴化市农信联社	戎文清 陆海洋	女 男	0523	3239894 3239662			
33	浏阳市农信联社	罗仕林 何瑞霞	男 女	0731	3623937 3611786	3620344		
34	张家港市农信联社	钱向东 宋秋娣	男 女	0520	8236376	8236367		
35	天津市东丽区农信联社	刘　伟 张国志	男 男	022	24951864 24976922	24976922		
36	山东莱芜市农信联社	崔　波 李存刚 孙延军	男 男 男	0634	6211474 6218740 6218643	6223045		
37	山东枣庄市中区农信联社	米　格 吕成友 修立新	男 男 女	0632	3319424 3339975 3379424			
38	山东龙口市农信联社	姜盛杰 纪卫群 刘春燕	男 男 女	0535	8517097 8519485 8515006	8515199		
39	山东日照东港区农信联社	邱靖刚 王万旭	男 男	0633	8212158 8228745			
40	武汉市农信联社	林　凯 夏　永	男 男	027	85497071 85497027	6712396		
41	安徽当涂县农信联社	罗先中 朱　亮	男 男	0555	6713595 6711547	6715496		

续 表

序号	成员名称	联系人	性别	区号	联系电话	传真电话	地址	邮编
42	山东烟台芝罘区农信联社	孙克文 邢　华 王文隽	男 男 男	0535	6648712	6270125		
43	江苏如皋农信联社	赵凌宇 何桂荣 钱兰芳	男 男 女	0513	7616088 7616050	7616098		
44	南阳宛城区农信联社	李彩霞 徐　勇	女 男	0377	3212939			
45	泰安市农信联社	杨　华 杨清军	男 男	0538	8203599			
46	济宁市任城区农信联社	刘国前 梁丽丽	男 女	0537	2888009			
47	郑州市郊农信联社	陈　宏 马占平	男 男	0371	6227102			
48	淄博张店区农信联社	魏金政 李桂杰 司莉莉	男 女 女	0533	2215143 2217238 2216519			
49	威海市环翠区农信联社	丛剑锋 马晓峰	男 男	0631	5228206			
50	山东聊城东昌区农信联社	赵　峰 蔡士俊	男 男	0635	8222424			
51	河北丰润县农信联社	段宝体 周志民	男 男	0315	5129484			
52	山东临沂市兰山区农信联社	李　林 万善飞	男 男	0539	8235096 8232020			
53	河南焦作市解放区农信联社	云勤照 杨建忠 卢秋玲	男 男 女	0391	3911155- 8838,8818 8816			
54	潍坊市潍城区农信联社	庄新修 吴　磊	男 男	0536	8312227			

续 表

序号	成员名称	联系人	性别	区号	联系电话	传真电话	地址	邮编
55	驻马店地区农信联社	于 雷 孙晨钟 魏 刚 张玉花	男 男 男 女	0396	2837073 3813411-829 2819113	2837073		
56	三门峡陕县农信联社	薛新民 王清亮	男 男	0398	2886160 2871807	2871807		
57	洛阳市郊区农信联社	董可彬 姜华磊	男 男	0379	3256312 3256921			
58	河南平顶山市市郊农联社	张文欣 李明超 常 征	男 男 男	0375	2916089	2916026		
59	江苏丹阳市农信联社	徐国梅 贡春燕	女 女	0511	6516692			
60	开封市郊区农信联社	毋嵩峰 李 斌	男 男	0378	2924926 2924922			
61	漯河市汇源区农信联社	李顺良 李爱勤 方 娜	男 女 女	0395	3132265 3131881			
62	濮阳市市区农信联社	陈志勇 管艳花		0393	4493558			
63	滨州市农信联社	张 波 宋阿滨	男 男	0543	3326188 3391457			
64	德州市德城区农信联社	王惠超 陈建民		0534	2645041 2645142			
65	信阳市师河区农信联社	张德胜 王雪林 代 雪	男 男 女	0376	6380851	6381253		
66	山东菏泽市农信联社	田洪流 肖 凯 胡继红	男 男 女	0530	5316831			
67	许昌市魏都区农信联社	郭继红 王 丽	女 女	0374	2622531	2339868		

续 表

序号	成员名称	联系人	性别	区号	联系电话	传真电话	地址	邮编
68	新乡市郊区农信联社	齐云涛 原建军	男 男	0373	3033604			
69	周口市农信联社	胡秋芳 董俊毫		0394	8382759	8235575		
70	鹤壁市郊区农信联社	王爱国 郭迎月 陈梅梅	男 女 女	0392	2623026 2633111			
71	商丘市梁园区农信联社	李国平 赵新华		0370	2214937			
72	江苏海安农信联社	付大鹏 徐兆娟		0513	8913518			
73	河南省安阳市农信联社	师青山 钱　军 许永庆	男 男 男	0372	5920023 5917571	5917571		
74	锡山市信用联社	吴云标 王　华		0510	2762710	2752142		
75	通州市信用合作社联合社	朱建平 张建新		0513	6523002	6523002		
76	山东省东营市东营区农村信联社	白国庆 赵瑞雪		0546	8326035	8326035		
77	余杭市农村信用合作社联合社	陆建庆 沈余仓			6228143	6228294		
78	启东农信							
79	太仓市农村信用合作社联合社	邵锦铭 唐伯良			3543827	3535864		
80	长兴县信用合作社联合社	莫苏英 凌　玲		0572	6024499	6039392		
81	银川市农村信用合作社联合社	邵文龙 王进勇			6021457	6021427		
82	湖州市区信用合作社联合社	曹良海 罗爱秀		0572	2076630	2079122		
83	无为县农村信用合作社联合社	王　彪 叶美华		0565	6329134 6328914	6329964		
84	磐安县农村信用合作社联合社	郑伟根			4662943	4662943		

8.证券公司通讯录

序号	成员名称	成员简称	联系人	性别	区号	联系电话	传真电话	地址	邮编
1	中信证券有限责任公司	中信证券	张东骏 陈国卿 李 晖	男 男 女	010	64654818-63107			
2	大鹏证券有限责任公司	大鹏证券	黄 建 刘 毅 梁仁栋	男 男 男	0755	2462017			
3	国通证券公司	国通证券	刘 城 陈坚平	男 男	0755	3796516 3796667			
4	光大证券公司	光大证券	钱 晨 黄 桦 张晓云	男 男 女					
5	湘财证券有限责任公司	湘财证券	金 笛 王 可 付 玲	男 男 女	0731	2251096 4431821 4431821			
6	广发证券有限责任公司	广发证券	吴巧娟 吴健敏 任 钢	女 女 男	020	87553617 87376880			
7	国信证券有限责任公司	国信证券	黄艺平 王 勇 唐艳芳	男 男 女	0755	2130582 2130580 5560735			
8	华泰证券公司	华泰证券							
9	长城证券公司	长城证券							
10	北京证券公司	北京证券							
11	福建兴业证券公司	兴业证券	王 熙 冯建凯			7567174	7542534		
12	中国国际金融有限公司	中金公司	姬开华 毕学文			68561166-1136	68561072		

9.簿记系统用户通讯录

序号	成员名称	联系人	性别	区号	联系电话	传真电话	地址	邮编
1	江阴市农信联社	周英姿	女	0510	6823400			
		王卫东	男		6817772			
2	义乌市农信联社	王新荣	男	0579	5312423			
		付剑俊	男					
		龚丽萍	女					
3	深圳市农信联社	钱　文	女	0755	5188271			
		张　琦	女		5188267			
4	江都市农信联社	张大芳	女	0514	6552746			
		于庆堂	男					
5	海宁市农信联社	杨　波	男	0573	7023645			
		谢利跃	男		7025403			
		朱建平	男		7021300			
6	北京丰台农信联社	郭桂美	女	010	63842589			
		吕春燕	女					
7	晋州市农信联社	张彦中	男	0311	4322430			
		刘兰波	男					
8	武进农信联社	卞英姿	女	0519	5324000			
		梅秋华	女					
		张　俊	男		6639292			
9	昆山市农信联社	石升升	男	0520	7317334			
		唐宇新	男		7317349			
10	溧阳市农信联社	董兰芳	女	0519	7218276			
		吴　茵	女		7218016			
11	吴江市农信联社	吴金翔	男	0512	3421598			
		沈志超	男					
12	东台市农信联社	张龙林	男	0515	5266878			
		杨京平	男					
13	兴化市农信联社	戎文清	女	0523	3239894			
		陆海洋	男		3239662			

续 表

序号	成员名称	联系人	性别	区号	联系电话	传真电话	地址	邮编
14	浏阳市农信联社	罗仕林 何瑞霞	男 女	0731	3623937 3611786	3620344		
15	张家港市农信联社	钱向东 宋秋娣	男 女	0520	8236376	8236367		
16	天津市东丽区农信联社	刘　伟 张国志	男 男	022	24951864 24976922	24976922		
17	山东莱芜市农信联社	崔　波 李存刚 孙延军	男 男 男	0634	6211474 6218740 6218643	6223045		
18	山东枣庄市中区农信联社	米　格 吕成友 修立新	男 男 女	0632	3319424 3339975 3379424			
19	山东龙口市农信联社	姜盛杰 纪卫群 刘春燕	男 男 女	0535	8517097 8519485 8515006	8515199		
20	山东日照东港区农信联社	邱靖刚 王万旭	男 男	0633	8212158 8228745			
21	武汉市农信联社	林　凯 夏　永	男 男	027	85497071 85497027	6712396		
22	安徽当涂县农信联社	罗先中 朱　亮	男 男	0555	6713595 6711547	6715496		
23	山东烟台芝罘区农信联社	孙克文 邢　华 王文隽	男 男 男	0535	6648712	6270125		
24	江苏如皋农信联社	赵凌宇 何桂荣 钱兰芳	男 男 女	0513	7616088 7616050	7616098		
25	南阳宛城区农信联社	李彩霞 徐　勇	女 男	0377	3212939			
26	泰安市农信联社	杨　华 杨清军	男 男	0538	8203599			
27	济宁市任城区农信联社	刘国前 梁丽丽	男 女	0537	2888009			

续 表

序号	成员名称	联系人	性别	区号	联系电话	传真电话	地址	邮编
28	郑州市郊农信联社	陈　宏 马占平	男 男	0371	6227102			
29	淄博张店区农信联社	魏金政 李桂杰 司莉莉	男 女 女	0533	2215143 2217238 2216519			
30	威海市环翠区农信联社	丛剑锋 马晓峰	男 男	0631	5228206			
31	山东聊城东昌区农信联社	赵　峰 蔡士俊	男 男	0635	8222424			
32	河北丰润县农信联社	段宝体 周志民	男 男	0315	5129484			
33	山东临沂市兰山区农信联社	李　林 万善飞	男 男	0539	8235096 8232020			
34	河南焦作市解放区农信联社	云勤照 杨建忠 卢秋玲	男 男 女	0391	3911155-8838,8818,8816			
35	张家口市城信联社	张鹏飞 杨胜北 宋纪恩 任瑞杰	男 男 男 男	0313	3051100 2042639 3012059 3017397	3012059		
36	潍坊市淮城区农信联社	庄新修 吴　磊	男 男	0536	8312227			
37	驻马店地区农信联社	于　雷 孙晨钟 魏　刚 张玉花	男 男 男 女	0396	2837073 3813411-829 2819113	2837073		
38	三门峡陕县农信联社	薛新民 王清亮	男 男	0398	2886160 2871807	2871807		
39	洛阳市郊区农信联社	董可彬 姜华磊	男 男	0379	3256312 3256921			
40	河南平顶山市市郊农联社	张文欣 李明超 常　征	男 男 男	0375	2916089	2916026		

续 表

序号	成员名称	联系人	性别	区号	联系电话	传真电话	地址	邮编
41	江苏丹阳市农信联社	徐国梅 贡春燕	女 女	0511	6516692			
42	开封市郊区农信联社	毋嵩峰 李 斌	男 男	0378	2924926 2924922			
43	漯河市汇源区农信联社	李顺良 李爱勤 方 娜	男 女 女	0395	3132265 3131881			
44	濮阳市市区农信联社	陈志勇 管艳花		0393	4493558			
45	滨州市农信联社	张 波 宋阿滨	男 男	0543	3326188 3391457			
46	德州市德城区农信联社	王惠超 陈建民		0534	2645041 2645142			
47	信阳市师河区农信联社	张德胜 王雪林 代 雪	男 男 女	0376	6380851	6381253		
48	山东菏泽市农信联社	田洪流 肖 凯 胡继红	男 男 女	0530	5316831			
49	许昌市魏都区农信联社	郭继红 王 丽	女 女	0374	2622531	2339868		
50	新乡市郊区农信联社	齐云涛 原建军	男 男	0373	3033604			
51	周口市农信联社	胡秋芳 董俊毫		0394	8382759	8235575		
52	鹤壁市郊区农信联社	王爱国 郭迎月 陈梅梅	男 女 女	0392	2623026 2633111			
53	商丘市梁园区农信联社	李国平 赵新华		0370	2214937			
54	江苏海安农信联社	付大鹏 徐兆娟		0513	8913518			

续　表　　　　续　表

序号	成员名称	联系人	性别	区号	联系电话	传真电话	地址	邮编
55	河南省安阳市农信联社	师青山 钱　军 许永庆	男 男 男	0372	5920023 5917571	5917571		
56	锡山市信用联社	吴云标 王　华		0510	2762710	2752142		
57	通州市信用合作社联合社	朱建平 张建新		0513	6523002	6523002		
58	山东省东营市东营区农村信联社	白国庆 赵瑞雪		0546	8326035	8326035		
59	余杭市农村信用合作社联合社	陆建庆 沈余仓			6228143	6228294		
60	聊城市城市信用社中心社	孟繁胜 赵　军		0635	8214702-306	8214702--173		
61	启东农信							
62	太仓市农村信用合作社联合社	邵锦铭 唐伯良			3543827	3535864		
63	长兴县信用合作社联合社	莫苏英 凌　玲		0572	6024499	6039392		
64	银川市农村信用合作社联合社	邵文龙 王进勇			6021457	6021427		
65	湖州市区信用合作社联合社	曹良海 罗爱秀		0572	2076630	2079122		
66	淮阴市城市信用联社	陈孝村 郑秋羊			3915693			
67	无为县农村信用合作社联合社	王　彪 叶美华		0565	6329134 6328914	6329964		
68	磐安县农村信用合作社联合社	郑伟根			4662943	4662943		

10.1999年中国人民银行公开市场业务一级交易商名单

序号	单位名称	序号	单位名称	序号	单位名称
1	中国工商银行	12	福建兴业银行	23	重庆市商业银行
2	中国农业银行	13	招商银行	24	昆明市商业银行
3	中国银行	14	深圳发展银行	25	深圳市商业银行
4	中国建设银行	15	北京市商业银行	26	青岛市商业银行
5	交通银行	16	天津市商业银行	27	杭州市商业银行
6	中信实业银行	17	上海银行	28	无锡市商业银行
7	中国光大银行	18	南京市商业银行	29	武汉市商业银行
8	华夏银行	19	广州市商业银行	30	济南市商业银行
9	中国民生银行	20	珠海市商业银行	31	宁波市商业银行
10	广东发展银行	21	福州市商业银行	32	乌鲁木齐市商业银行
11	上海浦东发展银行	22	成都市商业银行	33	长沙市商业银行

11.1999年全国银行间债券市场金融债券承销团成员名单

序号	单位名称	序号	单位名称
1	中国工商银行	23	中国再保险公司
2	中国农业银行	24	中国太平洋保险公司
3	中国银行	25	中国平安保险公司
4	中国建设银行	26	华泰财产保险股份有限责任公司
5	交通银行	27	上海银行
6	中国人寿保险公司	28	深圳市商业银行
7	中信实业银行	29	北京市商业银行
8	中国光大银行	30	天津市商业银行
9	华夏银行	31	南京市商业银行
10	中国民生银行	32	广州市商业银行
11	广东发展银行	33	福州市商业银行
12	上海浦东发展银行	34	重庆市商业银行
13	福建兴业银行	35	杭州市商业银行
14	招商银行	36	无锡市商业银行
15	深圳发展银行	37	武汉市商业银行
16	中国人民保险公司	38	济南市商业银行
17	珠海市商业银行	39	乌鲁木齐市商业银行
18	昆明市商业银行	40	长沙市商业银行
19	成都市商业银行	41	常熟市农村信用合作社联合社
20	青岛市商业银行	42	上海市浦东新区农村信用合作社联合社
21	宁波城市商业银行	43	北京市农村信用合作社联合社
22	烟台住房储蓄银行	44	昆明市农村信用合作社联合社

12.基金托管银行一览表

序号	成员名称	成员简称	联系人	性别	区号	联系电话	传真电话	地址	邮编
1	中国银行基金托管部		胡绍增 李建国	男 男	010	65612125 65612126			
2	中国建设银行基金托管部		黄秀莲 胡波飞 张余顺	女 女 男	010	67597623 67597642 67597624			
3	中国工商银行基金托管部		朱辉毅 田　耕 郭特华	男 男 女	010	66106926 66106892 66106887			
4	中国农业银行基金托管部		谢小东 吴健奕 王　颖	男 男 女	010	68298167 68298172 68214280			

13.基金管理公司一览表

序号	成员名称	成员简称	联系人	性别	区号	联系电话	传真电话	地址	邮编
1	嘉实基金管理有限公司	嘉实基金	相欣欣	女	010	88091660			
2	博时基金管理有限公司	博时基金	李　全 赵卫平 龚彦焱	男 男 女	010	65171166			
3	长盛基金管理有限公司	长盛基金	丁　卫	男	010	64689198-653			
4	华夏基金管理有限公司	华夏基金	黄佳宁	男	010	64172887			
5	大成基金管理有限公司	大成基金	张宇辉	女		13501284939			
6	南方基金管理有限公司	南方基金	鲍文革 许　宁	男 男	0755	5523893 5427638			
7	富国基金管理有限公司	富国基金	杨　松	女	010	65055972			
8	鹏华基金管理有限公司	鹏华基金	刘慧红	女	0755	2080661			
9	华安基金管理有限公司	华安基金	秦绪华	男	021	58409336			
10	国泰基金管理有限公司	国泰基金	童　辉	男	021	62586545			

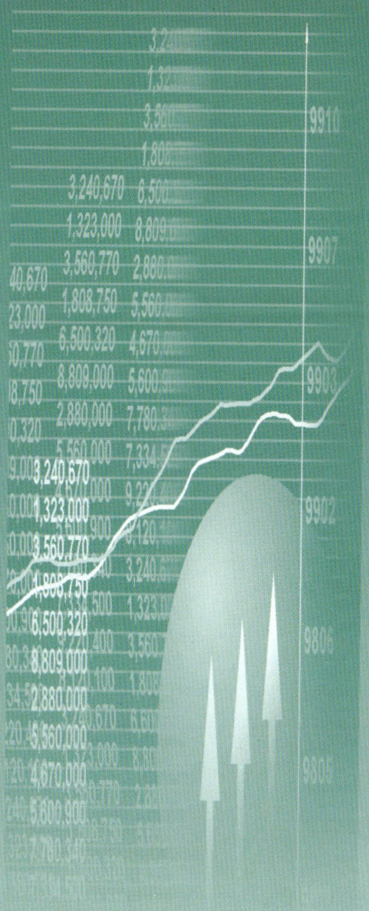

第四部分

货币市场统计

中国货币市场年鉴

2000

CHINA
MONETARY
MARKET
YEARBOOK
2000

一、1996－1999年全国银行间同业拆借市场行情与统计

（一）报表类

1.1996－1999各年1－12月银行间同业拆借交易行情

日期	1天内		7天内		8-20天	
	利率	成交量	利率	成交量	利率	成交量
1996/01/03			13.200	333.000	12.060	10.000
1996/01/04			13.310	5.000		
1996/01/05			12.980	89.500		
1996/01/08			12.850	53.000	12.780	160.000
1996/01/09			12.360	518.000	12.660	85.000
1996/01/10			13.010	239.000	12.260	205.000
1996/01/11			12.320	151.000	12.000	98.000
1996/01/12			13.320	23.000	12.600	10.000
1996/01/15			12.280	490.000	12.160	130.000
1996/01/16			12.910	228.000	12.370	131.000
1996/01/17			12.550	33.000	12.970	138.000
1996/01/18			13.250	83.000	12.410	236.000
1996/01/19			12.250	65.000	12.720	103.000
1996/01/22			13.330	171.000	12.670	146.000
1996/01/23			12.520	185.000	12.540	181.000
1996/01/24			13.030	246.000	12.410	100.000
1996/01/25			12.620	195.000	12.640	50.000
1996/01/26			12.350	115.000	12.820	80.000

利率：%；成交量单位：百万

	21-30天		31-60天		61-90天		91-120天	
	利率	成交量	利率	成交量	利率	成交量	利率	成交量
			12.950	450.000	13.000	30.000	12.730	120.000
	12.710	10.000	12.780	258.000	13.360	30.000	13.210	280.000
			12.830	757.000	13.000	5.000	13.150	578.000
	12.280	81.000	12.560	573.000	13.090	200.000	13.210	109.000
	12.480	55.000	12.910	412.000	12.860	230.000	12.670	111.000
	12.360	20.000	12.760	182.000	12.860	225.000	12.710	20.000
			12.860	480.000	13.310	69.000	13.280	85.000
	12.820	80.000	13.020	641.000			13.280	95.000
	12.190	129.000	12.860	1,152.000	12.970	105.000	13.390	239.000
	12.910	62.000	12.840	798.000	12.550	290.000	13.200	189.000
	12.620	48.000	13.080	250.000	13.010	65.000	13.500	80.000
	12.310	73.000	13.020	363.500	13.040	280.000	12.950	95.000
	12.600	20.000	13.100	351.000			13.200	125.000
			13.010	821.000	13.070	289.000	13.420	183.000
	12.130	30.000	12.950	730.000	13.100	330.000	13.560	190.000
	12.710	50.000	13.020	709.000	13.180	165.000	13.210	136.000
			12.960	1,955.000	12.970	185.000	13.240	284.000
	12.460	50.000	13.020	1,473.000	13.140	70.000	13.210	150.000

日期	1天内		7天内		8-20天	
	利率	成交量	利率	成交量	利率	成交量
1996/01/29			12.760	173.000	12.260	130.000
1996/01/30			12.790	692.000	12.770	204.000
1996/01/31			12.640	227.000	12.120	32.000
1996/02/01			12.410	220.000	12.460	100.000
1996/02/02			12.890	150.000	12.460	100.000
1996/02/05			12.300	1,047.000	12.460	500.000
1996/02/06			12.580	147.000	12.280	80.000
1996/02/07			12.360	480.000	12.590	50.000
1996/02/08			12.500	100.000	12.580	80.000
1996/02/09			12.480	458.000	12.550	1,000.000
1996/02/12			13.090	249.000	12.610	550.000
1996/02/13			12.280	1,620.000		
1996/02/14			12.520	115.000	12.430	320.000
1996/02/15			12.250	172.000	12.650	487.000
1996/02/16			12.280	40.000	12.530	225.000
1996/02/17					13.080	181.000
1996/02/26			12.020	15.000	12.080	50.000
1996/02/27			12.890	95.000	12.590	110.000
1996/02/28			12.420	494.000	12.490	320.000
1996/02/29			12.900	700.000	12.580	890.000
1996/03/01			12.460	127.000	12.500	120.000
1996/03/04			12.500	150.000	12.380	162.500
1996/03/05			12.140	134.000	12.730	115.000
1996/03/06			12.890	228.000	12.620	77.000
1996/03/07			12.400	413.000	12.640	221.000
1996/03/08			12.290	206.000	12.340	50.000
1996/03/11			12.490	103.000	12.530	107.000
1996/03/12			12.790	1,401.000	2.780	123.000

续 表

	21-30天		31-60天		61-90天		91-120天	
	利率	成交量	利率	成交量	利率	成交量	利率	成交量
	12.660	220.000	12.880	1,132.000	13.200	230.000	13.600	110.000
	13.080	82.000	12.740	1,268.000	13.000	325.000	13.020	106.000
	12.600	500.000	12.780	831.000	12.940	180.000	13.270	242.000
	12.730	227.000	12.670	390.000	12.850	207.000	13.500	146.000
	12.730	1,031.000	12.660	795.000	13.380	130.000	13.340	252.000
	12.730	427.000	12.580	283.000	13.080	143.000	13.680	105.000
	12.590	643.500	12.620	352.000	13.320	371.000	13.000	80.000
	12.580	1,059.000	12.710	136.000	13.190	206.000		
	12.850	756.000	12.910	624.000	13.120	108.000		
	12.640	599.000	12.670	933.000	13.380	65.000	13.420	266.000
	12.670	1,097.000	12.490	263.000	12.970	641.000	12.710	209.000
	12.660	294.000	12.780	150.000	13.240	190.000	13.030	76.000
	12.560	492.000	13.040	149.500	13.270	134.000	12.710	5.000
	12.790	343.500	12.640	140.000	12.710	55.000		
	12.480	224.000	13.140	7.000	12.710	27.000		
	12.920	42.000	12.460	20.000				
	12.790	130.000	12.960	3.000	12.850	390.000		
	12.540	574.000	13.090	110.000	12.860	275.000		
	12.740	826.000	12.680	35.000	13.370	430.000		
	13.000	143.000	13.010	142.000	13.420	125.000	13.380	205.000
	12.820	10.000	12.890	607.000	13.370	235.000	13.480	160.000
	12.590	219.000	12.770	1,502.000	12.890	308.000	12.890	81.000
	12.680	145.000	12.820	709.000	13.080	355.000	13.480	75.000
	12.720	298.000	12.760	1,000.000	13.120	306.000	13.390	234.300
	12.660	150.000	12.960	767.000	13.040	224.000	13.190	358.000
	12.730	44.000	12.790	860.000	13.220	172.000	13.480	276.000
	12.960	70.000	12.660	1,087.000	13.010	575.000	13.330	232.000
	12.410	120.000	12.910	989.000	13.160	584.000	13.250	492.000

日期	1天内		7天内		8-20天	
	利率	成交量	利率	成交量	利率	成交量
1996/03/13			12.620	251.000	12.780	94.000
1996/03/14			11.830	122.000	12.650	360.000
1996/03/15			12.680	115.000	12.470	72.000
1996/03/18			13.180	448.000	12.470	27.000
1996/03/19			12.350	66.000	12.770	141.000
1996/03/20			12.300	159.000	13.020	17.000
1996/03/21			12.460	121.000	12.440	104.000
1996/03/22			12.480	180.000	12.740	90.500
1996/03/25			12.200	300.000	12.400	158.000
1996/03/26			12.360	355.000	12.530	310.000
1996/03/27			12.560	437.000	12.490	482.000
1996/03/28			12.440	751.000	12.460	230.000
1996/03/29			12.360	776.000	12.580	132.000
1996/04/02			12.060	563.000	12.460	167.000
1996/04/03			12.840	766.000	12.790	195.000
1996/04/04			12.500	442.000	12.550	77.000
1996/04/05			12.600	366.000	12.380	89.000
1996/04/08			12.440	573.000	12.500	39.000
1996/04/09			12.070	374.000	12.530	40.000
1996/04/10			12.480	23.000		
1996/04/11			12.020	368.000		
1996/04/12			12.460	579.000	12.640	18.000
1996/04/15			12.540	309.000	12.420	12.000
1996/04/16			12.480	184.000	12.720	65.000
1996/04/17			12.420	151.000	12.400	140.000
1996/04/18			12.160	116.000	12.530	158.000
1996/04/19			12.460	244.000	12.610	144.000

续 表

	21-30天		31-60天		61-90天		91-120天	
	利率	成交量	利率	成交量	利率	成交量	利率	成交量
	12.910	87.000	12.760	660.000	12.970	317.000	13.430	312.000
	12.600	5.000	12.880	712.000	12.970	345.000	13.260	206.700
	13.500	10.000	12.820	786.000	13.220	154.000	13.020	204.000
	13.200	40.000	12.670	620.000	12.910	275.000	13.730	218.000
	12.770	95.000	12.650	386.500	12.920	385.000	13.130	411.500
	13.210	47.000	12.720	296.000	13.000	85.000	13.120	179.000
	12.420	43.000	12.790	760.000	13.030	265.000	13.100	245.000
	12.280	41.000	12.540	369.000	12.660	143.000	13.120	507.400
	12.550	45.000	12.790	500.000	12.860	141.510	3.100	437.000
	12.890	156.000	12.730	567.000	13.040	357.000	13.360	583.000
	12.560	239.000	12.780	705.000	13.080	184.000	12.920	289.600
	12.850	400.000	12.800	1,066.000	13.150	382.500	13.300	275.400
	12.420	9.000	12.850	590.000	13.160	291.000	13.300	90.000
	12.720	441.000	12.910	478.000	13.000	220.000	13.100	20.000
	12.580	354.000	12.940	269.000	12.920	155.000	12.710	65.000
	12.640	220.000	12.980	481.000	12.760	100.100	12.970	56.000
	12.650	457.000	12.710	511.000	12.980	86.000	13.020	111.100
	12.530	980.500	12.780	415.000	13.120	221.400	13.200	209.000
	12.730	750.000	12.520	225.000	12.970	192.000		
	12.660	406.000	12.960	20.000	12.760	111.000	13.480	134.000
	12.650	1,237.000	12.640	199.000	13.030	261.000	13.360	143.000
	12.490	205.000	12.740	547.000	13.030	190.000	13.210	197.000
	12.480	408.500	12.680	429.000	12.790	117.000	13.090	41.000
	12.760	508.000	12.610	100.000	12.760	773.500	12.850	50.000
	12.540	233.000	12.760	140.000	13.160	444.000	13.180	50.000
	12.360	142.000	12.400	92.000	12.710	86.000	12.830	44.000
	12.680	439.000	12.840	337.500	13.330	61.400		

日期	1天内		7天内		8-20天	
	利率	成交量	利率	成交量	利率	成交量
1996/04/22			12.350	879.000	12.240	5.000
1996/04/23			12.350	320.000	12.490	9.000
1996/04/24			11.780	307.000	12.160	30.000
1996/04/25			12.190	177.000	12.410	59.500
1996/04/26			12.580	392.500	12.790	34.500
1996/04/29			12.460	391.000	12.230	135.000
1996/04/30			12.260	412.000	12.240	90.000
1996/05/02			12.370	471.000	12.180	125.000
1996/05/03			12.120	385.000	12.250	97.000
1996/05/06			12.280	390.000	12.370	35.000
1996/05/07			12.440	624.000	12.190	274.500
1996/05/08			12.050	358.000	12.020	40.000
1996/05/09			12.060	258.000	12.440	155.000
1996/05/10			12.350	351.000		
1996/05/13			12.170	384.700	12.360	45.000
1996/05/14			12.490	361.000	12.260	150.000
1996/05/15			12.590	285.000	12.820	87.000
1996/05/16			12.490	369.000	12.170	112.000
1996/05/17			11.980	359.000		
1996/05/20			9.380	3,572.000	12.460	4.000
1996/05/21			12.060	289.000	12.250	59.000
1996/05/22			12.220	340.500	12.310	155.000
1996/05/23			12.220	773.000	12.230	319.000
1996/05/24			12.200	490.000	12.140	129.000
1996/05/27			12.070	940.000	12.430	304.000
1996/05/28			12.300	411.000	12.120	526.000
1996/05/29			12.220	638.000	12.180	532.000
1996/05/30			12.190	733.000	12.360	226.000

续 表

	21-30天		31-60天		61-90天		91-120天	
	利率	成交量	利率	成交量	利率	成交量	利率	成交量
	12.460	482.500	12.720	218.000	12.890	403.000	13.360	29.200
	12.670	646.000	12.600	455.000	12.890	335.000	12.830	25.000
	12.680	424.000	12.710	68.000	12.760	490.000	12.670	108.000
	12.460	507.000	12.580	507.500	12.600	243.000	12.360	148.000
	12.410	553.000	12.480	801.000	12.890	77.000	12.640	119.000
	12.380	1,345.000	12.490	330.000	12.720	191.000	12.850	151.000
	12.300	757.000	12.440	344.000	12.720	145.000	12.780	8.000
	12.190	328.000	12.600	482.000	13.020	85.000	13.220	57.000
	12.200	304.800	12.460	1,175.000	13.000	171.000	12.830	286.000
	12.380	245.000	12.530	512.000	12.500	145.000	12.770	230.000
	12.290	360.000	12.520	1,171.000	12.790	467.000	12.790	441.000
	12.300	791.000	12.480	321.000	12.660	249.000	13.120	111.000
	12.470	182.000	12.710	792.000	12.400	109.000	12.910	187.000
	12.351	102.000	12.380	582.000	12.380	413.000	12.920	210.000
	12.230	452.000	12.490	536.000	12.540	251.000	12.840	120.000
	12.360	329.000	12.650	248.000	12.670	283.000	12.770	140.000
	12.980	110.000	12.430	756.500	12.650	433.000	13.070	60.000
	12.500	201.000	12.590	522.000	12.540	108.500		
	12.280	68.000	12.420	893.500	12.590	235.000	12.710	220.000
	12.310	382.000	12.470	415.000	12.410	175.000	12.760	285.000
	12.490	326.000	12.790	181.000	12.600	340.000	12.860	77.000
	12.130	366.000	12.470	367.000	12.670	150.000	12.850	50.000
	12.320	176.000	12.360	1,056.000	13.100	102.000	13.000	64.500
	12.230	176.000	12.380	754.000	12.720	155.000	12.980	200.000
	12.310	1,075.000	12.380	2,217.000	12.550	502.500	12.790	227.000
	12.240	391.000	12.320	700.500	12.670	634.000	12.740	484.000
	12.260	699.000	12.250	681.500	12.610	568.000	12.520	167.000
	12.290	349.000	12.590	452.000	12.620	181.950	12.830	266.000

日期	1天内		7天内		8-20天	
	利率	成交量	利率	成交量	利率	成交量
1996/05/31			12.190	982.000	12.300	128.000
1996/06/03			12.350	549.000	12.720	95.000
1996/06/04			12.260	756.000	12.400	105.000
1996/06/05			12.080	598.000	12.310	369.000
1996/06/06			12.220	322.500	12.120	275.000
1996/06/07			12.320	639.000	12.460	90.000
1996/06/10			12.080	944.000	12.380	103.500
1996/06/11			12.520	428.000	12.590	45.000
1996/06/12			12.130	210.000	12.320	75.000
1996/06/13			11.660	418.000	12.230	233.500
1996/06/14			12.230	233.000	12.310	107.000
1996/06/17			12.440	332.000	12.680	120.000
1996/06/18			12.400	793.800	12.040	115.500
1996/06/19			12.130	239.000	12.430	50.000
1996/06/20			12.170	348.000	12.640	113.000
1996/06/21			11.990	500.000	12.720	101.000
1996/06/24			12.440	258.700	11.930	295.000
1996/06/25			12.180	925.700	12.630	135.000
1996/06/26			12.290	605.000	12.060	69.000
1996/06/27			12.130	1,023.500	12.190	243.000
1996/06/28			12.230	1,999.000	12.130	104.500
1996/07/01			12.040	322.000	12.260	83.000
1996/07/02	11.247	196.500	12.610	695.000	12.180	42.000
1996/07/03	12.299	88.000	11.300	1,126.000	10.860	345.000
1996/07/04			12.160	881.000	11.990	95.000
1996/07/05			12.080	478.000	12.020	53.000
1996/07/08	12.060	20.000	12.340	862.000	12.190	55.000

续 表

	21-30天		31-60天		61-90天		91-120天	
	利率	成交量	利率	成交量	利率	成交量	利率	成交量
	12.370	304.000	12.360	667.000	12.670	196.000	12.780	206.500
	12.300	869.000	12.470	360.000	12.590	166.000	12.540	104.000
	12.240	817.000	12.420	436.000	12.470	800.000	12.860	120.000
	12.320	735.000	12.240	258.000	12.520	480.000	12.700	233.000
	12.410	977.000	12.310	438.000	12.560	206.000	13.040	52.000
	12.220	112.000	12.530	803.000	12.420	103.900	12.720	55.000
	12.340	1,008.000	12.340	359.500	12.550	29.500	13.150	151.000
	12.470	1,508.000	12.340	146.000	12.620	196.000	12.680	278.000
	12.230	213.000	12.360	220.000	12.620	368.000	12.860	275.000
	12.110	190.000	12.660	600.000	12.400	132.500	12.310	20.000
	12.250	492.000	12.380	541.500	12.710	356.800	13.130	217.000
	12.260	433.000	12.260	194.000	12.500	280.000	12.620	65.000
	12.360	498.000	12.450	131.000	12.510	276.200	12.630	41.000
	12.470	367.500	12.330	179.000	12.580	350.000	12.730	235.000
	12.290	283.500	12.510	397.000	12.570	329.000	12.490	215.000
	12.480	145.000	12.300	710.000	12.550	83.000	12.510	54.000
	12.300	5.000	26.500	12.360	239.000	12.650	127.000	12.300
	12.200	738.000	12.270	190.000	12.430	291.500	12.500	183.000
	12.270	986.000	12.390	409.000	12.710	472.000	12.780	285.000
	12.090	706.000	12.320	548.000	12.440	723.000	12.400	159.000
	12.270	190.000	12.440	586.000	12.730	398.000	13.280	245.000
	12.160	220.000	12.230	469.000	12.580	241.000	12.430	240.000
	12.250	582.000	12.460	506.500	12.550	384.000	12.800	165.000
	11.230	915.000	11.490	1,494.000	12.223	61.000	12.790	131.000
	12.240	285.000	12.210	331.000	12.480	177.000	12.510	70.000
	12.290	240.000	12.240	776.000	12.550	117.000	12.510	12.000
	12.220	358.000	12.290	913.000	12.490	430.000	12.640	37.000

日期	1天内		7天内		8-20天	
	利率	成交量	利率	成交量	利率	成交量
1996/07/09	12.071	78.000	11.930	1,382.000	12.030	310.000
1996/07/10	12.217	140.000	12.170	1,315.000	12.090	135.500
1996/07/11	11.670	194.000	12.270	714.000	12.070	149.000
1996/07/12	12.076	55.000	11.960	1,170.700	12.340	187.000
1996/07/15	12.032	198.000	12.180	175.000	12.020	122.000
1996/07/16	12.163	105.000	12.090	563.200	12.290	160.000
1996/07/17	11.700	114.000	12.240	306.000	11.950	64.000
1996/07/18			12.240	30.000	12.110	88.000
1996/07/19			12.310	393.000	12.060	676.000
1996/07/22			12.360	595.000	12.070	1,258.000
1996/07/23	11.752	511.000	11.860	413.500	12.090	91.000
1996/07/24	11.880	50.000	12.460	843.000	12.310	261.000
1996/07/25	11.520	21.000	12.300	171.500	12.210	170.000
1996/07/26			12.380	592.000	12.370	7.000
1996/07/29	12.060	1.000	12.260	501.500	12.180	297.000
1996/07/30	11.970	100.000	11.950	1,048.000	12.320	386.000
1996/07/31			12.630	483.000	12.260	105.000
1996/08/01	11.420	828.000	12.540	727.000	12.160	58.000
1996/08/02	11.880	5.000	13.130	257.500	12.430	130.000
1996/08/05			12.250	144.000	12.020	620.000
1996/08/06	11.520	0.870	11.910	1,443.000	12.240	196.000
1996/08/07	11.221	82.000	12.220	708.500	12.190	665.000
1996/08/08	11.938	230.000	12.260	648.000	12.300	431.000
1996/08/09			12.160	350.000	12.200	130.000
1996/08/12			12.020	788.000	12.200	528.000
1996/08/13			12.180	710.000	12.090	1,158.000
1996/08/14	12.009	320.000	12.380	162.000	12.060	705.000
1996/08/15	12.797	81.000	12.200	558.000	12.440	26.000

续 表

	21-30天		31-60天		61-90天		91-120天	
	利率	成交量	利率	成交量	利率	成交量	利率	成交量
	12.240	303.000	11.580	1,267.000	12.460	354.000	12.650	98.800
	12.160	404.000	12.420	454.000	12.660	527.000	12.570	90.000
	12.360	115.000	12.280	331.000	12.570	209.500	13.320	40.000
		240.000	12.350	547.000	12.600	284.000	12.630	194.800
	12.260	167.000	12.380		12.580	304.000	12.780	313.000
	12.120	134.000	12.320		12.550	149.000	12.740	245.000
	12.200	10.000	12.470	761.000	12.650	135.000	14.070	60.000
	12.570	95.000	12.140	452.000	12.310	211.000	12.640	129.000
	12.410	155.000	12.220	1,665.000	12.700	415.000	12.620	466.400
	12.260	122.000	12.310	785.000	12.360	155.000	12.760	90.000
	12.200	102.000	12.300	371.000	12.440	475.000	12.770	193.000
	12.540	65.000	12.340	999.500	12.500	774.000	12.840	264.000
	12.300	190.000	12.320	535.000	12.320	238.000	12.450	86.000
	12.430	513.000	12.260	750.000	12.630	535.000	12.930	395.000
	12.230		12.270		12.670	485.000	12.570	279.000
	12.170	460.000	12.420	126.000	12.500	408.000	12.736	
	12.140	156.000	12.300		12.670	229.000	13.040	271.000
	12.410	137.000	12.400	565.000	12.640	148.000	12.610	161.000
	12.360	35.000	12.260	591.000	12.400	6,598.000	12.640	134.000
	12.120	241.000	12.130	388.000	12.510	544.000	12.680	550.000
	12.180	360.000	12.360	755.000	12.340	375.000	12.620	494.600
	12.350	242.000	12.200	812.500	12.390	205.000	12.630	381.000
	12.370	841.000	12.440	2,154.000	12.510	247.500	12.690	623.400
	12.280	330.000	12.300	292.000	12.660	185.000	12.830	314.000
	12.070	265.000	12.400	573.000	12.590	293.000	12.610	177.000
	12.250	170.000	12.440	527.000	12.580	296.000	13.550	40.000
	12.030	183.000	12.380	632.000	12.530	255.500	12.540	42.000
	12.240	36.000	12.290	597.000	12.650	131.000	12.600	3.000

日期	1天内		7天内		8-20天	
	利率	成交量	利率	成交量	利率	成交量
1996/08/16			12.420	445.500	12.210	265.000
1996/08/19	11.808	160.000	12.090	282.300	12.752	49.000
1996/08/20	12.240	50.000	12.111	512.000	12.080	178.000
1996/08/21			12.040	969.000	11.990	542.000
1996/08/22			12.270	510.000	12.070	300.000
1996/08/23			12.950	426.500	12.580	102.000
1996/08/26			12.570	140.000	11.570	361.000
1996/08/27	11.788	225.000	11.930	478.000	11.420	442.000
1996/08/28	11.950	115.400	11.790	954.500	11.550	210.000
1996/08/29	10.980	64.000	11.220	512.000	11.720	149.000
1996/08/30	11.520	30.000	11.540	793.200	11.500	155.000
1996/09/02			11.010	1,260.000	11.550	178.000
1996/09/03	11.520	1.000	11.260	2,796.000	11.450	589.000
1996/09/04			11.350	1,083.000	11.210	186.000
1996/09/05	11.852	52.000	11.200	945.600	12.300	5.000
1996/09/06			12.220	575.000	11.590	155.000
1996/09/09			12.020	419.000	11.370	515.000
1996/09/10	11.160	40.000	11.210	628.000	11.610	800.100
1996/09/11	10.440	145.000	11.520	1,059.000	11.680	341.000
1996/09/12	10.080	10.000	11.590	532.000	11.690	150.000
1996/09/13			11.380	519.000	11.480	144.000
1996/09/16			11.160	458.000	11.640	289.000
1996/09/17	10.167	198.000	11.170	2,420.500	11.730	181.000
1996/09/18	11.988	100.000	11.800	200.000	11.780	36.000
1996/09/19	10.200	30.000	11.380	1,314.500	11.630	308.000
1996/09/20	11.340	20.000	11.680	345.000	11.400	97.000
1996/09/23	12.829	55.000	11.420	1,014.000	11.830	160.000

续 表

	21-30天		31-60天		61-90天		91-120天	
	利率	成交量	利率	成交量	利率	成交量	利率	成交量
	12.240	92.000	12.350	811.000	12.470	220.000	12.600	231.000
	12.050	249.000	12.250	937.000	12.470	164.000	12.570	210.000
	12.140	270.000	12.240	334.000	12.470	512.000	12.720	353.000
	11.940	180.500	11.960	490.000	12.250	545.000	12.560	135.000
			12.280	515.000	12.370	260.000	13.290	19.200
	11.340	143.000	11.870	642.000	12.010	265.000	12.850	76.000
	11.420	418.000	12.010	559.700	12.210	214.000	11.660	85.000
	11.700	416.500	11.630	744.000	11.680	407.000	11.620	334.000
	11.460	224.000	11.470	211.000	11.730	437.000	12.230	192.000
	11.420	143.000	11.610	460.500	11.660	61.000	11.950	11.000
	11.720	465.000	11.700	392.000	12.200	280.000	11.980	335.000
	11.630	360.000	11.650	691.000	11.640	182.000	12.180	295.000
	11.510	647.000	11.440	796.000	11.700	365.000	11.890	317.000
	11.310	147.000	11.520	605.000	11.700	290.000	11.830	65.000
	11.640	116.000	11.520	309.000	11.650	105.000	11.590	119.000
	11.350	440.000	11.690	943.000	11.890	358.000	11.750	23.000
	11.430	933.000	11.420	175.000	11.840	382.000	11.750	205.000
	11.540	531.000	11.750	308.000	11.900	399.000	12.180	206.000
	11.950	156.000	11.540	467.000	11.710	208.000	12.100	201.000
	11.580	145.000	11.520	520.000	11.640	149.000	11.670	270.000
	11.420	523.000	11.530	714.000	11.930	265.000	11.760	118.000
	11.550	747.000	11.890	30.000	11.730	194.000	11.790	80.000
	11.670	598.000	11.450	160.000	12.070	396.000	12.130	44.000
	11.430	544.000	11.470	356.000	11.840	229.000	12.050	45.600
	11.730	266.000	11.480	274.000	11.760	103.000	11.650	95.000
	11.560	487.000	11.490	852.000	11.770	247.000	12.310	324.000
	11.420	535.000	11.570	496.000	11.890	340.000	11.530	33.000

日期	1天内		7天内		8-20天	
	利率	成交量	利率	成交量	利率	成交量
1996/09/24	10.800	30.000	11.110	1,861.000	11.550	256.000
1996/09/25	11.070	200.000	11.640	170.000	11.360	578.000
1996/09/26	11.328	107.000	11.520	442.500	11.180	881.000
1996/09/27			11.130	1,162.000	11.720	120.000
1996/09/28			10.830	923.000	11.160	205.000
1996/10/03	11.052	1,500.000	12.630	489.000	11.370	118.000
1996/10/04	11.034	820.000	11.560	483.000	11.620	284.000
1996/10/07			11.310	1,473.000	11.590	395.000
1996/10/08	10.800	205.000	11.520	254.000	11.190	325.000
1996/10/09	10.915	84.500	11.460	1,493.400	11.320	431.500
1996/10/10	12.024	2.000	11.380	836.000	11.500	208.000
1996/10/11			11.750	680.000	11.950	35.000
1996/10/14			11.660	734.500	11.410	386.000
1996/10/15	11.052	1,500.000	11.080	1,750.000	11.550	675.000
1996/10/16	11.160	15.000	11.410	649.500	11.180	583.000
1996/10/17	12.623	40.200	11.610	1,091.000	11.500	210.000
1996/10/18			11.060	1,514.000	11.300	334.500
1996/10/21			11.290	1,057.000	11.460	260.000
1996/10/22			11.460	1,807.500	11.360	690.000
1996/10/23			11.550	287.000	11.500	519.000
1996/10/24			11.260	2,246.000	11.200	445.000
1996/10/25			11.470	2,470.000	11.660	298.000
1996/10/28			11.820	460.500	11.630	40.000
1996/10/29	11.535	236.000	11.550	1,382.500	11.370	370.000
1996/10/30	11.163	141.000	11.250	1,645.000	11.240	1,019.000
1996/10/31	11.421	263.000	11.390	1,438.000	11.510	983.000
1996/11/01			11.890	1,697.000	11.770	54.000

续 表

	21-30天		31-60天		61-90天		91-120天	
	利率	成交量	利率	成交量	利率	成交量	利率	成交量
	11.450	1,494.000	11.620	288.000	11.660	463.000	11.850	447.000
	11.340	1,346.000	11.420	331.000	11.900	410.500	11.460	241.000
	11.350	1,001.500	11.350	686.000	11.690	412.000	12.220	171.000
	11.640	204.500	11.750	152.000	11.770	150.000		
	11.520	33.000	11.540	60.000	11.760	135.000		
	11.860	80.000	11.540	456.000	11.560	53.000	10.990	274.000
	11.770	358.000	11.440	1,108.500	11.670	298.000	11.960	153.000
	11.480	412.000	11.580	1,358.000	11.840	410.400	12.070	133.000
	11.390	262.000	11.460	563.000	11.600	243.000	11.570	315.000
	11.460	455.000	11.390	878.000	11.740	398.000	12.270	386.000
	11.570	161.000	11.180	773.000	11.630	116.000	12.140	180.000
	11.520	124.000	11.570	642.000	11.830	270.000	11.770	190.000
	11.400	175.000	11.440	995.000	11.760	309.000	11.930	255.000
	11.340	98.000	11.430	791.000	11.610	669.500	11.880	390.000
	11.380	318.000	11.360	1,125.000	11.610	486.000	11.950	69.000
	12.600	20.000	11.430	835.000	11.670	368.000	11.380	15.000
	11.310	170.000	11.400	791.500	11.630	324.000	11.990	460.000
	11.360	107.000	11.920	541.000	11.590	512.000	11.870	175.000
	11.380	274.500	11.470	555.000	11.720	453.000		
	11.570	384.000	11.620	981.000	11.920	375.500	11.720	185.000
	11.340	556.000	11.610	848.400	11.890	165.000	11.860	174.000
	11.290	120.000	11.270	1,898.500	11.770	361.000	11.750	278.000
	11.230	350.000	11.460	1,256.000	11.820	173.000	11.850	425.000
	11.490	522.500	11.590	648.000	11.780	503.000	12.030	379.000
	11.390	645.000	11.400	981.000	11.680	239.000	12.100	89.000
	11.650	976.000	11.520	1,956.000	11.820	143.000	12.270	122.000
	11.350	413.000	11.670	1,017.000	11.850	438.000	13.240	160.000

日期	1天内		7天内		8-20天	
	利率	成交量	利率	成交量	利率	成交量
1996/11/04			10.950	1,457.000	11.320	255.000
1996/11/05			11.110	563.000	11.170	252.000
1996/11/06	11.160	252.000	11.910	1,016.000	11.290	210.000
1996/11/07	11.010	134.000	11.240	905.000	11.170	180.000
1996/11/08	11.520	90.000	11.570	1,078.000	11.340	567.000
1996/11/11	11.790	200.000	11.430	332.000	11.460	322.000
1996/11/12	10.800	300.000	11.300	529.000	11.130	530.000
1996/11/13	10.800	40.000	11.950	639.000	11.550	116.000
1996/11/14			11.580	460.000	11.520	371.000
1996/11/15			11.180	1,286.000	12.310	10.000
1996/11/18			11.580	408.000	11.570	40.000
1996/11/19			11.290	563.000	11.380	322.000
1996/11/20	11.910	276.000	12.090	760.000	11.450	69.000
1996/11/21	11.340	50.000	11.650	847.000	11.450	141.000
1996/11/22			11.970	903.000	11.510	249.000
1996/11/25	11.700	116.000	11.000	1,339.000	11.380	446.000
1996/11/26	11.268	89.000	11.800	516.000	11.460	402.000
1996/11/27	11.700	180.000	12.560	377.400	11.590	40.000
1996/11/28			11.530	444.000	11.140	717.000
1996/11/29			11.650	380.000	11.440	353.500
1996/12/02			11.760	845.000	11.760	90.000
1996/12/03			11.040	82.000	11.740	50.000
1996/12/04			12.060	255.000	11.340	392.000
1996/12/05			12.550	329.000	11.130	130.000
1996/12/06	10.980	41.000	11.120	362.000	11.380	217.000
1996/12/09	11.400	50.000	11.180	766.000	11.200	80.000
1996/12/10			11.170	473.000	11.170	252.000
1996/12/11	11.268	145.000	11.330	1,006.000	11.960	376.000

续 表

	21-30天		31-60天		61-90天		91-120天	
	利率	成交量	利率	成交量	利率	成交量	利率	成交量
	11.550	702.000	11.690	154.000	11.760	779.000	12.950	70.000
	11.580	192.500	11.620	238.000	11.700	674.000	11.380	33.000
	11.550	281.000	11.800	587.000	11.900	893.000	12.000	133.000
	11.570	370.000	11.570	403.000	11.810	422.000	12.110	100.800
	11.330	880.000	11.620	1,393.000	11.720	380.000	11.380	10.000
	11.690	1,336.000	11.400	413.000	11.950	301.000	11.810	61.000
	11.760	364.000	11.600	254.000	11.690	250.000	12.070	195.000
	11.410	737.000	11.950	318.000	11.880	372.000	12.190	115.000
	12.010	94.000	11.640	735.000	11.960	180.000	12.170	173.000
	11.300	254.000	11.580	678.500	11.630	335.000	12.010	8.000
	11.520	914.000	11.640	200.000	11.720	505.000	12.140	404.000
	11.540	970.000	11.850	527.000	11.800	1,310.000	12.140	380.000
	11.990	419.000	11.910	333.000	11.870	292.000	12.460	222.950
	11.560	431.000	11.360	668.000	12.000	282.000	12.000	93.4.000
	11.390	286.000	11.490	384.000	11.660	333.000	11.980	332.000
	11.380	838.000	11.760	190.000	11.800	175.000	12.030	233.400
	11.730	744.000	11.810	269.000	11.920	185.000	11.840	628.000
	11.510	424.000	11.380	130.000	11.810	287.000	11.850	338.000
	11.540	238.000	11.880	212.000	12.080	110.000	12.120	57.000
	11.270	468.470	11.620	380.500	12.000	115.000	12.220	90.000
	11.520	100.000	11.640	337.000	11.730	620.000	12.140	184.000
	11.640	466.000	11.720	522.000	11.910	167.000	12.130	100.000
	11.340	180.000	11.640	521.800	11.870	243.000	12.090	39.000
	10.940	48.000	11.840	276.000	11.910	323.000		
	11.440	240.000	11.470	803.500	11.840	369.000	11.830	412.000
	11.340	1,815.000	11.480	574.000	11.760	534.000	12.110	392.000
	11.270	100.000	11.690	216.000	11.870	387.000	11.920	170.000
	11.950	147.000	11.600	862.000	12.050	762.000	12.060	117.000

日期	1天内		7天内		8-20天	
	利率	成交量	利率	成交量	利率	成交量
1996/12/12	11.106	108.000	12.430	405.000	11.410	130.000
1996/12/13	11.449	259.000	11.300	816.000	11.540	303.000
1996/12/16			11.320	807.000	11.340	15.000
1996/12/17	11.268	30.000	10.920	1,363.000	11.250	49.000
1996/12/18	11.880	7.000	11.440	511.000	11.610	10.000
1996/12/19	11.260	67.000	11.890	70.000	11.590	86.000
1996/12/20	11.160	32.500	11.710	1,499.000	11.490	2,106.000
1996/12/23			11.190	305.000	11.350	83.000
1996/12/24			11.980	529.000	11.150	72.000
1996/12/25	10.800	280.000	10.930	1,249.000	11.620	180.000
1996/12/26	11.160	15.000	11.000	635.000	11.200	498.000
1996/12/27	11.280	63.000	11.820	895.000	11.290	1,134.500
1996/12/30			11.170	2,039.000	11.090	990.000
1996/12/31			11.240	1,603.000	11.660	76.000
1997/01/02			10.890	260.000	11.850	144.000
1997/01/03	10.800	200.000	11.850	160.000	11.040	141.000
1997/01/06	11.040	360.000	11.100	308.000	11.930	32.000
1997/01/07	11.880	6.000	11.620	149.000	11.840	152.000
1997/01/08			11.120	209.000		
1997/01/09	11.203	125.000	10.990	937.000	11.050	205.000
1997/01/10	11.160	10.000	11.860	2,659.000	11.670	292.500
1997/01/13	11.160	2.000	11.470	676.000	11.610	80.000
1997/01/14			11.610	870.000	11.460	50.000
1997/01/15			12.690	456.000	11.690	140.000
1997/01/16	11.520	7.000	11.500	181.000	11.450	57.000
1997/01/17			11.100	678.000	11.980	90.000
1997/01/20			12.500	560.000	9.360	55.000

续 表

	21-30天		31-60天		61-90天		91-120天	
	利率	成交量	利率	成交量	利率	成交量	利率	成交量
	11.340	10.000	11.380	250.000	11.650	539.000	12.510	70.000
	11.410	268.000	11.560	1,592.000	11.780	418.000	11.820	89.000
	11.430	187.000	11.540	488.000	11.910	693.000	11.600	314.000
	11.580	214.000	11.560	407.000	11.890	771.000	12.200	60.000
	11.420	154.000	11.460	818.000	11.970	555.000	12.600	35.000
	11.470	198.000	11.650	381.000	11.840	375.000		
	11.400	808.200	11.400	1,543.000	11.980	502.500	12.190	245.000
	11.610	378.000	11.670	797.000	11.610	641.000	12.160	170.000
	11.500	205.000	11.490	1,051.000	11.890	972.600	12.010	8.000
	11.900	130.000	11.340	1,103.000	11.850	925.000	11.940	92.000
	11.650	140.000	11.430	494.000	11.900	610.000		
	12.260	135.000	11.620	1,591.970	11.620	950.000	13.290	35.000
	11.520	36.000	11.520	431.000	11.960	280.000	11.920	10.000
	10.470	20.000	11.500	133.000	11.630	315.000		
			11.540	371.000	11.750	175.000		
	11.400	335.000	11.670	353.000	11.870	480.000	11.840	130.000
	11.540	144.000	11.890	923.000	11.850	145.000	12.240	30.000
			11.830	873.000	11.820	648.000	12.240	10.000
	11.880	80.000	11.810	526.000	11.900	377.000	13.390	23.000
			11.800	455.000	12.040	427.000	12.240	40.000
	11.160	75.000	11.530	1,127.000	11.860	271.000	12.070	195.000
	11.540	76.000	11.730	1,091.000	11.720	116.000	12.310	255.000
	12.240	27.000	11.820	1,134.000	11.950	566.000	11.930	150.000
	11.350	400.000	11.540	956.000	11.860	610.000	12.780	30.000
	11.350	268.000	11.670	954.000	11.790	235.000	11.880	50.000
	11.250	141.000	11.390	1,131.500	11.790	830.000	12.600	30.000
	11.350	176.000	11.680	726.000	11.850	389.000	12.420	10.000

日期	1天内		7天内		8-20天	
	利率	成交量	利率	成交量	利率	成交量
1997/01/21	11.279	2,938.000	11.290	826.000	11.670	189.000
1997/01/22	11.160	50.000	10.900	2,731.000	11.230	69.000
1997/01/23	11.695	140.000	11.480	2,313.000	11.930	63.000
1997/01/24			12.140	489.000	11.300	770.000
1997/01/27			11.610	1,958.000	11.480	100.000
1997/01/28			11.130	936.000		
1997/01/29			11.260	353.000	11.460	250.000
1997/01/30	11.160	60.000	11.240	555.000	11.450	177.000
1997/01/31			11.970	841.000	11.470	2,560.000
1997/02/03			11.320	243.000	11.220	250.000
1997/02/04	10.800	40.000	11.320	885.250	11.600	148.500
1997/02/05	11.160	500.000	11.340	70.000	12.240	80.000
1997/02/06			10.800	154.000	11.010	105.000
1997/02/12			10.990	451.000	10.540	207.000
1997/02/13	11.268	140.000	11.450	89.000	11.780	282.000
1997/02/14			11.600	300.000	12.240	80.000
1997/02/17			10.990	676.000	11.570	46.000
1997/02/18			11.610	226.000	11.570	20.000
1997/02/19			11.250	40.000	11.350	124.000
1997/02/20			11.330	290.000	11.680	144.000
1997/02/21	11.193	330.000	11.290	285.000		
1997/02/24	10.800	20.000	11.850	91.000	11.250	213.000
1997/02/25	11.592	25.000	11.580	594.500	11.160	100.000
1997/02/26	11.127	55.000	12.670	756.000	11.870	50.000
1997/02/27	11.160	30.000	11.300	1,233.000	11.720	234.000
1997/02/28			11.150	250.000	11.530	150.000
1997/03/03			11.020	273.000	10.940	364.000

续 表

	21-30天		31-60天		61-90天		91-120天	
	利率	成交量	利率	成交量	利率	成交量	利率	成交量
	11.720	303.000	11.650	1,812.000	11.890	487.000	11.930	155.000
	11.520	50.000	11.800	764.000	12.010	670.000	11.950	60.000
	11.550	346.000	11.640	788.000	11.970	651.000	12.600	35.000
	11.520	1,328.500	11.890	689.000	12.080	305.000		
	11.450	367.000	11.750	1,648.000	11.730	223.000	12.040	170.000
	11.620	348.000	11.730	443.000	12.060	784.000	12.780	30.000
	11.760	215.000	11.900	217.000	12.010	615.200	12.310	50.000
	11.730	613.000	11.750	1,213.000	11.990	275.000	12.530	80.000
	11.590	147.000	11.720	735.000	12.090	204.000	11.860	120.000
	11.790	807.000	11.820	540.000	11.280	135.000	12.210	70.000
	11.510	193.500	11.630	83.000	11.400	116.000		
	11.580	182.000			11.790	140.000		
	12.420	46.000						
	11.490	155.000	11.270	35.000	11.380	85.000		
	11.600	114.000	11.880	40.000	12.450	29.000		
	11.810	400.000	11.630	429.000	11.850	160.000	11.420	59.000
	11.550	1,053.000	11.620	446.000	11.970	217.000	12.150	360.000
	11.750	175.000	11.600	138.000	11.790	370.000	12.070	50.000
	11.320	613.000	11.820	244.000	11.890	475.000		
	11.680	800.000	11.650	150.000	12.120	175.000		
	11.890	303.000	11.670	163.000	12.180	80.000		
	11.530	285.000	11.650	238.000	11.720	245.000	12.460	50.000
	11.300	934.000	11.450	562.000	11.980	580.000	12.720	30.000
	11.390	939.000	11.330	520.000	12.000	749.000	12.060	30.000
	11.600	1,544.000	11.460	261.000	11.820	270.000	12.670	50.000
	11.860	131.000	11.710	376.000	11.890	240.000	11.380	30.000
	11.220	566.000	11.560	760.800	11.670	302.000	11.380	31.000

日期	1天内		7天内		8-20天	
	利率	成交量	利率	成交量	利率	成交量
1997/03/04	11.520	8.000	11.650	132.000	11.340	260.000
1997/03/05	10.800	88.000	12.060	462.000	10.800	20.000
1997/03/06	11.492	52.000	11.320	212.000	11.570	20.000
1997/03/07			11.050	186.500	11.160	261.000
1997/03/10			10.900	111.000	11.600	293.000
1997/03/11			11.850	135.000		
1997/03/12	10.980	1.000	12.630	425.000	10.990	39.000
1997/03/13			12.660	283.000	12.150	35.500
1997/03/14			11.690	560.000	11.760	77.000
1997/03/17			11.770	150.000	12.060	90.000
1997/03/18	10.834	413.000	11.510	1,150.000	11.160	225.000
1997/03/19	11.112	260.000	11.210	704.000	11.300	1,220.000
1997/03/20	11.457	115.000	11.160	966.000	11.230	580.000
1997/03/21	10.800	65.000	11.400	1,645.000	10.970	79.000
1997/03/24			10.940	540.000	10.960	260.000
1997/03/25	11.448	250.000	11.360	1,025.000	11.250	400.000
1997/03/26			11.690	914.000	11.280	44.000
1997/03/27			11.100	372.000	11.560	199.500
1997/03/28	11.160	27.000	11.130	1,359.400	11.310	430.000
1997/03/31	11.493	410.000	11.050	846.400	11.240	293.000
1997/04/01	11.412	80.000	12.080	421.000	11.760	93.000
1997/04/02			11.290	319.000	12.420	15.000
1997/04/03	10.854	10.000	11.210	816.000	11.580	76.000
1997/04/04			11.100	424.000	11.250	78.000
1997/04/07			10.970	245.000	10.840	90.000
1997/04/08			12.260	571.000	11.170	170.000
1997/04/09			11.450	120.000	11.560	110.000
1997/04/10	10.872	100.000	11.150	230.000	11.300	104.000

续 表

	21-30天		31-60天		61-90天		91-120天	
	利率	成交量	利率	成交量	利率	成交量	利率	成交量
	11.300	70.000	11.610	489.000	11.850	149.000	12.120	54.000
	11.480	40.000	11.300	65.000	11.480	245.000	11.810	343.000
	11.690	115.000	11.560	125.000	11.760	410.000	11.560	90.000
	11.190	512.500	11.260	655.000	11.750	486.000	11.780	231.800
	11.430	330.000	11.510	528.000	11.600	257.000		
	11.610	95.000	11.560	557.000	11.660	311.000	11.620	270.000
	11.280	195.000	11.140	436.000	11.680	304.000	11.610	140.000
			11.580	295.000	11.500	196.000	11.710	145.000
	11.490	163.000	11.360	229.000	11.800	155.000	11.770	294.000
	11.230	324.000	11.450	494.000	11.600	445.000	11.890	104.000
	11.140	255.000	11.320	845.600	11.610	539.000	11.670	323.000
	11.340	898.000	11.390	1,216.000	11.360	293.000	11.920	252.000
	11.280	361.000	11.260	1,146.000	11.420	203.000	11.370	182.400
	11.590	274.000	11.470	1,165.000	11.360	181.000	11.530	273.000
	11.360	615.000	11.230	641.800	11.570	475.000	11.610	109.800
	11.320	630.000	11.270	550.000	11.580	554.000	11.470	98.400
	11.400	173.000	11.320	1,531.000	11.670	857.000	11.680	255.000
	11.230	155.000	11.390	1,223.000	11.320	395.000	11.680	173.600
	11.140	550.000	11.130	1,068.000	11.540	302.000	11.310	123.000
	11.200	654.000	11.530	537.000	11.430	290.500	11.790	198.000
	11.440	274.000	11.180	218.000	11.430	450.000	12.100	58.000
	11.480	133.000	11.410	300.000	11.610	339.000	12.190	64.000
	11.280	337.000	11.380	408.000	11.640	193.000	11.660	37.600
	11.510	155.000	11.380	605.300	11.700	220.000	11.570	22.400
	11.200	305.000	11.540	373.000	11.380	220.000	12.030	155.550
	11.530	241.000	11.360	156.000	11.510	294.000	11.920	215.000
	11.280	150.000	11.390	208.000	11.880	160.000	11.660	160.000
	11.160	228.000	11.330	118.800	11.730	42.000	11.900	160.000

日期	1天内		7天内		8-20天	
	利率	成交量	利率	成交量	利率	成交量
1997/04/11	10.800	80.000	11.380	408.000		
1997/04/14			10.950	154.000	11.480	20.000
1997/04/15			11.020	572.000	11.240	154.000
1997/04/16			12.360	644.000	11.100	71.000
1997/04/17	10.807	32.000	11.230	590.000	11.300	150.000
1997/04/18	11.340	35.000	11.020	878.000	11.120	30.000
1997/04/21			11.840	217.000	11.300	123.000
1997/04/22	10.922	150.000	11.170	756.000	11.060	250.000
1997/04/23	10.872	3.000	12.240	276.500	11.030	145.000
1997/04/24			11.520	620.000	11.010	200.000
1997/04/25	10.179	182.000	11.100	853.000	11.250	415.000
1997/04/28	11.448	100.000	11.010	304.000	11.340	565.000
1997/04/29	10.080	60.000	11.110	858.000	11.040	255.000
1997/04/30	10.310	180.000	10.960	1,410.000	10.900	106.000
1997/05/04			10.990	440.000	11.450	44.000
1997/05/05			11.130	141.000	11.070	134.000
1997/05/06	10.080	50.000	11.260	1,447.000	11.160	230.000
1997/05/07	10.421	285.000	10.950	1,347.000	11.220	150.000
1997/05/08	10.099	385.000	11.080	381.000	11.020	300.000
1997/05/09	10.676	130.200	10.890	2,482.500	11.120	1,128.000
1997/05/12	3.600	20.000	10.940	870.000	11.340	209.000
1997/05/13	10.080	151.000	10.920	1,116.500	11.160	555.000
1997/05/14	10.080	270.000	11.220	529.000	11.140	420.000
1997/05/15	10.217	237.000	11.410	682.000	11.030	370.000
1997/05/16	10.080	260.000	10.970	954.000	11.040	462.000
1997/05/19			12.440	701.500	11.030	842.000
1997/05/20	10.216	313.000	11.020	607.000	10.970	726.000

续 表

	21-30天		31-60天		61-90天		91-120天	
	利率	成交量	利率	成交量	利率	成交量	利率	成交量
	11.410	102.000	11.220	301.000	11.440	185.000	11.330	163.000
	11.300	689.000	11.670	102.000	11.460	175.000	12.060	223.000
	11.240	830.000	11.210	190.000	11.600	310.000	11.260	34.000
	11.180	646.000	11.210	150.000	11.330	268.000	11.350	132.000
	11.360	255.000	11.110	254.000	11.410	286.000	11.520	306.000
	11.370	415.600	11.160	584.000	11.350	300.000	11.480	297.000
	11.110	830.000	11.330	240.000	11.240	288.000	11.440	389.000
	11.210	312.000	11.340	645.000	11.570	578.000	11.480	446.200
	11.220	541.000	11.300	467.000	11.340	571.000	11.290	345.000
	11.120	150.000	11.030	345.000	11.400	217.000	11.700	253.000
	11.230	390.000	11.100	1,306.000	11.470	180.000	11.530	129.000
	11.150	1,283.800	11.000	310.000	11.320	488.000	11.600	60.000
	11.140	710.000	10.510	586.000	11.490	544.000	12.600	15.200
	11.300	213.000	11.400	844.000	11.530	83.000	11.950	80.000
	11.000	320.000	11.260	528.000	11.250	270.000	11.550	105.000
	11.140	255.000	11.350	318.000	11.530	374.000	11.540	375.000
	11.140	125.000	11.190	525.000	11.370	445.000	11.540	132.000
	11.120	439.000	11.500	6,435.500	11.390	375.000	11.530	26.000
	11.090	158.000	11.330	400.000	11.270	166.000	11.160	5.000
	11.010	937.000	11.130	702.000	11.440	369.000	11.870	88.000
	11.230	311.000	11.300	423.400	11.210	198.000	11.530	376.000
	11.120	570.000	11.280	541.000	11.380	423.000	11.370	80.000
	11.100	348.000	11.330	193.700	11.540	412.300	11.430	80.000
	11.090	10.000	11.000	575.000	11.220	286.000	11.570	110.000
	11.110	331.000	11.240	830.000	11.190	258.000	11.620	261.600
	10.980	418.000	11.110	525.000	11.340	539.800	11.800	140.000
	11.210	670.000	11.290	1,230.000	11.390	289.000	11.390	302.000

日期	1天内		7天内		8-20天	
	利率	成交量	利率	成交量	利率	成交量
1997/05/21			10.890	744.000	10.820	1,494.000
1997/05/22	10.224	350.000	10.990	1,144.000	11.150	365.000
1997/05/23	10.080	120.000	11.070	1,347.000	10.980	85.000
1997/05/26	10.886	250.000	10.750	603.000	11.070	135.000
1997/05/27	10.080	114.000	10.940	1,637.000	11.150	50.000
1997/05/28	10.080	209.000	11.100	690.000	11.060	69.000
1997/05/29			11.320	363.000	10.980	30.000
1997/05/30	10.080	172.000	11.030	1,146.000	11.090	152.000
1997/06/02	10.165	173.000	11.460	886.000	11.420	112.000
1997/06/03	10.080	124.000	11.130	223.000	11.380	101.000
1997/06/04	11.514	300.000	11.320	3,257.000	11.450	436.000
1997/06/05	10.327	292.000	11.710	733.000	11.500	144.000
1997/06/06	10.080	260.000	11.040	988.000	11.350	85.000
1997/06/09	11.160	50.000			11.010	238.000
1997/06/10	10.080	330.000	10.450	514.000	11.120	370.000
1997/06/11	10.080	200.000	10.920	561.000	11.850	128.500
1997/06/12	10.440	30.000	11.330	303.000	11.100	116.000
1997/06/13	10.105	431.000	10.610	165.000	11.030	221.000
1997/06/16	10.828	142.000	10.930	933.000	11.040	450.000
1997/06/17	10.080	79.000	10.950	350.000	11.580	79.000
1997/06/18	11.160	70.000	11.200	1,000.000	11.410	115.000
1997/06/19	10.080	353.000	10.990	472.000	11.0250	77.000
1997/06/20	10.117	194.000	10.980	620.000	10.940	140.000
1997/06/23			10.330	168.000	11.340	10.000
1997/06/24	10.080	131.000	10.920	1,836.000	10.640	737.000
1997/06/25	10.080	177.000	11.120	164.000	10.820	113.000
1997/06/26	10.468	139.000	10.980	923.000	11.000	208.000
1997/06/27			10.870	1,470.000	11.330	425.000

续 表

21-30天		31-60天		61-90天		91-120天	
利率	成交量	利率	成交量	利率	成交量	利率	成交量
11.190	412.000	11.190	142.000	11.270	215.000	11.410	50.000
11.060	419.000	11.060	382.000	11.140	255.000	10.890	40.000
11.060	215.000	11.250	1,110.000	11.350	345.500	11.670	190.000
11.210	321.000	11.310	646.000	11.380	258.000	11.330	132.000
11.030	275.000	11.260	292.000	11.280	281.500	11.290	115.000
11.250	334.000	11.210	448.000	11.280	375.000	11.940	129.000
11.040	81.000	11.000	1,467.000	11.480	158.500	11.750	12.000
11.270	307.000	11.170	845.000	11.330	203.000	11.390	190.000
11.110	923.000	11.340	230.000	11.240	150.000	11.690	85.000
11.370	302.000	11.050	105.000	11.510	338.000	11.810	40.000
11.260	943.000	11.500	1,430.000	11.480	293.000	11.490	244.000
11.490	378.000	11.340	657.000	11.570	203.000	11.170	82.000
11.360	635.000	11.230	711.000	11.450	98.000	11.840	94.000
11.050	565.000	11.300	205.000	11.440	175.000	12.600	24.000
11.330	500.000	11.670	200.000	11.230	70.000	12.400	20.000
11.270	350.000	11.350	191.000	11.220	52.000	11.950	23.000
11.120	175.000	11.130	455.000	11.540	100.000	11.490	11.000
11.600	65.000	11.220	469.000	11.620	242.000	11.290	74.000
11.160	382.000	11.200	374.000	12.030	38.000	11.500	78.400
11.080	287.000	11.140	488.000	11.540	136.000	11.740	111.000
11.070	185.000	11.230	50.000	11.490	173.000		
11.080	502.000	11.190	664.000	11.700	12.000	11.950	39.000
11.090	170.000	11.120	369.000	12.330	30.000	11.140	254.000
11.120	410.000	11.060	377.000	11.300	140.000		
11.200	214.000	11.250	289.000	11.370	125.000		
11.090	212.000	11.240	225.000	11.430	50.000	13.860	20.000
11.010	742.000	11.240	500.000	11.410	833.000	11.560	447.000
11.140	165.000	11.040	414.000	12.110	160.000		

日期	1天内		7天内		8-20天	
	利率	成交量	利率	成交量	利率	成交量
1997/06/28	10.268	287.000	11.430	158.000	11.050	302.000
1997/07/02			10.960	438.000	10.940	161.000
1997/07/03	10.202	74.000	11.020	816.500	11.300	45.000
1997/07/04			11.010	63.000	10.970	255.000
1997/07/07			10.790	959.000	9.950	2,767.000
1997/07/08	10.222	152.000	10.760	257.000	11.290	20.000
1997/07/09	10.068	203.000	10.980	427.600	10.390	209.000
1997/07/10	10.241	269.000	10.750	432.500	11.090	266.000
1997/07/11	10.080	225.000	10.940	32.000	11.360	20.000
1997/07/14	10.800	20.000	10.590	766.000	11.340	5.000
1997/07/15	10.089	282.000	11.010	340.000	11.230	225.000
1997/07/16	10.080	381.000	10.780	160.000	10.990	117.000
1997/07/17	10.080	321.000	13.620	293.000		
1997/07/18	10.080	297.000	10.880	273.000	10.880	308.000
1997/07/21			10.350	315.000	11.070	10.000
1997/07/22	10.080	253.000	11.080	460.200	11.260	123.000
1997/07/23	10.080	252.000	11.370	12.000		
1997/07/24	10.112	498.000	10.810	490.000	11.020	195.000
1997/07/25	10.080	313.000	10.830	169.000		
1997/07/28	11.160	60.000	10.460	937.000	9.950	1,055.000
1997/07/29	10.080	420.000	11.170	425.000	11.700	15.000
1997/07/30	10.080	379.000	10.760	1,558.000		
1997/07/31	10.080	322.000	10.080	5.000	10.650	192.000
1997/08/01	10.080	197.000	11.050	228.000	10.580	151.000
1997/08/04			10.250	405.000	11.520	6.000
1997/08/05	10.080	185.000	10.940	165.000	11.160	30.000
1997/08/06	10.080	225.000	10.900	698.000	11.520	20.000

续 表

	21-30天		31-60天		61-90天		91-120天	
	利率	成交量	利率	成交量	利率	成交量	利率	成交量
	11.530	259.000	11.670	218.000			11.760	15.000
	11.050	202.000	11.200	595.000	11.700	85.000		
	10.890	103.000	11.230	1,305.000	11.610	125.000		
	10.920	188.000	11.120	169.000	11.880	50.000		
	10.960	185.000	11.360	215.000	11.670	70.000	12.460	110.000
	10.990	95.000	11.420	405.000	11.400	100.000	10.800	20.000
	10.890	240.000	11.440	345.000	11.300	90.000		
	10.870	224.000	11.140	383.000	11.370	290.000	11.660	70.000
	10.380	120.000	10.890	110.000	12.240	30.000	12.960	40.000
	10.180	48.000	11.570	107.000	13.770	23.000	14.110	35.000
	9.910	1,010.000	10.270	1,462.000	11.980	100.000		
	10.860	340.000	9.960	1,299.000	11.020	296.000	10.070	1,050.000
	10.400	90.000	10.820	174.000			11.270	50.000
	10.730	208.000	10.380	1,019.400	11.160	70.000	11.570	120.000
	10.790	93.000	10.670	119.000			13.780	60.400
	11.050	341.000	11.100	496.000	10.680	263.000	13.330	28.000
	10.560	120.000	10.730	195.000	10.880	145.000		
	11.410	78.000	11.320	284.000	11.250	259.500	11.390	92.000
	10.880	200.000	10.920	405.000	11.700	15.000	10.950	170.000
	11.050	169.000	11.000	285.000	11.700	10.000		
	10.670	239.000	10.760	197.000	11.890	100.000		
	11.530	27.000	9.900	1,000.000	9.900	2,000.000		
	10.550	387.000	10.760	136.000	11.520	10.000		
	14.400	5.000	10.850	347.000			11.520	40.000
	11.140	120.000	10.580	392.000			10.800	80.000
	9.950	36.000	10.540	365.000	10.410	150.000		
	9.600	30.000	10.690	403.000	10.610	90.000	14.400	5.000

日期	1天内		7天内		8-20天	
	利率	成交量	利率	成交量	利率	成交量
1997/08/07	10.080	351.000	10.940	280.000	9.600	30.000
1997/08/08	10.080	299.000	11.030	384.000	11.130	210.000
1997/08/11	11.520	3.000	10.240	486.000		
1997/08/12	10.080	272.000	10.760	171.000		
1997/08/13	10.080	28.000	79.970	98.000	11.700	10.000
1997/08/14	10.080	308.000	10.890	134.000	11.340	10.000
1997/08/15	10.154	487.000	10.420	80.000	10.800	100.000
1997/08/18	11.160	100.000	10.290	372.000	10.800	55.000
1997/08/19	10.080	147.000	10.550	223.000	10.430	185.000
1997/08/20	10.080	145.000	11.520	75.000	9.830	100.000
1997/08/21	10.080	208.000	11.050	91.000	10.040	80.000
1997/08/22	10.080	252.000	11.520	13.000		
1997/08/25			10.890	60.000	10.840	60.000
1997/08/26	10.542	195.000	10.770	80.000		
1997/08/27			10.080	40.000	9.780	100.000
1997/08/28	10.143	503.000	10.980	18.000		
1997/08/29	10.080	227.000	10.900	230.000	11.520	7.000
1997/09/01			12.220	627.000	9.720	160.000
1997/09/02	10.219	259.000	11.090	26.000		
1997/09/03	10.080	171.000	11.520	55.000	10.980	5.000
1997/09/04	10.156	184.000				
1997/09/05	10.080	181.000	10.610	901.000	10.760	40.000
1997/09/08			10.500	1,095.000	11.050	557.000
1997/09/09	10.080	360.000	10.850	40.000	9.920	140.000
1997/09/10	10.080	79.000	10.850	183.000	10.800	20.000
1997/09/11						
1997/09/12	10.212	371.000	10.850	85.000		

续 表

	21-30天		31-60天		61-90天		91-120天	
	利率	成交量	利率	成交量	利率	成交量	利率	成交量
	10.380	50.000	11.020	220.000	10.700	130.000	10.510	26.000
	11.030	711.000	11.900	115.000				
	10.410	144.000	11.090	117.000				
			10.750	242.000				
	10.660	72.000	10.830	141.000	9.600	40.000		
	10.800	11.000	10.750	157.000	16.080	5.000		
	11.340	6.000	11.080	339.000	10.800	38.000		
	10.560	168.000	10.780	113.000	11.700	20.000		
	11.700	4.000	10.930	121.400				
	10.910	30.000	11.110	180.000	10.580	67.000	11.770	30.000
	10.580	47.000	11.030	245.000				
	10.750	140.000	10.710	395.000				
	10.190	130.000	10.950	123.000				
	10.780	127.000	10.940	410.000	12.400	45.000	9.630	130.000
	11.950	20.000	11.230	238.000	9.110	50.000		
	10.980	120.000	11.200	114.000				
	11.230	60.000	10.820	33.000	11.700	10.000	12.240	48.000
	11.030	140.000	10.800	75.000				
	10.900	89.000	10.280	80.000				
			11.090	48.000			18.000	30.000
	10.440	50.000	11.170	17.000			11.340	50.000
	10.800	5.000	10.500	180.000			12.240	35.000
	11.610	137.000	11.230	612.000	9.840	2,200.000		
	12.420	8.000	9.360	300.000	9.600	500.000		
	11.150	131.000	11.300	227.500	10.800	30.000		
	10.800	50.000	9.600	130.000				
	11.720	21.000	11.340	56.000				

日期	1天内		7天内		8-20天	
	利率	成交量	利率	成交量	利率	成交量
1997/09/15			10.250	151.000		
1997/09/16	10.080	89.000	11.480	50.000	11.010	57.000
1997/09/17	10.080	150.000	11.520	58.000	10.830	86.000
1997/09/18	10.080	241.000			11.500	44.000
1997/09/19					11.520	30.000
1997/09/22			10.980	10.000		
1997/09/23	9.810	40.000				
1997/09/24			9.600	150.000	11.520	20.000
1997/09/25					9.770	109.000
1997/09/26			13.310	467.000	11.020	7.000
1997/09/29	10.800	40.000	9.000	50.000	10.510	30.000
1997/09/30	10.080	28.000			10.410	48.000
1997/10/05						
1997/10/06			10.980	7.000		
1997/10/07			9.200	100.000		
1997/10/08			9.600	60.000	9.720	5.000
1997/10/09	9.790	20.000				
1997/10/10						
1997/10/13			10.980	7.000		
1997/10/14	10.353	66.000			9.360	70.000
1997/10/15			12.600	7.000		
1997/10/16			9.720	50.000		
1997/10/17			10.980	20.000	9.600	80.000
1997/10/20			10.980	7.000		
1997/10/21	9.520	300.000				
1997/10/22			11.160	300.000		
1997/10/23	7.200	100.000	9.720	440.000		
1997/10/24						

续 表

	21-30天		31-60天		61-90天		91-120天	
	利率	成交量	利率	成交量	利率	成交量	利率	成交量
	11.100	50.000	10.800	50.000				
	11.520	20.000						
	11.110	106.000	9.900	50.000				
	11.700	4.000	10.800	57.000				
	9.600	1,500.000	9.600	1,000.000				
			9.900	100.000			16.500	20.000
					9.780	50.000		
	11.520	10.000	9.600	30.000	11.700	10.000	16.920	5.000
					13.860	20.000		
	10.360	290.000	11.520	20.000				
	10.550	20.000						
			9.780	100.000				
	9.540	10.000						
							11.520	50.000
					10.800	30.000	9.800	4,050.000
	10.510	120.000	9.950	60.000				
	11.120	70.000	11.090	30.000			12.240	50.000
					11.700	30.000		
	11.880	33.000			9.600	40.000		
	10.920	27.000	10.710	40.000	11.520	30.000	10.610	110.000
			11.090	15.000				
			11.100	30.000	9.770	1,040.000	10.570	60.000
					9.900	50.000	9.900	100.000
					10.800	30.000	9.940	100.000
	8.400	200.000	8.400	1,000.000			8.700	400.000
			10.990	62.000	8.390	1,250.000	8.640	250.000

日期	1天内		7天内		8-20天	
	利率	成交量	利率	成交量	利率	成交量
1997/10/27			8.990	51.500	9.000	300.000
1997/10/28	12.150	486.000				
1997/10/29	7.200	50.000	13.320	30.000	8.700	200.000
1997/10/30			8.640	100.000		
1997/10/31						
1997/11/03					9.000	30.000
1997/11/04					9.130	295.000
1997/11/05	7.200	60.000	12.140	30.000		
1997/11/06						
1997/11/07					9.140	530.000
1997/11/10			9.180	100.000	9.000	20.000
1997/11/11						
1997/11/12	7.920	30.000	8.640	370.000	8.700	10.000
1997/11/13			11.790	60.000		
1997/11/14						
1997/11/17			8.840	405.000	8.280	10.000
1997/11/18						
1997/11/19	8.500	100.000	8.420	24.000		
1997/11/20	8.582	310.000	10.070	495.000	8.710	85.000
1997/11/21	7.920	100.000				
1997/11/24					9.180	10.000
1997/11/25			11.140	100.000		
1997/11/26			10.680	15.000		
1997/11/27					8.490	200.000
1997/11/28			8.280	25.000	8.280	25.000
1997/12/01	7.560	30.000	10.200	45.000		
1997/12/02			9.360	135.000		

续 表

	21-30天		31-60天		61-90天		91-120天	
	利率	成交量	利率	成交量	利率	成交量	利率	成交量
	8.400	100.000			10.460	80.000	8.560	3,035.000
					8.500	1,000.000	8.610	1,600.000
	8.940	260.000	15.600	2.000			8.700	100.000
	13.200	10.000	8.280	1,000.000			10.440	30.000
	8.880	20.000	8.400	100.000				
			9.000	120.000				
	14.400	15.000			11.520	35.000		
			9.360	100.000				
	9.360	100.000	8.400	100.000	9.000	20.000		
	8.350	100.000					8.580	80.000
					8.340	100.000		
							10.120	150.000
	8.190	500.000			8.400	1,000.000		
	8.970	60.000						
	9.000	50.000					10.960	69.000
	8.860	131.000	8.280	86.000			10.130	100.000
			8.760	100.000	8.630	230.000	16.200	2.000
			8.400	2,000.000				
	8.820	50.000			9.490	50.000		
			9.050	65.000	10.200	60.000		
	8.730	335.000					9.510	70.000
	9.600	50.000	8.730	4.000	9.150	200.000		
	9.340	80.000						
					9.780	50.000		

日期	1天内		7天内		8-20天	
	利率	成交量	利率	成交量	利率	成交量
1997/12/03			10.670	56.000		
1997/12/04			9.180	50.000		
1997/12/05			8.640	100.000	9.010	210.000
1997/12/08					8.490	600.000
1997/12/09			8.820	100.000		
1997/12/10			9.360	100.000		
1997/12/11						
1997/12/12						
1997/12/15						
1997/12/16			8.400	200.000		
1997/12/17						
1997/12/18					9.360	100.000
1997/12/19			9.360	100.000	8.700	200.000
1997/12/22					8.510	4,030.000
1997/12/23			8.360	400.000		
1997/12/24						
1997/12/25			9.360	100.000	9.000	10.000
1997/12/26			10.100	35.000	8.460	200.000
1997/12/29						
1997/12/30			8.500	310.000	9.220	55.000
1997/12/31						
1998/01/04						
1998/01/05						
1998/01/06						
1998/01/07					8.530	30.000
1998/01/08						
1998/01/09	10.025	220.000	10.030	220.000	8.500	4,000.000

续 表

	21-30天		31-60天		61-90天		91-120天	
	利率	成交量	利率	成交量	利率	成交量	利率	成交量
	10.520	60.000					11.160	40.000
					9.600	50.000		
			9.360	20.000				
			9.360	30.000			8.280	1,000.000
			8.800	1,020.000	8.680	1,290.000		
			9.210	5.000	9.030	70.000		
			8.700	50.000	12.600	30.000		
					10.980	3.000		
					7.020	85.000		
			8.800	500.000				
			8.380	100.000	9.180	40.000		
					14.400	20.000		
			8.500	1,000.000			8.910	100.000
			8.430	300.000	8.410	1,005.000	10.800	40.000
	9.000	30.000	8.520	200.000	14.400	10.000		
			8.540	880.000				
					8.280	500.000		
			9.600	10.000				
	8.460	100.000						
	8.430	450.000	8.380	500.000				
	8.600	110.000						
	10.980	40.000						
	9.720	10.000					8.940	50.000

日期	1天内		7天内		8-20天	
	利率	成交量	利率	成交量	利率	成交量
1998/01/12	8.305	305.000	8.310	305.000		
1998/01/13	8.648	800.000	8.650	800.000		
1998/01/14	8.670	150.000	8.670	150.000		
1998/01/15	9.000	20.000	9.000	20.000		
1998/01/16	8.772	375.000	8.770	375.000		
1998/01/19	8.820	250.000	8.820	250.000		
1998/01/20						
1998/01/21						
1998/01/22						
1998/01/23					9.440	340.000
1998/01/24					9.110	100.000
1998/01/25					9.400	10.000
1998/01/26						
1998/01/27						
1998/02/04						
1998/02/05						
1998/02/06						
1998/02/09						
1998/02/10					8.600	100.000
1998/02/11			9.000	20.000	8.490	500.000
1998/02/12						
1998/02/13			8.280	300.000		
1998/02/16			8.580	200.000		
1998/02/17						
1998/02/18	7.560	100.000				
1998/02/19			8.600	300.000	8.600	200.000
1998/02/20						
1998/02/23			8.520	50.000	10.320	5.000

续 表

	21-30天		31-60天		61-90天		91-120天	
	利率	成交量	利率	成交量	利率	成交量	利率	成交量
	8.660	800.000						
							9.000	100.000
	8.930	100.000			8.700	2,000.000	16.200	5.000
	9.360	200.000			16.200	10.000		
	11.230	20.000			8.860	400.000		
	9.000	80.000						
					8.800	100.000	10.680	50.000
							10.800	20.000
	8.800	100.000						
			10.200	10.000	9.360	60.000		
	8.630	200.000						
			8.820	80.000				
	8.600	100.000	8.600	100.000	9.300	30.000		
	9.060	30.000			9.090	50.000		
			11.520	20.000	9.810	50.000	8.600	1,510.000
			8.810	150.000			11.020	20.000
	9.680	30.000	8.280	500.000				
	8.500	600.000						
	8.730	100.000					14.400	10.000
	8.810	65.000						
					9.180	100.000		
					9.420	20.000	8.910	100.000

日期	1天内		7天内		8-20天	
	利率	成交量	利率	成交量	利率	成交量
1998/02/24						
1998/02/25			9.000	80.000	10.200	10.000
1998/02/26					8.380	700.000
1998/02/27			8.600	300.000		
1998/03/02						
1998/03/03			9.000	20.000		
1998/03/04						
1998/03/05						
1998/03/06						
1998/03/09			9.000	80.000	8.700	50.000
1998/03/10						
1998/03/11						
1998/03/12						
1998/03/13			9.000	10.000		
1998/03/16						
1998/03/17						
1998/03/18						
1998/03/19						
1998/03/20						
1998/03/23			8.450	2,500.000		
1998/03/24			8.580	30.000		
1998/03/25			8.500	500.000		
1998/03/26			7.830	100.000		
1998/03/27			7.200	120.000		
1998/03/30			6.480	1,250.000		
1998/03/31						
1998/04/01						
1998/04/02						

续 表

	21-30天		31-60天		61-90天		91-120天	
	利率	成交量	利率	成交量	利率	成交量	利率	成交量
	8.580	200.000	9.000	20.000				
	9.090	30.000						
	9.600	10.000					10.080	50.000
			10.980	20.000				
					8.820	50.000		
			9.600	10.000				
	10.370	5.000			8.900	100.000	9.810	80.000
	9.260	70.000						
	8.640	300.000	9.300	100.000			10.020	150.000
			9.300	20.000				
	8.940	330.000	9.140	130.000	9.180	50.000	9.720	9.000
			8.640	20.000	9.180	50.000	9.360	10.000
	10.200	30.000						
	9.360	10.000						
	8.700	220.000			9.000	50.000		
	8.400	100.000			11.160	20.000	9.000	50.000
	8.400	100.000	9.000	50.000				
					10.800	10.000		
							8.550	30.000
	10.260	10.000	9.000	100.000				
					9.360	20.000	10.590	60.000
			8.610	90.000				
	7.830	280.000						
			7.500	100.000	10.500	10.000		
			7.560	20.000				

日期	1天内		7天内		8-20天	
	利率	成交量	利率	成交量	利率	成交量
1998/04/03						
1998/04/06			7.170	205.000		
1998/04/07			9.720	5.000		
1998/04/08						
1998/04/09						
1998/04/10						
1998/04/13	7.110	200.000				
1998/04/14			6.900	200.000		
1998/04/15						
1998/04/16			6.900	200.000		
1998/04/17						
1998/04/20			6.700	100.000	7.080	100.000
1998/04/21						
1998/04/22			8.640	10.000	7.050	200.000
1998/04/23						
1998/04/24						
1998/04/27					8.060	100.000
1998/04/28						
1998/04/29						
1998/04/30						
1998/05/04						
1998/05/05					7.500	80.000
1998/05/06						
1998/05/07			6.600	100.000		
1998/05/08					6.810	250.000
1998/05/11					7.500	50.000
1998/05/12						

续 表

	21-30天		31-60天		61-90天		91-120天	
	利率	成交量	利率	成交量	利率	成交量	利率	成交量
			6.730	310.000	7.050	100.000	7.110	300.000
	7.280	270.000	7.500	30.000	9.000	10.000		
	7.320	60.000	8.460	30.000				
							8.910	130.000
	8.100	50.000						
							8.460	40.000
	6.450	1,500.000						
	8.100	50.000	9.380	20.000			15.600	10.000
	8.210	60.000	8.400	20.000			15.600	10.000
					7.020	85.000		
			6.450	2,000.000				
			7.440	20.000				
	7.200	100.000	8.250	30.000	8.080	30.000		
			7.050	300.000				
	7.320	100.000	8.100	30.000				
	9.420	20.000					8.980	60.000
	7.680	20.000						
					8.440	350.000		
	9.000	10.000	7.560	20.000	9.360	61.400	7.920	20.000
	9.360	30.000						
			7.000	180.000				
	7.500	80.000						

日期	1天内		7天内		8-20天	
	利率	成交量	利率	成交量	利率	成交量
1998/05/13						
1998/05/14						
1998/05/15						
1998/05/18					6.810	200.000
1998/05/19						
1998/05/20					8.100	50.000
1998/05/21						
1998/05/22						
1998/05/25						
1998/05/26						
1998/05/27					7.920	50.000
1998/05/28					9.720	10.000
1998/05/29						
1998/06/01						
1998/06/02			9.900	20.000		
1998/06/03	6.900	50.000				
1998/06/04						
1998/06/05			6.300	100.000		
1998/06/08						
1998/06/09						
1998/06/10						
1998/06/11			6.300	100.000		
1998/06/12						
1998/06/15			6.200	500.000		
1998/06/16			6.300	200.000		
1998/06/17						
1998/06/18						
1998/06/19					7.800	100.000

续 表

	21-30天		31-60天		61-90天		91-120天	
	利率	成交量	利率	成交量	利率	成交量	利率	成交量
	7.200	100.000	7.560	20.000				
			8.400	50.000				
	9.720	10.000	8.100	50.000				
			8.160	40.000				
			7.570	250.000				
	9.000	10.000	7.770	180.000				
	6.980	220.000						
	9.000	10.000						
					8.460	40.000		
					7.770	60.000		
	7.500	100.000			9.430	10.000		
			9.720	10.000				
					9.960	10.000		

日期	1天内		7天内		8-20天	
	利率	成交量	利率	成交量	利率	成交量
1998/06/22						
1998/06/23			6.500	200.000		
1998/06/24			9.900	30.000		
1998/06/25					6.420	2,000.000
1998/06/26						
1998/06/29			6.500	100.000		
1998/06/30						
1998/07/01					11.100	45.000
1998/07/02					7.200	60.000
1998/07/03						
1998/07/06			6.900	30.000		
1998/07/07						
1998/07/08						
1998/07/09						
1998/07/10						
1998/07/13						
1998/07/14					5.850	50.000
1998/07/15						
1998/07/16						
1998/07/17			4.860	2,500.000	5.500	100.000
1998/07/20						
1998/07/21						
1998/07/22					4.890	350.000
1998/07/23					5.700	35.000
1998/07/24						
1998/07/27						
1998/07/28	5.600	5.000	6.000	5.000		

续 表

	21-30天		31-60天		61-90天		91-120天	
	利率	成交量	利率	成交量	利率	成交量	利率	成交量
	6.360	2,500.000	6.360	500.000				
	7.730	40.000	6.440	3,030.000	6.900	250.000		
	8.100	30.000	6.800	300.000				
	9.000	10.000						
	9.000	10.000			9.430	10.000		
					8.100	30.000		
	9.000	10.000						
							7.500	10.000
							7.920	30.000
							7.500	30.000
					7.920	40.000		
	4.860	2,500.000	4.880	500.000				
					8.400	20.000		
			6.510	200.000	10.740	20.000		
					8.400	30.000		
					8.640	10.000		

日期	1天内		7天内		8-20天	
	利率	成交量	利率	成交量	利率	成交量
1998/07/29					7.380	50.000
1998/07/30						
1998/07/31						
1998/08/03						
1998/08/04						
1998/08/05	4.800	50.000				
1998/08/06						
1998/08/07						
1998/08/10						
1998/08/11			5.580	200.000		
1998/08/12					5.700	35.000
1998/08/13						
1998/08/14						
1998/08/17						
1998/08/18			6.300	100.400		
1998/08/19						
1998/08/20					4.860	3,000.000
1998/08/21					4.960	50.000
1998/08/24						
1998/08/25	4.800	100.000	5.160	200.000		
1998/08/26						
1998/08/27			6.000	60.000		
1998/08/28			6.000	30.000		
1998/08/31						
1998/09/01						
1998/09/02			5.310	100.000		
1998/09/03	4.500	1.000				
1998/09/04						

续 表

	21-30天		31-60天		61-90天		91-120天	
	利率	成交量	利率	成交量	利率	成交量	利率	成交量
			8.100	20.000				
	8.010	20.000						
	6.000	15.000	8.100	30.000				
	6.480	50.000			7.660	300.000		
			6.540	50.000				
	9.000	10.000						
	4.860	300.000	7.200	0.000			9.720	20.000
					8.460	10.000		
	4.860	1,500.000	4.860	2,500.000				
	8.640	10.000						
	5.020	300.000						
					7.200	30.000		
							6.000	5.000
	9.000	10.000			6.960	80.000		
					4.950	2,000.000	4.950	2,000.000

日期	1天内		7天内		8-20天	
	利率	成交量	利率	成交量	利率	成交量
1998/09/07					6.300	30.000
1998/09/08						
1998/09/09						
1998/09/10						
1998/09/11						
1998/09/14						
1998/09/15			4.500	101.000		
1998/09/16			6.120	200.000		
1998/09/17			6.300	3.000		
1998/09/18						
1998/09/21						
1998/09/22					6.300	30.000
1998/09/23	5.000	190.000	5.010	200.000		
1998/09/24	5.850	200.000				
1998/09/25						
1998/09/28			6.300	30.000		
1998/09/29			6.180	50.000		
1998/09/30						
1998/10/05					9.000	10.000
1998/10/06			4.860	2,500.000	6.410	50.000
1998/10/07						
1998/10/08						
1998/10/09						
1998/10/12			5.190	130.000		
1998/10/13						
1998/10/14						
1998/10/15						

续 表

	21-30天		31-60天		61-90天		91-120天	
	利率	成交量	利率	成交量	利率	成交量	利率	成交量
			4.990	1,050.000				
	6.680	60.000			8.100	10.000		
							8.100	10.000
	5.580	50.000						
	6.660	10.000						
	7.500	30.000						
	4.970	520.000	4.860	500.000				
	4.860	100.000						
			9.180	10.000			6.300	30.000
			4.860	1,000.000			6.300	30.000
							8.100	30.000
	7.950	20.000						
			8.550	20.000				
	6.240	50.000			8.100	20.000		
	6.660	10.000						
					7.920	40.000		
					7.920	30.000		

日期	1天内		7天内		8-20天	
	利率	成交量	利率	成交量	利率	成交量
1998/10/16						
1998/10/19			6.300	30.000		
1998/10/20						
1998/10/21						
1998/10/22			4.950	300.000	6.300	20.000
1998/10/23			4.860	200.000	6.300	30.000
1998/10/26			6.300	30.000		
1998/10/27					5.000	232.000
1998/10/28			6.300	30.000		
1998/10/29						
1998/10/30						
1998/11/02	4.860	4,500.000			6.300	30.000
1998/11/03					7.500	30.000
1998/11/04	6.000	100.000			6.000	20.000
1998/11/05					6.000	1.000
1998/11/06					7.500	30.000
1998/11/09					6.300	20.000
1998/11/10						
1998/11/11						
1998/11/12			6.000	30.000		
1998/11/13			6.900	40.000		
1998/11/16						
1998/11/17						
1998/11/18	4.600	100.000	6.300	20.000		
1998/11/19						
1998/11/20						
1998/11/23			4.680	1,300.000		

续 表

	21-30天		31-60天		61-90天		91-120天	
	利率	成交量	利率	成交量	利率	成交量	利率	成交量
			9.180	10.000				
	6.600	20.000	7.500	20.000				
			9.000	30.000				
			9.000	10.000				
			8.100	20.000				
			9.000	10.000	7.480	300.000		
			4.860	500.000				
			4.710	1,000.000				
							8.100	50.000
	7.800	100.000						
							9.000	10.000
	7.020	20.000						
	6.240	50.000						
	8.500	50.000					8.500	50.000

日期	1天内		7天内		8-20天	
	利率	成交量	利率	成交量	利率	成交量
1998/11/24	6.000	100.000				
1998/11/25			4.860	150.000		
1998/11/26						
1998/11/27			6.300	50.000		
1998/11/30						
1998/12/01			5.700	50.000		
1998/12/02						
1998/12/03						
1998/12/04			6.300	30.000	7.020	20.000
1998/12/07						
1998/12/08					6.120	30.000
1998/12/09					8.100	50.000
1998/12/10					6.000	35.000
1998/12/11			4.300	100.000		
1998/12/14						
1998/12/15					6.590	50.000
1998/12/16						
1998/12/17					7.020	30.000
1998/12/18						
1998/12/21			4.140	3,000.000		
1998/12/22					4.080	200.000
1998/12/23						
1998/12/24						
1998/12/25					5.800	10.000
1998/12/28			6.000	20.000		
1998/12/29			6.120	30.000		
1998/12/30					6.300	30.000
1998/12/31						

续 表

	21-30天		31-60天		61-90天		91-120天	
	利率	成交量	利率	成交量	利率	成交量	利率	成交量
	7.920	30.000					6.340	83.000
	7.200	10.000						
	7.500	30.000						
					6.600	100.000		
	8.170	50.000					6.140	80.500
	4.320	1,000.000						
	7.500	100.000						
	7.200	30.000						
			4.320	1,000.000				
	8.420	10.000	6.240	50.000				
					6.240	25.000		
	8.420	10.000						
	8.420	10.000	8.400	10.000				
	8.420	10.000						
							6.240	20.000
	4.260	4,000.000			9.000	30.000		
	7.370	40.000	7.320	30.000				

日期	1天内		7天内		8-20天	
	利率	成交量	利率	成交量	利率	成交量
1999/01/04						
1999/01/05						
1999/01/06						
1999/01/07						
1999/01/08						
1999/01/11						
1999/01/12			4.200	300.000		
1999/01/13						
1999/01/14						
1999/01/15						
1999/01/18						
1999/01/19						
1999/01/20	4.050	100.000				
1999/01/21						
1999/01/22			4.100	200.000	5.765	40.000
1999/01/25						
1999/01/26						
1999/01/27			4.300	150.000		
1999/01/28					4.300	150.000
1999/01/29						
1999/02/01			6.732	80.000		
1999/02/02						
1999/02/03						
1999/02/04			4.140	2,000.000		
1999/02/05						
1999/02/08						
1999/02/09						

续 表

	21-30天		31-60天		61-90天		91-120天	
	利率	成交量	利率	成交量	利率	成交量	利率	成交量
					7.920	50.000		
			7.920	20.000	7.320	10.000		
			8.424	10.000			7.920	30.000
	8.100	10.000			7.320	30.000		
	7.020	30.000	7.500	150.000	7.920	40.000		
			6.300	40.000				
			7.225	40.000				
			7.200	30.000				
			7.800	30.000				
	4.230	1,000.000	4.317	3,620.000				
			8.424	10.000				
	8.100	10.000	7.320	34.000	8.424	10.000		
			8.100	10.000				
			4.300	4,000.000			8.400	20.000
			4.300	500.000				
	7.440	50.000	5.600	100.000				
	4.260	4,000.000			8.100	30.000		
	5.091	210.000						
	4.500	400.000	4.230	3,000.000				
	4.140	2,000.000						
	4.140	500.000						

日期	1天内		7天内		8-20天	
	利率	成交量	利率	成交量	利率	成交量
1999/02/10					4.194	824.000
1999/02/11						
1999/02/12					7.650	50.000
1999/02/13						
1999/02/14	8.000	100.000				
1999/02/15						
1999/02/23			6.300	40.000		
1999/02/24						
1999/02/25					6.120	30.000
1999/02/26						
1999/03/01					4.500	80.000
1999/03/02						
1999/03/03			7.282	58.000		
1999/03/04						
1999/03/05						
1999/03/08			4.292	130.000	4.300	400.000
1999/03/09						
1999/03/10					7.650	20.000
1999/03/11			6.508	38.000		
1999/03/12						
1999/03/15						
1999/03/16						
1999/03/17						
1999/03/18						
1999/03/19						
1999/03/22			6.702	52.870		
1999/03/23			4.230	100.000		
1999/03/24						

续 表

	21-30天		31-60天		61-90天		91-120天	
	利率	成交量	利率	成交量	利率	成交量	利率	成交量
	5.869	80.000			12.000	100.000		
			6.867	150.000				
							8.000	100.000
	4.500	15.000						
	8.100	10.000	8.424	10.000				
	8.088	30.000						
	6.900	10.000			8.400	10.000		
	4.140	1,000.000						
	6.627	90.000	6.073	130.000	8.800	10.000		
							8.100	40.000
	8.100	10.000	4.800	300.000				
					9.000	10.000		
	6.665	80.000						
	5.610	50.000			4.425	1,000.000		
	4.230	2,000.000	7.560	10.000				
	7.620	30.000						
							5.220	10.000
			4.300	300.000				
					9.000	20.000		

日期	1天内		7天内		8-20天	
	利率	成交量	利率	成交量	利率	成交量
1999/03/25	4.050	700.000				
1999/03/26						
1999/03/29					6.120	30.000
1999/03/30						
1999/03/31					4.257	310.000
1999/04/01						
1999/04/02			6.000	30.000		
1999/04/05						
1999/04/06					6.375	20.000
1999/04/07	6.000	50.000	4.230	100.000		
1999/04/08						
1999/04/09						
1999/04/12					6.000	30.000
1999/04/13	5.400	200.000	4.820	25.000		
1999/04/14			6.460	20.000		
1999/04/15						
1999/04/16						
1999/04/19						
1999/04/20			7.200	30.000		
1999/04/21			4.080	3,000.000		
1999/04/22					4.230	1,500.000
1999/04/23						
1999/04/26			4.387	1,305.000		
1999/04/27						
1999/04/28			4.050	100.000		
1999/04/29	4.050	70.000				
1999/04/30						

续 表

	21-30天		31-60天		61-90天		91-120天	
	利率	成交量	利率	成交量	利率	成交量	利率	成交量
	4.234	4,115.000						
	4.320	300.000	4.777	230.000				
	7.920	20.000	4.320	600.000				
	6.600	20.000						
			9.000	20.000				
	7.920	10.000					7.920	50.000
	8.100	10.000	5.600	30.000				
	8.109	32.000						
	7.650	20.000						
	7.650	20.000	5.600	100.000				
							7.920	10.000
	4.691	110.000	7.560	30.000				
	8.100	10.000	5.600	50.000			6.500	100.000
	6.960	60.000	6.500	100.000	8.820	20.000		
			7.740	20.000				
			4.231	2,600.000				
	4.491	320.000						
	7.920	20.000						
	7.200	20.000	4.266	3,050.000				
	7.920	20.000						

日期	1天内		7天内		8-20天	
	利率	成交量	利率	成交量	利率	成交量
1999/05/04						
1999/05/05						
1999/05/06						
1999/05/07			5.500	20.000		
1999/05/10	5.400	200.000				
1999/05/11						
1999/05/12						
1999/05/13						
1999/05/14			4.230	100.000		
1999/05/17						
1999/05/18						
1999/05/19						
1999/05/20						
1999/05/21						
1999/05/24						
1999/05/25						
1999/05/26						
1999/05/27						
1999/05/28						
1999/05/31	6.000	30.000	8.250	20.000		
1999/06/01			6.600	2.000		
1999/06/02						
1999/06/03						
1999/06/04						
1999/06/07			4.140	400.000		
1999/06/08						
1999/06/09						
1999/06/10						

续 表

	21-30天		31-60天		61-90天		91-120天	
	利率	成交量	利率	成交量	利率	成交量	利率	成交量
	6.300	30.000						
	4.260	400.000	6.600	20.000				
			7.920	50.000				
	8.100	10.000					4.899	800.000
	7.992	20.000						
			5.700	150.000				
			7.020	30.000				
	7.950	20.000						
	4.671	210.000	4.100	2,500.000				
	7.920	20.000	4.100	1,000.000	8.100	10.000		
	8.424	10.000						
	7.920	20.000						
	6.080	90.000	7.740	50.000				
			7.620	30.000				
					7.620	20.000		
	7.920	20.000	7.620	10.000			7.320	30.000
	6.057	70.000	4.020	1,000.000				
	6.300	30.000						
	4.503	270.000						
	5.080	220.000	4.023	1,500.000				
			4.023	1,000.000				
	7.290	20.000						

日期	1天内		7天内		8-20天	
	利率	成交量	利率	成交量	利率	成交量
1999/06/11						
1999/06/14						
1999/06/15						
1999/06/16						
1999/06/17						
1999/06/18						
1999/06/21			4.400	50.000		
1999/06/22	3.500	1.000				
1999/06/23			5.000	20.000	2.737	1,000.000
1999/06/24						
1999/06/25						
1999/06/28					2.710	1,000.000
1999/06/29						
1999/06/30						
1999/07/01					2.775	2,150.000
1999/07/02					3.780	150.000
1999/07/05						
1999/07/06						
1999/07/07						
1999/07/08						
1999/07/09						
1999/07/12			4.200	50.000		
1999/07/13						
1999/07/14					2.670	3,000.000
1999/07/15					2.670	2,500.000
1999/07/16						
1999/07/19						

续 表

	21-30天		31-60天		61-90天		91-120天	
	利率	成交量	利率	成交量	利率	成交量	利率	成交量
	3.371	420.000						
	7.008	100.000						
					7.620	10.000		
			2.910	2,500.000				
			2.930	1,500.000				
	2.820	200.000	7.020	30.000				
	6.876	50.000						
	5.400	30.000			7.620	20.000		
			6.600	30.000				
	2.730	1,000.000	7.020	20.000				
			2.820	700.000			5.346	100.000
	6.840	20.000	2.940	3,000.000			6.840	50.000
			6.400	20.000				
	4.975	40.000					5.346	150.000
	2.970	200.000	6.840	30.000			5.346	50.000
			3.167	600.000			5.346	100.000
	5.100	10.000			6.840	50.000		
	7.080	10.000			6.600	20.000		
	5.400	30.000						
	4.200	50.000						
	7.290	20.000	3.050	300.000				
							6.500	100.000
			2.720	4,000.000				
			7.020	10.000			6.500	100.000

日期	1天内		7天内		8-20天	
	利率	成交量	利率	成交量	利率	成交量
1999/07/20						
1999/07/21						
1999/07/22	3.500	1.000				
1999/07/23			3.979	815.000		
1999/07/26						
1999/07/27			3.880	25.000	2.670	3,000.000
1999/07/28						
1999/07/29					4.000	20.000
1999/07/30			2.955	1,200.000		
1999/08/02						
1999/08/03	2.880	25.000	3.022	26.500		
1999/08/04						
1999/08/05			2.880	600.000		
1999/08/06					2.760	200.000
1999/08/09						
1999/08/10	2.880	60.000			4.200	30.000
1999/08/11	2.880	3,000.000				
1999/08/12						
1999/08/13	2.880	1,000.000	2.880	3,005.000		
1999/08/16						
1999/08/17						
1999/08/18					2.600	5.000
1999/08/19						
1999/08/20			2.880	4,000.000		
1999/08/23			2.580	2,000.000		
1999/08/24						
1999/08/25						
1999/08/26					3.733	30.000

续 表

	21-30天		31-60天		61-90天		91-120天	
	利率	成交量	利率	成交量	利率	成交量	利率	成交量
							7.320	20.000
	6.000	10.000						
	6.900	10.000	6.840	20.000				
	2.636	2,020.000			6.120	30.000		
	2.684	5,700.000	2.700	2,000.000				
			6.840	20.000				
			2.650	3,000.000			4.000	10.000
					6.400	10.000		
	3.000	10.000						
			2.700	200.000				
			3.900	150.000			6.700	20.000
							4.900	20.000
	6.900	10.000						
	2.650	5,000.000	7.020	30.000			6.400	10.000
	6.300	20.000			7.320	10.000		
			3.700	30.000				
	2.630	1,000.000	4.200	20.000				
	6.900	10.000	2.620	2,000.000				
	6.000	20.000			6.120	30.000		
	2.669	18,030.000						
	2.620	3,000.000						

日期	1天内		7天内		8-20天	
	利率	成交量	利率	成交量	利率	成交量
1999/08/27			2.865	4,000.000		
1999/08/30	2.880	20.000				
1999/08/31						
1999/09/01						
1999/09/02			2.950	50.000		
1999/09/03			2.874	3,400.000		
1999/09/06	2.520	1.000				
1999/09/07						
1999/09/08						
1999/09/09					3.780	100.000
1999/09/10			2.869	3,230.000		
1999/09/13			2.900	100.000	2.609	2,050.000
1999/09/14						
1999/09/15	2.880	500.000				
1999/09/16			4.200	30.000		
1999/09/17						
1999/09/20						
1999/09/21						
1999/09/22	2.880	3,700.000	2.925	40.000		
1999/09/23						
1999/09/24			2.827	2,230.000		
1999/09/27					2.880	30.000
1999/09/28						
1999/09/29	2.880	1,500.000				
1999/09/30	2.817	1,200.000	2.880	1,500.000		
1999/10/08						
1999/10/09						

续 表

	21-30天		31-60天		61-90天		91-120天	
	利率	成交量	利率	成交量	利率	成交量	利率	成交量
			5.300	20.000			4.000	10.000
	2.610	2,000.000	5.100	40.000				
	6.900	10.000						
	6.980	30.000					4.487	30.000
			2.700	8,000.000				
			2.690	20,000.000				
			2.630	3,000.000				
	2.677	3,100.000	2.630	5,000.000				
					3.900	10.000	5.830	50.000
					5.400	60.000		
							5.830	70.000
	4.200	50.000						
	4.200	20.000						
	2.670	5,010.000						
	6.732	10.000			3.330	800.000		
			2.680	5,150.000				
			4.920	50.000				
	2.630	2,000.000						
	7.020	20.000		50.000			5.830	80.000
					6.840	50.000		
	7.020	20.000						

日期	1天内		7天内		8-20天	
	利率	成交量	利率	成交量	利率	成交量
1999/10/10						
1999/10/11			2.751	840.000		
1999/10/12			2.868	740.000		
1999/10/13	2.654	12,850.000	3.000	50.000		
1999/10/14						
1999/10/15						
1999/10/18			2.650	100.000		
1999/10/19			2.899	3,400.000		
1999/10/20	2.880	70.000				
1999/10/21			2.880	100.000		
1999/10/22			2.880	800.000	3.500	20.000
1999/10/25						
1999/10/26			3.000	5.000		
1999/10/27			2.560	2,000.000		
1999/10/28						
1999/10/29						
1999/11/01						
1999/11/02						
1999/11/03			2.693	600.000		
1999/11/04						
1999/11/05						
1999/11/08						
1999/11/09			2.936	110.000		
1999/11/10			2.900	200.000		
1999/11/11			2.907	1,080.000		
1999/11/12			2.843	2,780.000		
1999/11/15	2.880	1,000.000	2.580	8,800.000		
1999/11/16	2.570	3,000.000				

续 表

	21-30天		31-60天		61-90天		91-120天	
	利率	成交量	利率	成交量	利率	成交量	利率	成交量
	2.800	200.000						
	6.732	20.000						
			7.320	20.000				
			7.020	30.000	3.330	200.000		
					6.120	30.000		
			4.200	20.000	7.450	10.000		
	2.630	2,000.000						
							6.500	10.000
			7.020	20.000				
					2.800	30.000	7.320	20.000
			3.600	10.000				
			7.020	20.000				
			3.200	12.000				

日期	1天内		7天内		8-20天	
	利率	成交量	利率	成交量	利率	成交量
1999/11/17						
1999/11/18						
1999/11/19			2.883	1,305.000		
1999/11/22			2.788	1,640.000		
1999/11/23	2.790	150.000	2.862	1,420.000		
1999/11/24	2.917	1,450.000	2.570	2,500.000		
1999/11/25			2.880	100.000		
1999/11/26			2.550	1,500.000		
1999/11/29						
1999/11/30			2.580	250.000	6.840	20.000
1999/12/01			2.570	2,000.000	7.020	20.000
1999/12/02						
1999/12/03						
1999/12/06			2.580	2,000.000		
1999/12/07			2.759	940.000		
1999/12/08			2.858	880.000		
1999/12/09			2.700	500.000		
1999/12/10			2.742	8,260.000	2.560	2,000.000
1999/12/13					2.570	3,000.000
1999/12/14			2.580	2,000.000		
1999/12/15			2.610	640.000		
1999/12/16						
1999/12/17			2.700	10.000		
1999/12/21			2.784	1,610.000		
1999/12/22			2.800	240.000	2.600	500.000
1999/12/23			2.790	1,500.000		
1999/12/24			2.741	4,650.000		
1999/12/27	2.580	5,000.000	2.662	850.000	2.900	30.000
1999/12/28			3.000	700.000		
1999/12/29			2.762	360.000		
1999/12/30			2.690	2,120.000		

续 表

	21-30天		31-60天		61-90天		91-120天	
	利率	成交量	利率	成交量	利率	成交量	利率	成交量
					6.120	30.000		
			4.200	40.000				
	2.900	4.000						
	7.020	20.000			5.600	30.000		
					3.510	26.000		
					6.210	10.000		
					6.500	20.000		
			2.580	1,000.000	3.500	30.000		
	3.900	10.000			5.400	60.000		
							6.840	50.000
			6.015	40.000	2.640	7,000.000		
							7.800	20.000
					3.000	800.000		
	3.300	15.000	2.620	2,500.000				
	7.020	20.000						
					6.840	40.000		
					6.840	90.000		

2.1996－1999年银行间同业拆借市场各金融机构交易数量表

（1996年）　　单位：百万元

名称	当年累计拆入	所占比例	当年累计拆出	所占比例	当年累计差额
中国工商银行	100.00	0.02%	3,560.00	0.61%	-3,460.00
中国银行	10,500.00	1.79%	4,693.00	0.80%	5,807.00
中国农业银行	100.00	0.02%	12,539.00	2.14%	-12,439.00
中国建设银行	1,610.00	0.27%	2,080.00	0.35%	-470.00
交通银行			7,206.00	1.23%	-7,206.00
中国投资银行	1,720.00	0.29%	1,328.00	0.23%	392.00
中信实业银行	100.00	0.02%	3,380.00	0.58%	-3,280.00
招商银行	260.00	0.04%	710.00	0.12%	-450.00
中国光大银行	590.00	0.10%	3,288.00	0.56%	-2,698.00
华夏银行	900.00	0.15%	275.00	0.05%	625.00
上海浦东发展银行	600.00	0.10%	642.00	0.11%	-42.00
广东发展银行	6,191.00	1.05%	10.00	0.00%	6,181.00
深圳发展银行	1,340.00	0.23%	320.00	0.05%	1,020.00
福建兴业银行	759.00	0.13%	1,307.00	0.22%	-548.00
中国民生银行	3,020.00	0.51%	1,180.00	0.20%	1,840.00
中国进出口银行					
国家开发银行					
城市合作银行	2,355.00	0.40%	11,785.00	2.01%	-9,430.00
中资银行小计	31,465.00	5.36%	54,353.00	9.26%	-22,888.00
非银行金融机构					
融资中心	555,693.41	94.64%	532,805.41	90.74%	22,888.00
外资银行					
外资非银行金融机构					
中国人民银行					
合计	587,158.41	100.00%	587,158.41	100.00%	

1996－1999年银行间同业拆借市场各金融机构交易数量表

（1997年）　　　　单位：百万元

名称	当年累计拆入	所占比例	当年累计拆出	所占比例	当年累计差额
中国工商银行	4,000.00	0.96%	3,650.00	0.88%	350.00
中国银行	47,350.00	11.41%	980.00	0.24%	46,370.00
中国农业银行			25,796.00	6.22%	−25,796.00
中国建设银行	8,200.00	1.98%	4,580.00	1.10%	3,620.00
交通银行			12,347.00	2.98%	−12,347.00
中国投资银行	4,135.00	1.00%	430.00	0.10%	3,705.00
中信实业银行	130.00	0.03%	6,656.00	1.60%	−6,526.00
招商银行			5,810.00	1.40%	−5,810.00
中国光大银行	2,220.00	0.54%	4,240.00	1.02%	−2,020.00
华夏银行	140.00	0.03%	825.00	0.20%	−685.00
上海浦东发展银行	500.00	0.12%	4,225.00	1.02%	−3,725.00
广东发展银行	5,790.00	1.40%	1,100.00	0.27%	4,690.00
深圳发展银行	600.00	0.14%	2,558.00	0.62%	−1,958.00
福建兴业银行	940.00	0.23%	2,291.00	0.55%	−1,351.00
中国民生银行	2,130.00	0.51%	2,720.00	0.66%	−590.00
中国进出口银行					
国家开发银行					
城市合作银行	10,085.00	2.43%	25,550.00	6.16%	−15,465.00
中资银行小计	88,636.00	21.36%	103,758.00	25.01%	−15,122.00
非银行金融机构					
融资中心	326,287.87	8.64%	311,165.80	74.99%	15,122.00
外资银行					
外资非银行金融机构					
中国人民银行					
合计	414,923.80	100.00%	414,923.80	100.00%	

1996－1999年银行间同业拆借市场各金融机构交易数量表

（1998年）　　　　单位：百万元

名称	当年累计拆入	所占比例	当年累计拆出	所占比例	当年累计差额
中国工商银行			11,111.00	11.23%	−11,111.00
中国银行	55,800.00	56.39%	3,450.00	3.49%	52,350.00
中国农业银行	5,300.00	5.36%	24,360.00	24.62%	−19,060.00
中国建设银行	5,600.00	5.66%	27,390.00	27.68%	−21,790.00
交通银行					
中国投资银行	2,535.00	2.56%	313.50	0.32%	2,221.50
中信实业银行			2,000.00	2.02%	−2,000.00
招商银行	1,400.00	1.41%	1,800.00	1.82%	−400.00
中国光大银行	3,830.00	3.87%	330.00	0.33%	3,500.00
华夏银行			115.00	0.12%	−115.00
上海浦东发展银行			2,565.00	2.59%	−2,565.00
广东发展银行	1,830.00	1.85%	1,521.40	1.54%	308.60
深圳发展银行	1,700.00	1.72%	850.00	0.86%	850.00
福建兴业银行	60.00	0.06%	620.00	0.63%	−560.00
中国民生银行	5,660.00	5.72%	590.00	0.60%	5,070.00
中国进出口银行					
国家开发银行					
城市合作银行	13,964.50	14.11%	20,934.00	21.16%	−6,969.50
中资银行小计	97,999.90	99.04%	97,949.90	98.99%	50.00
非银行金融机构					
融资中心	849.00	0.86%	998.00	1.01%	−149.00
外资银行	99.40	0.10%	0.40	0.00%	99.00
外资非银行金融机构					
中国人民银行					
合计	98,948.31	100.00%	98,948.31	100.00%	

1996－1999年银行间同业拆借市场各金融机构交易数量表

（1999年）　　　　　　　　　　　　　　　　　　　　　　　　单位：百万元

名称	当年累计拆入	所占比例	当年累计拆出	所占比例	当年累计差额
中国工商银行	6,000.00	1.82%	120,676.00	36.66%	-114,676.00
中国银行	186,751.00	56.74%	2,640.00	0.80%	184,111.00
中国农业银行	72,650.00	22.07%	15,100.00	4.59%	57,550.00
中国建设银行	12,900.00	3.92%	115,166.00	34.99%	-102,266.00
交通银行	800.00	0.24%	6,840.00	2.08%	-6,040.00
中信实业银行	1,600.00	0.49%	2,045.00	0.62%	-445.00
招商银行	260.00	0.08%	35,502.87	10.79%	-35,050.00
中国光大银行	2,200.00	0.67%	2,800.00	0.85%	-600.00
上海浦东发展银行			270.00	0.08%	-270.00
广东发展银行	6,200.00	1.88%	450.00	0.14%	5,550.00
深圳发展银行	1,400.00	0.43%	450.00	0.14%	950.00
福建兴业银行			350.00	0.11%	-350.00
中国民生银行	5,900.00	1.79%	400.00	0.12%	5,500.00
中国进出口银行			200.00	0.06%	-200.00
国家开发银行	4,000.00	1.22%	7,520.00	2.28%	-3,520.00
城市商业银行	9,118.00	2.77%	13,966.50	4.24%	-4,848.50
中资银行小计	309,779.00	94.11%	324,376.37	98.55%	-14,604.50
非银行金融机构	18,777.87	5.70%	4,730.00	1.44%	13,855.00
外资银行	604.50	0.18%	55.00	0.02%	549.50
外资非银行金融机构					
中国人民银行					
合计	329,161.37	100.00%	329,161.37	100.00%	-200.00

3.1996－1999年银行间同业拆借市场各地区交易数量表

（1996年） 单位：百万元

名称	当年累计拆入	所占比例	当年累计拆出	所占比例	当年累计差额
北京	94,979.10	16.18%	156,192.20	26.60%	−61,213.10
天津	12,762.84	2.17%	24,453.84	4.16%	−11,691.00
河北	18,450.50	3.14%	22,325.50	3.80%	−3,875.00
山西	3,839.10	0.65%	4,498.10	0.77%	−659.00
内蒙古	4,996.50	0.85%	1,539.50	0.26%	3,457.00
辽宁	51,061.00	8.70%	39,803.00	6.78%	11,258.00
大连	33,255.97	5.66%	30,238.97	5.15%	3,017.00
吉林	7,164.00	1.22%	3,414.00	0.58%	3,750.00
黑龙江	6,690.00	1.14%	4,327.00	0.74%	2,363.00
上海	56,171.50	9.57%	136,594.00	23.26%	−80,422.50
江苏	11,820.00	2.01%	18,549.00	3.16%	−6,729.00
浙江	26,570.00	4.53%	22,935.00	3.91%	3,635.00
宁波	16,249.00	2.77%	8,234.00	1.40%	8,015.00
安徽	8,052.10	1.37%	773.00	0.13%	7,279.10
福建	12,717.50	2.17%	12,202.50	2.08%	515.00
厦门	5,866.20	1.00%	4,134.20	0.70%	1,732.00
江西	9,134.00	1.56%	1,337.00	0.23%	7,797.00
山东	22,480.00	3.83%	7,818.00	1.33%	14,662.00
青岛	11,674.00	1.99%	7,182.00	1.22%	4,492.00
河南	22,247.80	3.79%	9,757.80	1.66%	12,490.00
湖北	22,779.00	3.88%	11,308.00	1.93%	11,471.00
湖南	9,015.00	1.54%	4,280.00	0.73%	4,735.00
广东	37,815.50	6.44%	11,531.00	1.96%	26,284.50
深圳	12,976.50	2.21%	9,878.50	1.68%	3,098.00
广西	9,335.90	1.59%	4,079.40	0.69%	5,256.50
海南	10,772.00	1.83%	50.00	0.01%	10,722.00
四川	12,818.00	2.18%	10,348.00	1.76%	2,470.00
重庆	10,384.00	1.77%	2,929.00	0.50%	7,455.00
贵州	1,498.50	0.26%	3,140.50	0.53%	−1,642.00
云南	5,766.00	0.98%	7,328.50	1.25%	−1,562.50
陕西	3,777.00	0.64%	135.00	0.02%	3,642.00
甘肃	125.50	0.02%	123.50	0.02%	2.00
青海	1,850.00	0.32%	534.00	0.09%	1,316.00
宁夏	7,546.40	1.29%	4,095.40	0.70%	3,451.00
新疆	4,518.00	0.77%	1,089.00	0.19%	3,429.00
合计	587,158.41	100.00%	587,158.41	100.00%	

1996－1999年银行间同业拆借市场各地区交易数量表

(1997年)　　单位：百万元

名称	当年累计拆入	所占比例	当年累计拆出	所占比例	当年累计差额
北京	107,397.32	5.88%	125,713.33	0.30%	-18,316.00
天津	17,324.10	4.18%	19,878.10	4.79%	-2,554.00
河北	4,732.50	1.14%	6,552.50	1.58%	-1,820.00
山西	1,504.00	0.36%	1,487.00	0.36%	17.00
内蒙古	2,970.10	0.72%	1,111.10	0.27%	1,859.00
辽宁	31,388.20	7.56%	25,738.20	6.20%	5,650.00
大连	46,890.00	11.30%	45,076.00	10.86%	1,814.00
吉林	5,797.00	1.40%	1,817.00	0.44%	3,980.00
黑龙江	3,065.50	0.74%	2,315.50	0.56%	750.00
上海	28,718.00	6.92%	88,411.00	21.31%	-59,693.00
江苏	948.00	0.23%	9,692.00	2.34%	-8,744.00
浙江	7,160.00	1.73%	11,198.00	2.70%	-4,038.00
宁波	8,450.00	2.04%	3,630.00	0.87%	4,820.00
安徽	5,140.00	1.24%	155.00	0.04%	4,985.00
福建	5,286.50	1.27%	9,148.50	2.20%	-3,862.00
厦门	8,442.60	2.03%	7,602.60	1.83%	840.00
江西	9,675.00	2.33%	380.00	0.09%	9,295.00
山东	9,697.00	2.34%	50.00	0.01%	9,647.00
青岛	4,512.00	1.09%	1,771.00	0.43%	2,741.00
河南	13,967.00	3.37%	3,712.00	0.89%	10,255.00
湖北	18,664.00	4.50%	8,333.00	2.01%	10,331.00
湖南	8,011.00	1.93%	3,815.00	0.92%	4,196.00
广东	21,910.00	5.28%	2,638.00	0.64%	19,272.00
深圳	4,996.00	1.20%	15,160.00	3.65%	-10,164.00
广西	5,609.00	1.35%	2,705.00	0.65%	2,904.00
海南	9,064.00	2.18%	242.00	0.06%	8,822.00
四川	6,337.00	1.53%	5,522.00	1.33%	815.00
重庆	5,880.00	1.42%	345.00	0.08%	5,535.00
贵州	2,647.00	0.64%	3,623.00	0.87%	-976.00
云南	4,974.00	1.20%	5,939.00	1.43%	-965.00
陕西	1,093.00	0.26%	10.00	0.00%	1,083.00
甘肃	36.00	0.01%	70.00	0.02%	-34.00
青海	492.00	0.12%	302.00	0.07%	190.00
宁夏	1,907.00	0.46%	626.00	0.15%	1,281.00
新疆	239.00	0.06%	155.00	0.04%	84.00
合计	414,923.80	100.00%	414,923.80	100.00%	

1996－1999年银行间同业拆借市场各地区交易数量表

（1998年） 单位：百万元

名称	当年累计拆入	所占比例	当年累计拆出	所占比例	当年累计差额
北京	79,905.00	80.75%	82,982.50	83.86%	−3,077.50
天津					
河北			240.00	0.24%	−240.00
山西					
内蒙古			29.00	0.03%	−29.00
辽宁	395.00	0.40%	160.00	0.16%	235.00
大连					
吉林	20.00	0.02%			20.00
黑龙江	60.00	0.06%	60.00	0.06%	
上海	309.00	3.13%	5,474.40	5.53%	−2,380.00
江苏	85.00	0.09%	771.00	0.78%	−686.00
浙江	50.00	0.05%	870.00	0.88%	−820.00
宁波	60.00	0.06%	20.00	0.02%	40.00
安徽	15.00	0.02%	335.00	0.34%	−320.00
福建	60.00	0.06%	640.00	0.65%	−580.00
厦门	30.00	0.03%	440.00	0.44%	−410.00
江西					
山东	30.00	0.03%	410.00	0.41%	−380.00
青岛	210.00	0.21%	40.00	0.04%	170.00
河南	185.00	0.19%			185.00
湖北			280.00	0.28%	−280.00
湖南	320.00	0.32%			320.00
广东	8,019.50	8.10%	170.00	1.72%	6,318.10
深圳	4,500.00	4.55%	2,650.00	2.68%	1,850.00
广西	350.00	0.35%	505.00	0.51%	−155.00
海南	499.40	0.50%			499.40
四川	70.00	0.07%	790.00	0.80%	−720.00
重庆	930.00	0.94%	200.00	0.20%	730.00
贵州	50.00	0.05%	260.00	0.26%	−210.00
云南			80.00	0.08%	−80.00
陕西					
甘肃	10.00	0.01%			10.00
青海			10.00	0.01%	−10.00
宁夏					
新疆					
合计	98,948.30	100.00%	98,948.30	100.00%	

1996－1999年银行间同业拆借市场各地区交易数量表

（1999年）　　　　单位：百万元

名称	当年累计拆入	所占比例	当年累计拆出	所占比例	当年累计差额
北京	233,292.87	70.87%	233,097.87	70.82%	195.00
天津			400.00	0.12%	−400.00
河北					
山西					
内蒙古					
辽宁	1,622.00	0.49%	1,360.00	0.41%	262.00
大连			152.00	0.05%	−152.00
吉林	22.00	0.01%		0.00%	22.00
黑龙江					
上海	12,669.50	3.85%	16,494.50	5.01%	−3,825.00
江苏	520.00	0.16%	1,154.00	0.35%	−634.00
浙江	250.00	0.08%	320.00	0.10%	−70.00
宁波				0.00%	−30.00
安徽	30.00	0.01%	850.00	0.26%	−820.00
福建			350.00	0.11%	−350.00
厦门			280.00	0.09%	−280.00
江西					
山东					
青岛	30.00	0.01%			30.00
河南					
湖北			890.00	0.27%	−890.00
湖南	3,200.00	0.97%			3,200.00
广东	14,554.00	4.42%	8,510.00	2.59%	6,044.00
深圳	61,331.00	18.63%	63,541.00	19.30%	−2,210.00
广西	30.00	0.01%	332.00	0.10%	−302.00
海南					
四川	120.00	0.04%	320.00	0.10%	−200.00
重庆	1,390.00	0.42%	250.00	0.08%	1,140.00
贵州			720.00	0.22%	−720.00
云南	100.00	0.03%	100.00	0.03%	
陕西					
甘肃					
青海			10.00	0.00%	−10.00
宁夏					
新疆					
合计	329,161.37	100.00%	329,161.37	100.00%	

4.1996－1999年银行间同业拆借交易利率年报行情表

（1996年）

价单位：% 金额单位：百万元

品种	成交金额	开盘利率	最高利率	最低利率	收盘利率	加权平均利率
IBO001	12,681.97	11.30	13.03	9.80	13.03	11.35
IBO007	156,316.20	11.61	16.92	8.82	13.31	11.77
IBO020	58,639.11	1.34	14.40	9.36	12.06	11.87
IBO030	89,944.97	10.47	13.86	8.82	12.71	12.04
IBO060	149,685.37	12.24	13.86	8.64	12.96	12.16
IBO090	76,935.35	11.70	14.16	10.08	13.00	12.33
IBO120	42,955.45	11.92	15.98	10.05	12.67	12.60
合计	587,158.41	0.00	16.92	8.64	0.00	12.05

1996－1999年银行间同业拆借交易利率年报行情表

（1997年）

价单位：% 金额单位：百万元

品种	成交金额	开盘利率	最高利率	最低利率	收盘利率	加权平均利率
IBO001	26,968.20	7.56	12.82	3.60	10.80	10.40
IBO007	108,521.35	9.36	14.40	7.50	10.80	11.13
IBO020	44,117.50	9.00	21.12	8.28	11.38	10.64
IBO030	57,001.40	9.00	14.40	8.19	11.52	11.09
IBO060	96,009.20	8.40	15.60	8.28	11.66	11.00
IBO090	53,567.80	8.28	18.00	8.28	11.52	11.01
IBO120	28,738.35	10.80	18.00	7.02	11.38	10.60
合计	414,923.80	0.00	21.12	0.00	10.94	

1996－1999年银行间同业拆借交易利率年报行情表

（1998年）　　价单位：%　金额单位：百万元

品种	成交金额	开盘利率	最高利率	最低利率	收盘利率	加权平均利率
IBO001	5,846.00	6.00	8.70	4.50	8.70	5.17
IBO007	22,270.40	6.12	15.60	4.14	9.84	6.22
IBO020	14,367.00	6.30	11.88	4.08	8.53	6.98
IBO030	22,395.00	7.65	11.52	4.26	8.46	6.17
IBO060	18,120.00	6.90	11.52	4.32	8.38	6.07
IBO090	10,447.40	7.32	16.20	4.95	8.70	6.75
IBO120	5,502.50	6.24	16.20	4.95	8.94	7.25
合计	98,948.30	0.00	16.20	0.00	6.34	

1996－1999年银行间同业拆借交易利率年报行情表

（1999年）　　价单位：%　金额单位：百万元

品种	成交金额	开盘利率	最高利率	最低利率	收盘利率	加权平均利率
IBO001	35,877.00	2.58	6.00	2.50	4.05	2.79
IBO007	94,252.37	2.76	8.42	2.52	4.20	2.90
IBO020	24,339.00	2.90	7.65	2.56	4.70	2.93
IBO030	69,761.00	7.02	8.42	2.58	8.10	3.16
IBO060	91,896.00	2.62	9.00	2.58	7.92	3.21
IBO090	10,876.00	6.84	12.00	2.64	7.92	3.33
IBO120	2,160.00	7.32	8.40	4.00	7.92	5.72
合计	329,161.37	0.00	12.00	2.50	0.00	3.07

5.1997－1999年债券回购交易年报（按交易主体分类）

（1997年）　　　　金额单位：百万元

名称	本年累计正回购	所占比例	本年累计逆回购	所占比例	当年累计差额
全国性商业银行	24,571.00	79.29%	17,487.89	56.44%	7,083.11
区域性商业银行	2,030.00	6.55%	3,380.00	10.91%	−1,350.00
城市合作银行	4,385.89	14.15%	10,119.00	32.66%	−5,733.11
其他非银行金融机构					
农村信用联社					
外资金融机构					
中国人民银行					
合计	30,986.89	100.00%	30,986.89	100.00%	

1997－1999年债券回购交易年报（按交易主体分类）

（1998年）　　　　金额单位：百万元

名称	本年累计正回购	所占比例	本年累计逆回购	所占比例	当年累计差额
全国性商业银行	38,249.90	37.45%	34,510.80	33.79%	3,739.10
区域性商业银行	22,560.00	22.09%	8,078.80	7.91%	14,481.20
城市合作银行	41,307.80	40.44%	59,538.10	58.29%	−18,230.30
其他非银行金融机构					
农村信用联社					
外资金融机构	30.00	0.03%	20.00	0.02%	10.00
中国人民银行					
合计	102,147.70	100.00%	102,147.70	100.00%	

1997－1999年债券回购交易年报（按交易主体分类）

（1999年）　　　　价单位：%　金额单位：百万元

名称	本年累计正回购	所占比例	本年累计逆回购	所占比例	当年累计差额
全国性商业银行	130,720.00	33.04%	183,451.50	46.36%	−52,731.50
区域性商业银行	53,380.00	13.49%	44,663.50	11.29%	8,716.60
城市商业银行	202,657.80	51.22%	143,822.40	36.35%	58,835.40
其他非银行金融机构	2,770.00	0.70%	300.00	0.08%	2,470.00
农村信用联社	6,015.60	1.52%	23,456.00	5.93%	−17,440.50
外资金融机构	150.00	0.04%			150.00
合计	395,693.40	100.00%	395,693.40	100.00%	

6.1997－1999年债券回购交易年报（按交易品种分类）

（1997年）　　价单位：%　金额单位：百万元

品种	成交金额	开盘价	最高价	最低价	收盘价	加权平均价
R007	2,600.000	9.540	10.800	8.400	10.230	9.592
R014	5,470.000	8.500	10.080	8.400	10.080	9.585
R021	2,550.000	8.490	10.300	8.490	10.300	9.910
R1M	5,265.000	8.370	10.280	8.200	10.280	8.466
R1Y	0.000	0.000	0.000	0.000	0.000	0.000
R2M	5,991.000	8.580	11.600	8.200	11.600	8.566
R3M	3,860.880	9.000	11.000	8.400	11.000	8.931
R4M	5,250.000	8.670	11.310	8.200	11.310	8.840
R6M	0.000	0.000	0.000	0.000	0.000	0.000
R9M	0.000	0.000	0.000	0.000	0.000	0.000
合计	30,986.880	0.000	11.600	8.200	0.000	9.017

1997－1999年债券回购交易年报（按交易品种分类）

（1998年）　　价单位：%　金额单位：百万元

品种	成交金额	开盘价	最高价	最低价	收盘价	加权平均价
R007	37,841.000	4.010	8.856	4.000	8.400	5.079
R014	18,238.000	4.050	8.730	4.020	8.520	5.460
R021	6,679.000	4.470	9.000	4.030	8.600	5.583
R1M	17,281.000	4.800	10.000	4.200	8.500	5.561
R1Y	0.000	0.000	0.000	0.000	0.000	0.000
R2M	10,171.950	4.380	9.000	4.140	8.820	6.622
R3M	7,938.850	4.500	10.200	4.500	8.700	7.374
R4M	3,967.900	4.600	9.000	4.320	8.520	6.778
R6M	30.000	5.300	5.300	5.300	5.300	5.300
R9M	0.000	0.000	0.000	0.000	0.000	0.000
合计	102,147.700	0.000	10.200	4.000	0.000	5.660

1997－1999年债券回购交易年报（按交易品种分类）

（1999年）　　　　价单位：%　金额单位：百万元

品种	成交金额	开盘价	最高价	最低价	收盘价	加权平均价
R007	163,725.550	2.580	4.500	2.070	4.020	2.874
R014	93,441.900	2.600	4.300	2.500	4.050	3.008
R021	26,744.010	2.640	4.500	2.570	4.500	3.266
R1M	47,230.710	2.620	5.100	2.580	4.290	3.122
R1Y	700.000	3.000	3.000	2.250	2.250	2.464
R2M	31,515.700	2.736	4.950	2.600	4.290	3.299
R3M	26,382.310	2.910	7.300	2.620	4.920	3.360
R4M	3,891.000	2.800	5.220	2.730	4.800	3.280
R6M	2,002.200	3.000	7.500	2.800	7.500	4.442
R9M	60.000	2.880	2.880	2.880	2.880	2.880
合计	395,693.380	0.000	7.500	2.070	0.000	3.039

7.1997－1999年债券回购交易年报（按金融机构分类）

（1997年）　　　　金额单位：百万元

名称	本年累计正回购	所占比例	本年累计逆回购	所占比例	当年累计差额
中国工商银行			2,500.00	8.07%	−2,500.00
中国银行	18,600.00	60.03%	180.00	0.58%	18,420.00
中国农业银行			2,930.00	9.46%	−2,930.00
中国建设银行	2,981.00	9.62%	350.00	1.13%	2,631.00
交通银行	10.00	0.03%	4,180.00	13.49%	−4,170.00
中国投资银行	2,000.00	6.45%	30.00	0.10%	1,970.00
中信实业银行	300.00	0.97%	5,400.00	17.43%	−5,100.00
中国光大银行	380.00	1.23%	1,130.00	3.65%	−750.00
华夏银行			500.00	1.61%	−500.00
中国民生银行	300.00	0.97%	287.89	0.93%	12.11
中国进出口银行					
国家开发银行					
全国性商业银行小计	24,571.00	79.29%	17,487.89	56.44%	7,083.11
招商银行	1,000.00	3.23%	2,650.00	8.55%	−1,650.00
上海浦东发展银行	300.00	0.97%	700.00	2.26%	−400.00
广东发展银行	190.00	0.61%			
深圳发展银行					
福建兴业银行	540.00	1.74%	300.10	510.00%	
区域性商业银行小计	2,030.00	6.55%	3,380.00	10.91%	−1,350.00
城市合作银行	4,385.89	14.15%	10,119.00	32.66%	−5,733.11
其他非银行金融机构					
农村信用联社					
外资金融机构					
中国人民银行					
合计	30,986.89	100.00%	30,986.89	100.00%	

1997－1999年债券回购交易年报（按金融机构分类）

（1998年）　　金额单位：百万元

名称	本年累计正回购	所占比例	本年累计逆回购	所占比例	当年累计差额
中国工商银行			310.00	0.30%	−310.00
中国银行	1,500.00	1.47%	560.00	0.55%	940.00
中国农业银行			2,920.00	2.86%	−2,920.00
中国建设银行	1,509.90	1.48%	6,580.00	6.44%	−5,070.10
交通银行			9,626.00	9.42%	−9,626.00
中国投资银行	20,890.00	20.45%	1,080.00	1.06%	19,810.00
中信实业银行	7,450.00	7.29%	9,108.00	8.92%	−1,658.00
中国光大银行	4,400.00	4.31%	1,624.00	1.59%	2,776.00
华夏银行	350.00	0.34%	1,185.00	1.16%	−835.00
中国民生银行	2,150.00	2.10%	1,517.80	1.49%	632.20
中国进出口银行					
国家开发银行					
全国性商业银行小计	38,249.90	37.45%	34,510.80	33.79%	3,739.10
招商银行	8,970.00	8.78%	3,158.00	3.09%	5,812.00
上海浦东发展银行	200.00	0.20%	1,170.00	1.15%	−970.00
广东发展银行	11,340.00	11.10%	1,622.00	1.59%	9,718.00
深圳发展银行	16,501.62			1650.00%	
福建兴业银行	400.00	0.39%	2,128.80	2.08%	−1,728.80
区域性商业银行小计	22,560.00	22.09%	8,078.80	7.91%	14,481.20
城市合作银行	41,307.80	40.44%	59,538.10	58.29%	−18,230.30
其他非银行金融机构					
农村信用联社					
外资金融机构	30.00	0.03%	20.00	0.02%	10.00
中国人民银行					
合计	102,147.70	100.00%	102,147.70	100.00%	

1997－1999年债券回购交易年报（按金融机构分类）

（1999年）　　　　金额单位：百万元

名称	本年累计正回购	所占比例	本年累计逆回购	所占比例	当年累计差额
中国工商银行	7,300.00	1.84%	85,576.93	21.63%	−78,276.93
中国银行	50,200.00	12.69%	8,000.00	2.02%	42,200.00
中国农业银行	1,000.00	0.25%	4,100.00	1.04%	−3,100.00
中国建设银行	11,500.00	2.91%	31,479.00	7.96%	−19,979.00
交通银行			43,365.46	10.96%	−43,365.46
中信实业银行	31,850.00	8.05%	5,650.00	1.43%	26,200.00
中国光大银行	17,400.00	4.40%	3,360.60	0.85%	14,039.40
华夏银行	2,300.00	0.58%	200.00	0.05%	2,100.00
中国民生银行	9,170.00	2.32%	1,719.50	0.43%	7,450.50
中国进出口银行					
国家开发银行					
全国性商业银行小计	130,720.00	33.04%	183,451.49	46.36%	−52,731.49
招商银行	9,700.00	2.45%	12,139.55	3.07%	−2,439.55
上海浦东发展银行	1,700.00	0.43%	24,400.00	6.17%	−22,700.00
广东发展银行	23,630.00	5.97%	667.00	0.17%	22,963.00
深圳发展银行	1,900.00	0.48%	340.00	0.09%	1,560.00
福建兴业银行	16,450.00	4.16%	7,116.90	1.80%	9,333.10
区域性商业银行小计	53,380.00	13.49%	44,663.45	11.29%	8,716.55
城市商业银行	202,657.83	51.22%	143,822.43	36.35%	58,835.40
其他非银行金融机构	2,769.99	0.70%	300.00	0.08%	2,469.99
农村信用联社	6,015.55	1.52%	23,456.00	5.93%	−17,440.45
外资金融机构	150.00	0.04%			150.00
合计	395,693.37	100.00%	395,693.37	100.00%	

8.1997－1999年债券回购交易品种年报

（1997年）　　　　金额单位：百万元

券种	R007	R014	R021	R1M	R1Y	R2M	R3M	R4M	R6M	R9M
一、国债类		100.00		400.00		2,181.00	37.89	1,000.00		
93国债										
95国债（1）							28.39			
96国债（3）							1.89			
96国债（6）		100.00		400.00		200.00				
96国债（7）							7.61			
96国债（8）										
97国债（1）						81.00				
97国债（3）						1,900.00		1,000.00		
97国债（4）										
98专项国债										
98国债3										
98国债5										
98国债6										
99国债1										
99国债2										
99国债3										
99国债4										
二、中国人民银行融资券类		100.00								
97融资01		100.00								
三、政策性金融债类	10.00	600.00	520.00	2,600.00		20.00		50.00		
94国开51										

续 表

券种	R007	R014	R021	R1M	R1Y	R2M	R3M	R4M	R6M	R9M
95国开31				100.00						
95国开32										
95国开33										
94进出31										
94进出51										
95国开51										
95国开81										
95进出51										
95进出31										
96政策债		100.00								
97政策债	10.00	500.00	520.00	2,500.00		20.00		50.00		
98政策债										
98国开债2										
98国开债3										
98进出债1										
98国开债4										
98进出债2										
98国开债5										
98国开债6										
99国开01										
99国开02										
99进出01										
99国开03										
99国开04										
99国开05										

1997－1999年债券回购交易品种年报

（1998年）　　金额单位：百万元

券种	R007	R014	R021	R1M	R1Y	R2M	R3M	R4M	R6M	R9M
一、国债类	9,940.00	2,890.00	1,836.00	2,944.00		680.00	208.90	80.00	27.00	
93国债										
95国债（1）										
96国债（3）				80.00						
96国债（6）	208.00	580.00	300.00							
96国债（7）	30.00	10.00		30.00						
96国债（8）	1,672.00	400.00	100.00					80.00		
97国债（1）	395.00	10.00								
97国债（3）	808.00	200.00	229.00	159.00		280.00				
97国债（4）	330.00	150.00	100.00	110.00						
98专项国债	6,497.00	1,540.00	1,107.00	2,565.00		400.00	208.90		27.00	
98国债3										
98国债5										
98国债6										
99国债1										
99国债2										
99国债3										
99国债4										
二、中国人民银行融资券类										
97融资01										
三、政策性金融债券	1,790.00	430.00	695.00	300.00		570.00	85.00	116.00	3.00	
94国开51										

续 表

券种	R007	R014	R021	R1M	R1Y	R2M	R3M	R4M	R6M	R9M
95国开31										
95国开32										
95国开33										
94进出31										
94进出51										
95国开51										
95国开81										
95进出51										
95进出31										
96政策债										
97政策债	360.00	200.00	395.00	90.00		70.00				
98政策债	70.00			110.00			5.00	16.00	3.00	
98国开债2										
98国开债3	660.00					300.00		100.00		
98进出债1	200.00									
98国开债4	360.00	100.00	300.00			200.00	30.00			
98进出债2	90.00									
98国开债5	50.00	130.00		100.00			50.00			
98国开债6										
99国开01										
99国开02										
99进出01										
99国开03										
99国开04										
99国开05										

1997－1999年债券回购交易品种年报

（1999年）　　　　金额单位：百万元

券种	R007	R014	R021	R1M	R2M	R3M	R4M	R6M	R9M	R1Y
一、国债类	94,516.00	44,126.90	12,607.00	22,377.70	14,063.70	10,022.30	2,075.00	767.00	30.00	500.00
00国债01										
93国债										
95国债（1）										
96国债（3）	70.00	110.00	100.00	20.00	6.00					
96国债（6）	1,210.00	1,140.00	440.00	5,320.00	350.00	110.00				
96国债（7）	1,540.00	865.00	320.00	550.00	30.00	600.00				
96国债（8）	397.00	430.00	260.00	200.00	300.00	120.00				
97国债（1）										
97国债（3）	2,965.00	1,660.00	386.00	643.12	559.00	221.26				
97国债（4）	3,360.00	2,010.00	880.00	440.00	400.00					
98专项国债	68,934.00	28,419.90	7,911.00	12,595.60	9,868.70	7,108.07	1,975.00	692.00		
98国债3				50.00						
98国债5	440.00	130.00	120.00	150.00	190.00	200.00				
98国债6					1,500.00					
99国债1	6,815.00	3,118.00	870.00	1,124.00	760.00	770.00		75.00	30.00	
99国债2	3,205.00	1,014.00	250.00	285.00		213.00				
99国债3	580.00	2,220.00	150.00	200.00	100.00					500.00
99国债4	1,520.00	900.00	200.00			50.00				
99国债5	110.00	150.00	60.00							
99国债6	1,800.00		210.01							
99国债7	70.00	600.00	250.00							
99国债9	1,050.00	660.00	100.00				100.00			
99国债10	400.00	500.00		800.00		500.00				
99国债11		100.00	100.00			80.00				
99国债12	50.00	100.00				50.00				

续　表

券种	R007	R014	R021	R1M	R2M	R3M	R4M	R6M	R9M	R1Y
二、中国人民银行融资券类	1,200.00	500.00		500.00	200.00	600.00	250.00			
97融资01	1,200.00	500.00		500.00	200.00	600.00	250.00			
三、政策性金融债类	66,079.60	48,505.00	12,387.00	22,113.00	15,242.00	13,020.00	416.00	1,185.20	30.00	200.00
94国开51		13.00								
95国开31										
95国开32										
95国开33										
94进出31										
94进出51										
95国开51										
95国开81										
95进出51										
95进出31										
96国开51										
96国开52										
96国开53	25.00	25.00								
96国开81										
96国开82										
96进出31										
96进出51										
96进出52										
96农发51										

续 表

券种	R007	R014	R021	R1M	R2M	R3M	R4M	R6M	R9M	R1Y
97国开51	30.00	20.00	40.00							
97国开52										
97国开81										
97农发51										
97国开53										
97国开82										
97农发52										
97国开54		20.00								
97农发53										
97国开55										
97国开56										
97进出51										
97国开57					20.00					
97国开58										
97国开83										
98国开51					60.00					
96政策债	4,715.00	1,550.00	600.00	1,100.00		1,000.00				
97政策债	23,110.00	22,460.00	5,148.00	4,086.00	10,599.00	9,013.00	170.00			
98政策债	10,015.00	5,505.00	2,331.00	14,482.00	1,778.00	524.58	26.00	1,082.00		
98国开债2	300.00	300.00	200.00							

续 表

券种	R007	R014	R021	R1M	R2M	R3M	R4M	R6M	R9M	R1Y
98进出债1	1,510.00	1,070.00	560.00	50.00						
98国开债4	3,900.00	4,870.00	1,390.00	600.00	2,040.00	1,000.00	150.00	40.00		
98进出债2	630.00	180.00				200.00				
98国开债5	1,030.00	1,850.00	360.00	120.00	70.00	100.00				
98国开债6	300.00									
99国开01	9,658.00	3,410.00	946.00	1,110.00	600.00	310.00	20.00	63.20	30.00	
99国开02	290.00	120.00	40.00	30.00		155.00	20.00			200.00
99进出01	4,515.00	2,850.00	30.00	30.00	15.00	27.40				
99国开03	299.55	205.00	30.00	45.00						
99国开04	1,640.00	1,080.00	45.00			300.00				
99国开05	164.00	97.00	77.00	150.00						
99国开06	1,768.00	325.00	60.00	20.00						
99进出02		100.00	20.00							
99国开07	1,660.00	1,565.00	420.00	270.00		250.00	30.00			
99国开08	260.00	40.00	20.00		30.00	90.00				
99国开09		20.00								
99国开10	90.00		50.00	10.00	30.00					
99进出03										
99国开11	150.00	430.00	20.00							
99国开12	20.00	400.00		10.00		50.00				

9.1997－1999年债券买卖交易年报（按交易主体分类）

（1997年） 金额单位：百万元

名称	本年累计买入	所占比例	本年累计卖出	所占比例	本年累计差额
全国性商业银行	511.78	53.00%	309.88	32.09%	201.90
区域性商业银行			463.50	48.00%	−463.50
城市合作银行	453.90	47.00%	192.30	19.91%	261.60
其他非银行金融机构					
农村信用联社					
外资金融机构					
中国人民银行					
合计	965.68	100.00%	965.68	100.00%	

1997－1999年债券买卖交易年报（按交易主体分类）

（1998年） 金额单位：百万元

名称	本年累计买入	所占比例	本年累计卖出	所占比例	本年累计差额
全国性商业银行	1,572.80	47.38%	1,917.55	57.77%	−344.75
区域性商业银行	185.81	5.60%	35.31	1.06%	150.50
城市合作银行	1,548.41	46.65%	1,366.58	41.17%	181.83
其他非银行金融机构					
农村信用联社					
外资金融机构	12.42	0.37%			12.42
中国人民银行					
合计	3,319.44	100.00%	3,319.44	100.00%	

1997－1999年债券买卖交易年报（按交易主体分类）

（1999年） 金额单位：百万元

名称	本年累计买入	所占比例	本年累计卖出	所占比例	本年累计差额
全国性商业银行	1,780.34	23.00%	1,224.35	15.82%	555.99
区域性商业银行	521.36	6.73%	62.66	0.81%	458.70
城市商业银行	3,552.53	45.89%	3,168.94	40.93%	383.59
其他非银行金融机构	1,820.18	23.51%	2,448.79	31.63%	−628.61
农村信用联社	54.96	0.71%	824.41	10.65%	−769.45
外资金融机构	12.32	0.16%	12.54	0.16%	−0.22
合计	7,741.69	100.00%	7,741.69	100.00%	

10.1997－1999年债券买卖交易品种年报

（1997年） 金额单位：百万元

券种	前年报收盘价	本年报开盘价	本年报收盘价	本年报最高价	本年报最低价	加权平均价	本年报成交量	涨跌幅（%）
一、国债类							300.00	
93国债								
95国债（1）								
96国债（3）								
96国债（6）	130.90	130.90	130.90	130.90	130.90	130.90	300.00	
96国债（7）								
96国债（8）								
97国债（1）								
97国债（3）								
97国债（4）								
98专项国债								
98国债3								
98国债5								
98国债6								
99国债1								
99国债2								
99国债3								
99国债4								
二、中国人民银行融资券类								
97融资01								

续　表

券种	前年报收盘价	本年报开盘价	本年报收盘价	本年报最高价	本年报最低价	加权平均价	本年报成交量	涨跌幅（%）
三、政策性金融债类								
94国开51								
95国开31								
95国开32								
95国开33								
94进出31								
94进出51								
95国开51								
95国开81								
95进出51								
95进出31								
96国开51								
96国开52								
96国开53								
96国开81								
96国开82								
96进出31								
96进出51								
96进出52								
96农发51								
97国开51								
97国开52								
97国开81								
97农发51								
97国开53								
97国开82								

续 表

券种	前年报收盘价	本年报开盘价	本年报收盘价	本年报最高价	本年报最低价	加权平均价	本年报成交量	涨跌幅（%）
97农发52								
97国开54								
97农发53								
97国开55								
97国开56								
97进出51								
97国开57								
97国开58								
97国开83								
98国开51								
96政策债								
97政策债								
98政策债								
98国开债2								
98国开债3								
98进出债1								
98国开债4								
98进出债2								
98国开债5								
98国开债6								
99国开01								
99国开02								
99进出01								
99国开03								
99国开04								
99国开05								

1997－1999年债券买卖交易品种年报

（1998年）　　　　价单位：元　金额单位：百万元

券种	前年报收盘价	本年报开盘价	本年报收盘价	本年报最高价	本年报最低价	加权平均价	本年报成交量	涨跌幅（%）
一、国债类							1,144.1400	
93国债								
95国债（1）								
96国债（3）	142.0000	142.0000	142.0000	142.0000	142.0000	142.0000	93.4500	
96国债（6）	140.0000	140.0000	140.5000	140.5000	140.0000	140.4938	82.0700	
96国债（7）	129.0000	129.0000	129.0000	129.0000	129.0000	129.0000	465.9900	
96国债（8）	115.6500	115.6500	115.6500	115.6500	115.6500	115.6500		
97国债（1）	99.4500	99.4500	99.4500	99.4500	99.4500	99.4500	402.6300	
97国债（3）								
97国债（4）								
98专项国债								
98国债3								
98国债5								
98国债6								
99国债1								
99国债2								
99国债3								
99国债4								
二、中国人民银行融资券类								
97融资01								

续 表

券种	前年报收盘价	本年报开盘价	本年报收盘价	本年报最高价	本年报最低价	加权平均价	本年报成交量	涨跌幅（%）
三、政策性金融债类								
94国开51								
95国开31								
95国开32								
95国开33								
94进出31								
94进出51								
95国开51								
95国开81								
95进出51								
95进出31								
96国开51								
96国开52								
96国开53								
96国开81								
96国开82								
96进出31								
96进出51								
96进出52								
96农发51								
97国开51								
97国开52								
97国开81								
97农发51								
97国开53								
97国开82								

续 表

券种	前年报收盘价	本年报开盘价	本年报收盘价	本年报最高价	本年报最低价	加权平均价	本年报成交量	涨跌幅（%）
97农发52								
97国开54								
97农发53								
97国开55								
97国开56								
97进出51								
97国开57								
97国开58								
97国开83								
98国开51								
96政策债								
97政策债								
98政策债								
98国开债2								
98国开债3								
98进出债1								
98国开债4								
98进出债2								
98国开债5								
98国开债6								
99国开01								
99国开02								
99进出01								
99国开03								
99国开04								
99国开05								

1997－1999年债券买卖交易品种年报

（1999年）　　　　价单位：元　金额单位：百万元

券种	前年报收盘价	本年报开盘价	本年报收盘价	本年报最高价	本年报最低价	加权平均价	本年报成交量	涨跌幅（%）
一、国债类				152.79	100.00	109.89	3,219.37	
00国债01								
93国债								
95国债（1）								
96国债（3）								
96国债（6）	140.50		152.68	152.79	145.00	151.96	410.00	8.67
96国债（7）				132.12	132.12	132.12	38.10	
96国债（8）				119.00	119.00	119.00	50.00	
97国债（1）								
97国债（3）				126.10	123.15	125.71	93.66	
97国债（4）								
98专项国债				121.48	100.00	116.23	127.77	
98国债3								
98国债5		100.00		100.00	100.00	100.00	10.00	
98国债6								
99国债1				112.00	100.00	103.51	654.00	
99国债2				100.30	100.00	100.09	700.00	
99国债3				101.70	100.60	101.15	100.00	
99国债4								
99国债5				100.00	100.00	100.00	10.00	
99国债6			101.60	101.60	101.60	101.60	885.84	
99国债7				100.00	100.00	100.00	10.00	
99国债9				100.22	100.10	100.14	30.00	

续 表

券种	前年报收盘价	本年报开盘价	本年报收盘价	本年报最高价	本年报最低价	加权平均价	本年报成交量	涨跌幅（%）
99国债10				100.00	100.00	100.00	100.00	
99国债11								
99国债12								
二、中国人民银行融资券类								
97融资01								
三、政策性金融债类				107.32	99.90	103.29	3,258.00	
94国开51								
95国开31								
95国开32								
95国开33								
94进出31								
94进出51								
95国开51								
95国开81								
95进出51								
95进出31								
96国开51								
96国开52								
96国开53								
96国开81								
96国开82								
96进出31								
96进出51								
96进出52								
96农发51								
97国开51								
97国开52								
97国开81								
97农发51								
97国开53								
97国开82								

续 表

券种	前年报收盘价	本年报开盘价	本年报收盘价	本年报最高价	本年报最低价	加权平均价	本年报成交量	涨跌幅（%）
97农发52								
97国开54								
97农发53								
97国开55								
97国开56								
97进出51								
97国开57								
97国开58								
97国开83								
98国开51								
96政策债								
97政策债								
98政策债								
98国开债2								
98进出债1				102.52	102.52	102.52	50.00	
98国开债4				105.60	105.60	105.60	500.00	
98进出债2				102.71	102.71	102.71	50.00	
98国开债5				104.96	104.96	104.96	50.00	
98国开债6								
99国开01				107.32	101.50	103.44	270.00	
99国开02				104.18	100.00	103.68	1,000.00	
99进出01								
99国开03				99.90	99.90	99.90	45.00	
99国开04				104.38	101.45	102.67	770.00	
99国开05								
99国开06				100.85	100.00	100.26	43.00	
99进出02								
99国开07								
99国开08				101.40	100.00	101.09	150.00	
99国开09								
99国开10				100.57	100.00	100.17	50.00	
99进出03				100.45	100.45	100.45	100.00	
99国开11				104.45	104.32	104.44	110.00	
99国开12				100.63	100.63	100.63	70.00	
99国开13								

11.1997－1999年债券买卖交易年报（按金融机构分类）

（1997年）　　　　金额单位：百万元

名称	本年累计买入	所占比例	本年累计卖出	所占比例	本年累计差额
中国工商银行					
中国银行					
中国农业银行					
中国建设银行	254.94	0.25%	54.94	5.69%	200.00
交通银行					
中国投资银行	131.10	13.58%	200.00	20.71%	-68.90
中信实业银行					
中国光大银行	70.80	7.33%			70.80
华夏银行					
中国民生银行	54.94	5.69%	54.94	5.69%	
中国进出口银行					
国家开发银行					
全国性商业银行小计	511.78	53.00%	309.88	32.09%	201.90
招商银行					
上海浦东发展银行					
广东发展银行			463.50	48.00%	-463.50
深圳发展银行					
福建兴业银行					
区域性商业银行小计			463.50	48.00%	-463.50
城市合作银行	453.90	47.00%	192.30	19.91%	261.60
其他非银行金融机构					
农村信用联社					
外资金融机构					
中国人民银行					
合计	965.68	100.00%	965.68	100.00%	

1997－1999年债券买卖交易年报（按金融机构分类）

（1998年）　　　　　　　　　　　　　　　　　　　　　　　　金额单位：百万元

名称	本年累计买入	所占比例	本年累计卖出	所占比例	本年累计差额
中国工商银行			3,680.11	-3.68%	
中国银行					
中国农业银行					
中国建设银行	601.13	18.11%	2.11	0.06%	599.02
交通银行					
中国投资银行	159.34	4.80%	1,911.76	57.59%	-1,752.42
中信实业银行					
中国光大银行	255.23	7.69%			255.23
华夏银行					
中国民生银行	557.10	16.78%			557.10
中国进出口银行					
国家开发银行					
全国性商业银行小计	1,572.80	47.38%	1,917.55	57.77%	-344.75
招商银行	50.81	1.53%	35.31	1.06%	15.50
上海浦东发展银行					
广东发展银行	135.00	4.07%			135.00
深圳发展银行					
福建兴业银行					
区域性商业银行小计	185.81	5.60%	35.31	1.06%	150.50
城市合作银行	1,548.41	46.65%	1,366.58	41.17%	181.83
其他非银行金融机构					
农村信用联社					
外资金融机构	12.42	0.37%			12.42
中国人民银行					
合计	3,319.44	100.00%	3,319.44	100.00%	

1997—1999年债券买卖交易年报（按金融机构分类）

（1999年）　　　　金额单位：百万元

名称	本年累计买入	所占比例	本年累计卖出	所占比例	本年累计差额
中国工商银行	1,366.40	17.65%	900.02	11.63%	466.38
中国银行	209.22	2.70%	151.23	1.95%	57.99
交通银行	103.57	1.34%	152.86	1.97%	−49.29
中信实业银行	101.15	1.31%	20.24	0.26%	80.91
全国性商业银行小计	1,780.34	23.00%	1,224.35	15.82%	555.99
招商银行	155.11	2.00%	12.32	0.16%	142.79
上海浦东发展银行	173.36	2.24%		0.00%	173.36
广东发展银行	192.89	2.49%	50.34	0.65%	142.55
区域性商业银行小计	521.36	6.73%	62.66	0.81%	458.70
城市商业银行	3,552.53	45.89%	3,168.94	40.93%	383.59
其他非银行金融机构	1,820.18	23.51%	2,448.79	31.63%	−628.61
农村信用联社	54.96	0.71%	824.41	10.65%	−769.45
外资金融机构	12.32	0.16%	12.54	0.16%	−0.22
中国人民银行					
合计	7,741.69	100.00%	7,741.69	100.00%	

CHINA MONETARY MARKET YEARBOOK 2000

一、1996－1999年全国银行间同业拆借市场行情与统计

（二）图表类

1.净拆借额金融机构排名比较图

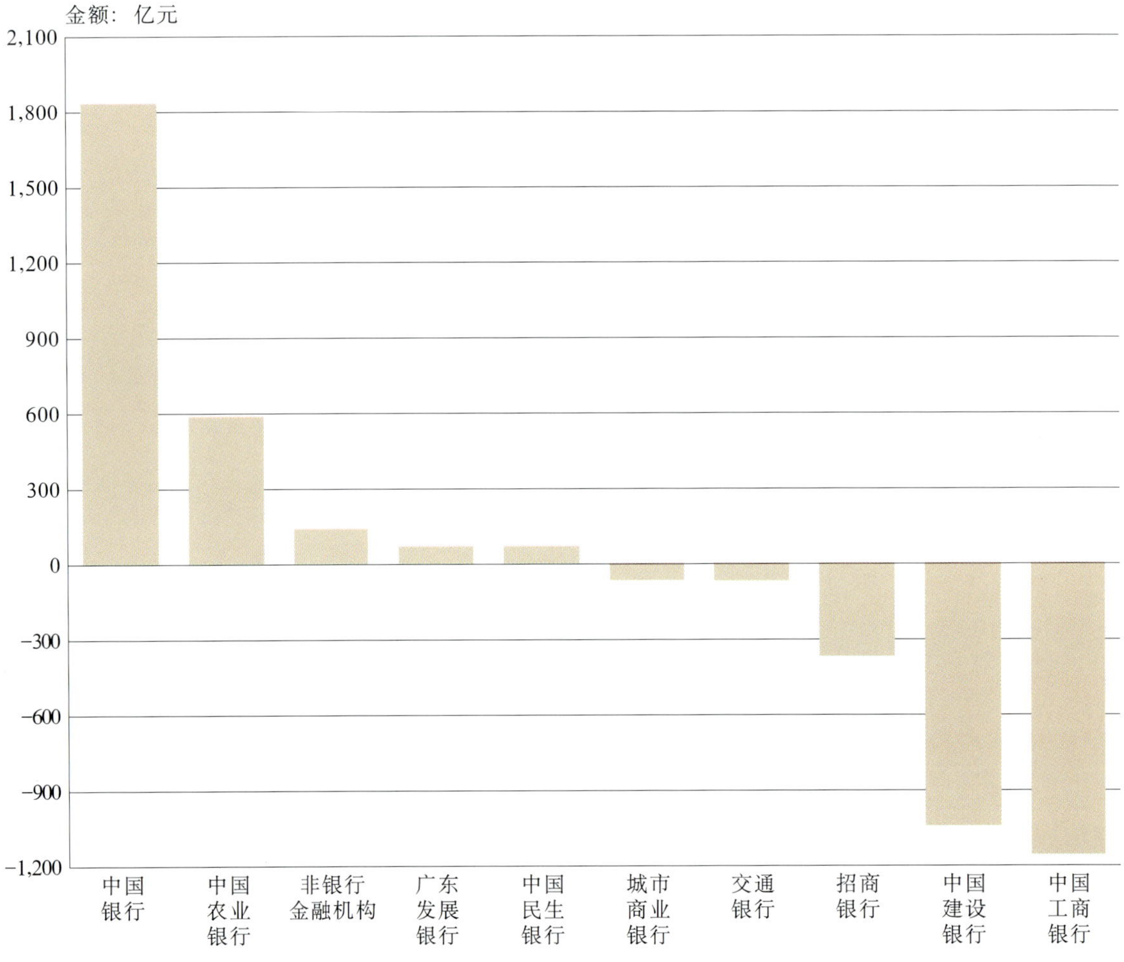

2.净拆借额地区排名比较图

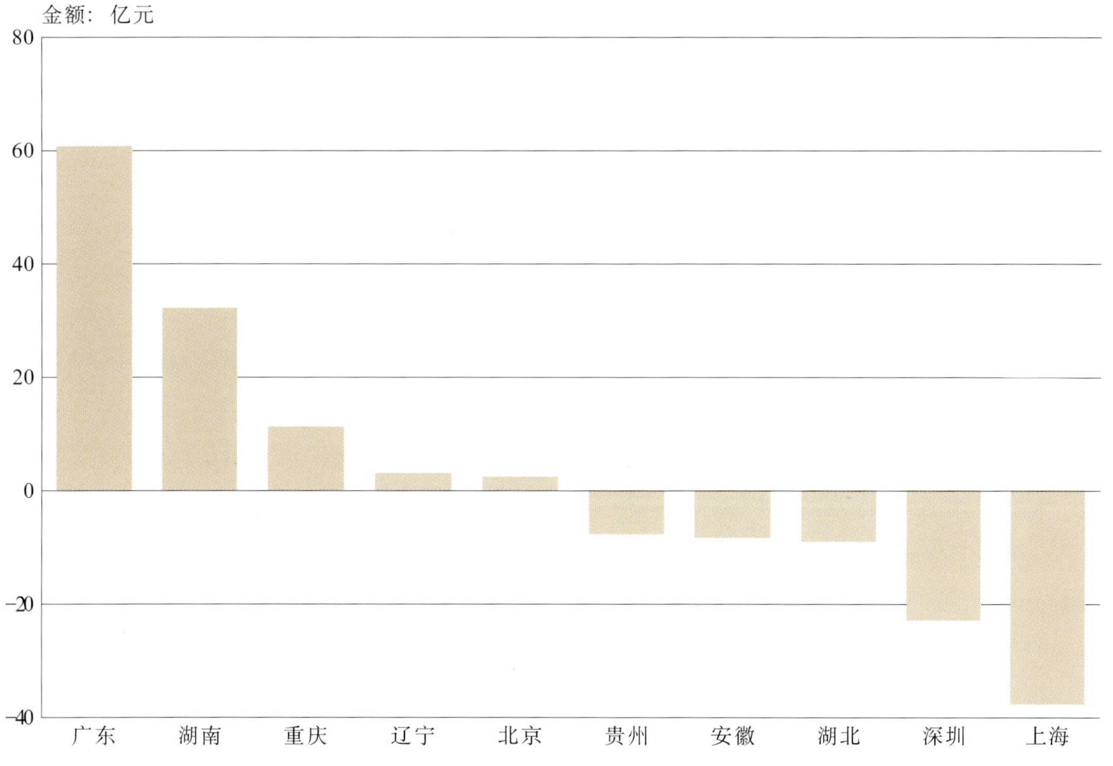

3.1998－1999年全国银行间同业拆借利率走势图

1998年人民币拆借市场（一）：隔夜

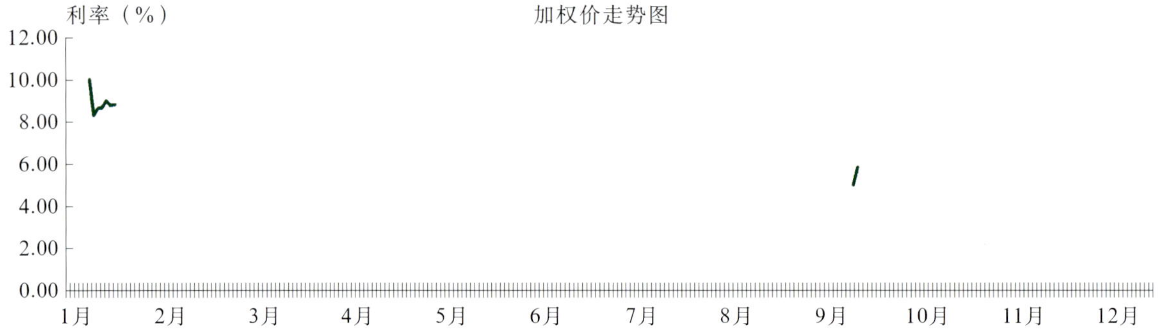

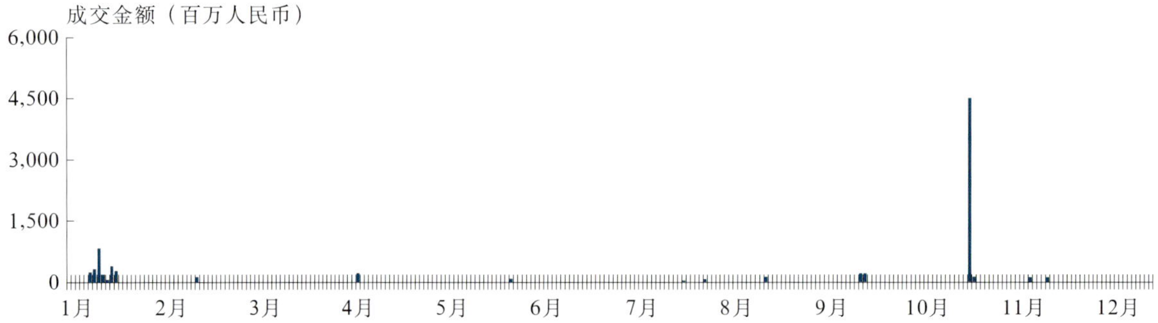

1998年人民币拆借市场（二）：1－7天

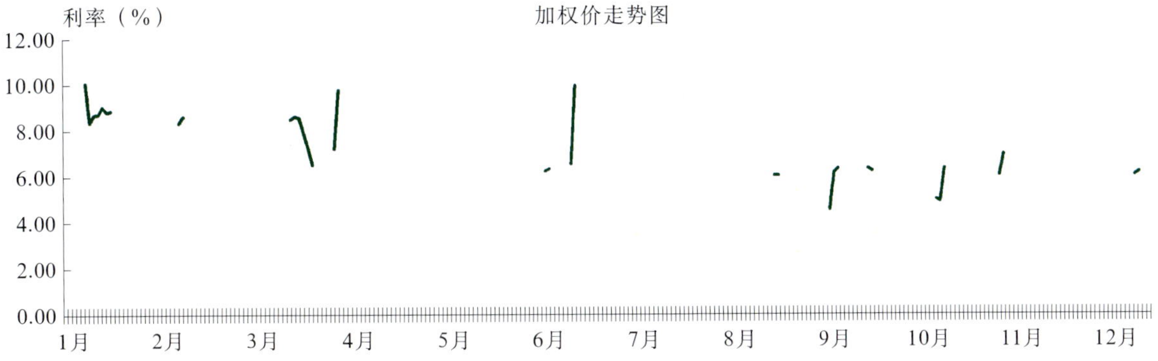

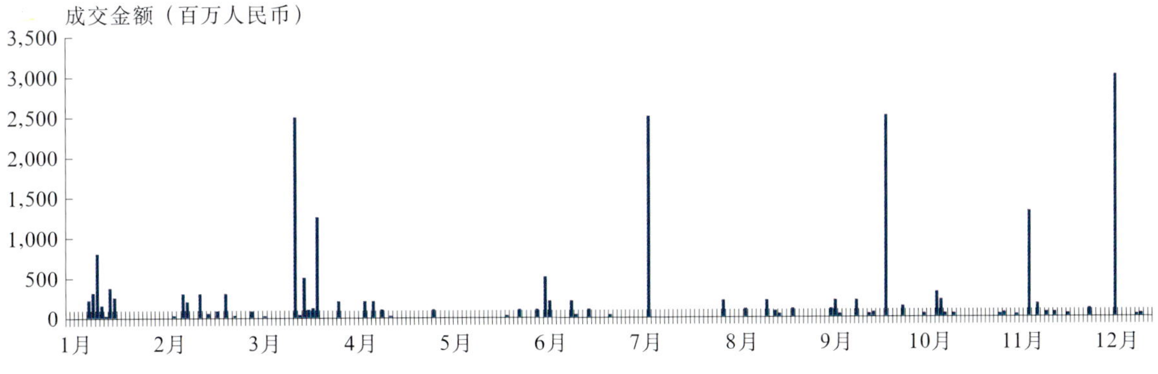

1998年人民币拆借市场（三）：8－20天

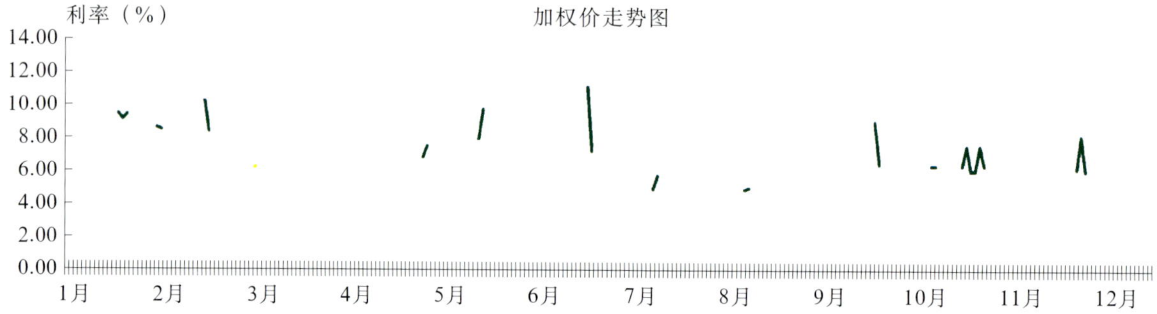

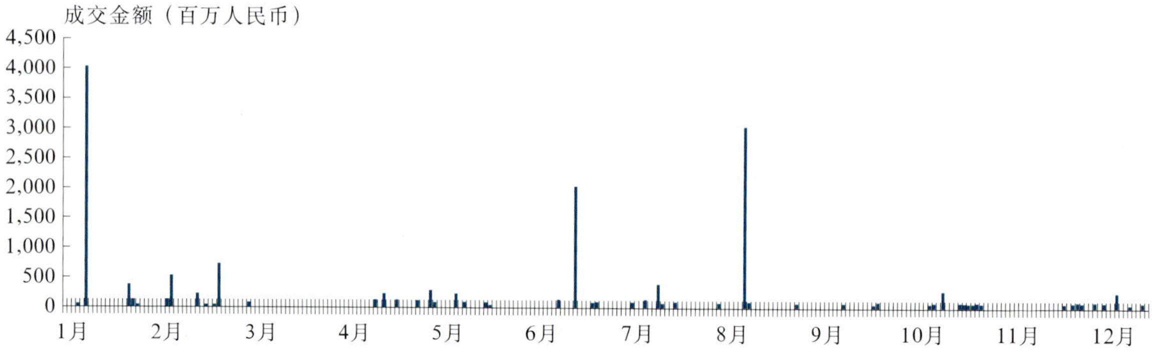

1998年人民币拆借市场（四）：21—30天

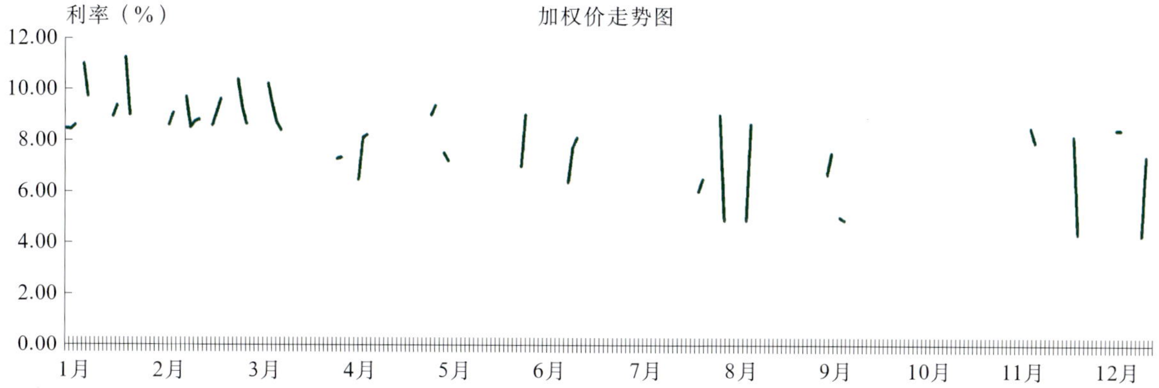

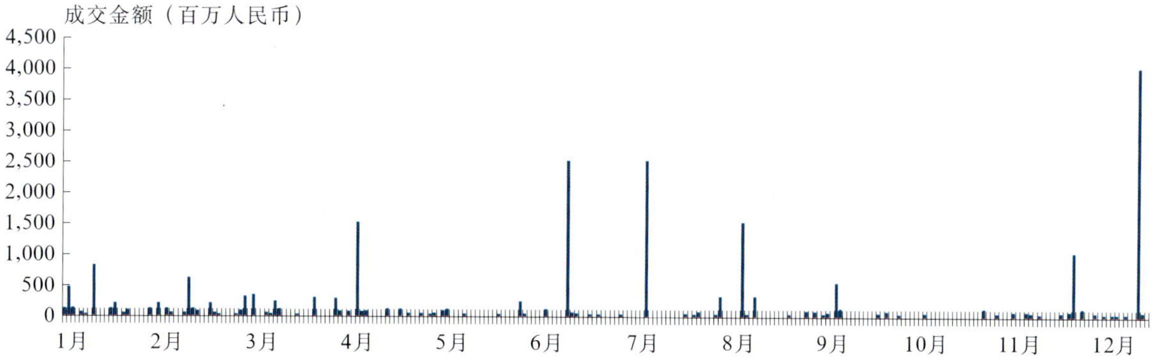

1998年人民币拆借市场（五）：31—60天

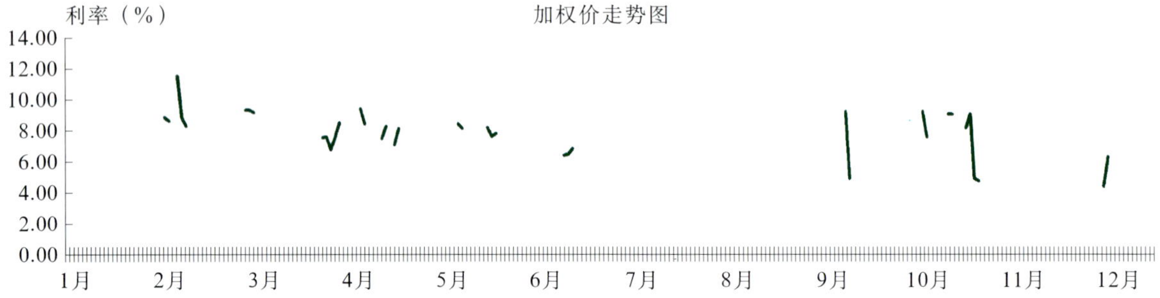

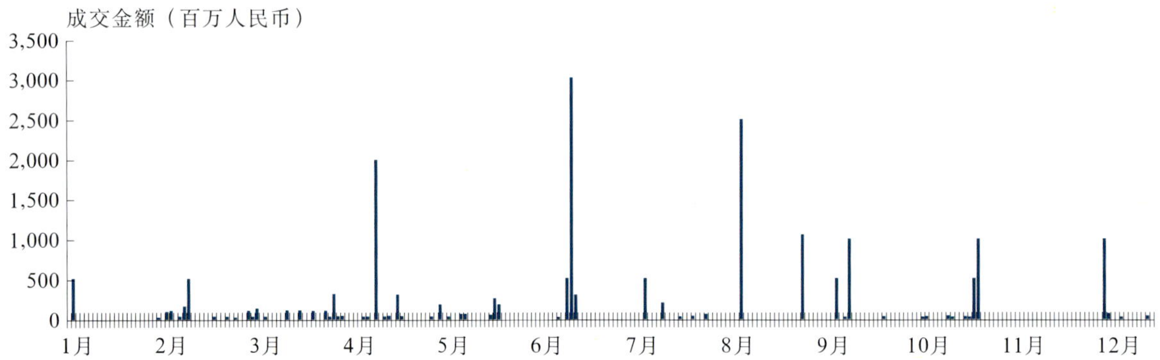

1998年人民币拆借市场（六）：61—90天

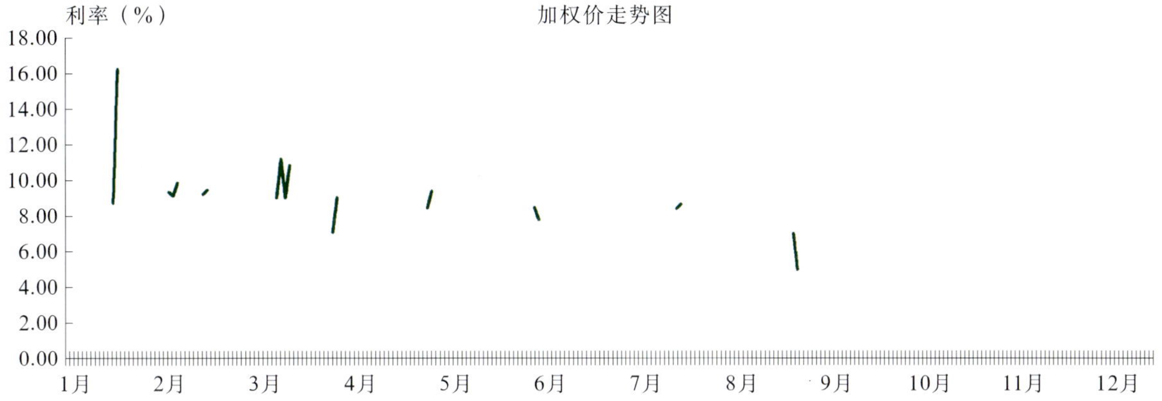

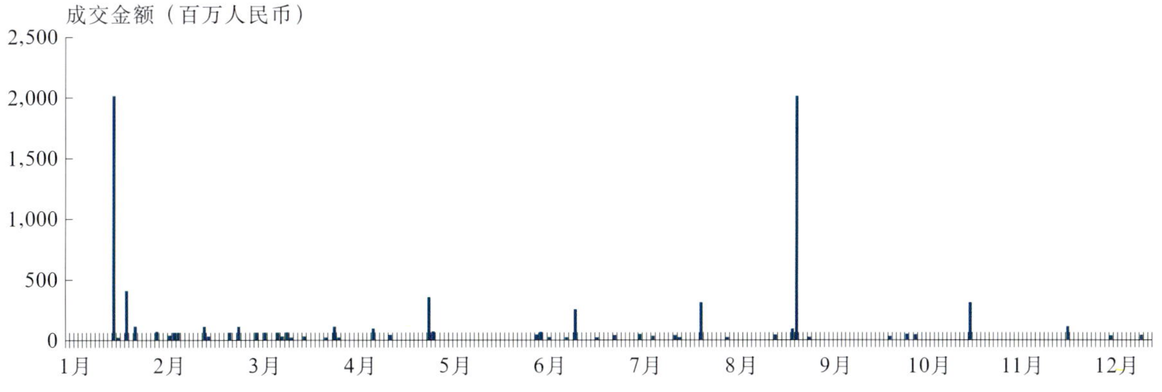

1998年人民币拆借市场（七）：91—120天

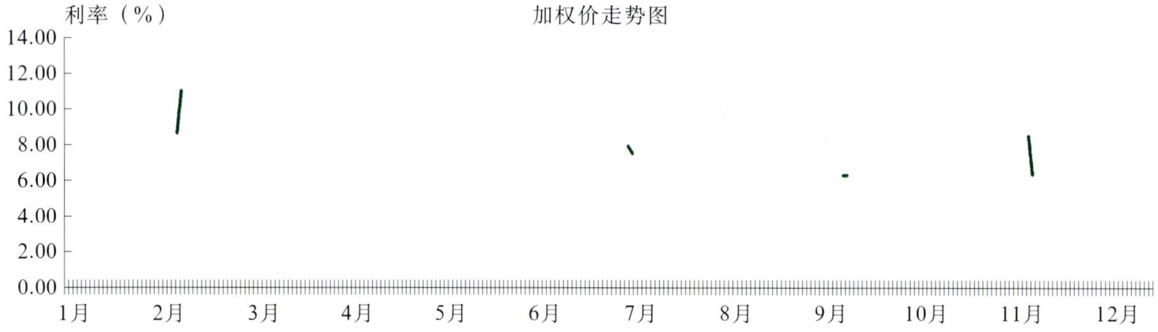

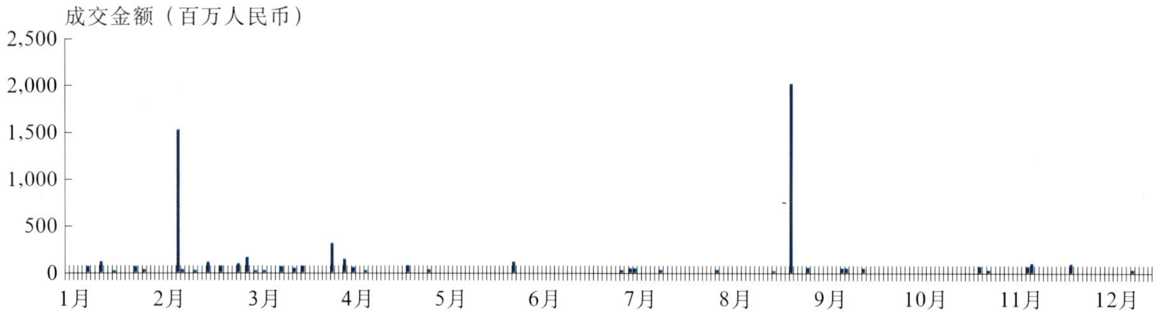

1999年人民币拆借市场（一）：隔夜

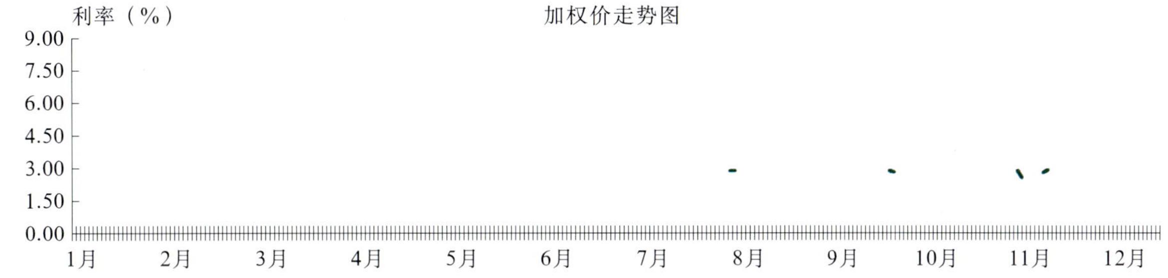

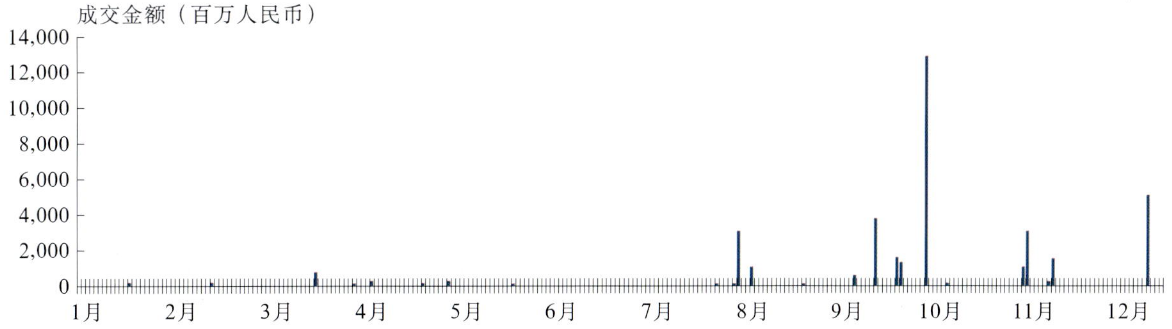

1999年人民币拆借市场（二）：1－7天

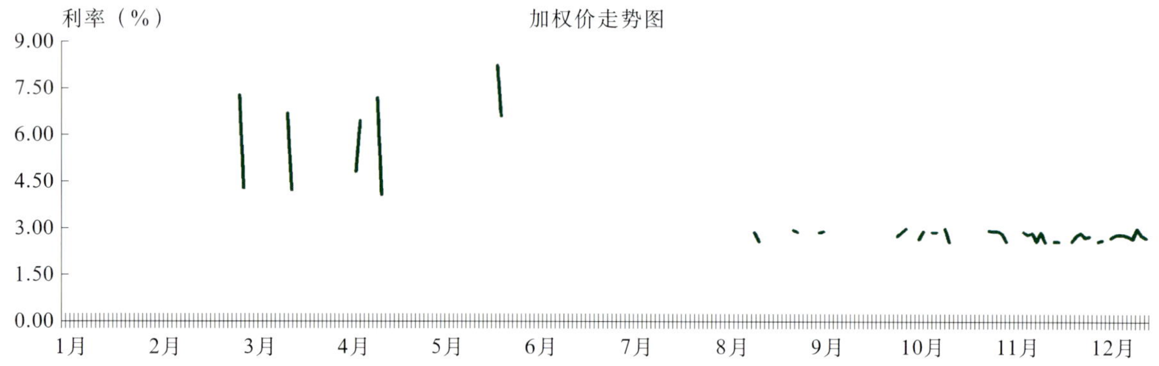

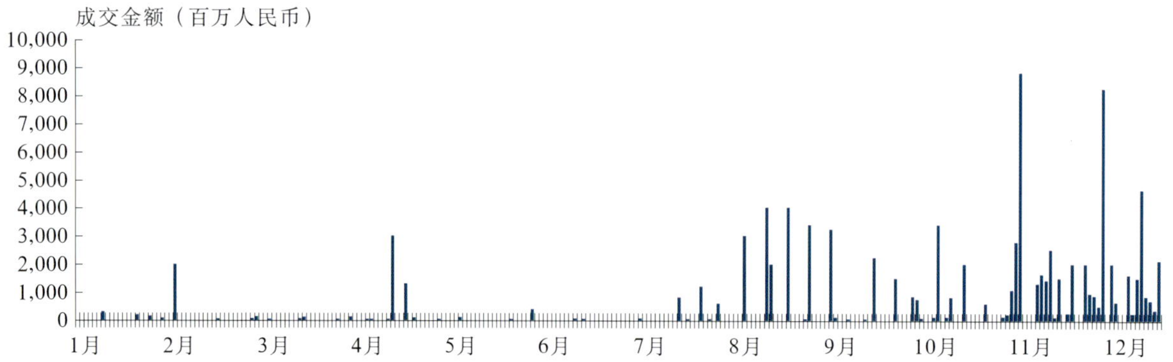

1999年人民币拆借市场（三）：8—20天

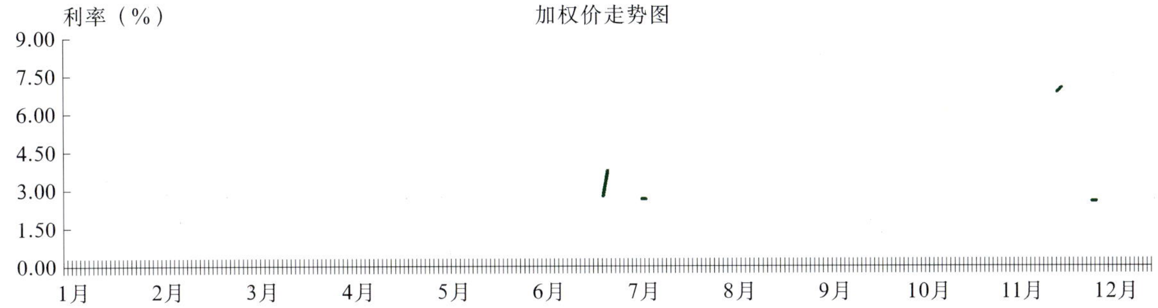

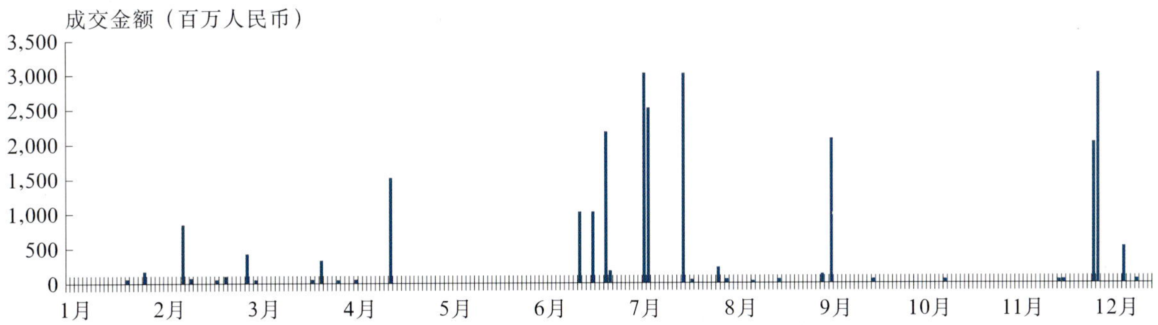

1999年人民币拆借市场（四）：21—30天

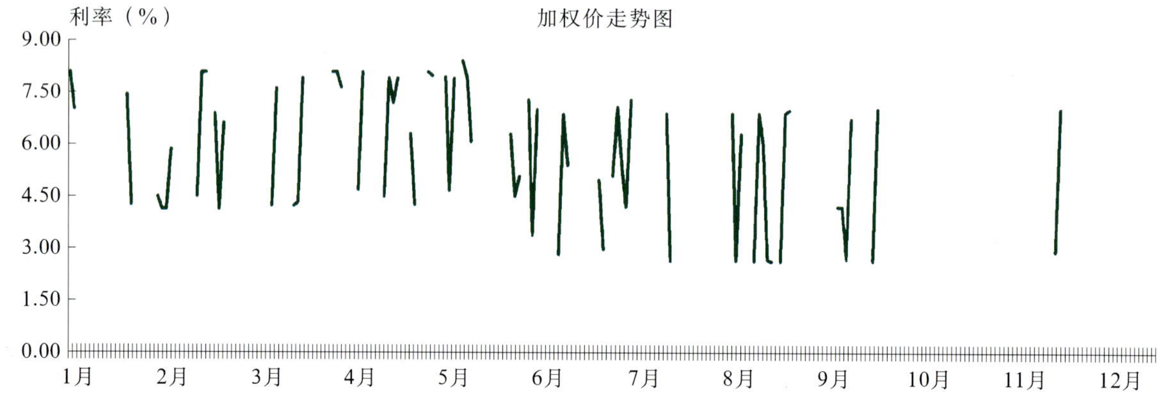

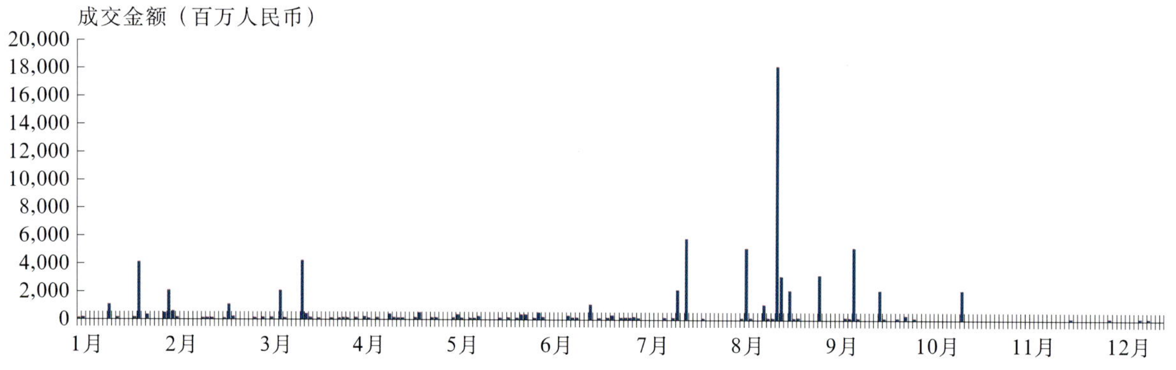

1999年人民币拆借市场（五）：31—60天

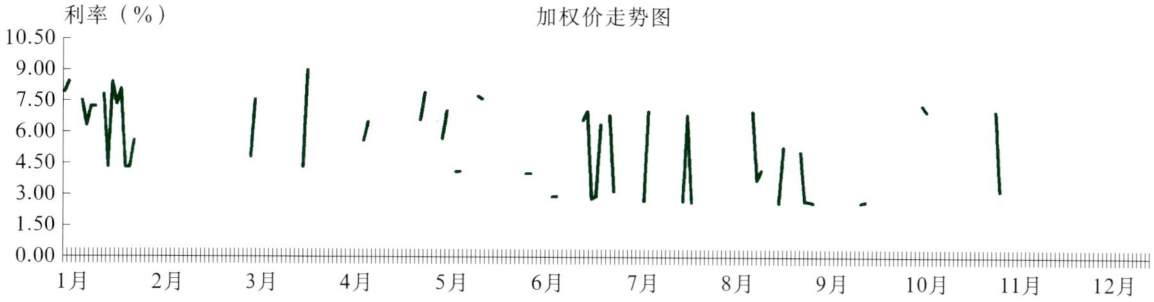

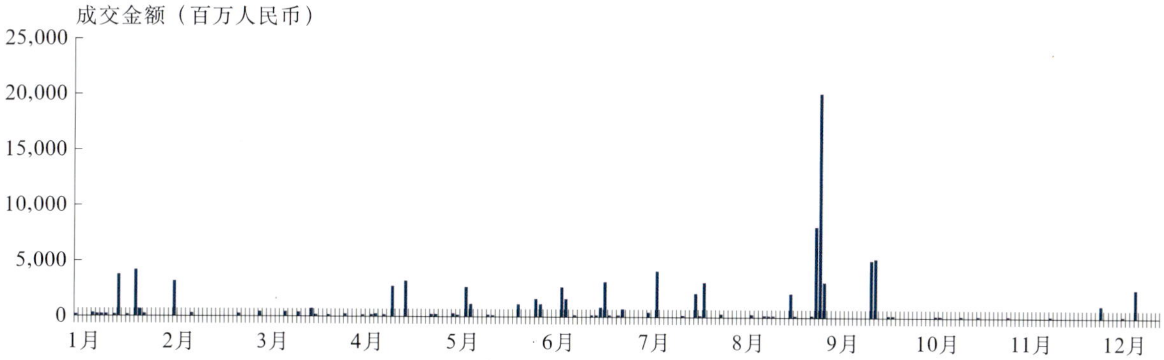

1999年人民币拆借市场（六）：61－90天

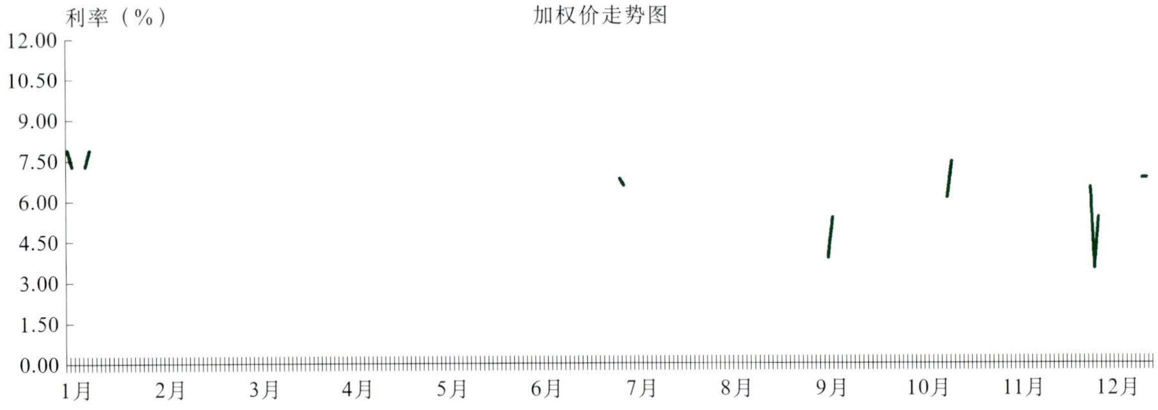

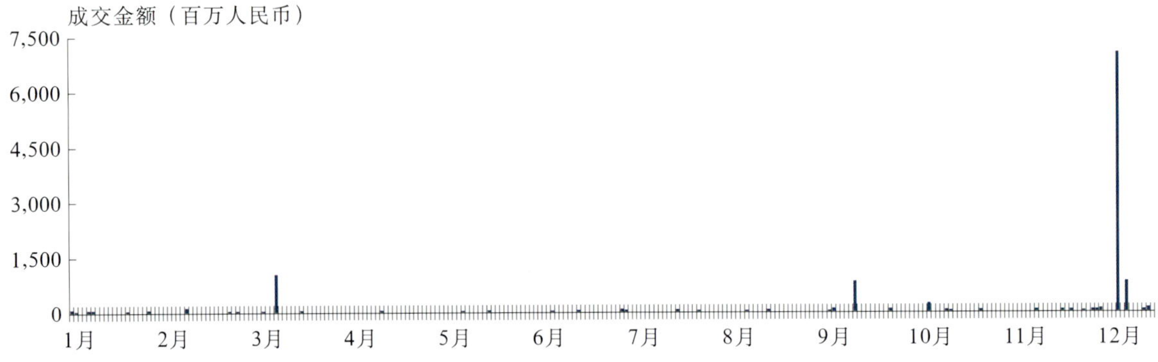

1999年人民币拆借市场（七）：91—120天

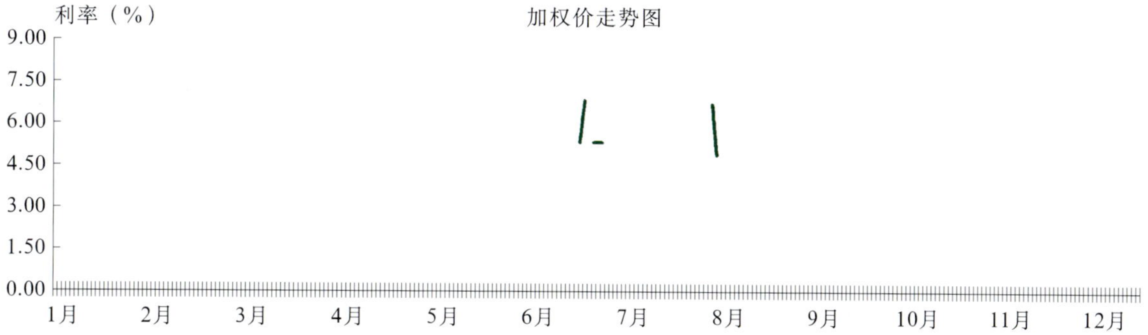

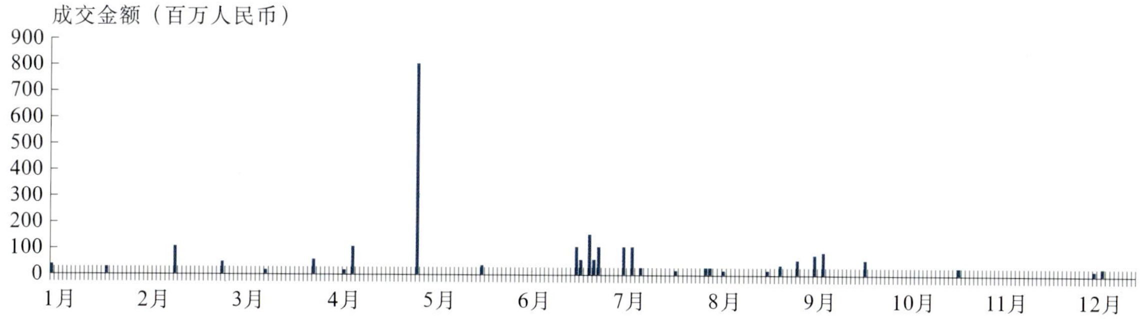

二、1997－1999年全国银行间债券市场行情与统计

（一）报表类

1.1997－1999年全国银行间债券市场债券交易结算行情表（1997年6月－1997年12月）

品种	期初结算价（%）	最高结算价（%）	最低结算价（%）	期末结算价（%）	涨跌幅（%）
回购					
R07D	10.220	10.800	8.517	9.673	-5.352
R14D	10.080	10.080	8.517	8.618	-14.504
R21D	10.290	10.300	8.608	8.608	-16.346
R01M	10.965	10.965	8.314	8.699	-20.666
R02M	11.600	11.600	8.314	8.559	-26.216
R03M	10.756	10.756	8.517	8.860	-17.627
R04M	11.310	11.310	8.245	8.718	-22.918
R06M					
R09M					
R01Y					
现货					
96国债（6）	130.900	130.900	109.500	109.500	-16.348
97国债（1）	88.500	88.500	88.500	88.500	0.000
97国债（3）	100.000	101.700	100.000	101.700	1.700

	平均结算价（%）	债券结算额（万元）	资金结算额（万元）	交割笔数	平均结算额（万元）	年收益率（%）
	9.110	2,985,073.000	2,986,688.200	165	18,101.141	
	9.775	410,000.000	410,000.000	23	17,826.087	
	9.481	397,000.000	397,000.000	23	17,260.870	
	9.935	257,000.000	255,000.000	8	31,875.000	
	8.598	406,500.000	406,500.000	20	20,325.000	
	8.662	599,000.000	602,100.000	32	18,815.625	
	9.003	389,823.000	391,088.200	40	9,777.205	
	8.901	525,750.000	525,000.000	19	27,631.579	
		0.000	0.000	0	0.000	
		0.000	0.000	0	0.000	
		0.000	0.000	0	0.000	
		86,960.000	57,298.320	10	5,729.832	
	29.471	41,000.000	12,083.000	4	3,020.750	7.633
	88.500	8,000.000	7,080.000	1	7,080.000	9.068
	100.462	37,960.000	38,135.320	5	7,627.064	9.783

1997－1999年全国银行间债券市场债券交易结算行情表（1998年1月－1998年12月）

品种	期初结算价（%）	最高结算价（%）	最低结算价（%）	期末结算价（%）	涨跌幅（%）
回购					
R07D	8.517	8.979	2.332	4.076	−52.143
R14D	7.679	8.760	3.279	4.198	−45.331
R21D	8.719	9.125	4.058	4.177	−52.093
R01M	8.486	9.812	4.258	4.410	−48.032
R02M	8.679	9.812	4.197	4.867	−43.922
R03M	8.621	10.228	4.498	4.498	−47.825
R04M	8.566	9.064	4.336	4.626	−45.996
R06M	5.344	5.344	5.171	5.171	−3.237
R09M					
R01Y					
现货					
96国债（3）	142.000	142.000	142.000	142.000	0.000
96国债（6）	141.000	141.000	139.850	140.500	−0.355
96国债（7）	122.000	129.000	121.500	122.300	0.246
96国债（8）	124.900	124.900	113.000	122.800	−1.681
97国债（1）	99.450	99.450	99.450	99.450	0.000
98专项国债	104.300	105.800	99.000	101.260	−2.915

	平均结算价（%）	债券结算额（万元）	资金结算额（万元）	交割笔数	平均结算额（万元）	年收益率（%）
	5.690	10,113,530.000	10,128,770.550	1,105	9,166.308	
	5.098	3,683,800.000	3,697,600.500	322	11,483.231	
	5.392	1,750,800.000	1,757,300.000	133	13,212.782	
	5.620	808,400.000	807,900.050	73	11,067.124	
	5.767	1,626,600.000	1,624,900.000	267	6,085.768	
	6.837	1,269,000.000	1,269,395.000	166	7,646.958	
	7.079	603,590.000	600,135.000	99	6,061.970	
	6.675	366,140.000	366,340.000	42	8,722.381	
	5.271	5,200.000	5,200.000	3	1,733.333	
		0.000	0.000	0	0.000	
		0.000	0.000	0	0.000	
		307,174.000	344,368.011	41	8,399.220	
	142.000	9,345.000	13,269.900	1	13,269.900	4.820
	140.575	15,357.000	21,588.080	5	4,317.616	5.483
	125.397	92,149.000	115,552.360	7	16,507.480	6.351
	115.698	14,000.000	16,197.700	4	4,049.425	4.415
	99.450	40,263.000	40,041.554	1	40,041.554	6.308
	101.219	136,060.000	137,718.417	23	5,987.757	6.500

1997－1999年全国银行间债券市场债券交易结算行情表（1999年1月－1999年12月）

品种	期初结算价（%）	最高结算价（%）	最低结算价（%）	期末结算价（%）	涨跌幅（%）
回购					
R07D	4.106	5.133	1.040	2.570	−37.409
R14D	4.106	4.422	2.229	2.640	−35.704
R21D	4.532	4.563	2.570	2.640	−41.748
R01M	4.867	5.019	1.813	2.650	−45.552
R02M	4.364	5.171	1.547	2.736	−37.305
R03M	4.909	7.312	2.620	2.820	−42.554
R04M	4.826	7.542	2.750	2.800	−41.981
R06M	5.080	5.171	2.745	3.000	−40.945
R09M					
R01Y	2.300	3.000	2.300	3.000	30.435
现货					
96国债（6）	152.620	152.790	145.000	152.680	0.039
96国债（7）	132.120	132.120	132.120	132.120	0.000
96国债（8）	119.000	119.100	119.000	119.100	0.084
98国开债3	104.430	104.800	104.430	104.800	0.354
98进出债1	102.520	102.520	102.520	102.520	0.000
98国开债4	105.500	105.600	104.800	104.800	−0.664
98进出债2	102.710	102.710	102.710	102.710	0.000

	平均结算价（%）	债券结算额（万元）	资金结算额（万元）	交割笔数	平均结算额（万元）	年收益率（%）
	3.073	39,488,779.000	39,530,289.550	3586	11,020.990	
	2.907	16,208,609.000	16,209,355.000	1455	11,140.450	
	3.032	9,306,440.000	9,297,690.000	712	13,058.553	
	3.306	2,706,370.000	2,707,402.720	275	9,845.101	
	3.172	4,834,239.000	4,876,278.180	457	10,670.193	
	3.376	3,515,447.000	3,521,162.400	381	9,266.217	
	3.283	2,406,054.000	2,406,781.250	256	9,401.489	
	3.846	299,400.000	299,400.000	27	11,088.889	
	3.852	187,220.000	187,220.000	22	8,510.000	
		0.000	0.000	0	0.000	
	2.860	25,000.000	25,000.000	2	12,500.000	
		983,742.000	1,050,912.287	107	9,821.610	
	151.883	59,105.000	89,770.485	8	11,221.311	3.240
	132.120	3,810.000	5,033.772	1	5,033.772	3.230
	119.050	10,000.000	11,905.000	2	5,952.500	3.343
	104.681	180,000.000	188,426.000	6	31,404.333	3.057
	102.520	5,000.000	5,126.000	1	5,126.000	2.416
	105.425	152,000.000	106,246.000	4	40,061.500	3.181
	102.710	5,000.000	5,135.500	1	5,135.500	14.644

品种	期初结算价（%）	最高结算价（%）	最低结算价（%）	期末结算价（%）	涨跌幅（%）
98国开债5	104.960	104.960	100.000	100.000	−4.726
99国开01	101.500	107.320	100.000	105.500	3.941
99国开02	104.180	104.180	100.000	103.850	−0.317
99国开03	99.900	99.900	99.900	99.900	0.000
99国开04	101.280	104.380	101.280	102.000	0.711
99国开06	100.000	100.850	100.000	100.250	0.250
99国开08	101.400	101.400	100.000	100.000	−1.381
99国开10	100.000	100.570	100.000	100.570	0.570
99进出债3	100.450	100.450	100.450	100.450	0.000
99国开11	104.450	104.450	104.320	104.320	−0.124
99国开12	100.630	100.630	100.630	100.630	0.000
97国债（3）	123.150	126.100	123.150	125.400	1.827
98专项国债	118.650	121.480	100.000	104.830	−11.648
99国债1	100.000	112.000	100.000	100.000	0.000
99国债2	100.000	100.300	100.000	100.300	0.300
99国债3	101.700	101.700	100.600	100.600	−1.082
99国债5	100.000	100.000	100.000	100.000	0.000
99国债6	101.600	101.600	101.600	101.600	0.000
99国债7	100.000	100.000	100.000	100.000	0.000
99国债9	100.100	100.220	100.100	100.100	0.000
99国债10	100.000	100.000	100.000	100.000	0.000

续 表

	平均结算价（%）	债券结算额（万元）	资金结算额（万元）	交割笔数	平均结算额（万元）	年收益率（%）
	103.543	7,000.000	7,248.000	2	3,624.000	7.337
	103.246	42,500.000	43,879.400	10	4,387.940	4.464
	103.679	100,000.000	103,679.000	6	17,279.833	4.205
	99.900	4,500.000	4,495.500	1	4,495.500	1.740
	102.638	79,000.000	81,083.900	7	11,583.414	2.784
	100.250	7,900.000	7,919.750	4	1,979.938	3.111
	101.093	15,000.000	15,164.000	4	3,791.000	3.264
	100.174	5,000.000	5,008.700	3	1,669.567	2.957
	100.450	10,000.000	10,045.000	1	10,045.000	2.591
	104.438	11,000.000	11,488.200	2	5,744.100	2.838
	100.630	7,000.000	7,044.100	2	3,522.050	3.135
	125.710	9,366.000	11,774.026	3	3,924.675	2.666
	116.232	12,777.000	14,850.910	4	3,712.727	4.583
	101.853	119,200.000	121,408.500	22	5,518.568	4.543
	100.240	25,000.000	25,060.000	2	12,530.000	4.700
	101.150	10,000.000	10,115.000	2	5,057.500	3.006
	100.000	1,000.000	1,000.000	1	1,000.000	3.280
	101.600	88,584.000	90,001.344	3	30,000.448	2.068
	100.000	1,000.000	1,000.000	1	1,000.000	2.600
	100.140	3,000.000	3,004.200	3	1,001.400	3.280
	100.000	10,000.000	10,000.000	1	10,000.000	2.850

2.1997－1999年全国银行间债券市场债券交易结算量排名榜（1997年6月－1997年12月）

序号	成员简称	债券交割额（万元）	比重Ⅰ（%）	付券量（万元）	比重Ⅱ（%）	收券量（万元）	比重Ⅲ（%）
	总计	6,144,066.00	100.00	3,072,033.00	100.00	3,072,033.00	100.00
1	中国银行	1,788,000.00	29.10	1,770,000.00	57.62	18,000.00	0.59
2	中信银行	460,000.00	7.49	30,000.00	0.98	430,000.00	14.00
3	交通银行	419,000.00	6.82	0.00	0.00	419,000.00	13.64
4	上海银行	416,550.00	6.78	0.00	0.00	416,550.00	13.56
5	招商银行	364,700.00	5.94	100,000.00	3.26	264,700.00	8.62
6	建设银行	360,000.00	5.86	304,000.00	9.90	56,000.00	1.82
7	南京城合	330,000.00	5.37	96,000.00	3.12	234,000.00	7.62
8	北京城合	300,000.00	4.88	50,000.00	1.63	250,000.00	8.14
9	农业银行	293,000.00	4.77	0.00	0.00	293,000.00	9.54
10	工商银行	250,000.00	4.07	0.00	0.00	250,000.00	8.14
11	投资银行	215,960.00	3.51	200,000.00	6.51	15,960.00	0.52
12	光大银行	159,000.00	2.59	38,000.00	1.24	121,000.00	3.94
13	广州城合	102,823.00	1.67	102,823.00	3.35	0.00	0.00
14	浦东发展	100,000.00	1.63	30,000.00	0.98	70,000.00	2.28
15	成都城合	79,960.00	1.30	79,960.00	2.60	0.00	0.00
16	天津城合	79,000.00	1.29	0.00	0.00	79,000.00	2.57
17	民生银行	62,823.00	1.02	31,000.00	1.01	31,823.00	1.04
18	福建兴业	57,000.00	0.93	54,000.00	1.76	3,000.00	0.10
19	广东发展	56,700.00	0.92	56,700.00	1.85	0.00	0.00
20	华夏银行	50,000.00	0.81	0.00	0.00	50,000.00	1.63
21	重庆城合	50,000.00	0.81	50,000.00	1.63	0.00	0.00
22	杭州城合	46,000.00	0.75	5,000.00	0.16	41,000.00	1.33
23	福州城合	28,000.00	0.46	18,000.00	0.59	10,000.00	0.33
24	珠海城合	20,000.00	0.33	18,000.00	0.59	2,000.00	0.07
25	深圳城合	13,000.00	0.21	13,000.00	0.42	0.00	0.00
26	青岛城合	11,550.00	0.19	11,550.00	0.38	0.00	0.00
27	厦门城合	10,000.00	0.16	10,000.00	0.33	0.00	0.00
28	马鞍山城合	9,000.00	0.15	0.00	0.00	9,000.00	0.29
29	昆明城合	8,000.00	0.13	0.00	0.00	8,000.00	0.26
30	丹东城合	3,000.00	0.05	3,000.00	0.10	0.00	0.00
31	鞍山城合	1,000.00	0.02	1,000.00	0.03	0.00	0.00

	交易总笔数	融入笔数	融出笔数	卖出笔数	买入笔数
	350	165	165	10	10
	29	27	2	0	0
	11	2	9	0	0
	24	0	24	0	0
	18	0	18	0	0
	13	3	10	0	0
	12	6	3	1	2
	43	13	29	1	0
	22	1	20	0	1
	12	0	12	0	0
	6	0	6	0	0
	16	11	1	1	3
	12	6	5	0	1
	27	27	0	0	0
	4	1	3	0	0
	22	18	0	4	0
	7	0	5	0	2
	11	2	7	1	1
	8	7	1	0	0
	8	6	0	2	0
	1	0	1	0	0
	10	10	0	0	0
	4	1	3	0	0
	5	3	2	0	0
	7	6	1	0	0
	6	6	0	0	0
	4	4	0	0	0
	2	2	0	0	0
	1	0	1	0	0
	2	0	2	0	0
	2	2	0	0	0
	1	1	0	0	0

1997－1999年全国银行间债券市场债券交易结算量排名榜（1998年1月－1998年12月）

序号	成员简称	债券交割额（万元）	比重Ⅰ（%）	付券量（万元）	比重Ⅱ（%）	收券量（万元）	比重Ⅲ（%）
	总计	20,841,408.00	100.00	10,420,704.00	100.00	10,420,704.00	100.00
1	北京城合	2,741,808.00	13.16	730,000.00	7.01	2,011,808.00	19.31
2	投资银行	2,357,438.00	11.31	2,233,957.00	21.44	123,481.00	1.18
3	南京城合	2,049,586.00	9.83	798,500.00	7.66	1,251,086.00	12.01
4	中信银行	1,674,000.00	8.03	745,000.00	7.15	929,000.00	8.91
5	广东发展	1,274,690.00	6.12	1,134,000.00	10.88	140,690.00	1.35
6	招商银行	1,220,932.00	5.86	900,101.00	8.64	320,831.00	3.08
7	交通银行	970,600.00	4.66	0.00	0.00	970,600.00	9.31
8	建设银行	846,849.00	4.06	151,250.00	1.45	695,599.00	6.68
9	上海银行	776,800.00	3.73	85,000.00	0.82	691,800.00	6.64
10	杭州城合	742,800.00	3.56	527,500.00	5.06	215,300.00	2.07
11	无锡城合	666,600.00	3.20	3,000.00	0.03	663,600.00	6.37
12	光大银行	627,850.00	3.01	440,000.00	4.22	187,850.00	1.80
13	民生银行	396,259.00	1.90	189,000.00	1.81	207,259.00	1.99
14	武汉城合	370,000.00	1.78	0.00	0.00	370,000.00	3.55
15	广州城合	331,106.00	1.59	331,106.00	3.18	0.00	0.00
16	青岛城合	323,600.00	1.55	312,100.00	2.99	11,500.00	0.11
17	农业银行	278,000.00	1.33	0.00	0.00	278,000.00	2.67
18	宁波城合	259,250.00	1.24	115,000.00	1.10	144,250.00	1.38
19	福建兴业	222,900.00	1.07	40,000.00	0.38	182,900.00	1.76
20	中国银行	206,000.00	0.99	150,000.00	1.44	56,000.00	0.54
21	汕头城合	192,000.00	0.92	192,000.00	1.84	0.00	0.00
22	深圳发展	165,000.00	0.79	165,000.00	1.58	0.00	0.00
23	重庆城合	163,000.00	0.78	163,000.00	1.56	0.00	0.00
24	华夏银行	154,000.00	0.74	35,000.00	0.34	119,000.00	1.14
25	深圳城合	148,400.00	0.71	148,400.00	1.42	0.00	0.00
26	浦东发展	137,000.00	0.66	20,000.00	0.19	117,000.00	1.12
27	南通城合	124,500.00	0.60	13,000.00	0.12	111,500.00	1.07
28	合肥城合	114,000.00	0.55	0.00	0.00	114,000.00	1.09
29	苏州城合	102,000.00	0.49	0.00	0.00	102,000.00	0.98
30	昆明城合	91,000.00	0.44	0.00	0.00	91,000.00	0.87
31	大连城合	80,531.00	0.39	80,531.00	0.77	0.00	0.00

	交易总笔数	融入笔数	融出笔数	卖出笔数	买入笔数
	2,292	1,105	1,105	41	41
	177	27	145	0	5
	168	142	10	13	3
	284	102	171	0	11
	94	30	64	0	0
	84	56	25	0	3
	46	21	22	2	1
	82	0	82	0	0
	38	6	30	1	1
	45	3	42	0	0
	151	93	58	0	0
	83	1	82	0	0
	36	27	7	0	2
	31	9	15	0	7
	55	0	55	0	0
	61	60	0	1	0
	118	114	4	0	0
	12	0	12	0	0
	74	27	47	0	0
	31	4	27	0	0
	7	2	5	0	0
	33	33	0	0	0
	10	10	0	0	0
	33	33	0	0	0
	13	2	11	0	0
	25	25	0	0	0
	9	1	8	0	0
	35	5	30	0	0
	22	0	22	0	0
	14	0	14	0	0
	22	0	22	0	0
	18	14	0	4	0

序号	成员简称	债券交割额（万元）	比重Ⅰ（%）	付券量（万元）	比重Ⅱ（%）	收券量（万元）	比重Ⅲ（%）
32	珠海城合	79,300.00	0.38	79,300.00	0.76	0.00	0.00
33	济南城合	70,000.00	0.34	3,000.00	0.03	67,000.00	0.64
34	鞍山城合	69,000.00	0.33	69,000.00	0.66	0.00	0.00
35	常州城合	69,000.00	0.33	12,000.00	0.12	57,000.00	0.55
36	成都城合	67,000.00	0.32	61,000.00	0.59	6,000.00	0.06
37	绍兴城合	58,000.00	0.28	0.00	0.00	58,000.00	0.56
38	天津城合	52,000.00	0.25	45,000.00	0.43	7,000.00	0.07
39	淄博城合	50,500.00	0.24	47,000.00	0.45	3,500.00	0.03
40	长沙城合	48,100.00	0.23	48,100.00	0.46	0.00	0.00
41	烟台城合	48,000.00	0.23	45,000.00	0.43	3,000.00	0.03
42	福州城合	40,000.00	0.19	32,000.00	0.31	8,000.00	0.08
43	佛山城合	38,200.00	0.18	28,200.00	0.27	10,000.00	0.10
44	沈阳城合	32,119.00	0.15	32,119.00	0.31	0.00	0.00
45	马鞍山城合	30,050.00	0.14	8,700.00	0.08	21,350.00	0.20
46	石家庄城合	28,200.00	0.14	24,000.00	0.23	4,200.00	0.04
47	厦门城合	22,500.00	0.11	6,000.00	0.06	16,500.00	0.16
48	安庆城合	21,100.00	0.10	6,000.00	0.06	15,100.00	0.14
49	丹东城合	21,000.00	0.10	21,000.00	0.20	0.00	0.00
50	芜湖城合	18,500.00	0.09	8,500.00	0.08	10,000.00	0.10
51	抚顺城合	17,359.00	0.08	17,359.00	0.17	0.00	0.00
52	柳州城合	14,000.00	0.07	0.00	0.00	14,000.00	0.13
53	乌市城合	14,000.00	0.07	14,000.00	0.13	0.00	0.00
54	贵阳城合	11,000.00	0.05	11,000.00	0.11	0.00	0.00
55	宜昌城合	10,800.00	0.05	10,800.00	0.10	0.00	0.00

续 表

	交易总笔数	融入笔数	融出笔数	卖出笔数	买入笔数
	30	30	0	0	0
	17	1	16	0	0
	38	38	0	0	0
	20	5	15	0	0
	16	14	2	0	0
	19	0	19	0	0
	8	6	1	0	1
	20	17	3	0	0
	11	11	0	0	0
	12	11	1	0	0
	17	15	2	0	0
	18	15	2	1	0
	1	0	0	1	0
	16	8	6	1	1
	6	4	2	0	0
	7	2	5	0	0
	12	3	5	0	4
	20	20	0	0	0
	10	7	3	0	0
	8	4	0	4	0
	3	0	3	0	0
	5	5	0	0	0
	4	4	0	0	0
	3	3	0	0	0

序号	成员简称	债券交割额（万元）	比重 I（%）	付券量（万元）	比重 II（%）	收券量（万元）	比重 III（%）
56	郑州城合	10,101.00	0.05	10,101.00	0.10	0.00	0.00
57	金华城合	10,000.00	0.05	10,000.00	0.10	0.00	0.00
58	乐山城合	8,300.00	0.04	8,300.00	0.08	0.00	0.00
59	长春城合	7,000.00	0.03	7,000.00	0.07	0.00	0.00
60	开封城合	6,780.00	0.03	6,780.00	0.07	0.00	0.00
61	临沂城合	6,231.00	0.03	6,231.00	0.06	0.00	0.00
62	英国汇丰	6,000.00	0.03	3,000.00	0.03	3,000.00	0.03
63	辽阳城合	6,000.00	0.03	0.00	0.00	6,000.00	0.06
64	盐城城合	5,617.00	0.03	5,617.00	0.05	0.00	0.00
65	湛江城合	5,031.00	0.02	5,031.00	0.05	0.00	0.00
66	湘潭城合	5,000.00	0.02	5,000.00	0.05	0.00	0.00
67	南宁城合	4,558.00	0.02	4,558.00	0.04	0.00	0.00
68	张家口城信社	3,000.00	0.01	3,000.00	0.03	0.00	0.00
69	潍坊城合	3,000.00	0.01	3,000.00	0.03	0.00	0.00
70	哈尔滨城合	3,000.00	0.01	0.00	0.00	3,000.00	0.03
71	南昌城合	3,000.00	0.01	3,000.00	0.03	0.00	0.00
72	岳阳城合	2,872.00	0.01	2,872.00	0.03	0.00	0.00
73	荆州城合	2,482.00	0.01	2,482.00	0.02	0.00	0.00
74	株州城合	1,800.00	0.01	1,800.00	0.02	0.00	0.00
75	吉林城合	1,109.00	0.01	1,109.00	0.01	0.00	0.00
76	工行上海	1,000.00	0.00	0.00	0.00	1,000.00	0.01
77	扬州城合	1,000.00	0.00	0.00	0.00	1,000.00	0.01
78	工行北京	300.00	0.00	300.00	0.00	0.00	0.00

续 表

	交易总笔数	融入笔数	融出笔数	卖出笔数	买入笔数
	2	0	0	2	0
	8	7	0	1	0
	5	4	0	1	0
	1	0	0	1	0
	4	4	0	0	0
	1	0	0	1	0
	6	3	1	0	2
	4	0	4	0	0
	1	0	0	1	0
	1	0	0	1	0
	3	3	0	0	0
	1	0	0	1	0
	2	2	0	0	0
	3	3	0	0	0
	3	0	3	0	0
	1	1	0	0	0
	5	4	0	1	0
	2	1	0	1	0
	3	3	0	0	0
	1	0	0	1	0
	1	0	1	0	0
	1	0	1	0	0
	1	0	0	1	0

1997－1999年全国银行间债券市场债券交易结算量排名榜（1999年1月－1999年12月）

序号	成员简称	债券交割额（万元）	比重Ⅰ（%）	付券量（万元）	比重Ⅱ（%）	收券量（万元）	比重Ⅲ（%）
	总计	80,949,042.00	100.00	40,474,521.00	100.00	40,474,521.00	100.00
1	工商银行	8,859,331.00	10.94	418,584.00	1.03	8,440,747.00	20.85
2	南京商行	6,737,792.00	8.32	4,570,105.00	11.29	2,167,687.00	5.36
3	北京商行	6,159,340.00	7.61	2,754,800.00	6.81	3,404,540.00	8.41
4	中国银行	5,870,641.00	7.25	5,035,000.00	12.44	835,641.00	2.06
5	上海银行	5,077,300.00	6.27	892,000.00	2.20	4,185,300.00	10.34
6	建设银行	4,297,900.00	5.31	1,150,000.00	2.84	3,147,900.00	7.78
7	交通银行	4,023,777.00	4.97	0.00	0.00	4,023,777.00	9.94
8	中信银行	3,764,000.00	4.65	3,187,000.00	7.87	577,000.00	1.43
9	杭州商行	2,711,600.00	3.35	2,224,100.00	5.50	487,500.00	1.20
10	浦东发展	2,622,810.00	3.24	170,000.00	0.42	2,452,810.00	6.06
11	广东发展	2,556,876.00	3.16	2,466,810.00	6.09	90,066.00	0.22
12	深圳商行	2,451,600.00	3.03	2,388,600.00	5.90	63,000.00	0.16
13	福建兴业	2,375,190.00	2.93	1,645,000.00	4.06	730,190.00	1.80
14	光大银行	2,048,060.00	2.53	1,713,000.00	4.23	335,060.00	0.83
15	无锡商行	2,009,300.00	2.48	196,000.00	0.48	1,813,300.00	4.48
16	招商银行	1,930,500.00	2.38	731,000.00	1.81	1,199,500.00	2.96
17	常熟农信	1,343,000.00	1.66	252,000.00	0.62	1,091,000.00	2.70
18	武汉商行	1,210,800.00	1.50	413,000.00	1.02	797,800.00	1.97
19	民生银行	1,041,950.00	1.29	870,000.00	2.15	171,950.00	0.42
20	天津商行	988,400.00	1.22	934,100.00	2.31	54,300.00	0.13
21	东莞农信	801,500.00	0.99	18,000.00	0.04	783,500.00	1.94
22	淄博商行	781,241.00	0.97	674,241.00	1.67	107,000.00	0.26
23	大连商行	543,800.00	0.67	474,500.00	1.17	69,300.00	0.17
24	广州商行	520,000.00	0.64	520,000.00	1.28	0.00	0.00
25	农业银行	510,000.00	0.63	100,000.00	0.25	410,000.00	1.01

	交易总笔数	融入笔数	融出笔数	卖出笔数	买入笔数
	7,388	3,587	3,587	107	107
	213	2	205	3	3
	782	373	380	13	16
	405	74	313	7	11
	77	36	38	1	2
	468	23	442	1	2
	121	2	119	0	0
	261	0	261	0	0
	131	106	22	1	2
	440	311	127	2	0
	131	4	123	0	4
	123	96	20	4	3
	219	211	8	0	0
	135	48	87	0	0
	64	42	22	0	0
	318	25	291	0	2
	88	12	74	1	1
	126	22	101	1	2
	213	55	148	3	7
	58	37	21	0	0
	94	71	15	6	2
	73	1	71	1	0
	261	231	23	2	5
	130	112	18	0	0
	85	85	0	0	0
	7	1	6	0	0

序号	成员简称	债券交割额（万元）	比重 I（%）	付券量（万元）	比重 II（%）	收券量（万元）	比重 III（%）
26	青岛商行	486,400.00	0.60	450,400.00	1.11	36,000.00	0.09
27	宁波商行	485,490.00	0.60	339,500.00	0.84	145,990.00	0.36
28	工行上海	470,000.00	0.58	400,000.00	0.99	70,000.00	0.17
29	重庆商行	440,818.00	0.54	422,818.00	1.04	18,000.00	0.04
30	乌鲁木齐	342,000.00	0.42	302,000.00	0.75	40,000.00	0.10
31	长沙商行	339,000.00	0.42	311,000.00	0.77	28,000.00	0.07
32	烟台住房	291,000.00	0.36	213,000.00	0.53	78,000.00	0.19
33	济南商行	284,000.00	0.35	212,000.00	0.52	72,000.00	0.18
34	常州商行	276,200.00	0.34	189,000.00	0.47	87,200.00	0.22
35	华夏银行	250,000.00	0.31	230,000.00	0.57	20,000.00	0.05
36	温州商行	242,900.00	0.30	46,000.00	0.11	196,900.00	0.49
37	芜湖商行	234,200.00	0.29	66,000.00	0.16	168,200.00	0.42
38	平安保险	232,400.00	0.29	201,400.00	0.50	31,000.00	0.08
39	南通商行	230,500.00	0.28	117,000.00	0.29	113,500.00	0.28
40	汕头商行	222,440.00	0.27	222,440.00	0.55	0.00	0.00
41	合肥商行	215,300.00	0.27	59,000.00	0.15	156,300.00	0.39
42	深圳发展	214,000.00	0.26	190,000.00	0.47	24,000.00	0.06
43	海安农信	211,000.00	0.26	111,000.00	0.27	100,000.00	0.25
44	广州农信	183,600.00	0.23	23,000.00	0.06	160,600.00	0.40
45	江阴农信	180,500.00	0.22	98,500.00	0.24	82,000.00	0.20
46	交行南京	180,000.00	0.22	0.00	0.00	180,000.00	0.44
47	柳州商行	163,100.00	0.20	0.00	0.00	163,100.00	0.40
48	哈尔滨商行	154,000.00	0.19	110,000.00	0.27	44,000.00	0.11
49	福州商行	147,500.00	0.18	93,000.00	0.23	54,500.00	0.13
50	安庆商行	147,000.00	0.18	108,000.00	0.27	39,000.00	0.10
51	深圳农信	140,000.00	0.17	10,000.00	0.02	130,000.00	0.32

续 表

	交易总笔数	融入笔数	融出笔数	卖出笔数	买入笔数
	231	223	8	0	0
	140	86	53	0	1
	6	5	1	0	0
	77	74	3	0	0
	67	64	3	0	0
	62	54	7	1	0
	35	16	13	5	1
	67	55	9	0	3
	93	60	33	0	0
	11	10	1	0	0
	65	9	54	2	0
	91	30	60	0	1
	17	7	1	8	1
	58	27	29	2	0
	39	38	0	1	0
	55	11	44	0	0
	11	8	3	0	0
	8	1	0	4	3
	19	0	18	1	0
	50	29	19	0	2
	21	0	21	0	0
	60	0	60	0	0
	25	13	12	0	0
	26	17	9	0	0
	79	61	17	1	0
	10	0	9	1	0

序号	成员简称	债券交割额（万元）	比重Ⅰ（%）	付券量（万元）	比重Ⅱ（%）	收券量（万元）	比重Ⅲ（%）
52	鄞县农信	133,500.00	0.16	124,500.00	0.31	9,000.00	0.02
53	昆明商行	126,000.00	0.16	122,000.00	0.30	4,000.00	0.01
54	成都商行	121,000.00	0.15	115,000.00	0.28	6,000.00	0.01
55	鞍山商行	115,500.00	0.14	115,500.00	0.29	0.00	0.00
56	交行上海	114,000.00	0.14	15,000.00	0.04	99,000.00	0.24
57	厦门商行	105,000.00	0.13	102,000.00	0.25	3,000.00	0.01
58	珠海商行	104,500.00	0.13	104,500.00	0.26	0.00	0.00
59	义乌农信	95,000.00	0.12	83,000.00	0.21	12,000.00	0.03
60	武进农信	91,000.00	0.11	22,000.00	0.05	69,000.00	0.17
61	烟台商行	90,500.00	0.11	90,500.00	0.22	0.00	0.00
62	南昌商行	85,774.00	0.11	82,600.00	0.20	3,174.00	0.01
63	开封商行	77,340.00	0.10	77,340.00	0.19	0.00	0.00
64	丹东商行	77,200.00	0.10	77,200.00	0.19	0.00	0.00
65	马鞍山商行	75,500.00	0.09	47,000.00	0.12	28,500.00	0.07
66	招商南京	68,500.00	0.08	40,000.00	0.10	28,500.00	0.07
67	佛山商行	66,287.00	0.08	56,287.00	0.14	10,000.00	0.02
68	开元基金	62,010.00	0.08	20,670.00	0.05	41,340.00	0.10
69	绍兴商行	61,500.00	0.08	7,000.00	0.02	54,500.00	0.13
70	太保公司	60,000.00	0.07	45,000.00	0.11	15,000.00	0.04
71	华泰财险	58,060.00	0.07	55,060.00	0.14	3,000.00	0.01
72	金华商行	54,500.00	0.07	49,500.00	0.12	5,000.00	0.01
73	中保人寿	48,105.00	0.06	25,000.00	0.06	23,105.00	0.06
74	镇江商行	48,000.00	0.06	12,000.00	0.03	36,000.00	0.09
75	天元基金	47,244.00	0.06	0.00	0.00	47,244.00	0.12
76	辽阳商行	44,100.00	0.05	44,100.00	0.11	0.00	0.00
77	贵阳商行	43,000.00	0.05	11,000.00	0.03	32,000.00	0.08

续 表

	交易总笔数	融入笔数	融出笔数	卖出笔数	买入笔数
	36	30	3	3	0
	28	26	2	0	0
	17	13	4	0	0
	33	33	0	0	0
	10	0	7	2	1
	29	28	1	0	0
	43	43	0	0	0
	23	19	4	0	0
	25	3	18	2	2
	29	29	0	0	0
	33	32	0	0	1
	25	25	0	0	0
	54	54	0	0	0
	44	31	13	0	0
	14	8	5	0	1
	26	24	0	0	2
	3	1	0	0	2
	22	2	20	0	0
	6	3	0	1	2
	10	7	1	2	0
	27	26	0	0	1
	4	1	0	1	2
	21	7	13	0	1
	1	0	0	0	1
	22	22	0	0	0
	14	3	11	0	0

序号	成员简称	债券交割额（万元）	比重Ⅰ（%）	付券量（万元）	比重Ⅱ（%）	收券量（万元）	比重Ⅲ（%）
78	北京农信	42,000.00	0.05	42,000.00	0.10	0.00	0.00
79	广发证券	40,366.00	0.05	40,366.00	0.10	0.00	0.00
80	通州农信	40,000.00	0.05	33,000.00	0.08	7,000.00	0.02
81	投资银行	40,000.00	0.05	40,000.00	0.10	0.00	0.00
82	苏州商行	38,000.00	0.05	0.00	0.00	38,000.00	0.09
83	济南农信	38,000.00	0.05	0.00	0.00	38,000.00	0.09
84	银川商行	37,500.00	0.05	26,000.00	0.06	11,500.00	0.03
85	锦州商行	37,000.00	0.05	37,000.00	0.09	0.00	0.00
86	江都农信	31,000.00	0.04	14,000.00	0.03	17,000.00	0.04
87	丰台农信	30,800.00	0.04	18,000.00	0.04	12,800.00	0.03
88	扬州商行	27,000.00	0.03	23,000.00	0.06	4,000.00	0.01
89	湖州商行	24,500.00	0.03	0.00	0.00	24,500.00	0.06
90	张家港农信联社	23,000.00	0.03	18,000.00	0.04	5,000.00	0.01
91	泉州商行	22,000.00	0.03	22,000.00	0.05	0.00	0.00
92	栖霞农信	19,000.00	0.02	2,000.00	0.00	17,000.00	0.04
93	岳阳商行	17,200.00	0.02	16,200.00	0.04	1,000.00	0.00
94	英国汇丰	17,000.00	0.02	16,000.00	0.04	1,000.00	0.00
95	湘财证券	15,000.00	0.02	15,000.00	0.04	0.00	0.00
96	中保再保	15,000.00	0.02	15,000.00	0.04	0.00	0.00
97	嘉兴商行	14,500.00	0.02	10,500.00	0.03	4,000.00	0.01
98	宜昌商行	14,400.00	0.02	14,400.00	0.04	0.00	0.00
99	乐山商行	13,500.00	0.02	13,500.00	0.03	0.00	0.00
100	沧州商行	13,000.00	0.02	8,000.00	0.02	5,000.00	0.01
101	桂林商行	12,000.00	0.01	11,000.00	0.03	1,000.00	0.00
102	胜芳城信	10,800.00	0.01	400.00	0.00	10,400.00	0.03
103	新乡商行	10,722.00	0.01	7,722.00	0.02	3,000.00	0.01

续 表

	交易总笔数	融入笔数	融出笔数	卖出笔数	买入笔数
	11	11	0	0	0
	5	3	0	2	0
	9	7	2	0	0
	2	2	0	0	0
	6	0	6	0	0
	11	0	11	0	0
	20	17	2	0	1
	17	17	0	0	0
	10	3	4	2	1
	8	3	3	1	1
	12	10	2	0	0
	4	0	4	0	0
	5	4	1	0	0
	13	13	0	0	0
	7	1	6	0	0
	18	17	0	0	1
	17	15	0	1	1
	3	3	0	0	0
	3	0	0	3	0
	9	7	2	0	0
	4	4	0	0	0
	7	7	0	0	0
	5	4	0	0	1
	7	6	0	0	1
	3	0	0	1	2
	5	1	2	2	0

序号	成员简称	债券交割额（万元）	比重 I（%）	付券量（万元）	比重 II（%）	收券量（万元）	比重 III（%）
104	昆明农信	10,100.00	0.01	8,100.00	0.02	2,000.00	0.00
105	长春商行	10,000.00	0.01	0.00	0.00	10,000.00	0.02
106	兴化农信	10,000.00	0.01	0.00	0.00	10,000.00	0.02
107	张家口城信社	9,600.00	0.01	8,800.00	0.02	800.00	0.00
108	青岛城阳	9,000.00	0.01	4,000.00	0.01	5,000.00	0.01
109	沈阳商行	8,600.00	0.01	8,600.00	0.02	0.00	0.00
110	齐齐哈尔商行	8,500.00	0.01	8,500.00	0.02	0.00	0.00
111	湘潭商行	8,200.00	0.01	8,200.00	0.02	0.00	0.00
112	吴江农信	8,000.00	0.01	6,000.00	0.01	2,000.00	0.00
113	杭州农信	8,000.00	0.01	0.00	0.00	8,000.00	0.02
114	黄石商行	8,000.00	0.01	8,000.00	0.02	0.00	0.00
115	普宁农信	8,000.00	0.01	8,000.00	0.02	0.00	0.00
116	荆州商行	7,150.00	0.01	7,150.00	0.02	0.00	0.00
117	昆山农信	7,000.00	0.01	7,000.00	0.02	0.00	0.00
118	安信基金	6,154.00	0.01	6,154.00	0.02	0.00	0.00
119	淄博张店区农信联社	6,000.00	0.01	0.00	0.00	6,000.00	0.01
120	银座城信	6,000.00	0.01	6,000.00	0.01	0.00	0.00
121	长兴农信	5,500.00	0.01	5,500.00	0.01	0.00	0.00
122	无为农信	5,000.00	0.01	5,000.00	0.01	0.00	0.00
123	大鹏证券	5,000.00	0.01	5,000.00	0.01	0.00	0.00
124	重庆农信	5,000.00	0.01	5,000.00	0.01	0.00	0.00
125	吴县农信	5,000.00	0.01	5,000.00	0.01	0.00	0.00
126	营口商行	4,600.00	0.01	4,600.00	0.01	0.00	0.00
127	晋州农信	4,000.00	0.00	0.00	0.00	4,000.00	0.01
128	株洲商行	4,000.00	0.00	3,000.00	0.01	1,000.00	0.00
129	东台农信	4,000.00	0.00	2,000.00	0.00	2,000.00	0.00

续 表

	交易总笔数	融入笔数	融出笔数	卖出笔数	买入笔数
	4	3	1	0	0
	2	0	2	0	0
	3	0	3	0	0
	8	7	1	0	0
	3	2	1	0	0
	2	2	0	0	0
	9	9	0	0	0
	7	7	0	0	0
	3	2	0	0	1
	2	0	2	0	0
	7	7	0	0	0
	4	3	0	1	0
	4	4	0	0	0
	2	1	0	1	0
	2	2	0	0	0
	2	0	2	0	0
	1	0	0	1	0
	4	4	0	0	0
	5	5	0	0	0
	1	0	0	1	0
	2	2	0	0	0
	1	1	0	0	0
	2	2	0	0	0
	1	0	0	0	1
	6	5	0	0	1
	2	1	0	0	1

序号	成员简称	债券交割额（万元）	比重Ⅰ（%）	付券量（万元）	比重Ⅱ（%）	收券量（万元）	比重Ⅲ（%）
130	石家庄商行	4,000.00	0.00	0.00	0.00	4,000.00	0.01
131	洛阳商行	3,174.00	0.00	3,174.00	0.01	0.00	0.00
132	辛集农信	3,000.00	0.00	0.00	0.00	3,000.00	0.01
133	余杭农信	3,000.00	0.00	3,000.00	0.01	0.00	0.00
134	海宁农信	3,000.00	0.00	3,000.00	0.01	0.00	0.00
135	潍坊商行	3,000.00	0.00	3,000.00	0.01	0.00	0.00
136	溧阳农信	3,000.00	0.00	0.00	0.00	3,000.00	0.01
137	永康农信	3,000.00	0.00	3,000.00	0.01	0.00	0.00
138	宿州农信	3,000.00	0.00	3,000.00	0.01	0.00	0.00
139	富阳农信	2,000.00	0.00	2,000.00	0.00	0.00	0.00
140	日照城市信用社	2,000.00	0.00	2,000.00	0.00	0.00	0.00
141	南宁商行	2,000.00	0.00	0.00	0.00	2,000.00	0.00
142	锡山农信	2,000.00	0.00	2,000.00	0.00	0.00	0.00
143	和县农信	2,000.00	0.00	2,000.00	0.00	0.00	0.00
144	如皋农信	2,000.00	0.00	2,000.00	0.00	0.00	0.00
145	高淳农信	1,500.00	0.00	1,500.00	0.00	0.00	0.00
146	湖州农信	1,500.00	0.00	1,500.00	0.00	0.00	0.00
147	金泰基金	1,000.00	0.00	1,000.00	0.00	0.00	0.00
148	浏阳农信	1,000.00	0.00	0.00	0.00	1,000.00	0.00
149	招商上海	1,000.00	0.00	0.00	0.00	1,000.00	0.00
150	唐山商行	1,000.00	0.00	0.00	0.00	1,000.00	0.00
151	桐城农信	1,000.00	0.00	0.00	0.00	1,000.00	0.00
152	丹阳农信	1,000.00	0.00	1,000.00	0.00	0.00	0.00
153	徐州农信	1,000.00	0.00	0.00	0.00	1,000.00	0.00
154	日照城市信用社中心社	800.00	0.00	800.00	0.00	0.00	0.00
155	满洲里农信联社	600.00	0.00	600.00	0.00	0.00	0.00
156	德阳商行	600.00	0.00	600.00	0.00	0.00	0.00

续　表

	交易总笔数	融入笔数	融出笔数	卖出笔数	买入笔数
	2	0	2	0	0
	1	0	0	1	0
	1	0	0	0	1
	1	1	0	0	0
	1	0	0	1	0
	3	3	0	0	0
	1	0	0	0	1
	1	1	0	0	0
	1	0	0	1	0
	1	0	0	1	0
	2	2	0	0	0
	1	0	1	0	0
	1	0	0	1	0
	2	2	0	0	0
	1	1	0	0	0
	1	0	0	1	0
	2	2	0	0	0
	1	1	0	0	0
	1	0	1	0	0
	1	0	1	0	0
	1	0	1	0	0
	1	0	0	0	1
	1	0	0	1	0
	1	0	0	0	1
	1	1	0	0	0
	1	0	0	1	0
	1	1	0	0	0

3.1997－1999年全国银行间债券市场债券交易笔数排名榜（1997年6月－1997年12月）

序号	成员简称	交易总笔数	融入笔数	融出笔数	融出／融入	卖出笔数	买入笔数
	总 计	350	165	165		10	10
1	南京城合	43	13	29	2.23	1	0
2	中国银行	29	27	2	0.07	0	0
3	广州城合	27	27	0	0.00	0	0
4	交通银行	24	0	24		0	0
5	北京城合	22	1	20	20.00	0	1
6	成都城合	22	18	0	0.00	4	0
7	上海银行	18	0	18		0	0
8	投资银行	16	11	1	0.09	1	3
9	招商银行	13	3	10	3.33	0	0
10	光大银行	12	6	5	0.83	0	1
11	建设银行	12	6	3	0.50	1	2
12	农业银行	12	0	12		0	0
13	民生银行	11	2	7	3.50	1	1
14	中信银行	11	2	9	4.50	0	0
15	重庆城合	10	10	0	0.00	0	0
16	广东发展	8	6	0	0.00	2	0
17	福建兴业	8	7	1	0.14	0	0
18	天津城合	7	0	5		0	2
19	珠海城合	7	6	1	0.17	0	0
20	工商银行	6	0	6		0	0
21	深圳城合	6	6	0	0.00	0	0
22	福州城合	5	3	2	0.67	0	0
23	青岛商行	4	4	0	0.00	0	0
24	杭州城合	4	1	3	3.00	0	0
25	浦东发展	4	1	3	3.00	0	0
26	丹东城合	2	2	0	0.00	0	0
27	昆明城合	2	0	2		0	0
28	厦门城合	2	2	0	0.00	0	0
29	华夏银行	1	0	1		0	0
30	马鞍山城合	1	0	1		0	0
31	鞍山城合	1	1	0	0.00	0	0

	债券交割额（万元）	比重Ⅰ（%）	付券量（万元）	比重Ⅱ（%）	收券量（万元）	比重Ⅲ（%）
	6,144,066.00	100.00	3,072,033.00	100.00	3,072,033.00	100.00
	330,000.00	5.37	96,000.00	3.12	234,000.00	7.62
	1,788,000.00	29.10	1,770,000.00	57.62	18,000.00	0.59
	102,823.00	1.67	102,823.00	3.35	0.00	0.00
	419,000.00	6.82	0.00	0.00	419,000.00	13.64
	300,000.00	4.88	50,000.00	1.63	250,000.00	8.14
	79,960.00	1.30	79,960.00	2.60	0.00	0.00
	416,550.00	6.78	0.00	0.00	416,550.00	13.56
	215,960.00	3.51	200,000.00	6.51	15,960.00	0.52
	364,700.00	5.94	100,000.00	3.26	264,700.00	8.62
	159,000.00	2.59	38,000.00	1.24	121,000.00	3.94
	360,000.00	5.86	304,000.00	9.90	56,000.00	1.82
	293,000.00	4.77	0.00	0.00	293,000.00	9.54
	62,823.00	1.02	31,000.00	1.01	31,823.00	1.04
	460,000.00	7.49	30,000.00	0.98	430,000.00	14.00
	50,000.00	0.81	50,000.00	1.63	0.00	0.00
	56,700.00	0.92	56,700.00	1.85	0.00	0.00
	57,000.00	0.93	54,000.00	1.76	3,000.00	0.10
	79,000.00	1.29	0.00	0.00	79,000.00	2.57
	20,000.00	0.33	18,000.00	0.59	2,000.00	0.07
	250,000.00	4.07	0.00	0.00	250,000.00	8.14
	13,000.00	0.21	13,000.00	0.42	0.00	0.00
	28,000.00	0.46	18,000.00	0.59	10,000.00	0.33
	11,550.00	0.19	11,550.00	0.38	0.00	0.00
	46,000.00	0.75	5,000.00	0.16	41,000.00	1.33
	100,000.00	1.63	30,000.00	0.98	70,000.00	2.28
	3,000.00	0.05	3,000.00	0.10	0.00	0.00
	8,000.00	0.13	0.00	0.00	8,000.00	0.26
	10,000.00	0.16	10,000.00	0.33	0.00	0.00
	50,000.00	0.81	0.00	0.00	50,000.00	1.63
	9,000.00	0.15	0.00	0.00	9,000.00	0.29
	1,000.00	0.02	1,000.00	0.03	0.00	0.00

1997－1999年全国银行间债券市场债券交易笔数排名榜（1998年1月－1998年12月）

序号	成员简称	交易总笔数	融入笔数	融出笔数	融出／融入	卖出笔数	买入笔数
	总　计	2,292	1,105	1,105		41	41
1	南京城合	284	102	171	1.68	0	11
2	北京城合	177	27	145	5.37	0	5
3	投资银行	168	142	10	0.07	13	3
4	杭州城合	151	93	58	0.62	0	0
5	青岛城合	118	114	4	0.04	0	0
6	中信银行	94	30	64	2.13	0	0
7	广东发展	84	56	25	0.45	0	3
8	无锡城合	83	1	82	82.00	0	0
9	交通银行	82	0	82		0	0
10	宁波城合	74	27	47	1.74	0	0
11	广州城合	61	60	0	0.00	1	0
12	武汉城合	55	0	55		0	0
13	招商银行	46	21	22	1.05	2	1
14	上海银行	45	3	42	14.00	0	0
15	鞍山城合	38	38	0	0.00	0	0
16	建设银行	38	6	30	5.00	1	1
17	光大银行	36	27	7	0.26	0	2
18	南通城合	35	5	30	6.00	0	0
19	重庆城合	33	33	0	0.00	0	0
20	汕头城合	33	33	0	0.00	0	0
21	福建兴业	31	4	27	6.75	0	0
22	民生银行	31	9	15	1.67	0	7
23	珠海城合	30	30	0	0.00	0	0
24	深圳城合	25	25	0	0.00	0	0
25	昆明城合	22	0	22		0	0

债券交割额（万元）	比重Ⅰ（%）	付券量（万元）	比重Ⅱ（%）	收券量（万元）	比重Ⅲ（%）
20,841,408.00	100.00	10,420,704.00	100.00	10,420,704.00	100.00
2,049,586.00	9.83	798,500.00	7.66	1,251,086.00	12.01
2,741,808.00	13.16	730,000.00	7.01	2,011,808.00	19.31
2,357,438.00	11.31	2,233,957.00	21.44	123,481.00	1.18
742,800.00	3.56	527,500.00	5.06	215,300.00	2.07
323,600.00	1.55	312,100.00	2.99	11,500.00	0.11
1,674,000.00	8.03	745,000.00	7.15	929,000.00	8.91
1,274,690.00	6.12	1,134,000.00	10.88	140,690.00	1.35
666,600.00	3.20	3,000.00	0.03	663,600.00	6.37
970,600.00	4.66	0.00	0.00	970,600.00	9.31
259,250.00	1.24	115,000.00	1.10	144,250.00	1.38
331,106.00	1.59	331,106.00	3.18	0.00	0.00
370,000.00	1.78	0.00	0.00	370,000.00	3.55
1,220,932.00	5.86	900,101.00	8.64	320,831.00	3.08
776,800.00	3.73	85,000.00	0.82	691,800.00	6.64
69,000.00	0.33	69,000.00	0.66	0.00	0.00
846,849.00	4.06	151,250.00	1.45	695,599.00	6.68
627,850.00	3.01	440,000.00	4.22	187,850.00	1.80
124,500.00	0.60	13,000.00	0.12	111,500.00	1.07
163,000.00	0.78	163,000.00	1.56	0.00	0.00
192,000.00	0.92	192,000.00	1.84	0.00	0.00
222,900.00	1.07	40,000.00	0.38	182,900.00	1.76
396,259.00	1.90	189,000.00	1.81	207,259.00	1.99
79,300.00	0.38	79,300.00	0.76	0.00	0.00
148,400.00	0.71	148,400.00	1.42	0.00	0.00
91,000.00	0.44	0.00	0.00	91,000.00	0.87

序号	成员简称	交易总笔数	融入笔数	融出笔数	融出／融入	卖出笔数	买入笔数
26	合肥城合	22	0	22		0	0
27	常州城合	20	5	15	3.00	0	0
28	丹东城合	20	20	0	0.00	0	0
29	淄博城合	20	17	3	0.18	0	0
30	绍兴城合	19	0	19		0	0
31	大连城合	18	14	0	0.00	4	0
32	佛山城合	18	15	2	0.13	1	0
33	济南城合	17	1	16	16.00	0	0
34	福州城合	17	15	2	0.13	0	0
35	成都城合	16	14	2	0.14	0	0
36	马鞍山城合	16	8	6	0.75	1	1
37	苏州城合	14	0	14		0	0
38	华夏银行	13	2	11	5.50	0	0
39	农业银行	12	0	12		0	0
40	烟台城合	12	11	1	0.09	0	0
41	安庆城合	12	3	5	1.67	0	4
42	长沙城合	11	11	0	0.00	0	0
43	深圳发展	10	10	0	0.00	0	0
44	芜湖城合	10	7	3	0.43	0	0
45	浦东发展	9	1	8	8.00	0	0
46	天津城合	8	6	1	0.17	0	1
47	抚顺城合	8	4	0	0.00	4	0
48	金华城合	8	7	0	0.00	1	0
49	中国银行	7	2	5	2.50	0	0
50	厦门城合	7	2	5	2.50	0	0
51	英国汇丰	6	3	1	0.33	0	2

续 表

	债券交割额（万元）	比重Ⅰ（%）	付券量（万元）	比重Ⅱ（%）	收券量（万元）	比重Ⅲ（%）
	114,000.00	0.55	0.00	0.00	114,000.00	1.09
	69,000.00	0.33	12,000.00	0.12	57,000.00	0.55
	21,000.00	0.10	21,000.00	0.20	0.00	0.00
	50,500.00	0.24	47,000.00	0.45	3,500.00	0.03
	58,000.00	0.28	0.00	0.00	58,000.00	0.56
	80,531.00	0.39	80,531.00	0.77	0.00	0.00
	38,200.00	0.18	28,200.00	0.27	10,000.00	0.10
	70,000.00	0.34	3,000.00	0.03	67,000.00	0.64
	40,000.00	0.19	32,000.00	0.31	8,000.00	0.08
	67,000.00	0.32	61,000.00	0.59	6,000.00	0.06
	30,050.00	0.14	8,700.00	0.08	21,350.00	0.20
	102,000.00	0.49	0.00	0.00	102,000.00	0.98
	154,000.00	0.74	35,000.00	0.34	119,000.00	1.14
	278,000.00	1.33	0.00	0.00	278,000.00	2.67
	48,000.00	0.23	45,000.00	0.43	3,000.00	0.03
	21,100.00	0.10	6,000.00	0.06	15,100.00	0.14
	48,100.00	0.23	48,100.00	0.46	0.00	0.00
	165,000.00	0.79	165,000.00	1.58	0.00	0.00
	18,500.00	0.09	8,500.00	0.08	10,000.00	0.10
	137,000.00	0.66	20,000.00	0.19	117,000.00	1.12
	52,000.00	0.25	45,000.00	0.43	7,000.00	0.07
	17,359.00	0.08	17,359.00	0.17	0.00	0.00
	10,000.00	0.05	10,000.00	0.10	0.00	0.00
	206,000.00	0.99	150,000.00	1.44	56,000.00	0.54
	22,500.00	0.11	6,000.00	0.06	16,500.00	0.16
	6,000.00	0.03	3,000.00	0.03	3,000.00	0.03

序号	成员简称	交易总笔数	融入笔数	融出笔数	融出／融入	卖出笔数	买入笔数
52	石家庄城合	6	4	2	0.50	0	0
53	乌鲁木齐	5	5	0	0.00	0	0
54	乐山城合	5	4	0	0.00	1	0
55	岳阳城合	5	4	0	0.00	1	0
56	贵阳城合	4	4	0	0.00	0	0
57	开封城合	4	4	0	0.00	0	0
58	辽阳城合	4	0	4		0	0
59	柳州城合	3	0	3		0	0
60	潍坊银行	3	3	0	0.00	0	0
61	宜昌城合	3	3	0	0.00	0	0
62	湘潭城合	3	3	0	0.00	0	0
63	株洲城合	3	8	0	0.00	0	0
64	哈尔滨城合	3	0	3		0	0
65	张家口城信社	2	2	0	0.00	0	0
66	郑州城合	2	0	0		2	0
67	荆州城合	2	1	0	0.00	1	0
68	吉林城合	1	0	0		1	0
69	南宁城合	1	0	0		1	0
70	扬州城合	1	0	1		0	0
71	沈阳城合	1	0	0		1	0
72	工行北京	1	0	0		1	0
73	工行上海	1	0	1		0	0
74	湛江城合	1	0	0		1	0
75	临沂城合	1	0	0		1	0
76	长春城合	1	0	0		1	0
77	南昌城合	1	1	0	0.00	0	0
78	盐城城合	1	0	0		1	0

续 表

	债券交割额（万元）	比重Ⅰ（%）	付券量（万元）	比重Ⅱ（%）	收券量（万元）	比重Ⅲ（%）
	28,200.00	0.14	24,000.00	0.23	4,200.00	0.04
	14,000.00	0.07	14,000.00	0.13	0.00	0.00
	8,300.00	0.04	8,300.00	0.08	0.00	0.00
	2,872.00	0.01	2,872.00	0.03	0.00	0.00
	11,000.00	0.05	11,000.00	0.11	0.00	0.00
	6,780.00	0.03	6,780.00	0.07	0.00	0.00
	6,000.00	0.03	0.00	0.00	6,000.00	0.06
	14,000.00	0.07	0.00	0.00	14,000.00	0.13
	3,000.00	0.01	3,000.00	0.03	0.00	0.00
	10,800.00	0.05	10,800.00	0.10	0.00	0.00
	5,000.00	0.02	5,000.00	0.05	0.00	0.00
	1,800.00	0.01	1,800.00	0.02	0.00	0.00
	3,000.00	0.01	0.00	0.00	3,000.00	0.03
	3,000.00	0.01	3,000.00	0.03	0.00	0.00
	10,101.00	0.05	10,101.00	0.10	0.00	0.00
	2,482.00	0.01	2,482.00	0.02	0.00	0.00
	1,109.00	0.01	1,109.00	0.01	0.00	0.00
	4,558.00	0.02	4,558.00	0.04	0.00	0.00
	1,000.00	0.00	0.00	0.00	1,000.00	0.01
	32,119.00	0.15	32,119.00	0.31	0.00	0.00
	300.00	0.00	300.00	0.00	0.00	0.00
	1,000.00	0.00	0.00	0.00	1,000.00	0.01
	5,031.00	0.02	5,031.00	0.05	0.00	0.00
	6,231.00	0.03	6,231.00	0.06	0.00	0.00
	7,000.00	0.03	7,000.00	0.07	0.00	0.00
	3,000.00	0.01	3,000.00	0.03	0.00	0.00
	5,617.00	0.03	5,617.00	0.05	0.00	0.00

1997－1999年全国银行间债券市场债券交易笔数排名榜（1999年1月－1999年12月）

序号	成员简称	交易总笔数	融入笔数	融出笔数	融出／融入	卖出笔数	买入笔数
	总 计	7,386	3,586	3,586		107	107
1	南京商行	781	372	380	1.02	13	16
2	上海银行	468	23	442	19.22	1	2
3	杭州商行	440	311	127	0.41	2	0
4	北京商行	405	74	313	4.23	7	11
5	无锡商行	318	25	291	11.64	0	2
6	交通银行	261	0	261	0.00	0	0
7	淄博商行	261	231	23	0.10	2	5
8	青岛商行	231	223	8	0.04	0	0
9	深圳商行	219	211	8	0.04	0	0
10	工商银行	213	2	205	102.50	3	3
11	武汉商行	213	55	148	2.69	3	7
12	宁波商行	140	86	53	0.62	0	1
13	福建兴业	135	48	87	1.81	0	0
14	浦东发展	131	4	123	30.75	0	4
15	大连商行	130	112	18	0.16	0	0
16	中信银行	130	106	21	0.20	1	2
17	常熟农信	126	22	101	4.59	1	2
18	广东发展	123	96	20	0.21	4	3
19	建设银行	121	2	119	59.50	0	0
20	天津商行	94	71	15	0.21	6	2
21	常州商行	93	60	33	0.55	0	0
22	芜湖商行	91	30	60	2.00	0	1
23	招商银行	88	12	74	6.17	1	1
24	广州商行	85	85	0	0.00	0	0
25	安庆商行	79	61	17	0.28	1	0

	债券交割额（万元）	比重Ⅰ（%）	付券量（万元）	比重Ⅱ（%）	收券量（万元）	比重Ⅲ（%）
	80,945,042.00	100.00	40,472,521.00	100.00	40,472,521.00	100.00
	6,735,792.00	8.32	4,568,105.00	11.29	2,167,687.00	5.36
	5,077,300.00	6.27	892,000.00	2.20	4,185,300.00	10.34
	2,711,600.00	3.35	2,224,100.00	5.50	487,500.00	1.20
	6,159,340.00	7.61	2,754,800.00	6.81	3,404,540.00	8.41
	2,009,300.00	2.48	196,000.00	0.48	1,813,300.00	4.48
	4,023,777.00	4.97	0.00	0.00	4,023,777.00	9.94
	781,241.00	0.97	674,241.00	1.67	107,000.00	0.26
	486,400.00	0.60	450,400.00	1.11	36,000.00	0.09
	2,451,600.00	3.03	2,388,600.00	5.90	63,000.00	0.16
	8,859,331.00	10.94	418,584.00	1.03	8,440,747.00	20.86
	1,210,800.00	1.50	413,000.00	1.02	797,800.00	1.97
	485,490.00	0.60	339,500.00	0.84	145,990.00	0.36
	2,375,190.00	2.93	1,645,000.00	4.06	730,190.00	1.80
	2,622,810.00	3.24	170,000.00	0.42	2,452,810.00	6.06
	543,800.00	0.67	474,500.00	1.17	69,300.00	0.17
	3,762,000.00	4.65	3,187,000.00	7.87	575,000.00	1.42
	1,343,000.00	1.66	252,000.00	0.62	1,091,000.00	2.70
	2,556,876.00	3.16	2,466,810.00	6.10	90,066.00	0.22
	4,297,900.00	5.31	1,150,000.00	2.84	3,147,900.00	7.78
	988,400.00	1.22	934,100.00	2.31	54,300.00	0.13
	276,200.00	0.34	189,000.00	0.47	87,200.00	0.22
	234,200.00	0.29	66,000.00	0.16	168,200.00	0.42
	1,930,500.00	2.38	731,000.00	1.81	1,199,500.00	2.96
	520,000.00	0.64	520,000.00	1.28	0.00	0.00
	147,000.00	0.18	108,000.00	0.27	39,000.00	0.10

序号	成员简称	交易总笔数	融入笔数	融出笔数	融出／融入	卖出笔数	买入笔数
26	重庆商行	77	74	3	0.04	0	0
27	中国银行	77	36	38	1.06	1	2
28	东莞农信	73	1	71	71.00	1	0
29	乌鲁木齐	67	64	3	0.05	0	0
30	济南商行	67	55	9	0.16	0	3
31	温州商行	65	9	54	6.00	2	0
32	光大银行	64	42	22	0.52	0	0
33	长沙商行	62	54	7	0.13	1	0
34	柳州商行	60	0	60	0.00	0	0
35	南通商行	58	27	29	1.07	2	0
36	民生银行	58	37	21	0.57	0	0
37	合肥商行	55	11	44	4.00	0	0
38	丹东商行	54	54	0	0.00	0	0
39	江阴农信	50	29	19	0.66	0	2
40	马鞍山商行	44	31	13	0.42	0	0
41	珠海商行	43	43	0	0.00	0	0
42	汕头商行	39	38	0	0.00	1	0
43	鄞县农信	36	30	3	0.10	3	0
44	烟台住房	35	16	13	0.81	5	1
45	鞍山商行	33	33	0	0.00	0	0
46	南昌商行	33	32	0	0.00	0	1
47	厦门商行	29	28	1	0.04	0	0
48	烟台商行	29	29	0	0.00	0	0
49	昆明商行	28	26	2	0.08	0	0
50	金华商行	27	26	0	0.00	0	1
51	佛山商行	26	24	0	0.00	0	2

续 表

	债券交割额（万元）	比重Ⅰ（%）	付券量（万元）	比重Ⅱ（%）	收券量（万元）	比重Ⅲ（%）
	440,818.00	0.54	422,818.00	1.04	18,000.00	0.04
	5,870,641.00	7.25	5,035,000.00	12.44	835,641.00	2.06
	801,500.00	0.99	18,000.00	0.04	783,500.00	1.94
	342,000.00	0.42	302,000.00	0.75	40,000.00	0.10
	284,000.00	0.35	212,000.00	0.52	72,000.00	0.18
	242,900.00	0.30	46,000.00	0.11	196,900.00	0.49
	2,048,060.00	2.53	1,713,000.00	4.23	335,060.00	0.83
	339,000.00	0.42	311,000.00	0.77	28,000.00	0.07
	163,100.00	0.20	0.00	0.00	163,100.00	0.40
	230,500.00	0.28	117,000.00	0.29	113,500.00	0.28
	1,041,950.00	1.29	870,000.00	2.15	171,950.00	0.42
	215,300.00	0.27	59,000.00	0.15	156,300.00	0.39
	77,200.00	0.10	77,200.00	0.19	0.00	0.00
	180,500.00	0.22	98,500.00	0.24	82,000.00	0.20
	75,500.00	0.09	47,000.00	0.12	28,500.00	0.07
	104,500.00	0.13	104,500.00	0.26	0.00	0.00
	222,440.00	0.27	222,440.00	0.55	0.00	0.00
	133,500.00	0.16	124,500.00	0.31	9,000.00	0.02
	291,000.00	0.36	213,000.00	0.53	78,000.00	0.19
	115,500.00	0.14	115,500.00	0.29	0.00	0.00
	85,774.00	0.11	82,600.00	0.20	3,174.00	0.01
	105,000.00	0.13	102,000.00	0.25	3,000.00	0.01
	90,500.00	0.11	90,500.00	0.22	0.00	0.00
	126,000.00	0.16	122,000.00	0.30	4,000.00	0.01
	54,500.00	0.07	49,500.00	0.12	5,000.00	0.01
	66,287.00	0.08	56,287.00	0.14	10,000.00	0.02

序号	成员简称	交易总笔数	融入笔数	融出笔数	融出／融入	卖出笔数	买入笔数
52	福州商行	26	17	9	0.53	0	0
53	武进农信	25	3	18	6.33	2	2
54	开封商行	25	25	0	0.00	0	0
55	哈尔滨商行	25	13	12	0.92	0	0
56	义乌农信	23	19	4	0.21	0	0
57	辽阳商行	22	22	0	0.00	0	0
58	绍兴商行	22	2	20	10.00	0	0
59	镇江商行	21	7	13	1.86	0	1
60	交行南京	21	0	21	0.00	0	0
61	银川商行	20	17	2	0.12	0	1
62	广州农信	19	0	18	0.00	1	0
63	岳阳商行	18	17	0	0.00	0	1
64	平安保险	17	7	1	0.14	8	1
65	英国汇丰	17	15	0	0.00	1	1
66	成都商行	17	13	4	0.31	0	0
67	锦州商行	17	17	0	0.00	0	0
68	贵阳商行	14	3	11	3.67	0	0
69	招商南京	14	8	5	0.63	0	1
70	泉州商行	13	13	0	0.00	0	0
71	扬州商行	12	10	2	0.20	0	0
72	深圳发展	11	8	3	0.38	0	0
73	北京农信	11	11	0	0.00	0	0
74	济南农信	11	0	11	0.00	0	0
75	华夏银行	11	10	1	0.10	0	0
76	交行上海	10	0	7	0.00	2	1
77	江都农信	10	3	4	1.33	2	1

续 表

	债券交割额（万元）	比重Ⅰ（%）	付券量（万元）	比重Ⅱ（%）	收券量（万元）	比重Ⅲ（%）
	147,500.00	0.18	93,000.00	0.23	54,500.00	0.13
	91,000.00	0.11	22,000.00	0.05	69,000.00	0.17
	77,340.00	0.10	77,340.00	0.19	0.00	0.00
	154,000.00	0.19	110,000.00	0.27	44,000.00	0.11
	95,000.00	0.12	83,000.00	0.21	12,000.00	0.03
	44,100.00	0.05	44,100.00	0.11	0.00	0.00
	61,500.00	0.08	7,000.00	0.02	54,500.00	0.13
	48,000.00	0.06	12,000.00	0.03	36,000.00	0.09
	180,000.00	0.22	0.00	0.00	180,000.00	0.44
	37,500.00	0.05	26,000.00	0.06	11,500.00	0.03
	183,600.00	0.23	23,000.00	0.06	160,600.00	0.40
	17,200.00	0.02	16,200.00	0.04	1,000.00	0.00
	232,400.00	0.29	201,400.00	0.50	31,000.00	0.08
	17,000.00	0.02	16,000.00	0.04	1,000.00	0.00
	121,000.00	0.15	115,000.00	0.28	6,000.00	0.01
	37,000.00	0.05	37,000.00	0.09	0.00	0.00
	43,000.00	0.05	11,000.00	0.03	32,000.00	0.08
	68,500.00	0.08	40,000.00	0.10	28,500.00	0.07
	22,000.00	0.03	22,000.00	0.05	0.00	0.00
	27,000.00	0.03	23,000.00	0.06	4,000.00	0.01
	214,000.00	0.26	190,000.00	0.47	24,000.00	0.06
	42,000.00	0.05	42,000.00	0.10	0.00	0.00
	38,000.00	0.05	0.00	0.00	38,000.00	0.09
	250,000.00	0.31	230,000.00	0.57	20,000.00	0.05
	114,000.00	0.14	15,000.00	0.04	99,000.00	0.24
	31,000.00	0.04	14,000.00	0.03	17,000.00	0.04

序号	成员简称	交易总笔数	融入笔数	融出笔数	融出／融入	卖出笔数	买入笔数
78	华泰财险	10	7	1	0.14	2	0
79	深圳农信	10	0	9	0.00	1	0
80	嘉兴商行	9	7	2	0.29	0	0
81	通州农信	9	7	2	0.29	0	0
82	齐齐哈尔	9	9	0	0.00	0	0
83	丰台农信	8	3	3	1.00	1	1
84	张家口城信社	8	7	1	0.14	0	0
85	海安农信	8	1	0	0.00	4	3
86	桂林商行	7	6	0	0.00	0	1
87	栖霞农信	7	1	6	6.00	0	0
88	乐山商行	7	7	0	0.00	0	0
89	农业银行	7	1	6	6.00	0	0
90	黄石商行	7	7	0	0.00	0	0
91	湘潭商行	7	7	0	0.00	0	0
92	工行上海	6	5	1	0.20	0	0
93	太保公司	6	3	0	0.00	1	2
94	苏州商行	6	0	6	0.00	0	0
95	株洲商行	6	5	0	0.00	0	1
96	张家港农信联社	5	4	1	0.25	0	0
97	新乡商行	5	1	2	2.00	2	0
98	沧州商行	5	4	0	0.00	0	1
99	广发证券	5	3	0	0.00	2	0
100	无为农信	5	5	0	0.00	0	0
101	长兴农信	4	4	0	0.00	0	0
102	湖州商行	4	0	4	0.00	0	0
103	昆明农信	4	3	1	0.33	0	0

续　表

	债券交割额（万元）	比重Ⅰ（%）	付券量（万元）	比重Ⅱ（%）	收券量（万元）	比重Ⅲ（%）
	58,060.00	0.07	55,060.00	0.14	3,000.00	0.01
	140,000.00	0.17	10,000.00	0.02	130,000.00	0.32
	14,500.00	0.02	10,500.00	0.03	4,000.00	0.01
	40,000.00	0.05	33,000.00	0.08	7,000.00	0.02
	8,500.00	0.01	8,500.00	0.02	0.00	0.00
	30,800.00	0.04	18,000.00	0.04	12,800.00	0.03
	9,600.00	0.01	8,800.00	0.02	800.00	0.00
	211,000.00	0.26	111,000.00	0.27	100,000.00	0.25
	12,000.00	0.01	11,000.00	0.03	1,000.00	0.00
	19,000.00	0.02	2,000.00	0.00	17,000.00	0.04
	13,500.00	0.02	13,500.00	0.03	0.00	0.00
	510,000.00	0.63	100,000.00	0.25	410,000.00	1.01
	8,000.00	0.01	8,000.00	0.02	0.00	0.00
	8,200.00	0.01	8,200.00	0.02	0.00	0.00
	470,000.00	0.58	400,000.00	0.99	70,000.00	0.17
	60,000.00	0.07	45,000.00	0.11	15,000.00	0.04
	38,000.00	0.05	0.00	0.00	38,000.00	0.09
	4,000.00	0.00	3,000.00	0.01	1,000.00	0.00
	23,000.00	0.03	18,000.00	0.04	5,000.00	0.01
	10,722.00	0.01	7,722.00	0.02	3,000.00	0.01
	13,000.00	0.02	8,000.00	0.02	5,000.00	0.01
	40,366.00	0.05	40,366.00	0.10	0.00	0.00
	5,000.00	0.01	5,000.00	0.01	0.00	0.00
	5,500.00	0.01	5,500.00	0.01	0.00	0.00
	24,500.00	0.03	0.00	0.00	24,500.00	0.06
	10,100.00	0.01	8,100.00	0.02	2,000.00	0.00

序号	成员简称	交易总笔数	融入笔数	融出笔数	融出／融入	卖出笔数	买入笔数
104	中保人寿	4	1	0	0.00	1	2
105	荆州商行	4	4	0	0.00	0	0
106	普宁农信	4	3	0	0.00	1	0
107	宜昌商行	4	4	0	0.00	0	0
108	青岛城阳区农信联社	3	2	1	0.50	0	0
109	开元基金	3	1	0	0.00	0	2
110	兴化农信	3	0	3	0.00	0	0
111	胜芳城信	3	0	0	0.00	1	2
112	吴江农信	3	2	0	0.00	0	1
113	中保再保	3	0	0	0.00	3	0
114	潍坊商行	3	3	0	0.00	0	0
115	湘财证券	3	3	0	0.00	0	0
116	淄博张店区农信联社	2	0	2	0.00	0	0
117	杭州农信	2	0	2	0.00	0	0
118	湖州农信	2	2	0	0.00	0	0
119	安信基金	2	2	0	0.00	0	0
120	投资银行	2	2	0	0.00	0	0
121	长春商行	2	0	2	0.00	0	0
122	重庆农信	2	2	0	0.00	0	0
123	沈阳商行	2	2	0	0.00	0	0
124	石家庄商行	2	0	2	0.00	0	0
125	东台农信	2	1	0	0.00	0	1
126	昆山农信	2	1	0	0.00	1	0
127	营口商行	2	2	0	0.00	0	0
128	日照城市信用社	2	2	0	0.00	0	0
129	和县农信	2	2	0	0.00	0	0

续 表

	债券交割额（万元）	比重Ⅰ（%）	付券量（万元）	比重Ⅱ（%）	收券量（万元）	比重Ⅲ（%）
	48,105.00	0.06	25,000.00	0.06	23,105.00	0.06
	7,150.00	0.01	7,150.00	0.02	0.00	0.00
	8,000.00	0.01	8,000.00	0.02	0.00	0.00
	14,400.00	0.02	14,400.00	0.04	0.00	0.00
	9,000.00	0.01	4,000.00	0.01	5,000.00	0.01
	62,010.00	0.08	20,670.00	0.05	41,340.00	0.10
	10,000.00	0.01	0.00	0.00	10,000.00	0.02
	10,800.00	0.01	400.00	0.00	10,400.00	0.03
	8,000.00	0.01	6,000.00	0.01	2,000.00	0.00
	15,000.00	0.02	15,000.00	0.04	0.00	0.00
	3,000.00	0.00	3,000.00	0.01	0.00	0.00
	15,000.00	0.02	15,000.00	0.04	0.00	0.00
	6,000.00	0.01	0.00	0.00	6,000.00	0.01
	8,000.00	0.01	0.00	0.00	8,000.00	0.02
	1,500.00	0.00	1,500.00	0.00	0.00	0.00
	6,154.00	0.01	6,154.00	0.02	0.00	0.00
	40,000.00	0.05	40,000.00	0.10	0.00	0.00
	10,000.00	0.01	0.00	0.00	10,000.00	0.02
	5,000.00	0.01	5,000.00	0.01	0.00	0.00
	8,600.00	0.01	8,600.00	0.02	0.00	0.00
	4,000.00	0.00	0.00	0.00	4,000.00	0.01
	4,000.00	0.00	2,000.00	0.00	2,000.00	0.00
	7,000.00	0.01	7,000.00	0.02	0.00	0.00
	4,600.00	0.01	4,600.00	0.01	0.00	0.00
	2,000.00	0.00	2,000.00	0.00	0.00	0.00
	2,000.00	0.00	2,000.00	0.00	0.00	0.00

序号	成员简称	交易总笔数	融入笔数	融出笔数	融出／融入	卖出笔数	买入笔数
130	富阳农信	1	0	0	0.00	1	0
131	如皋农信	1	1	0	0.00	0	0
132	徐州农信	1	0	0	0.00	0	1
133	南宁商行	1	0	1	0.00	0	0
134	溧阳农信	1	0	0	0.00	0	1
135	余杭农信	1	1	0	0.00	0	0
136	满洲里农信联社	1	0	0	0.00	1	0
137	银座城信	1	0	0	0.00	1	0
138	浏阳农信	1	0	1	0.00	0	0
139	桐城农信	1	0	0	0.00	0	1
140	高淳农信	1	0	0	0.00	1	0
141	日照城市信用社中心社	1	1	0	0.00	0	0
142	宿州农信	1	0	0	0.00	1	0
143	德阳商行	1	1	0	0.00	0	0
144	海宁农信	1	0	0	0.00	1	0
145	丹阳农信	1	0	0	0.00	1	0
146	天元基金	1	0	0	0.00	0	1
147	吴县农信	1	1	0	0.00	0	0
148	晋州农信	1	0	0	0.00	0	1
149	永康农信	1	1	0	0.00	0	0
150	洛阳商行	1	0	0	0.00	1	0
151	唐山商行	1	0	1	0.00	0	0
152	金泰基金	1	1	0	0.00	0	0
153	辛集农信	1	0	0	0.00	0	1
154	招商上海	1	0	1	0.00	0	0
155	大鹏证券	1	0	0	0.00	1	0
156	锡山农信	1	0	0	0.00	1	0

续 表

	债券交割额（万元）	比重Ⅰ（%）	付券量（万元）	比重Ⅱ（%）	收券量（万元）	比重Ⅲ（%）
	2,000.00	0.00	2,000.00	0.00	0.00	0.00
	2,000.00	0.00	2,000.00	0.00	0.00	0.00
	1,000.00	0.00	0.00	0.00	1,000.00	0.00
	2,000.00	0.00	0.00	0.00	2,000.00	0.00
	3,000.00	0.00	0.00	0.00	3,000.00	0.01
	3,000.00	0.00	3,000.00	0.01	0.00	0.00
	600.00	0.00	600.00	0.00	0.00	0.00
	6,000.00	0.01	6,000.00	0.01	0.00	0.00
	1,000.00	0.00	0.00	0.00	1,000.00	0.00
	1,000.00	0.00	0.00	0.00	1,000.00	0.00
	1,500.00	0.00	1,500.00	0.00	0.00	0.00
	800.00	0.00	800.00	0.00	0.00	0.00
	3,000.00	0.00	3,000.00	0.01	0.00	0.00
	600.00	0.00	600.00	0.00	0.00	0.00
	3,000.00	0.00	3,000.00	0.01	0.00	0.00
	1,000.00	0.00	1,000.00	0.00	0.00	0.00
	47,244.00	0.06	0.00	0.00	47,244.00	0.12
	5,000.00	0.01	5,000.00	0.01	0.00	0.00
	4,000.00	0.00	0.00	0.00	4,000.00	0.01
	3,000.00	0.00	3,000.00	0.01	0.00	0.00
	3,174.00	0.00	3,174.00	0.01	0.00	0.00
	1,000.00	0.00	0.00	0.00	1,000.00	0.00
	1,000.00	0.00	1,000.00	0.00	0.00	0.00
	3,000.00	0.00	0.00	0.00	3,000.00	0.01
	1,000.00	0.00	0.00	0.00	1,000.00	0.00
	5,000.00	0.01	5,000.00	0.01	0.00	0.00
	2,000.00	0.00	2,000.00	0.00	0.00	0.00

4.1997－1999年全国银行间债券市场国有独资商业银行债券交易结算量排名榜（1997年6月－1997年12月）

序号	成员简称	债券交割额（万元）	比重Ⅰ（%）	付券量（万元）	比重Ⅱ（%）	收券量（万元）	比重Ⅲ（%）	交易总笔数	融入笔数	融出笔数	卖出笔数	买入笔数
1	中国银行	1,788,000	66.44	1,770,000	85.34	18,000	2.92	29	27	2	0	0
2	建设银行	360,000	13.38	304,000	14.66	56,000	9.08	12	6	3	1	2
3	农业银行	293,000	10.89	0	0.00	293,000	47.49	12	0	12	0	0
4	工商银行	250,000	9.29	0	0.00	250,000	40.52	6	0	6	0	0
	总计	2,691,000	100.00	2,074,000	100.00	617,000	100.00	59	33	23	1	2

1997－1999年全国银行间债券市场国有独资商业银行债券交易结算量排名榜（1998年1月－1998年12月）

序号	成员简称	债券交割额（万元）	比重Ⅰ（%）	付券量（万元）	比重Ⅱ（%）	收券量（万元）	比重Ⅲ（%）	交易总笔数	融入笔数	融出笔数	卖出笔数	买入笔数
1	建设银行	846,849	63.63	151,250	50.21	695,599	67.56	38	6	30	1	1
2	农业银行	278,000	20.89	0	0.00	278,000	27.00	12	0	12	0	0
3	中国银行	206,000	15.48	150,000	49.79	56,000	5.44	7	2	5	0	0
	总计	1,330,849	100.00	301,250	100.00	1,029,599	100.00	57	8	47	1	1

1997－1999年全国银行间债券市场国有独资商业银行债券交易结算量排名榜（1999年1月－1999年12月）

序号	成员简称	债券交割额（万元）	比重Ⅰ（%）	付券量（万元）	比重Ⅱ（%）	收券量（万元）	比重Ⅲ（%）	交易总笔数	融入笔数	融出笔数	卖出笔数	买入笔数
1	工商银行	8,859,331	45.34	418,584	6.24	8,440,747	65.77	213	2	205	3	3
2	中国银行	5,870,641	30.05	5,035,000	75.11	835,641	6.51	77	36	38	1	2
3	建设银行	4,297,900	22.00	1,150,000	17.16	3,147,900	24.53	121	2	119	0	0
4	农业银行	510,000	2.61	100,000	1.49	410,000	3.19	7	1	6	0	0
	总计	19,537,872	100.00	6,703,584	100.00	12,834,288	100.00	418	41	368	4	5

5.1997－1999年全国银行间债券市场全国股份银行债券交易结算量排名榜（1997年6月－1997年12月）

序号	成员简称	债券交割额（万元）	比重Ⅰ（%）	付券量（万元）	比重Ⅱ（%）	收券量（万元）	比重Ⅲ（%）	交易总笔数	融入笔数	融出笔数	卖出笔数	买入笔数
1	中信银行	460,000	23.65	30,000	5.56	430,000	30.59	11	2	9	0	0
2	交通银行	419,000	21.54	0	0.00	419,000	29.81	24	0	24	0	0
3	招商银行	364,700	18.75	100,000	18.53	264,700	18.83	13	3	10	0	0
4	投资银行	215,960	11.10	200,000	37.06	15,960	1.14	16	11	1	1	3
5	光大银行	159,000	8.17	38,000	7.04	121,000	8.61	12	6	5	0	1
6	浦东发展	100,000	5.14	30,000	5.56	70,000	4.98	4	1	3	0	0
7	民生银行	62,823	3.23	31,000	5.74	31,823	2.26	11	2	7	1	1
8	福建兴业	57,000	2.93	54,000	10.01	3,000	0.21	8	7	1	0	0
9	广东发展	56,700	2.91	56,700	10.51	0	0.00	8	6	0	2	0
10	华夏银行	50,000	2.57	0	0.00	50,000	3.56	1	0	1	0	0
	合计	1,945,183	100.00	539,700	100.00	1,405,483	100.00	108	38	61	4	5

1997－1999年全国银行间债券市场全国股份银行债券交易结算量排名榜（1998年1月－1998年12月）

序号	成员简称	债券交割额（万元）	比重Ⅰ（%）	付券量（万元）	比重Ⅱ（%）	收券量（万元）	比重Ⅲ（%）	交易总笔数	融入笔数	融出笔数	卖出笔数	买入笔数
1	投资银行	2,357,438	25.62	2,233,957	37.85	123,481	3.74	168	142	10	13	3
2	中信银行	1,674,000	18.19	745,000	12.62	929,000	28.16	94	30	64	0	0
3	广东发展	1,274,690	13.85	1,134,000	19.21	140,690	4.27	84	56	25	0	3
4	招商银行	1,220,932	13.27	900,101	15.25	320,831	9.73	46	21	22	2	1
5	交通银行	970,600	10.55	0	0.00	970,600	29.42	82	0	82	0	0
6	光大银行	627,850	6.82	440,000	7.46	187,850	5.69	36	27	7	0	2
7	民生银行	396,259	4.31	189,000	3.20	207,259	6.28	31	9	15	0	7
8	福建兴业	222,900	2.42	40,000	0.68	182,900	5.54	31	4	27	0	0
9	深圳发展	165,000	1.79	165,000	2.80	0	0.00	10	10	0	0	0
10	华夏银行	154,000	1.67	35,000	0.59	119,000	3.61	13	2	11	0	0
11	浦东发展	137,000	1.49	20,000	0.34	117,000	3.55	9	1	8	0	0
	合计	9,200,669	100.00	5,902,058	100.00	3,298,611	100.00	604	302	271	15	16

1997－1999年全国银行间债券市场全国股份银行债券交易结算量排名榜（1999年1月－1999年12月）

序号	成员简称	债券交割额（万元）	比重Ⅰ（%）	付券量（万元）	比重Ⅱ（%）	收券量（万元）	比重Ⅲ（%）	交易总笔数	融入笔数	融出笔数	卖出笔数	买入笔数
1	交通银行	4,023,777	19.28	0	0.00	4,023,777	41.82	261	0	261	0	0
2	中信银行	3,762,000	18.03	3,187,000	28.35	575,000	5.98	130	106	21	1	2
3	浦东发展	2,622,810	12.57	170,000	1.51	2,452,810	25.49	131	4	123	0	4
4	广东发展	2,556,876	12.25	2,466,810	21.94	90,066	0.94	123	96	20	4	3
5	福建兴业	2,375,190	11.38	1,645,000	14.63	730,190	7.59	135	48	87	0	0
6	光大银行	2,048,060	9.82	1,713,000	15.24	335,060	3.48	64	42	22	0	0
7	招商银行	1,930,500	9.25	731,000	6.50	1,199,500	12.47	88	12	74	1	1
8	民生银行	1,041,950	4.99	870,000	7.74	171,950	1.79	58	37	21	0	0
9	华夏银行	250,000	1.20	230,000	2.05	20,000	0.21	11	10	1	0	0
10	深圳发展	214,000	1.03	190,000	1.69	24,000	0.25	11	8	3	0	0
11	投资银行	40,000	0.19	40,000	0.36	0	0.00	2	2	0	0	0
	合计	20,865,163	100.00	11,242,810	100.00	9,622,353	100.00	1,014	365	633	6	10

6.1997－1999年全国银行间债券市场城市合作银行债券交易结算量排名榜（1997年6月－1997年12月）

序号	成员简称	债券交割额（万元）	比重Ⅰ（%）	付券量（万元）	比重Ⅱ（%）	收券量（万元）	比重Ⅲ（%）	交易总笔数	融入笔数	融出笔数	卖出笔数	买入笔数
1	上海银行	416,550	27.62	0	0.00	416,550	39.69	18	0	18	0	0
2	南京城合	330,000	21.88	96,000	20.95	234,000	22.30	43	13	29	1	0
3	北京城合	300,000	19.90	50,000	10.91	250,000	23.82	22	1	20	0	1
4	广州城合	102,823	6.82	102,823	22.43	0	0.00	27	27	0	0	0
5	成都城合	79,960	5.30	79,960	17.45	0	0.00	22	18	0	4	0
6	天津城合	79,000	5.24	0	0.00	79,000	7.53	7	0	5	0	2
7	重庆城合	50,000	3.32	50,000	10.91	0	0.00	10	10	0	0	0
8	杭州城合	46,000	3.05	5,000	1.09	41,000	3.91	4	1	3	0	0
9	福州城合	28,000	1.86	18,000	3.93	10,000	0.95	5	3	2	0	0
10	珠海城合	20,000	1.33	18,000	3.93	2,000	0.19	7	6	1	0	0
11	深圳城合	13,000	0.86	13,000	2.84	0	0.00	6	6	0	0	0
12	青岛城合	11,550	0.77	11,550	2.52	0	0.00	4	4	0	0	0
13	厦门城合	10,000	0.66	10,000	2.18	0	0.00	2	2	0	0	0
14	马鞍山城合	9,000	0.60	0	0.00	9,000	0.86	1	0	1	0	0
15	昆明城合	8,000	0.53	0	0.00	8,000	0.76	2	0	2	0	0
16	丹东城合	3,000	0.20	3,000	0.65	0	0.00	2	2	0	0	0
17	鞍山城合	1,000	0.07	1,000	0.22	0	0.00	1	1	0	0	0
	合计	1,507,883	100.00	458,333	100.00	1,049,550	100.00	183	94	81	5	3

1997－1999年全国银行间债券市场城市合作银行债券交易结算量排名榜（1998年1月－1998年12月）

序号	成员简称	债券交割额（万元）	比重Ⅰ（%）	付券量（万元）	比重Ⅱ（%）	收券量（万元）	比重Ⅲ（%）	交易总笔数	融入笔数	融出笔数	卖出笔数	买入笔数
1	北京城合	2,741,808	26.62	730,000	17.34	2,011,808	33.04	177	27	145	0	5
2	南京城合	2,049,586	19.90	798,500	18.96	1,251,086	20.55	284	102	171	0	11
3	上海银行	776,800	7.54	85,000	2.02	691,800	11.36	45	3	42	0	0
4	杭州城合	742,800	7.21	527,500	12.53	215,300	3.54	151	93	58	0	0
5	无锡城合	666,600	6.47	3,000	0.07	663,600	10.90	83	1	82	0	0
6	武汉城合	370,000	3.59	0	0.00	370,000	6.08	55	0	55	0	0
7	广州城合	331,106	3.21	331,106	7.86	0	0.00	61	60	0	1	0
8	青岛城合	323,600	3.14	312,100	7.41	11,500	0.19	118	114	4	0	0
9	宁波城合	259,250	2.52	115,000	2.73	144,250	2.37	74	27	47	0	0
10	汕头城合	192,000	1.86	192,000	4.56	0	0.00	33	33	0	0	0
11	重庆城合	163,000	1.58	163,000	3.87	0	0.00	33	33	0	0	0
12	深圳城合	148,400	1.44	148,400	3.52	0	0.00	25	25	0	0	0
13	南通城合	124,500	1.21	13,000	0.31	111,500	1.83	35	5	30	0	0
14	合肥城合	114,000	1.11	0	0.00	114,000	1.87	22	0	22	0	0
15	苏州城合	102,000	0.99	0	0.00	102,000	1.68	14	0	14	0	0
16	昆明城合	91,000	0.88	0	0.00	91,000	1.49	22	0	22	0	0
17	大连城合	80,531	0.78	80,531	1.91	0	0.00	18	14	0	4	0
18	珠海城合	79,300	0.77	79,300	1.88	0	0.00	30	30	0	0	0
19	济南城合	70,000	0.68	3,000	0.07	67,000	1.10	17	1	16	0	0
20	常州城合	69,000	0.67	12,000	0.28	57,000	0.94	20	5	15	0	0
21	鞍山城合	69,000	0.67	69,000	1.64	0	0.00	38	38	0	0	0
22	成都城合	67,000	0.65	61,000	1.45	6,000	0.10	16	14	2	0	0
23	绍兴城合	58,000	0.56	0	0.00	58,000	0.95	19	0	19	0	0
24	天津城合	52,000	0.50	45,000	1.07	7,000	0.11	8	6	1	0	1
25	淄博城合	50,500	0.49	47,000	1.12	3,500	0.06	20	17	3	0	0
26	长沙城合	48,100	0.47	48,100	1.14	0	0.00	11	11	0	0	0
27	烟台城合	48,000	0.47	45,000	1.07	3,000	0.05	12	11	1	0	0
28	福州城合	40,000	0.39	32,000	0.76	8,000	0.13	17	15	2	0	0
29	佛山城合	38,200	0.37	28,200	0.67	10,000	0.16	18	15	2	1	0

续 表

序号	成员简称	债券交割额（万元）	比重Ⅰ（%）	付券量（万元）	比重Ⅱ（%）	收券量（万元）	比重Ⅲ（%）	交易总笔数	融入笔数	融出笔数	卖出笔数	买入笔数
30	沈阳城合	32,119	0.31	32,119	0.76	0	0.00	1	0	0	1	0
31	马鞍山城合	30,050	0.29	8,700	0.21	21,350	0.35	16	8	6	1	1
32	石家庄城合	28,200	0.27	24,000	0.57	4,200	0.07	6	4	2	0	0
33	厦门城合	22,500	0.22	6,000	0.14	16,500	0.27	7	2	5	0	0
34	芜湖城合	18,500	0.18	8,500	0.20	10,000	0.16	10	7	3	0	0
35	抚顺城合	17,359	0.17	17,359	0.41	0	0.00	8	4	0	4	0
36	柳州城合	14,000	0.14	0	0.00	14,000	0.23	3	0	3	0	0
37	乌市城合	14,000	0.14	14,000	0.33	0	0.00	5	5	0	0	0
38	贵阳城合	11,000	0.11	11,000	0.26	0	0.00	4	4	0	0	0
39	宜昌城合	10,800	0.10	10,800	0.26	0	0.00	3	3	0	0	0
40	郑州城合	10,101	0.10	10,101	0.24	0	0.00	2	0	0	2	0
41	金华城合	10,000	0.10	10,000	0.24	0	0.00	8	7	0	1	0
42	乐山城合	8,300	0.08	8,300	0.20	0	0.00	5	4	0	1	0
43	长春城合	7,000	0.07	7,000	0.17	0	0.00	1	0	0	1	0
44	开封城合	6,780	0.07	6,780	0.16	0	0.00	4	4	0	0	0
45	临沂城合	6,231	0.06	6,231	0.15	0	0.00	1	0	0	1	0
46	辽阳城合	6,000	0.06	0	0.00	6,000	0.10	4	0	4	0	0
47	盐城城合	5,617	0.05	5,617	0.13	0	0.00	1	0	0	1	0
48	湛江城合	5,031	0.05	5,031	0.12	0	0.00	1	0	0	1	0
49	湘潭城合	5,000	0.05	5,000	0.12	0	0.00	3	3	0	0	0
50	南宁城合	4,558	0.04	4,558	0.11	0	0.00	1	0	0	1	0
51	南昌城合	3,000	0.03	3,000	0.07	0	0.00	1	1	0	0	0
52	哈尔滨城合	3,000	0.03	0	0.00	3,000	0.05	3	0	3	0	0
53	潍坊银行	3,000	0.03	3,000	0.07	0	0.00	3	3	0	0	0
54	岳阳城合	2,872	0.03	2,872	0.07	0	0.00	5	4	0	1	0
55	荆州城合	2,482	0.02	2,482	0.06	0	0.00	2	1	0	1	0
56	株洲城合	1,800	0.02	1,800	0.04	0	0.00	3	3	0	0	0
57	吉林城合	1,109	0.01	1,109	0.03	0	0.00	1	0	0	1	0
58	扬州城合	1,000	0.01	0	0.00	1,000	0.02	1	0	1	0	0
	合计	10,299,590	100.00	4,211,096	100.00	6,088,494	100.00	1621	790	785	24	22

1997－1999年全国银行间债券市场城市商业银行债券交易结算量排名榜（1999年1月－1999年12月）

序号	成员简称	债券交割额（万元）	比重Ⅰ（%）	付券量（万元）	比重Ⅱ（%）	收券量（万元）	比重Ⅲ（%）	交易总笔数	融入笔数	融出笔数	卖出笔数	买入笔数
1	南京商行	6,735,792	18.95	4,568,105	22.11	2,167,687	14.57	781	372	380	13	16
2	北京商行	6,159,340	17.33	2,754,800	13.34	3,404,540	22.88	405	74	313	7	11
3	上海银行	5,077,300	14.29	892,000	4.32	4,185,300	28.12	468	23	442	1	2
4	杭州商行	2,711,600	7.63	2,224,100	10.77	487,500	3.28	440	311	127	2	0
5	深圳商行	2,451,600	6.90	2,388,600	11.56	63,000	0.42	219	211	8	0	0
6	无锡商行	2,009,300	5.65	196,000	0.95	1,813,300	12.18	318	25	291	0	2
7	武汉商行	1,210,800	3.41	413,000	2.00	797,800	5.36	213	55	148	3	7
8	天津商行	988,400	2.78	934,100	4.52	54,300	0.36	94	71	15	6	2
9	淄博商行	781,241	2.20	674,241	3.26	107,000	0.72	261	231	23	2	5
10	大连商行	543,800	1.53	474,500	2.30	69,300	0.47	130	112	18	0	0
11	广州商行	520,000	1.46	520,000	2.52	0	0.00	85	85	0	0	0
12	青岛商行	486,400	1.37	450,400	2.18	36,000	0.24	231	223	8	0	0
13	宁波商行	485,490	1.37	339,500	1.64	145,990	0.98	140	86	53	0	1
14	重庆商行	440,818	1.24	422,818	2.05	18,000	0.12	77	74	3	0	0
15	乌鲁木齐商行	342,000	0.96	302,000	1.46	40,000	0.27	67	64	3	0	0
16	长沙商行	339,000	0.95	311,000	1.51	28,000	0.19	62	54	7	1	0
17	烟台住房	291,000	0.82	213,000	1.03	78,000	0.52	35	16	13	5	1
18	济南商行	284,000	0.80	212,000	1.03	72,000	0.48	67	55	9	0	3
19	常州商行	276,200	0.78	189,000	0.91	87,200	0.59	93	60	33	0	0
20	温州商行	242,900	0.68	46,000	0.22	196,900	1.32	65	9	54	2	0
21	芜湖商行	234,200	0.66	66,000	0.32	168,200	1.13	91	30	60	0	1
22	南通商行	230,500	0.65	117,000	0.57	113,500	0.76	58	27	29	2	0
23	汕头商行	222,440	0.63	222,440	1.08	0	0.00	39	38	0	1	0
24	合肥商行	215,300	0.61	59,000	0.29	156,300	1.05	55	11	44	0	0

续　表

序号	成员简称	债券交割额（万元）	比重Ⅰ（%）	付券量（万元）	比重Ⅱ（%）	收券量（万元）	比重Ⅲ（%）	交易总笔数	融入笔数	融出笔数	卖出笔数	买入笔数
25	柳州商行	163,100	0.46	0	0.00	163,100	1.10	60	0	60	0	0
26	哈尔滨商行	154,000	0.43	110,000	0.53	44,000	0.30	25	13	12	0	0
27	福州商行	147,500	0.42	93,000	0.45	54,500	0.37	26	17	9	0	0
28	安庆商行	147,000	0.41	108,000	0.52	39,000	0.26	79	61	17	1	0
29	昆明商行	126,000	0.35	122,000	0.59	4,000	0.03	28	26	2	0	0
30	成都商行	121,000	0.34	115,000	0.56	6,000	0.04	17	13	4	0	0
31	鞍山商行	115,500	0.32	115,500	0.56	0	0.00	33	33	0	0	0
32	厦门商行	105,000	0.30	102,000	0.49	3,000	0.02	29	28	1	0	0
33	珠海商行	104,500	0.29	104,500	0.51	0	0.00	43	43	0	0	0
34	烟台商行	90,500	0.25	90,500	0.44	0	0.00	29	29	0	0	0
35	南昌商行	85,774	0.24	82,600	0.40	3,174	0.02	33	32	0	0	1
36	开封商行	77,340	0.22	77,340	0.37	0	0.00	25	25	0	0	0
37	丹东商行	77,200	0.22	77,200	0.37	0	0.00	54	54	0	0	0
38	马鞍山商行	75,500	0.21	47,000	0.23	28,500	0.19	44	31	13	0	0
39	佛山商行	66,287	0.19	56,287	0.27	10,000	0.07	26	24	0	0	2
40	绍兴商行	61,500	0.17	7,000	0.03	54,500	0.37	22	2	20	0	0
41	金华商行	54,500	0.15	49,500	0.24	5,000	0.03	27	26	0	0	1
42	镇江商行	48,000	0.14	12,000	0.06	36,000	0.24	21	7	13	0	1
43	辽阳商行	44,100	0.12	44,100	0.21	0	0.00	22	22	0	0	0
44	贵阳商行	43,000	0.12	11,000	0.05	32,000	0.22	14	3	11	0	0
45	苏州商行	38,000	0.11	0	0.00	38,000	0.26	6	0	6	0	0
46	银川商行	37,500	0.11	26,000	0.13	11,500	0.08	20	17	2	0	1
47	锦州商行	37,000	0.10	37,000	0.18	0	0.00	17	17	0	0	0
48	扬州商行	27,000	0.08	23,000	0.11	4,000	0.03	12	10	2	0	0

续 表

序号	成员简称	债券交割额（万元）	比重Ⅰ（%）	付券量（万元）	比重Ⅱ（%）	收券量（万元）	比重Ⅲ（%）	交易总笔数	融入笔数	融出笔数	卖出笔数	买入笔数
49	湖州商行	24,500	0.07	0	0.00	24,500	0.16	4	0	4	0	0
50	泉州商行	22,000	0.06	22,000	0.11	0	0.00	13	13	0	0	0
51	岳阳商行	17,200	0.05	16,200	0.08	1,000	0.01	18	17	0	0	1
52	嘉兴商行	14,500	0.04	10,500	0.05	4,000	0.03	9	7	2	0	0
53	宜昌商行	14,400	0.04	14,400	0.07	0	0.00	4	4	0	0	0
54	乐山商行	13,500	0.04	13,500	0.07	0	0.00	7	7	0	0	0
55	沧州商行	13,000	0.04	8,000	0.04	5,000	0.03	5	4	0	0	1
56	桂林商行	12,000	0.03	11,000	0.05	1,000	0.01	7	6	0	0	1
57	新乡商行	10,722	0.03	7,722	0.04	3,000	0.02	5	1	2	2	0
58	长春商行	10,000	0.03	0	0.00	10,000	0.07	2	0	2	0	0
59	沈阳商行	8,600	0.02	8,600	0.04	0	0.00	2	2	0	0	0
60	齐齐哈尔商行	8,500	0.02	8,500	0.04	0	0.00	9	9	0	0	0
61	湘潭商行	8,200	0.02	8,200	0.04	0	0.00	7	7	0	0	0
62	黄石商行	8,000	0.02	8,000	0.04	0	0.00	7	7	0	0	0
63	荆州商行	7,150	0.02	7,150	0.03	0	0.00	4	4	0	0	0
64	营口商行	4,600	0.01	4,600	0.02	0	0.00	2	2	0	0	0
65	石家庄商行	4,000	0.01	0	0.00	4,000	0.03	2	0	2	0	0
66	株洲商行	4,000	0.01	3,000	0.01	1,000	0.01	6	5	0	0	1
67	洛阳商行	3,174	0.01	3,174	0.02	0	0.00	1	0	0	1	0
68	潍坊商行	3,000	0.01	3,000	0.01	0	0.00	3	3	0	0	0
69	南宁商行	2,000	0.01	0	0.00	2,000	0.01	1	0	1	0	0
70	唐山商行	1,000	0.00	0	0.00	1,000	0.01	1	0	1	0	0
71	德阳商行	600	0.00	600	0.00	0	0.00	1	1	0	0	0
	合计	35,540,868	100.00	20,658,277	100.00	14,882,591	100.00	5,326	2,949	2,267	49	61

CHINA
MONETARY
MARKET
YEARBOOK
2000

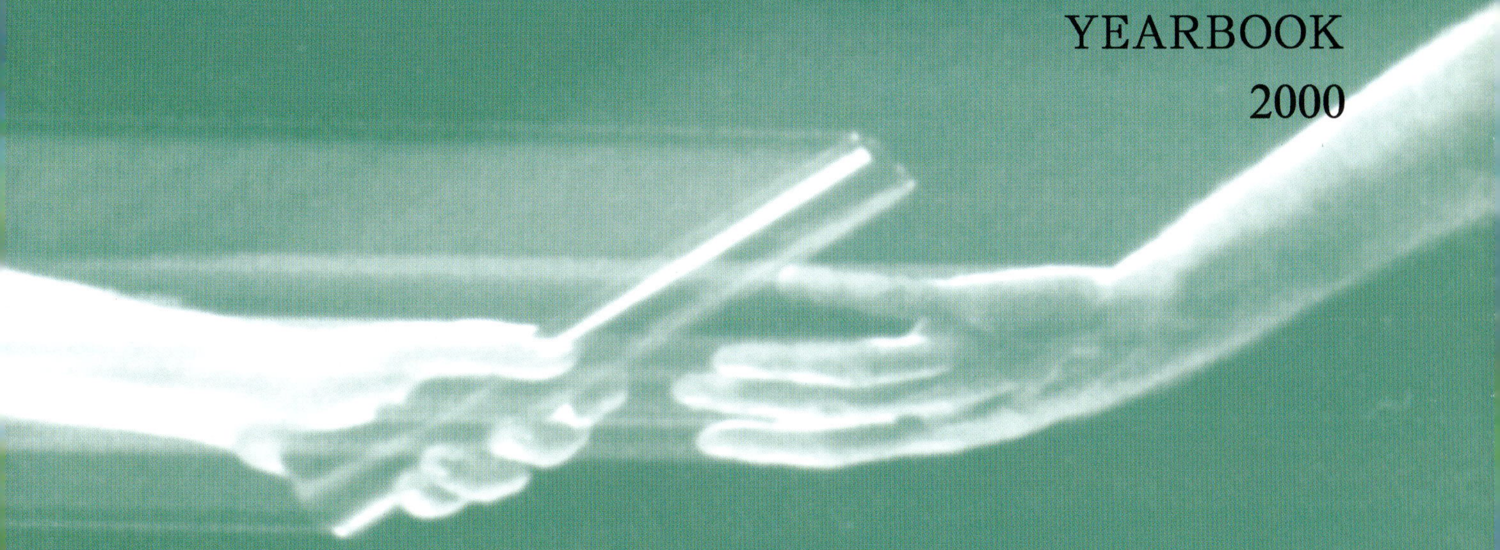

7.1997－1999年全国银行间债券市场债券交易统计表（1997）

日期／品种	7天		14天		21天		1个月	
	交割量（万元）	平均利率（%）	交割量（万元）	平均利率（%）	交割量（万元）	平均利率（%）	交割量（万元）	平均利率（%）
6月	150,000	10.220	100,000	10.080	200,000	10.295	2,000	10.965
7月	155,000	10.045	103,000	9.730			3,000	9.240
8月	3,000	9.000	10,000	9.861			3,000	9.000
9月			10,000	9.840			6,500	10.020
10月	24,000	9.049	54,000	9.156			140,000	8.398
11月	77,000	8.620	40,000	9.247	3,000	8.821	62,000	9.076
12月	1,000	9.673	80,000	8.656	54,000	8.616	190,000	8.500
总计	410,000		397,000		257,000		406,500	

1997－1999年全国银行间债券市场债券交易统计表（1998）

日期／品种	7天		14天		21天		1个月		2个月
	交割量（万元）	平均利率（%）	交割量（万元）	平均利率（%）	交割量（万元）	平均利率（%）	交割量（万元）	平均利率（%）	交割量（万元）
1月	295,000	8.736			55,500	8.834	87,000	8.660	206,000
2月	58,500	8.709	90,000	7.784	32,000	8.166	38,000	8.430	169,000
3月	21,500	7.682	37,300	8.292	22,000	8.313	88,000	8.111	71,000
4月	62,300	6.930	142,000	6.862	103,400	6.841	96,900	6.897	136,800
5月	40,000	6.658	110,000	6.830	21,000	6.742	118,800	6.915	92,000
6月	96,500	6.703	141,000	6.762	60,000	6.929	106,500	6.886	142,800
7月	146,000	5.617	55,000	5.595	3,400	6.096	71,700	6.054	52,300
8月	255,000	5.157	40,000	5.256	12,000	5.341	53,900	5.599	63,700
9月	162,000	4.654	200,500	4.686	72,000	4.806	211,500	4.904	100,000
10月	380,500	4.710	357,000	4.836	99,000	4.869	186,000	4.947	105,400
11月	989,000	4.600	273,000	4.614	95,000	4.497	241,900	4.866	27,000
12月	1,177,500	4.194	305,000	4.262	233,100	4.314	326,400	4.602	103,000
总计	3,683,800		1,750,800		808,400		1,626,600		1,269,000

	2个月		3个月		4个月		现券	总计	
	交割量（万元）	平均利率（%）	交割量（万元）	平均利率（%）	交割量（万元）	平均利率（%）	交割量（万元）	交割量（万元）	平均利率（%）
	17,000	10.603	5,000	10.756	5,000	11.310	11,000	490,000	10.257
	19,000	9.983	60,000	9.751	100,000	9.900		440,000	9.890
	3,000	9.900	23,000	9.681			43,000	85,000	9.642
	18,000	9.118	5,000	9.600	10,000	10.548	2,960	52,460	9.720
	256,000	8.406	170,200	8.688	183,750	8.692		827,950	8.594
	83,000	8.638	83,800	8.782	122,000	8.307		470,800	8.685
	203,000	8.631	42,823	9.004	105,000	8.734	30,000	705,823	8.638
	599,000		389,823		525,750		86,960	3,072,033	9.110

	2个月	3个月		4个月		6个月		现券	总计	
	平均利率（%）	交割量（万元）	平均利率（%）	交割量（万元）	平均利率（%）	交割量（万元）	平均利率（%）	交割量（万元）	交割量（万元）	平均利率（%）
	8.675	82,100	8.719	20,000	8.566				745,600	8.711
	8.540	20,000	8.793	8,000	8.851				415,500	8.377
	7.532	46,000	8.843	27,500	7.535			33,250	346,550	8.034
	6.933			25,000	6.976			19,300	585,700	6.894
	7.143	62,100	7.507	93,000	7.231			3,000	539,900	7.035
	6.945	127,200	7.033	5,000	7.300			90,468	769,468	6.881
	6.063	59,400	6.059	2,550	6.345			18,163	408,513	5.830
	5.679	79,300	6.721	21,590	6.025			14,798	540,288	5.549
	5.163	10,000	5.417	56,000	6.585			6,850	818,850	4.946
	5.046	52,000	5.287	6,500	5.447			700	1,187,900	4.858
	5.017	37,300	6.989	81,400	5.796				1,744,600	4.746
	4.441	29,390	4.860	19,600	4.545	5,200	5.271	120,645	2,319,835	4.303
		604,790		366,140		5,200		307,174	10,422,704	5.690

1997－1999年全国银行间债券市场债券交易统计表（1999）

日期／品种	7天		14天		21天		1个月		2个月		3个月
	首期结算量（万元）	平均利率（%）	首期结算量（万元）	平均利率（%）	首期结算量（万元）	平均利率（%）	首期结算量（万元）	平均利率（%）	首期结算量（万元）	平均利率（%）	首期结算量（万元）
1月	410,000	4.081	172,000	4.111	104,500	4.301	97,700	4.380	197,500	4.385	50,400
2月	213,200	4.063	381,300	4.091	194,000	3.995	182,500	4.070	63,300	4.274	98,800
3月	752,100	4.100	883,100	4.125	236,000	4.181	640,500	4.310	244,390	4.388	203,000
4月	552,800	4.098	259,000	4.135	204,900	4.144	226,100	4.314	216,000	4.361	137,200
5月	929,500	4.068	521,900	4.077	368,000	4.114	227,300	4.212	583,990	4.200	136,679
6月	1,389,500	3.004	861,000	3.300	277,500	3.079	373,600	3.228	520,300	3.178	204,500
7月	2,129,400	2.674	489,390	2.703	268,000	2.722	697,259	2.745	490,690	2.767	122,600
8月	1,891,500	2.654	804,500	2.659	150,300	2.659	736,500	2.688	203,100	2.767	146,879
9月	2,651,000	2.588	2,169,500	2.602	231,000	2.769	587,890	2.661	525,300	2.69	219,740
10月	1,498,300	2.629	904,000	2.592	170,700	2.627	187,490	2.674	131,977	2.717	44,000
11月	2,691,750	2.578	868,550	2.589	327,800	2.596	189,500	2.685	296,000	2.702	100,656
12月	1,099,559	2.571	992,200	2.587	173,670	2.602	687,900	2.616	42,900	2.733	941,600
总计	16,208,609		9,306,440		2,706,370		4,834,239		3,515,447		2,406,054

3个月	4个月		6个月		9个月		1年		现券	总计	
平均利率（%）	首期结算量（万元）	平均利率（%）	首期结算量（万元）	平均利率（%）	首期结算量（万元）	平均利率（%）	首期结算量（万元）	平均利率（%）	结算量（万元）	首期结算量（万元）	平均利率（%）
4.603	32,600	7.331							4,000	1,068,700	4.316
6.094									1,000	1,134,100	4.251
4.464	48,600	4.517	600	5.080					85,679	3,093,969	4.214
4.391	1,000	4.502	25,000	4.451					39,000	1,661,000	4.206
4.326	44,600	4.223	100,600	4.161					20,000	2,932,569	4.131
3.237	35,000	3.189	3,500	5.171					21,810	3,686,710	3.144
2.915	12,000	3.101							12,040	4,221,379	2.711
2.843	13,000	2.872							5,000	3,950,779	2.675
2.811	30,000	2.778	17,920	3.001					17,000	6,449,350	2.624
2.830	62,000	2.775	10,000	2.990			5,000	2.3	115,700	3,129,167	2.631
2.776	17,600	2.854	15,600	2.885			20,000	3.0	438,222	4,965,678	2.602
2.663	3,000	2.800	14,000	2.966					224,291	4,179,120	2.610
	299,400		187,220				25,000		983,742	40,472,521	3.073

8.1997－1999年全国银行间债券市场债券交易结算结构表（1997年6月－1997年12月）

付券方性质	收券方性质	交易量（万元）	交易金额（万元）	比重Ⅰ（%）	交易笔数	比重Ⅱ（%）	平均交易额（万元）	比重Ⅲ（%）
合计		3,072,033	3,043,986.52	100.00	175	100.00	233,283.12	100.00
国有独资银行	国有独资银行	500,000	500,000.00	16.43	10	5.71	50,000.00	21.43
全国股份银行	全国股份银行	186,700	186,080.00	6.11	14	8.00	13,291.43	5.70
城市合作银行	城市合作银行	236,550	234,920.00	7.72	58	33.14	4,050.34	1.74
国有独资银行	城市合作银行	549,000	548,100.00	18.01	8	4.57	68,512.50	29.37
城市合作银行	国有独资银行	28,000	28,000.00	0.92	5	2.86	5,600.00	2.40
全国股份银行	城市合作银行	264,000	234,000.00	7.69	18	10.29	13,000.00	5.57
城市合作银行	全国股份银行	193,783	193,898.52	6.37	36	20.57	5,386.07	2.31
国有独资银行	全国股份银行	1,025,000	1,025,494.00	33.69	16	9.14	64,093.38	27.47
全国股份银行	国有独资银行	89,000	93,494.00	3.07	10	5.71	9,349.40	4.01

1997－1999年全国银行间债券市场债券交易结算结构表（1998年1月－1998年12月）

付券方性质	收券方性质	交易量（万元）	交易金额（万元）	比重Ⅰ（%）	交易笔数	比重Ⅱ（%）	平均交易额（万元）	比重Ⅲ（%）
合计		10,411,704	10,463,895.86	100.00	1,146	100.00	204,462.51	100.00
国有独资银行	国有独资银行	150,000	150,000.00	1.43	2	0.17	75,000.00	36.68
全国股份银行	全国股份银行	1,920,000	1,920,000.00	18.35	101	8.81	19,009.90	9.30
城市合作银行	城市合作银行	2,755,635	2,758,391.00	26.36	613	53.49	4,499.82	2.20
国有独资银行	城市合作银行	71,100	70,990.00	0.68	4	0.35	17,747.50	8.68
城市合作银行	国有独资银行	159,000	159,000.00	1.52	20	1.75	7,950.00	3.89
全国股份银行	城市合作银行	3,258,759	3,282,694.50	31.37	188	16.40	17,461.14	8.54
城市合作银行	全国股份银行	1,296,461	1,290,496.90	12.33	181	15.79	7,129.82	3.49
国有独资银行	全国股份银行	80,150	80,210.75	0.77	3	0.26	26,736.92	13.08
全国股份银行	国有独资银行	720,599	752,112.71	7.19	26	2.27	28,927.41	14.15

1997－1999年全国银行间债券市场债券交易结算结构表（1999年1月－1999年12月）

付券方性质	收券方性质	交易量（万元）	交易金额（万元）	比重Ⅰ（%）	交易笔数	比重Ⅱ（%）	平均交易额（万元）	比重Ⅲ（%）
合计		35,768,282	35,834,055.71	100.00	3,693	100.00	569,737.36	100.00
国有独资银行	国有独资银行	4,550,000	4,550,000.00	12.70	19	0.51	239,473.68	42.03
全国股份银行	全国股份银行	2,438,810	2,440,033.77	6.81	84	2.27	29,048.02	5.10
城市商业银行	城市商业银行	9,705,091	9,715,596.59	27.11	2,036	55.13	4,771.90	0.84
国有独资银行	城市商业银行	660,000	660,000.00	1.84	10	0.27	66,000.00	11.58
城市商业银行	国有独资银行	3,330,341	3,338,061.35	9.32	205	5.55	16,283.23	2.86
全国股份银行	城市商业银行	3,740,000	3,767,024.00	10.51	150	4.06	25,113.49	4.41
城市商业银行	全国股份银行	5,641,040	5,640,340.00	15.74	508	13.76	11,103.03	1.95
国有独资银行	全国股份银行	980,000	980,000.00	2.73	7	0.19	140,000.00	24.57
全国股份银行	国有独资银行	4,723,000	4,743,000.00	13.24	125	3.38	37,944.00	6.66

9.1997－1999年全国银行间债券市场债券交易结算量双边统计分类表（1997年6月－1997年12月）

机构性质	债券交割量（万元）	比重Ⅰ（%）	回购融入资金（万元）	比重Ⅱ（%）	回购融出资金（万元）	比重Ⅲ（%）
合计	6,144,066	100.00	2,985,073.00	100.00	2,985,073.00	100.00
国有独资银行	2,691,000	43.80	2,069,000.00	69.31	592,000.00	19.83
全国股份银行	1,945,183	31.66	476,700.00	15.97	1,379,523.00	46.21
城市合作银行	1,507,883	24.54	439,373.00	14.72	1,013,550.00	33.95
外资银行	0	0.00	0.00	0.00	0.00	0.00
授权分行	0	0.00	0.00	0.00	0.00	0.00
农村信用社	0	0.00	0.00	0.00	0.00	0.00
保险公司	0	0.00	0.00	0.00	0.00	0.00

1997－1999年全国银行间债券市场债券交易结算量双边统计分类表（1998年1月－1998年12月）

机构性质	债券交割量（万元）	比重Ⅰ（%）	回购融入资金（万元）	比重Ⅱ（%）	回购融出资金（万元）	比重Ⅲ（%）
合计	20,843,725	100.00	10,110,530.00	100.00	10,113,530.00	100.00
国有独资银行	1,330,849	6.38	301,100.00	2.98	983,000.00	9.72
全国股份银行	9,200,669	44.14	5,739,500.00	56.77	3,183,680.00	31.48
城市合作银行	10,302,207	49.43	4,063,930.00	40.20	5,943,850.00	58.77
外资银行	6,000	0.03	3,000.00	0.03	2,000.00	0.02
授权分行	1,000	0.00	0.00	0.00	1,000.00	0.01
农村信用社	3,000	0.01	3,000.00	0.03	0.00	0.00
保险公司	0	0.00	0.00	0.00	0.00	0.00

1997－1999年全国银行间债券市场债券交易结算量双边统计分类表（1999年1月－1999年12月）

机构性质	债券交割量（万元）	比重Ⅰ（%）	回购融入资金（万元）	比重Ⅱ（%）	回购融出资金（万元）	比重Ⅲ（%）
合计	40,472,521	100.00	39,488,779.00	100.00	39,488,779.00	100.00
国有独资银行	19,537,872	24.14	6,600,000.00	16.71	12,684,447.00	32.12
全国股份银行	20,865,163	25.78	11,136,000.00	28.20	9,565,177.00	24.22
城市商业银行	35,540,868	43.91	20,309,295.00	51.43	14,432,455.00	36.55
授权分行	833,500	1.03	440,000.00	1.11	363,500.00	0.92
外资银行	17,000	0.02	15,000.00	0.04	0.00	0.00
农村信用社	3,560,300	4.40	753,200.00	1.91	2,410,200.00	6.10
保险公司	413,565	0.51	169,460.00	0.43	33,000.00	0.08
投资基金	116,408	0.14	27,824.00	0.07	0.00	0.00
证券公司	60,366	0.07	38,000.00	0.10	0.00	0.00

二、1997－1999年全国银行间债券市场行情与统计

（二）图表类

1.1997－1999年相关资金市场利率比较图

相关资金市场利率比较图（7天）

（1997年6月－1997年12月）

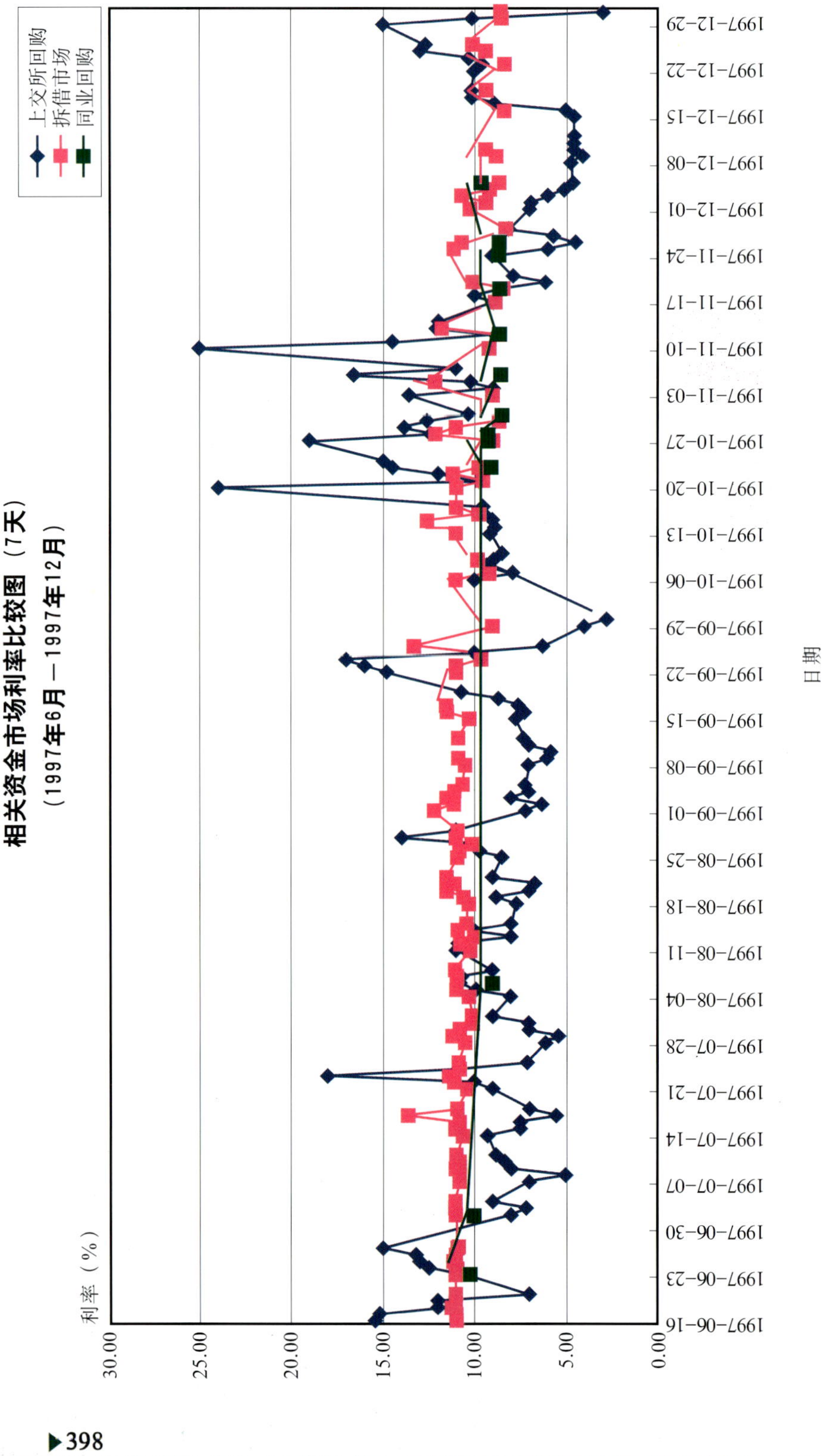

相关资金市场利率比较图（14天）

（1997年6月—1997年12月）

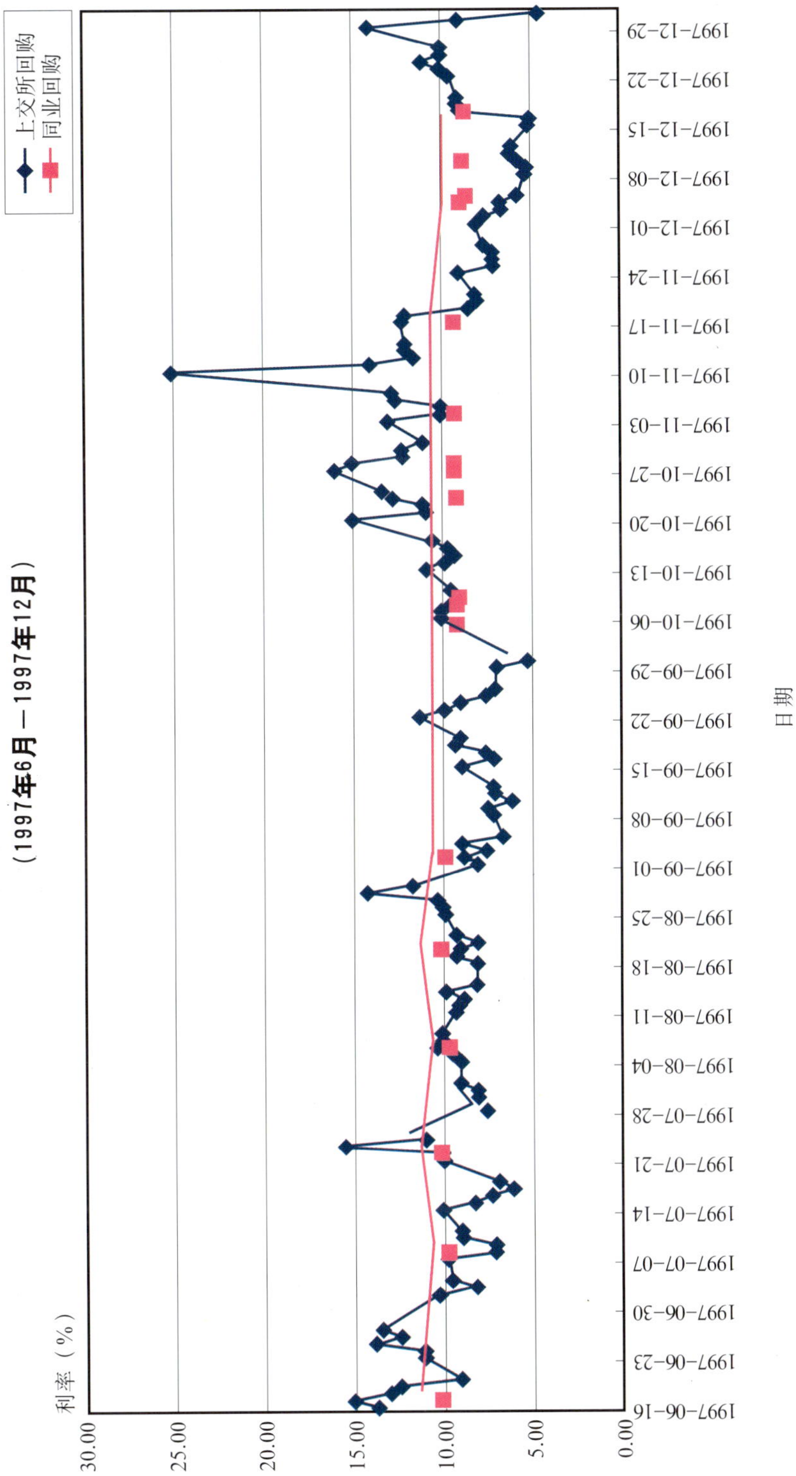

相关资金市场利率比较图（21天）
（1997年6月—1997年12月）

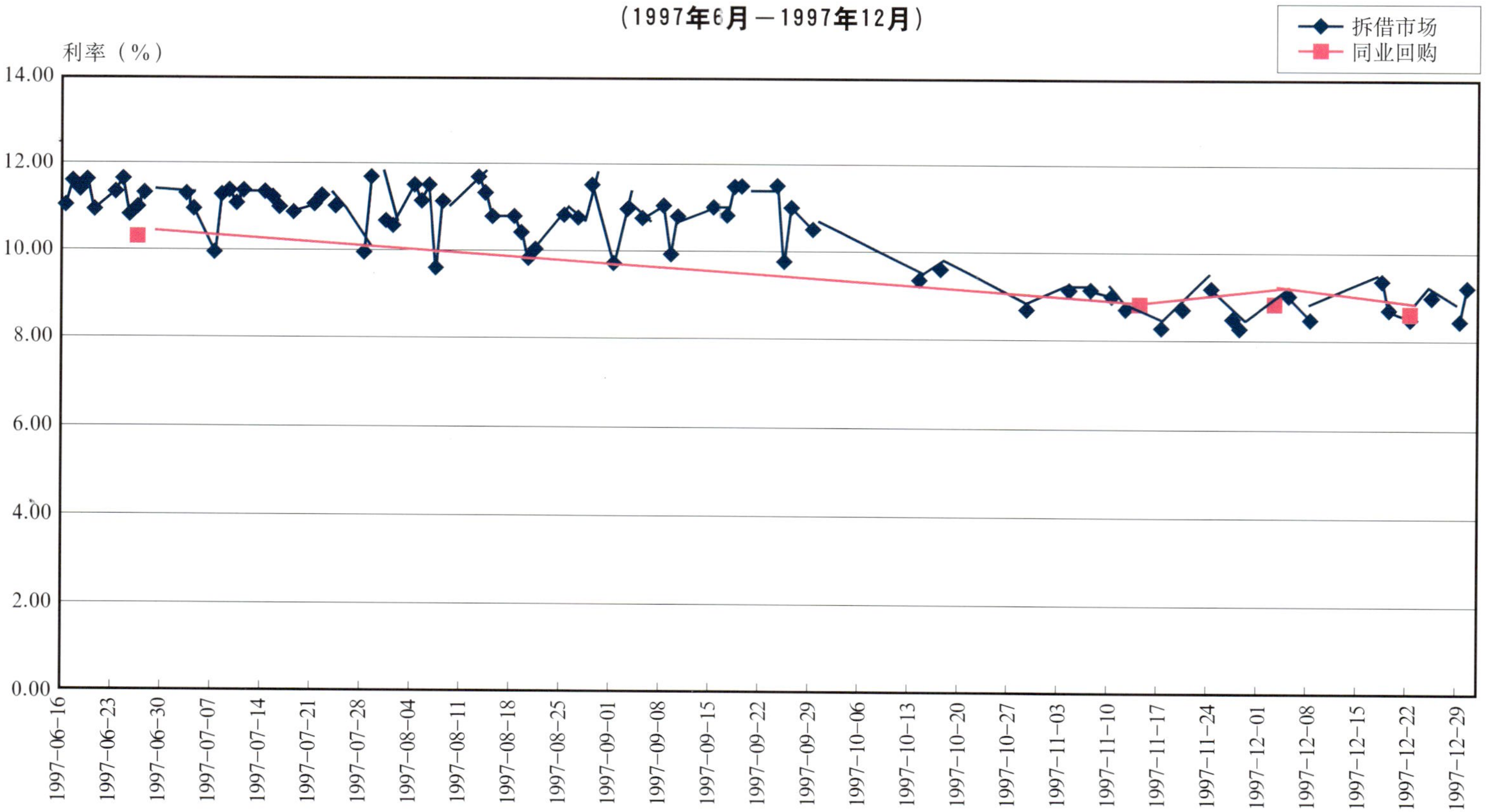

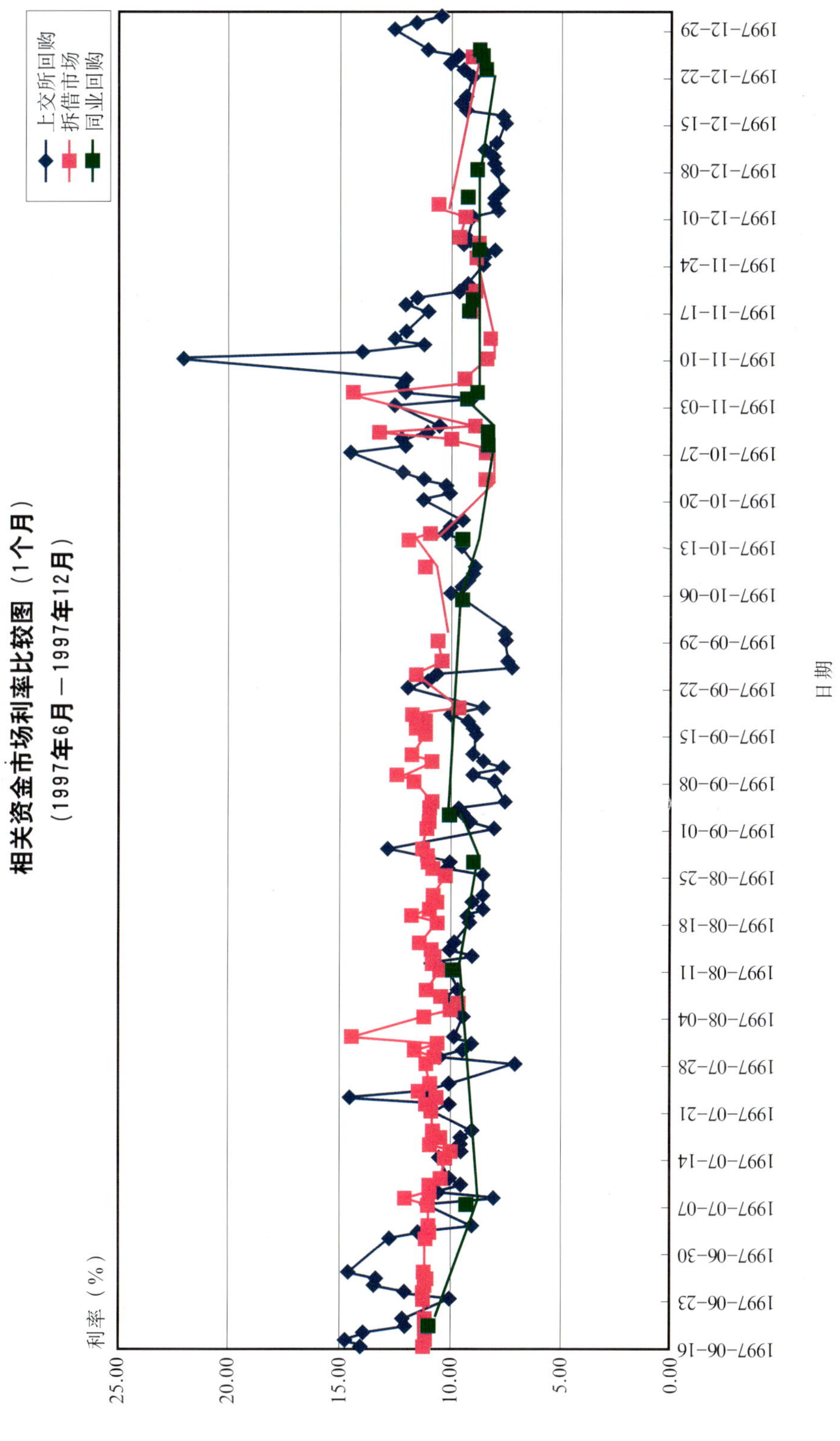

相关资金市场利率比较图（1个月）
（1997年6月—1997年12月）
利率（%）
25.00
20.00
15.00
10.00
5.00
0.00
上交所回购
拆借市场
同业回购
1997-06-16
1997-06-23
1997-06-30
1997-07-07
1997-07-14
1997-07-21
1997-07-28
1997-08-04
1997-08-11
1997-08-18
1997-08-25
1997-09-01
1997-09-08
1997-09-15
1997-09-22
1997-09-29
1997-10-06
1997-10-13
1997-10-20
1997-10-27
1997-11-03
1997-11-10
1997-11-17
1997-11-24
1997-12-01
1997-12-08
1997-12-15
1997-12-22
1997-12-29
日期

相关资金市场利率比较图（2个月）

（1997年6月—1997年12月）

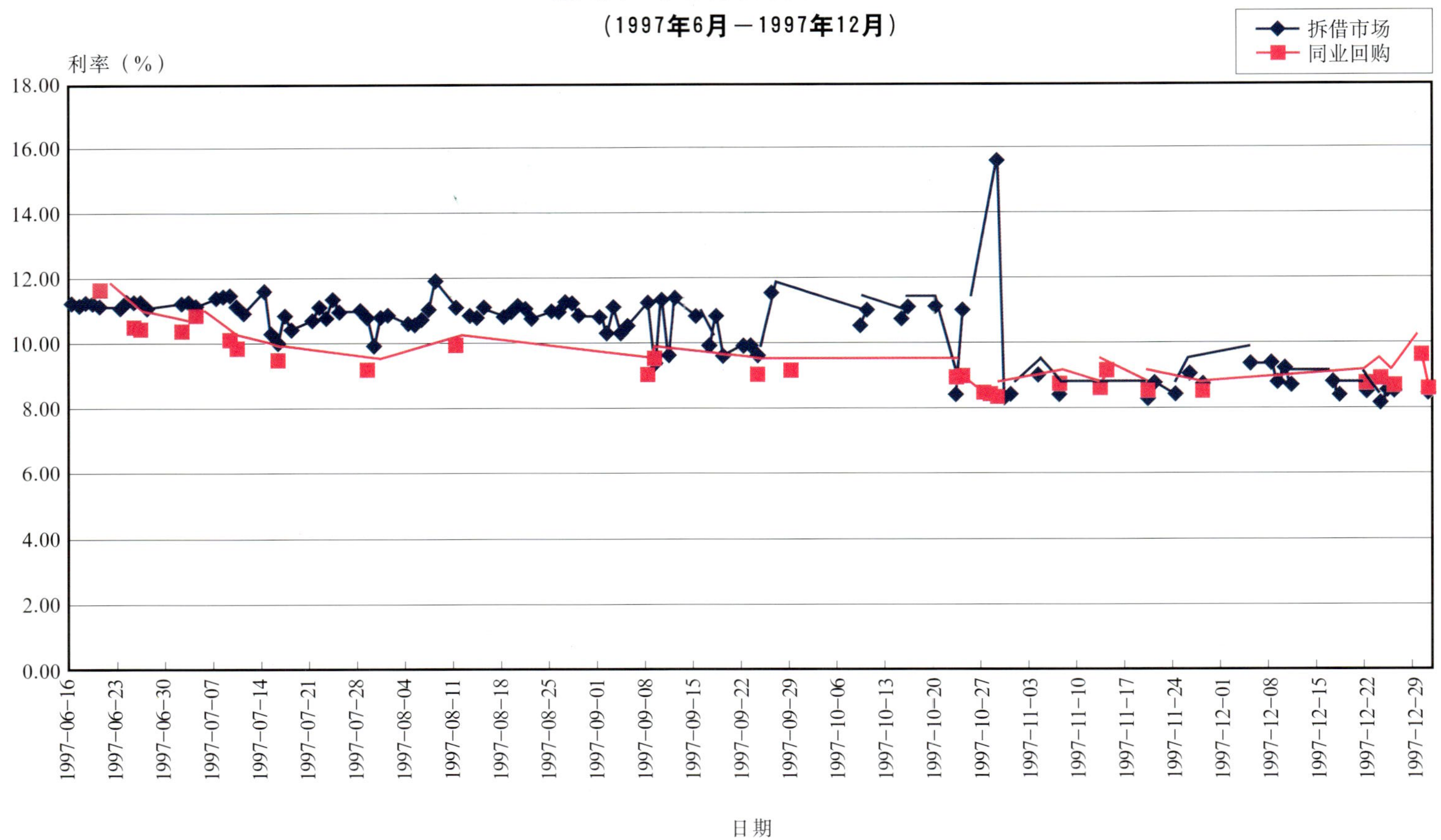

相关资金市场利率比较图（3个月）

（1997年6月—1997年12月）

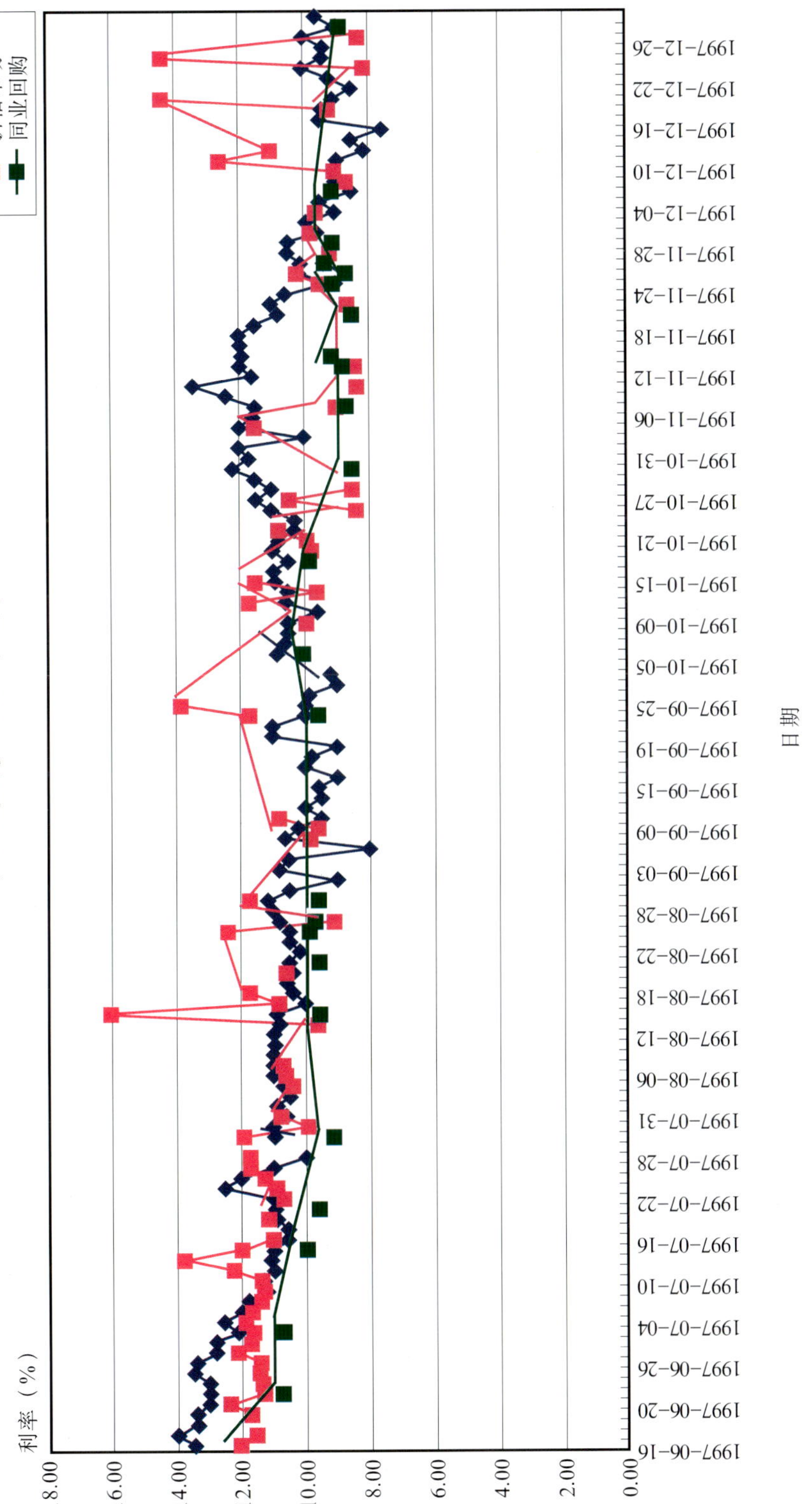

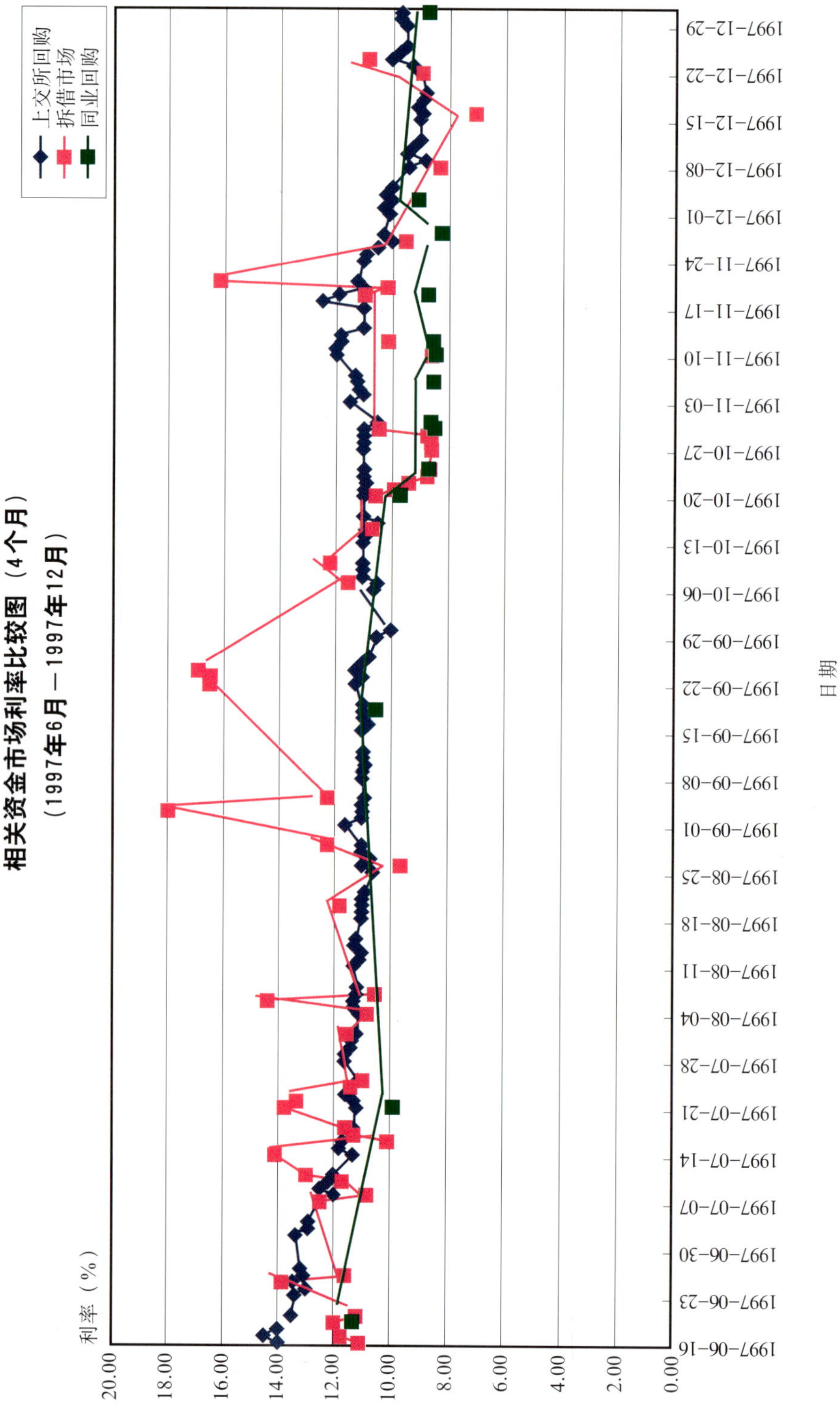

相关资金市场利率比较图（4个月）

（1997年6月—1997年12月）

相关资金市场利率比较图（7天）

（1998年1月—1998年12月）

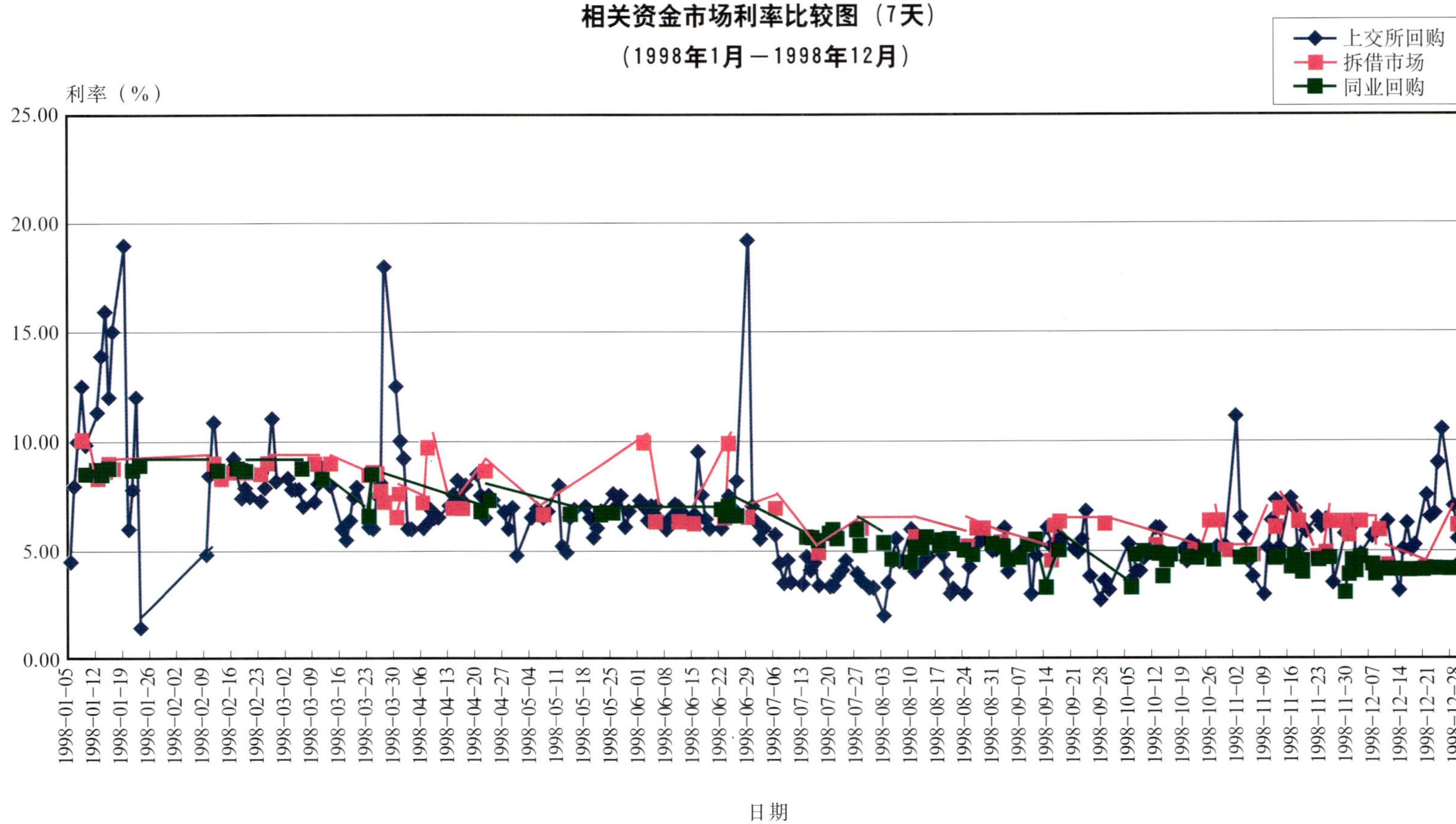

相关资金市场利率比较图（14天）

（1998年1月－1998年12月）

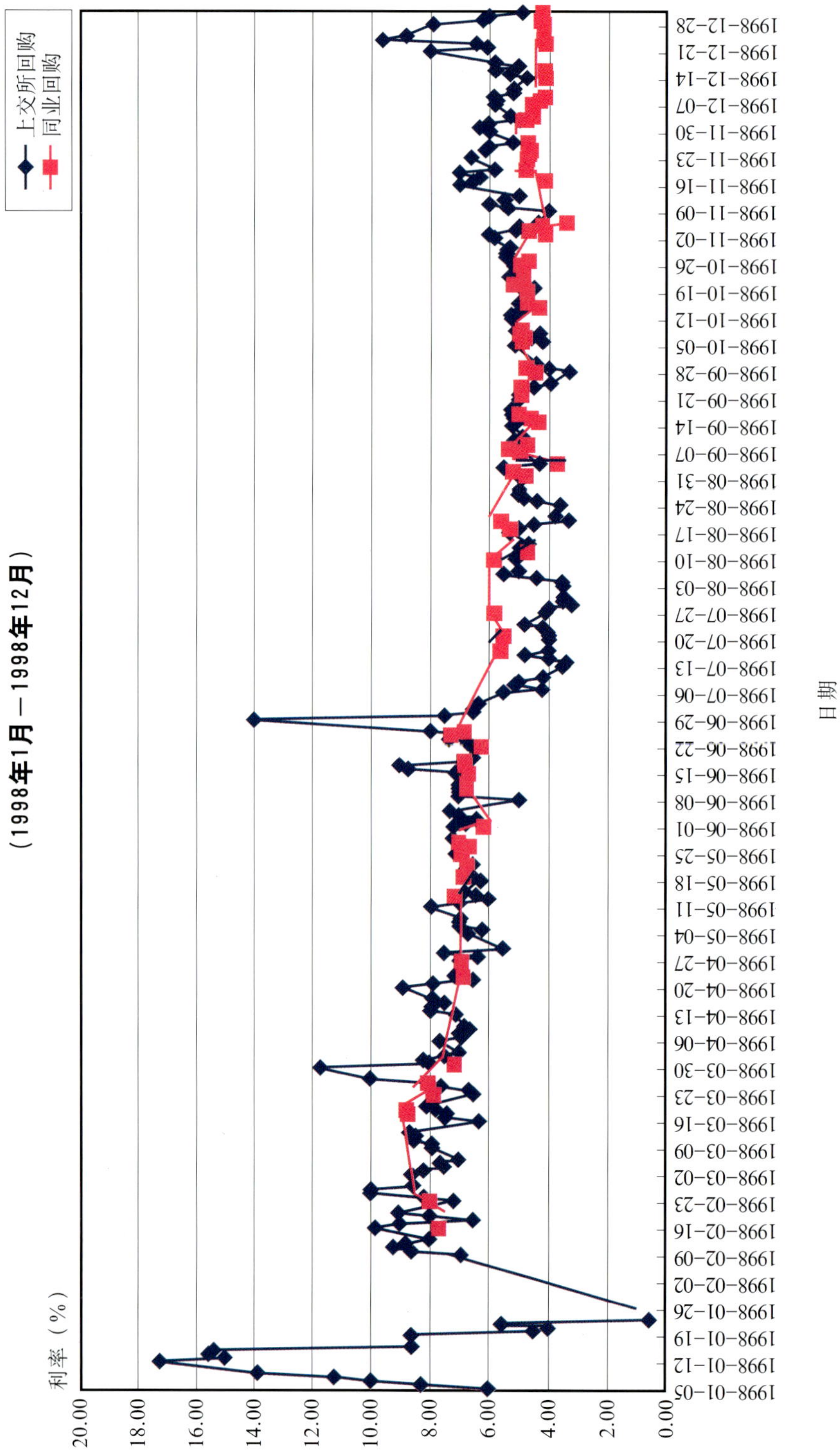

相关资金市场利率比较图（21天）

（1998年1月—1998年12月）

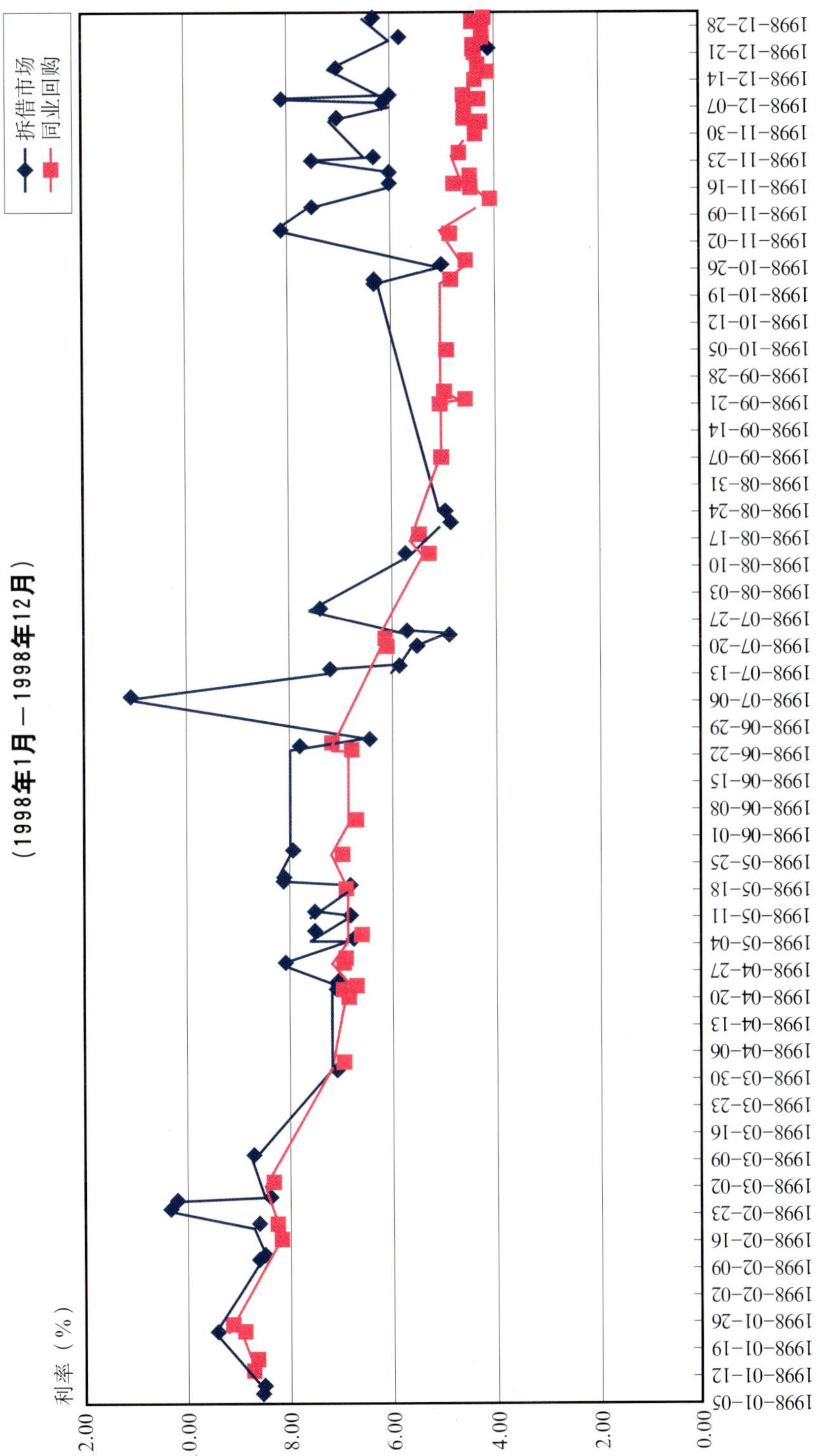

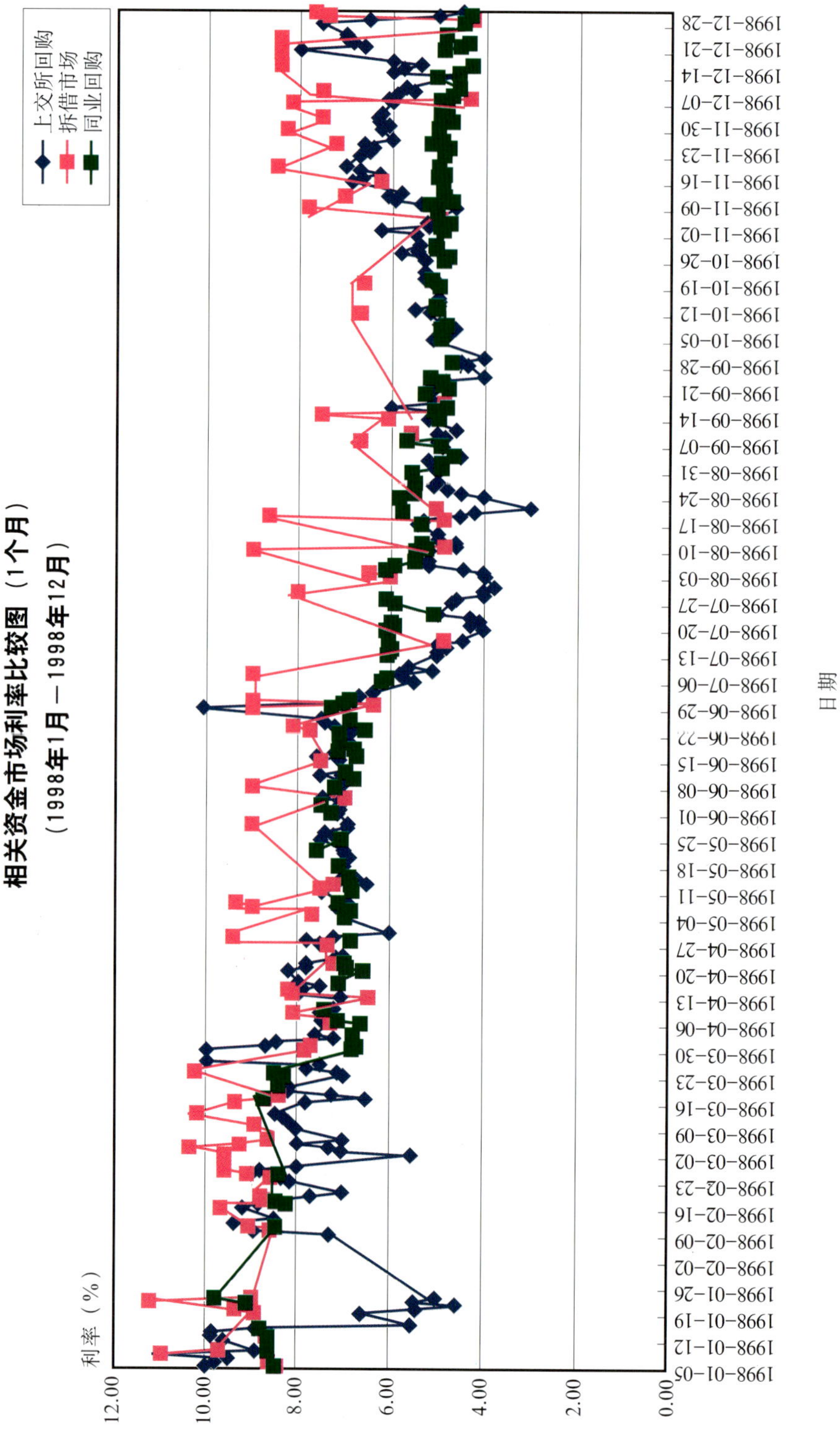

相关资金市场利率比较图（1个月）

（1998年1月—1998年12月）

相关资金市场利率比较图（2个月）

（1998年1月—1998年12月）

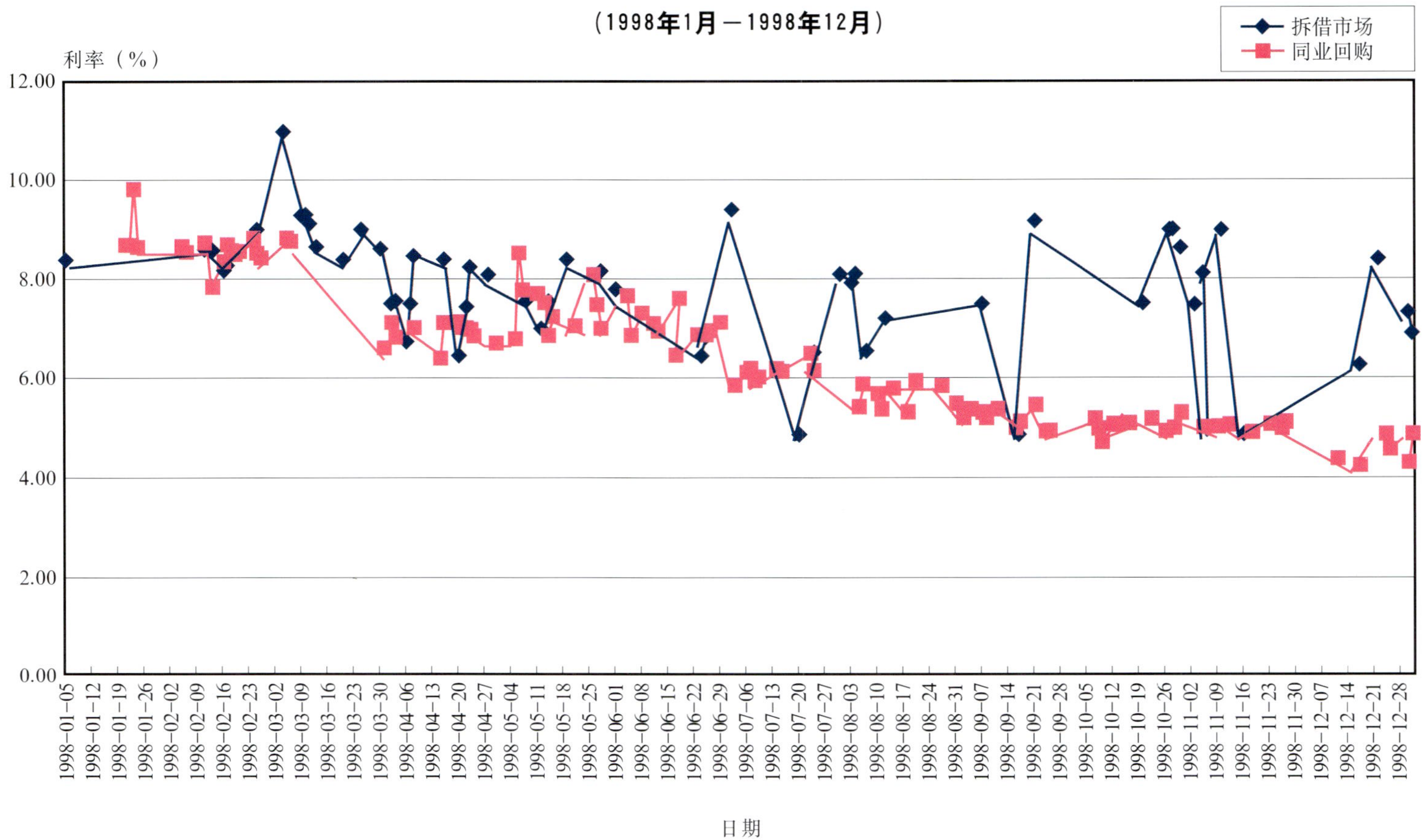

相关资金市场利率比较图（3个月）

（1998年1月—1998年12月）

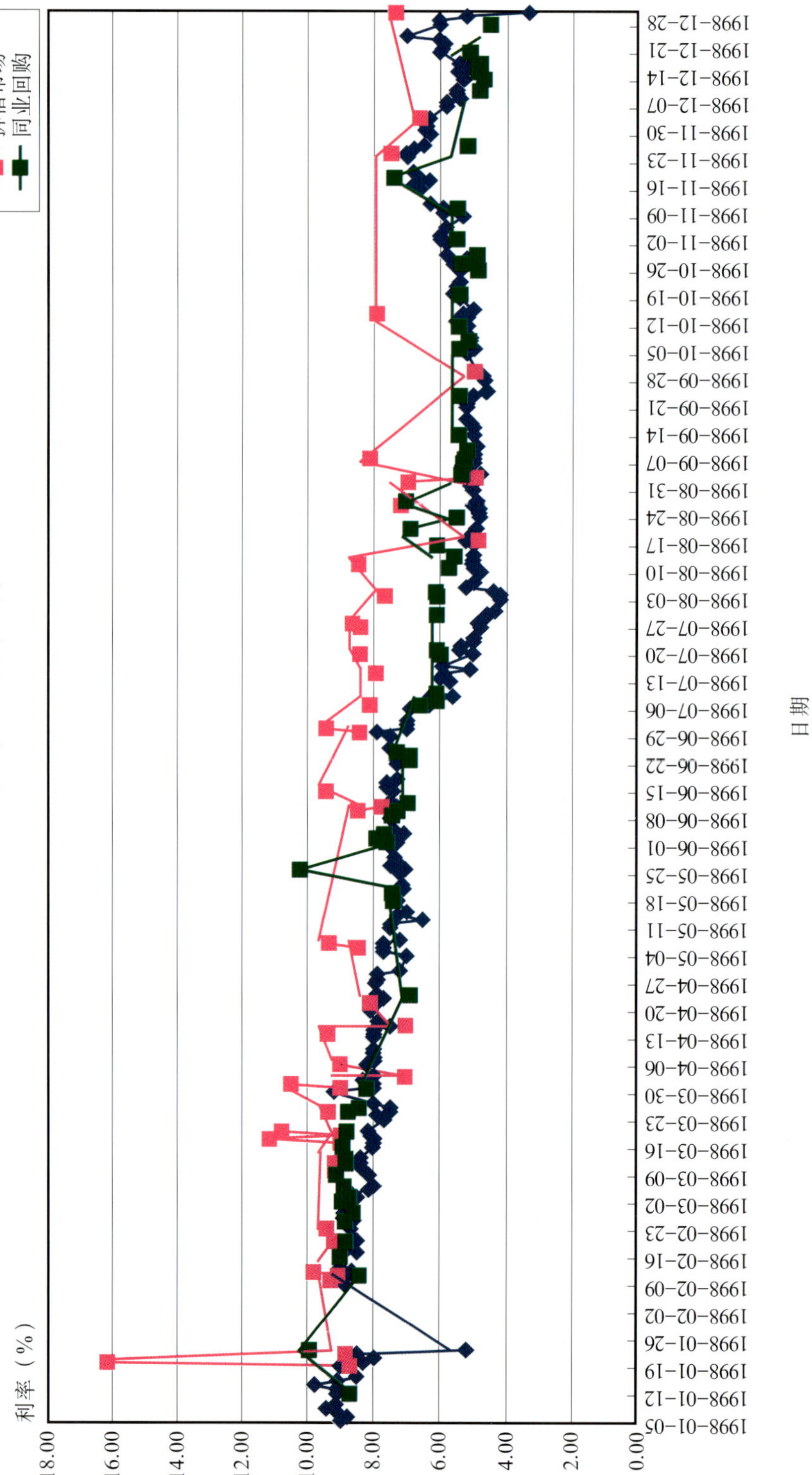

相关资金市场利率比较图（4个月）

（1998年1月—1998年12月）

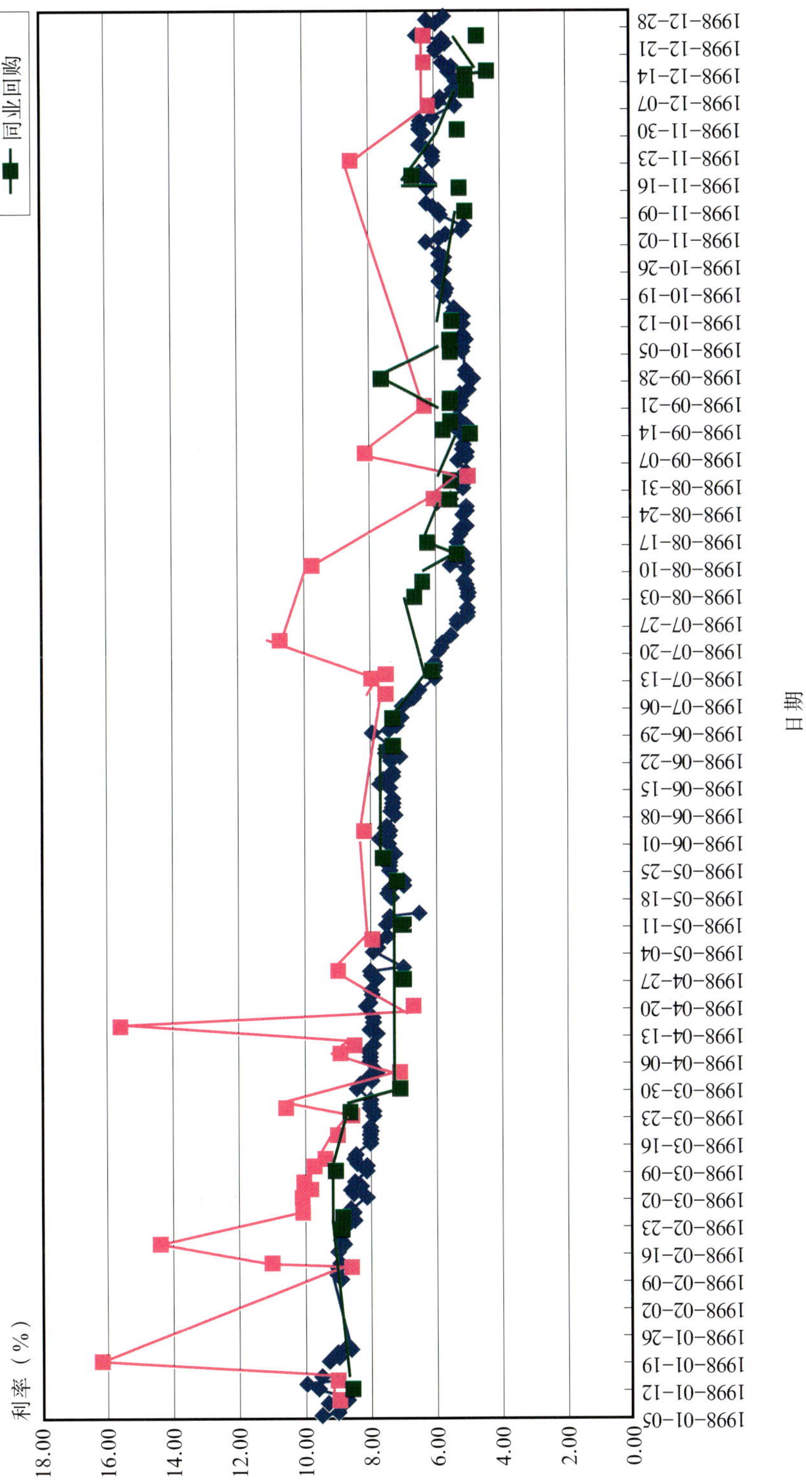

相关资金市场利率比较图（3天）
（1999年1月—1999年12月）

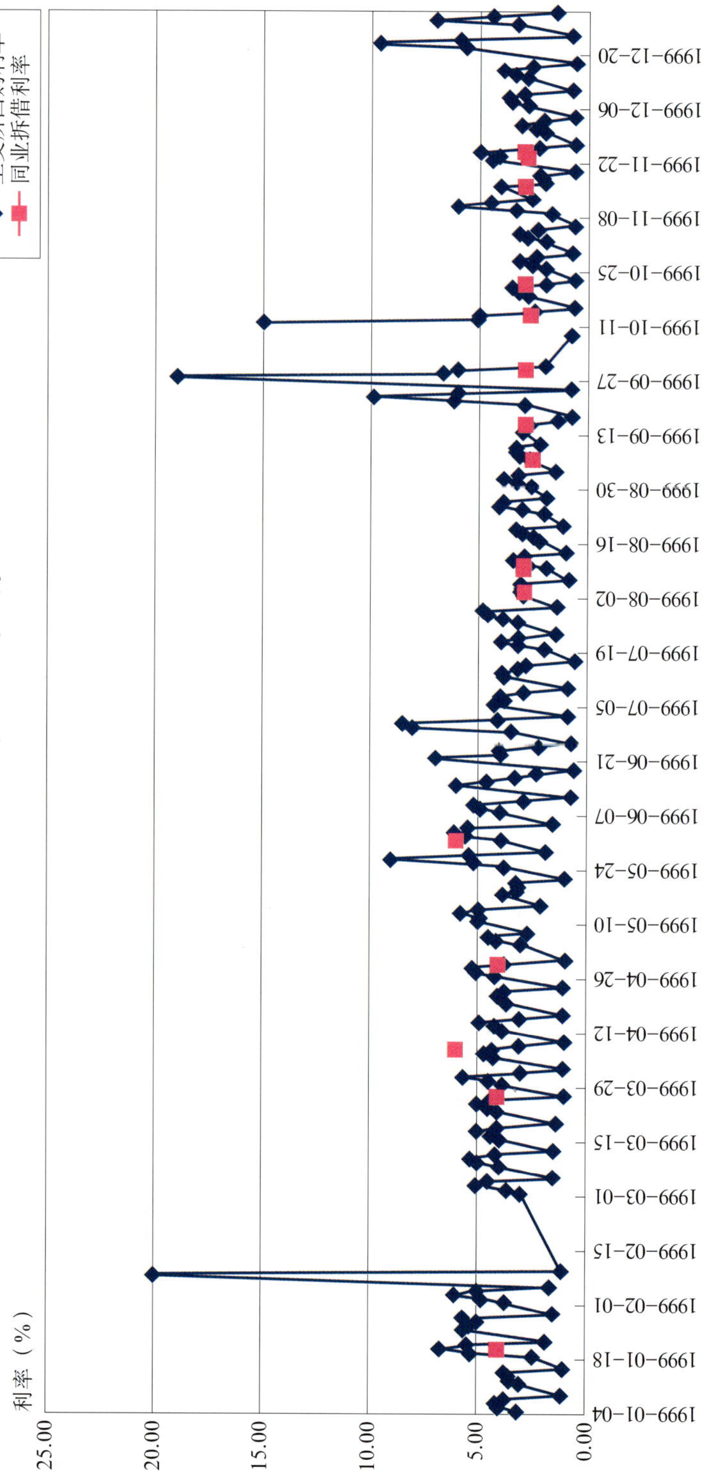

相关资金市场利率比较图（7天）

（1999年1月—1999年12月）

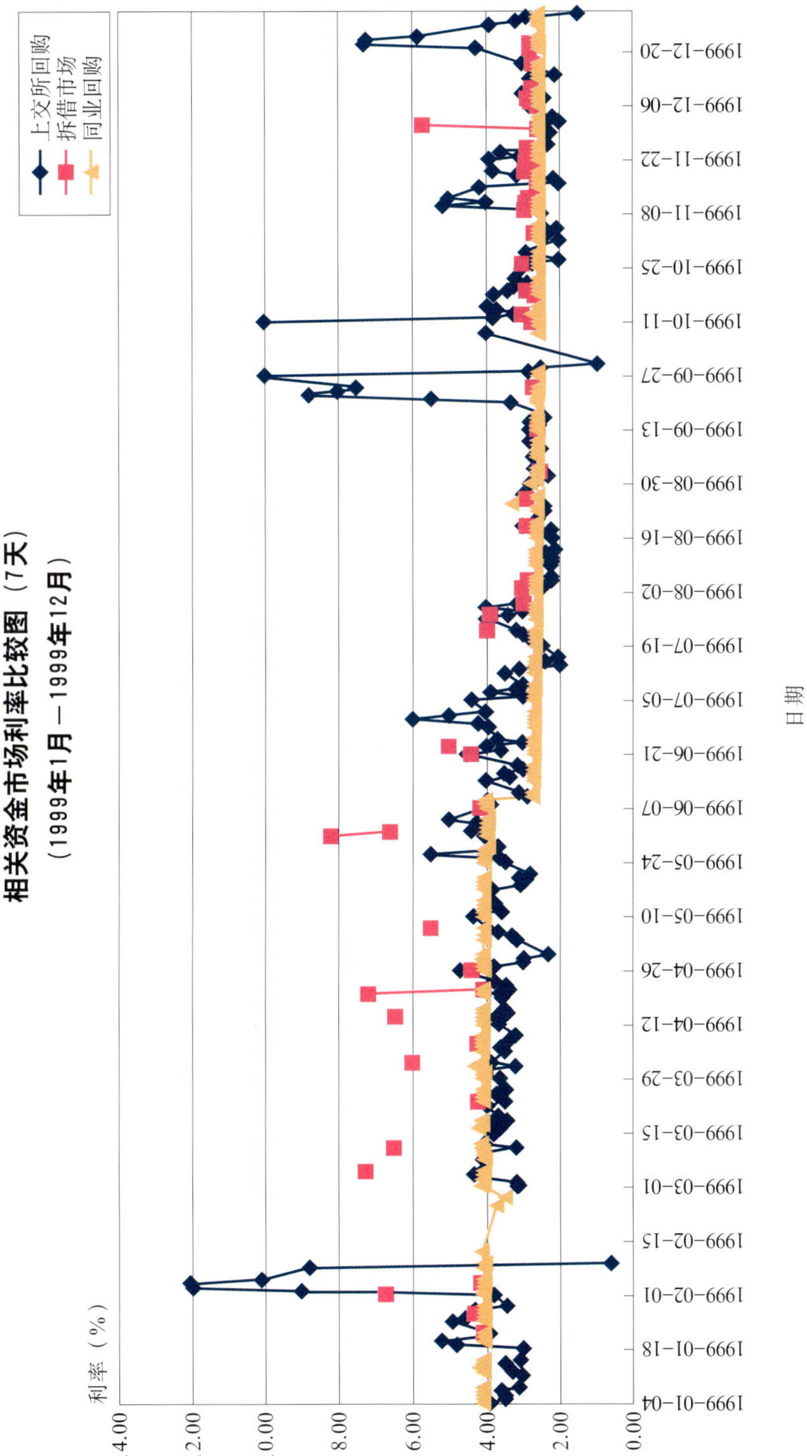

相关资金市场利率比较图（14天）

（1999年1月—1999年12月）

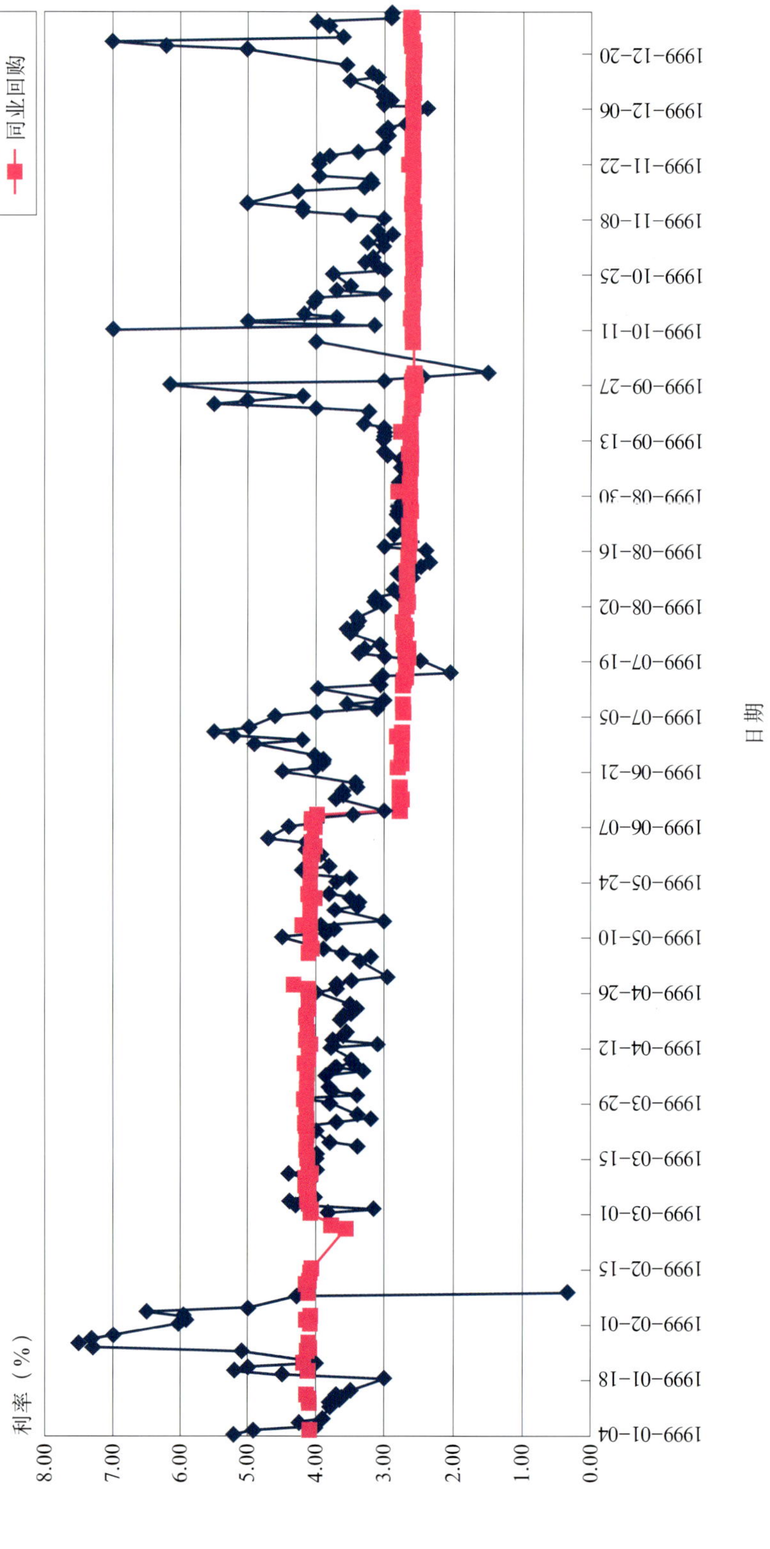

相关资金市场利率比较图（20天）

（1999年1月—1999年12月）

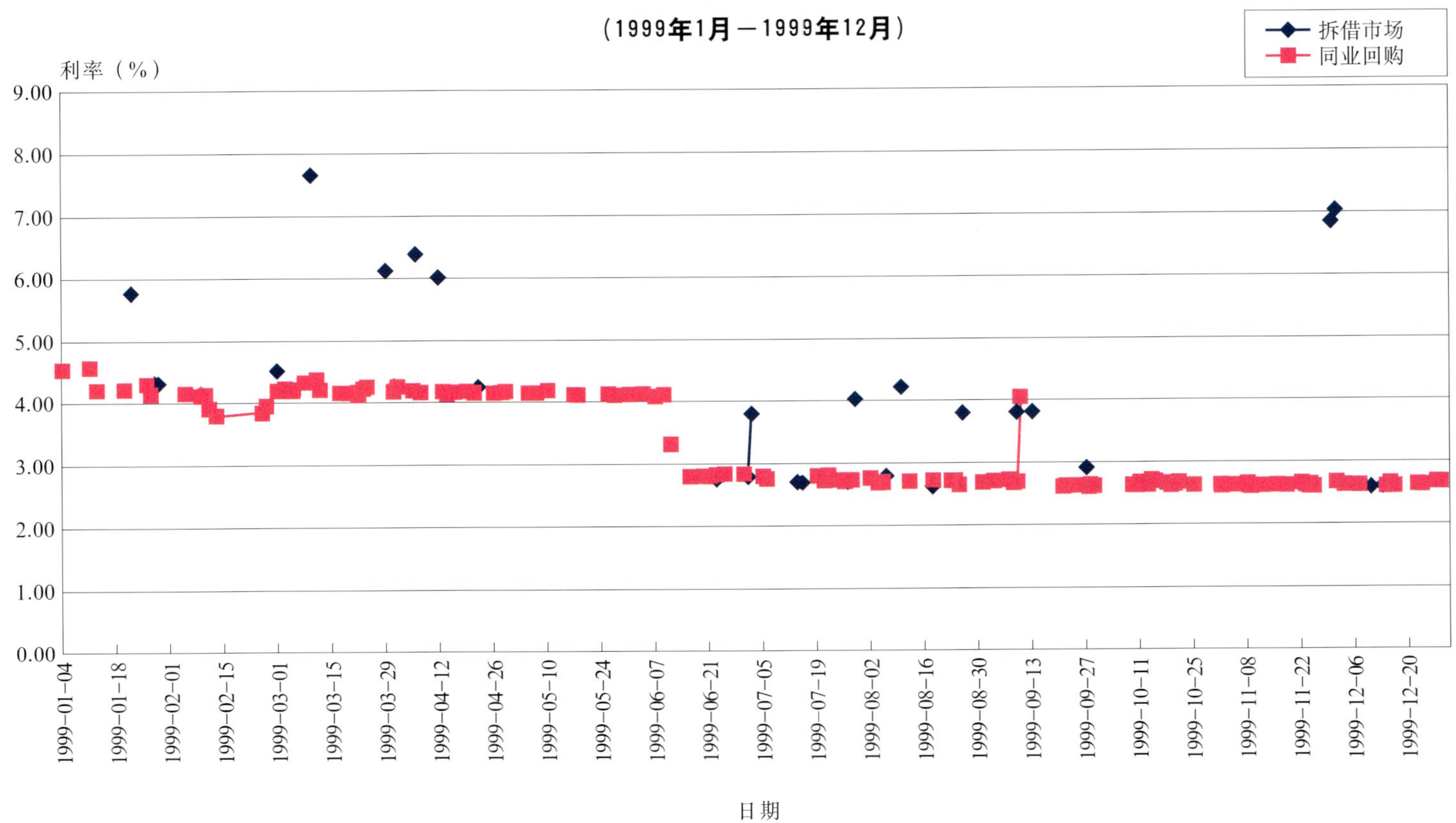

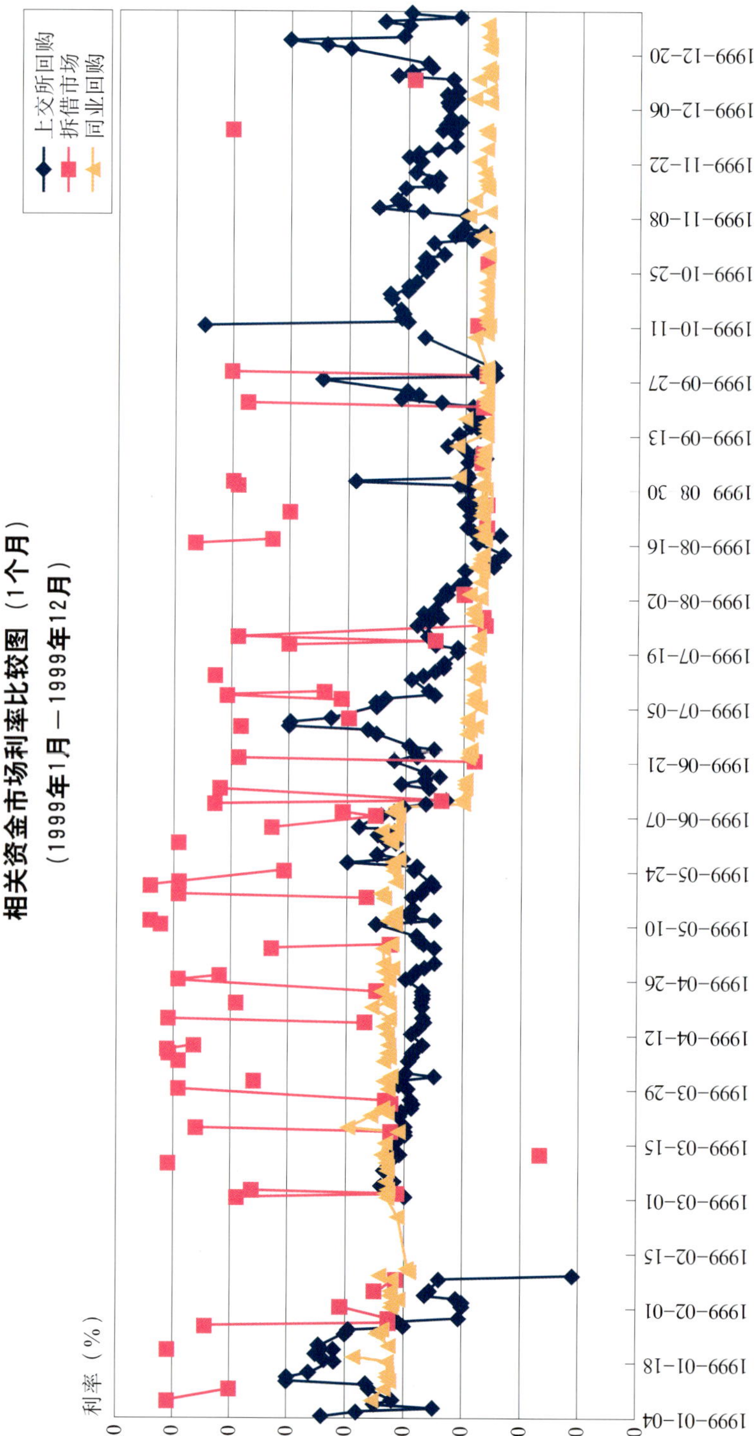

相关资金市场利率比较图（1个月）
（1999年1月—1999年12月）

相关资金市场利率比较图（2个月）

（1999年1月—1999年12月）

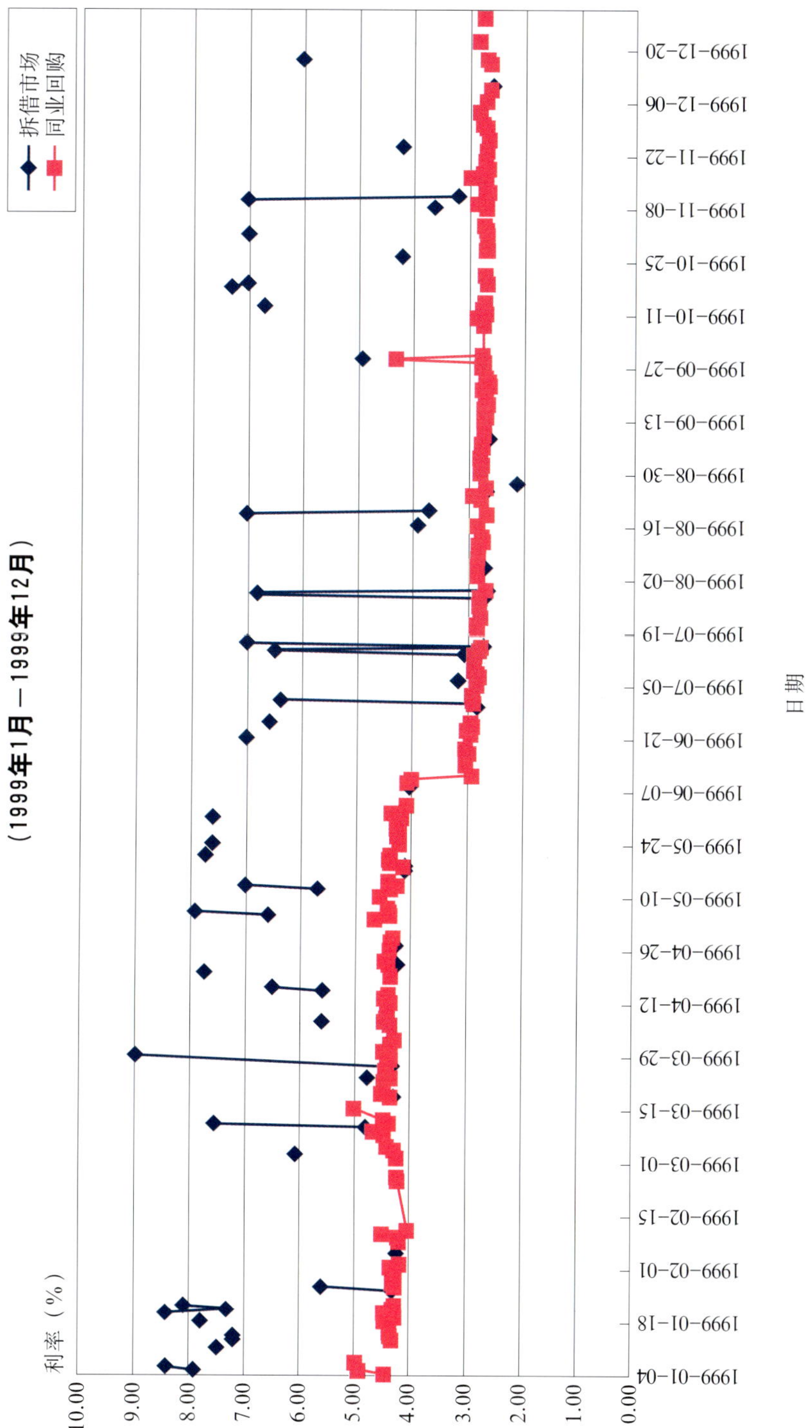

相关资金市场利率比较图（3个月）
（1999年1月—1999年12月）

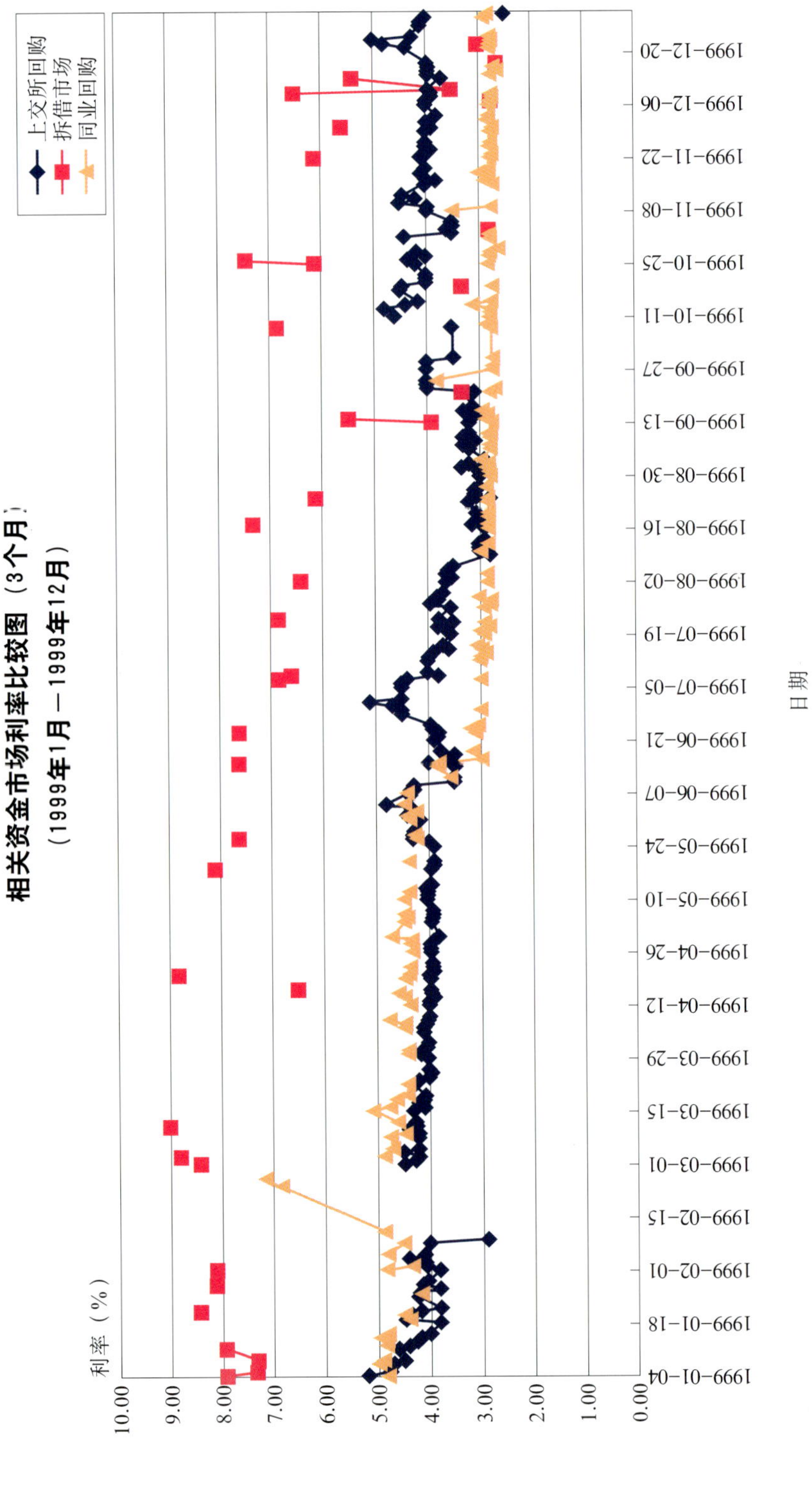

相关资金市场利率比较图（4个月）

（1999年1月—1999年12月）

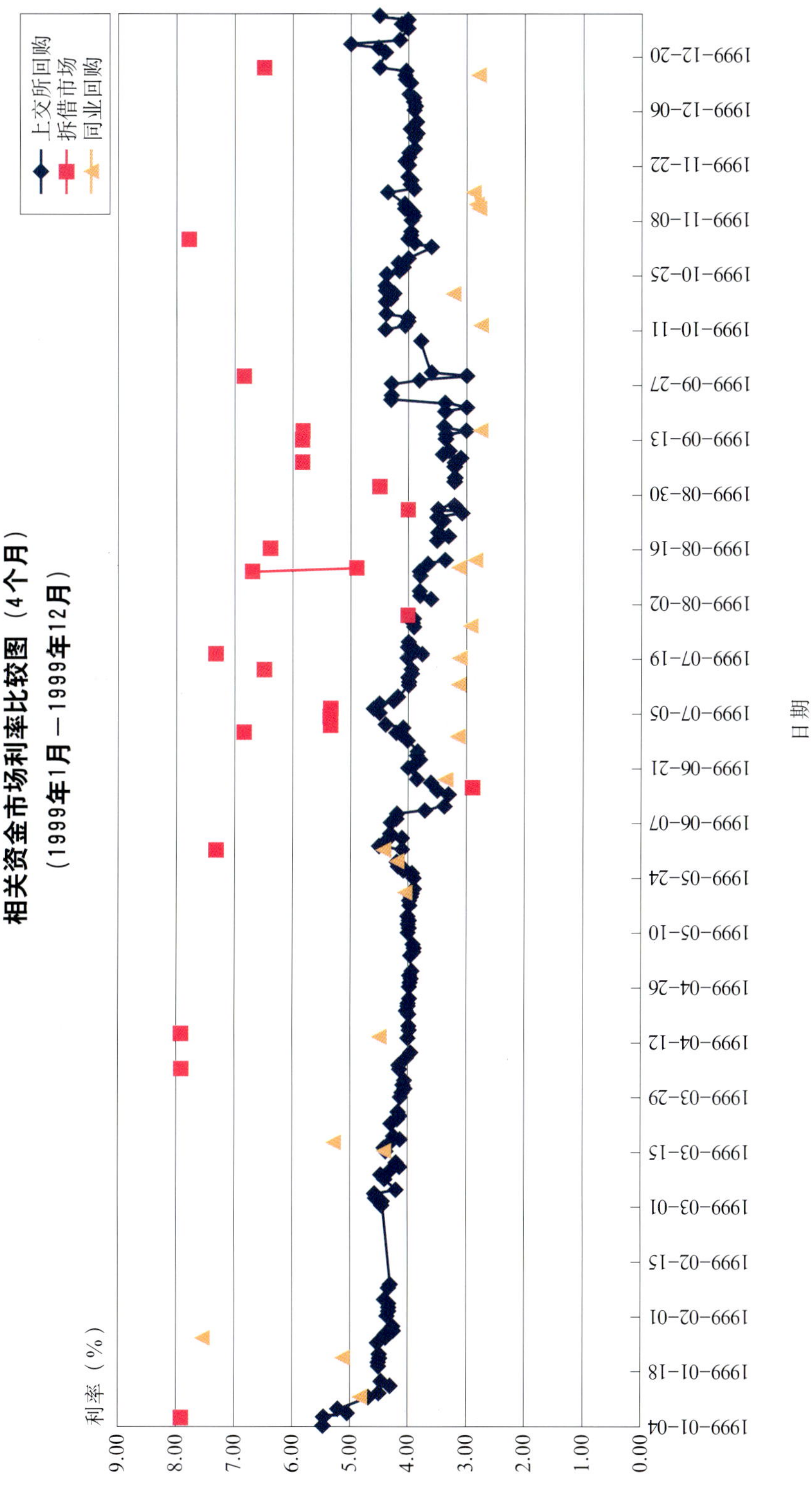

2.1997－1999年同业回购平均利率走势图

同业回购平均利率走势图

(1997年6月－1997年12月)

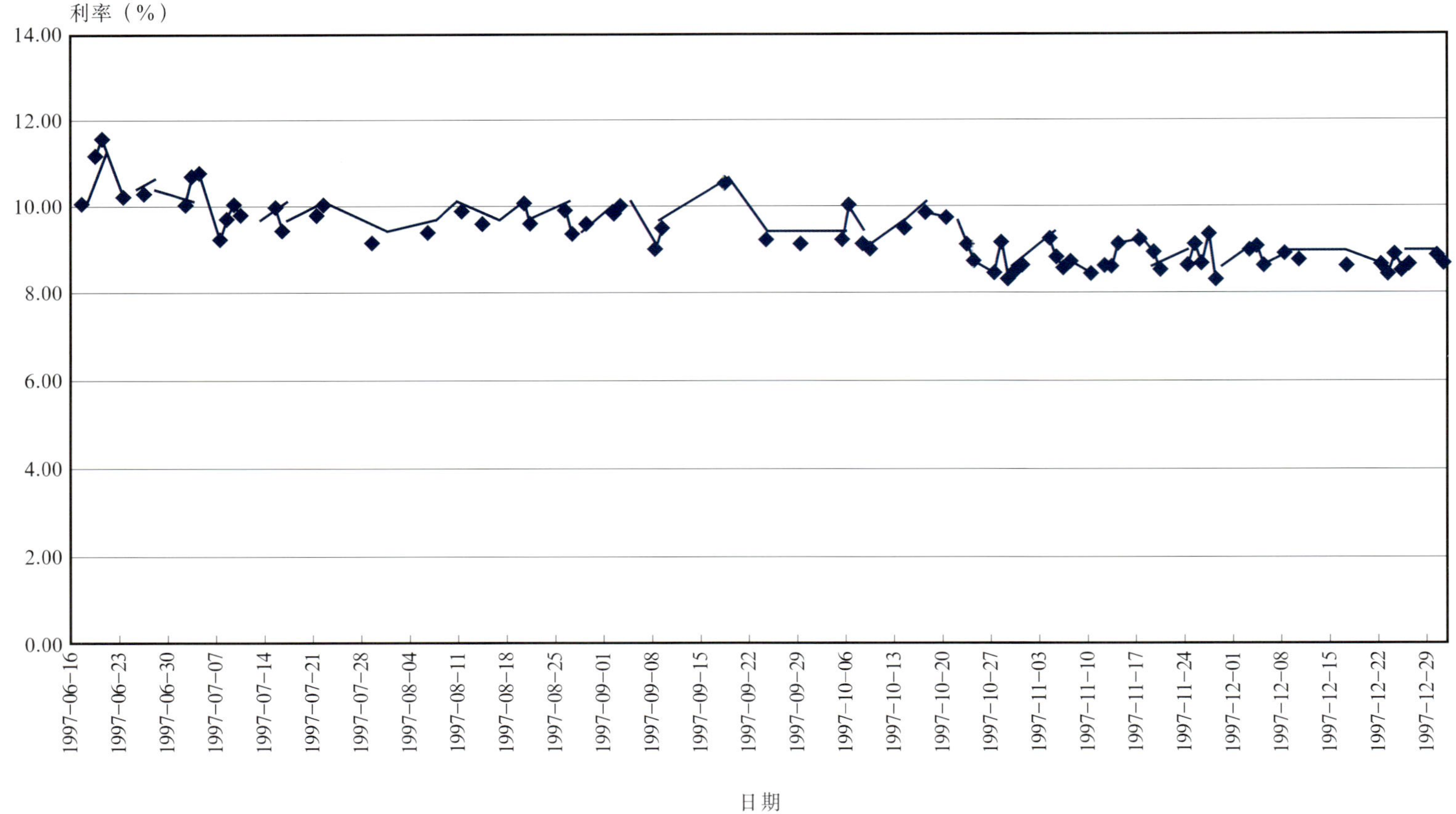

同业回购平均利率走势图

（1998年1月—1998年12月）

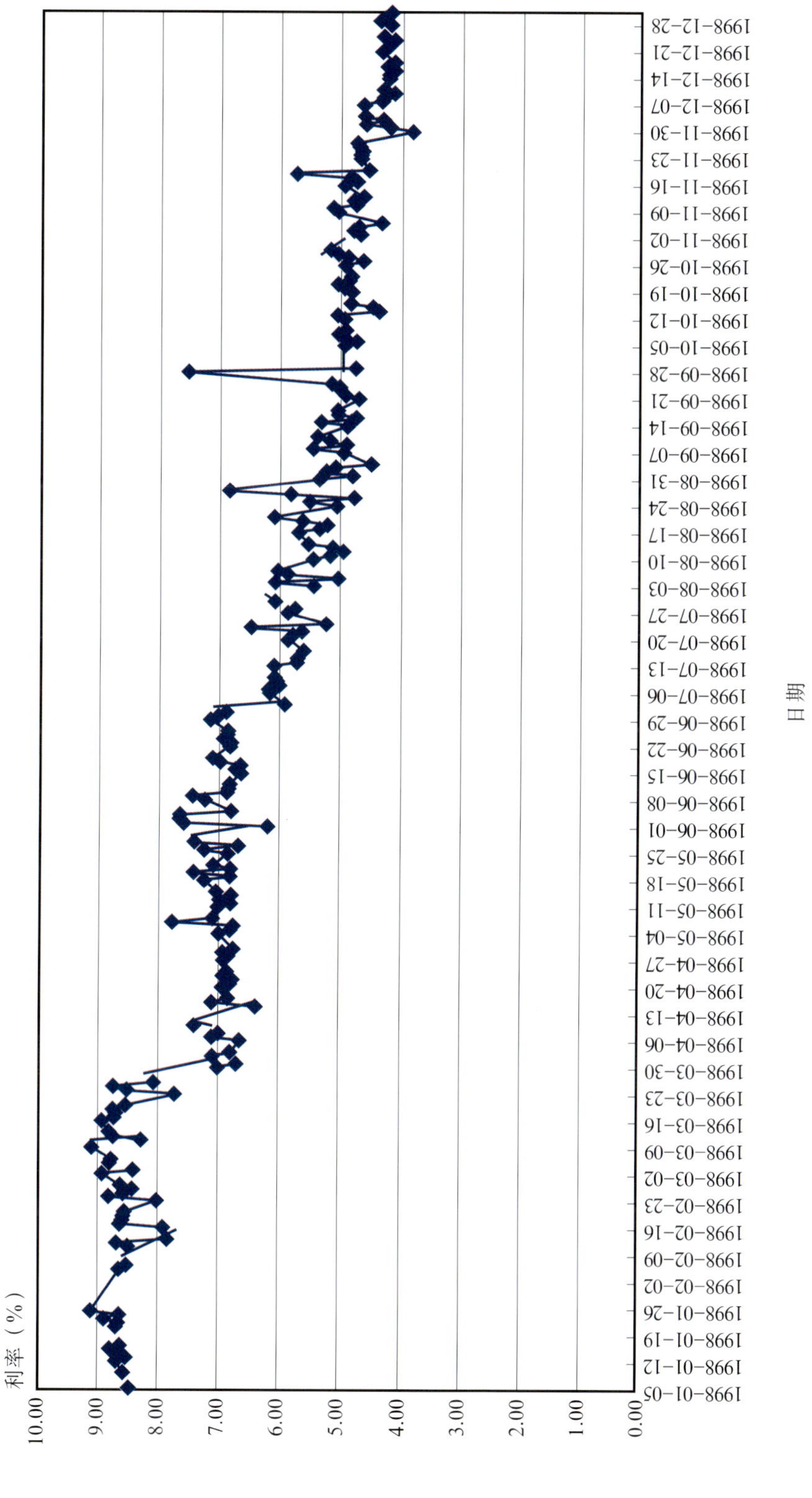

同业回购平均利率走势图

（1999年1月—1999年12月）

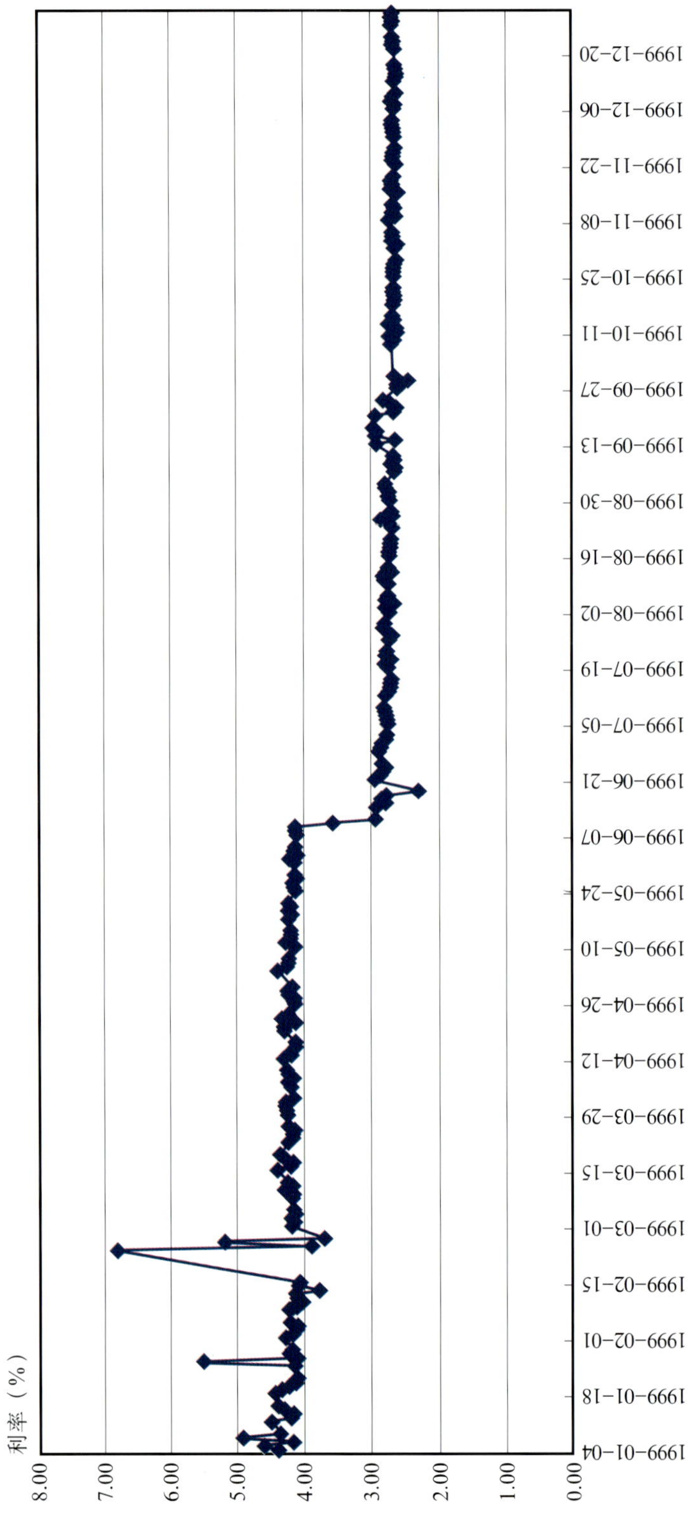

3.1998－1999年同业回购利率与相关利率比较图

同业回购利率与相关利率比较图

（1998年1月－1998年12月）

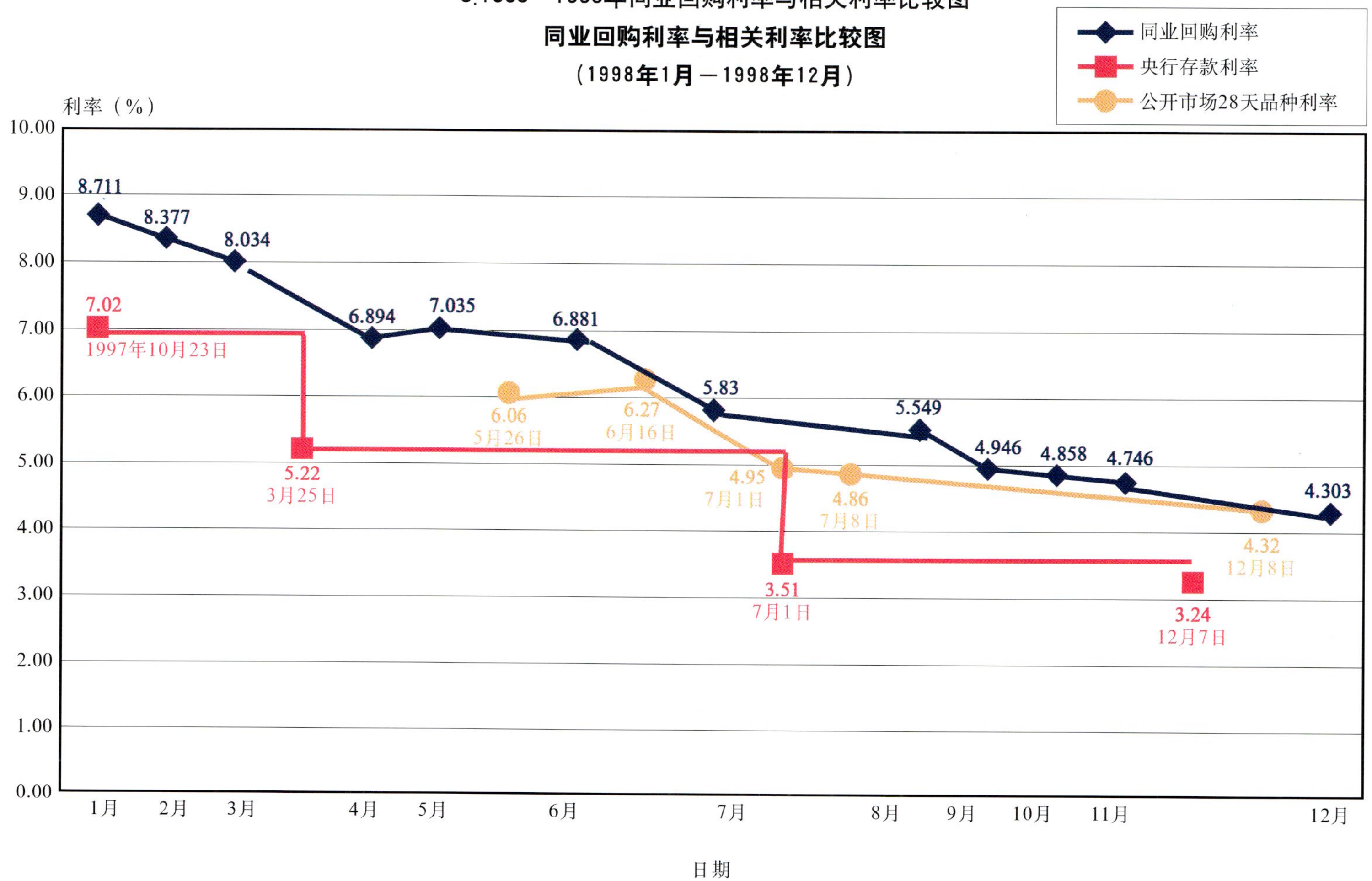

同业回购利率与相关利率比较图

（1999年1月—1999年12月）

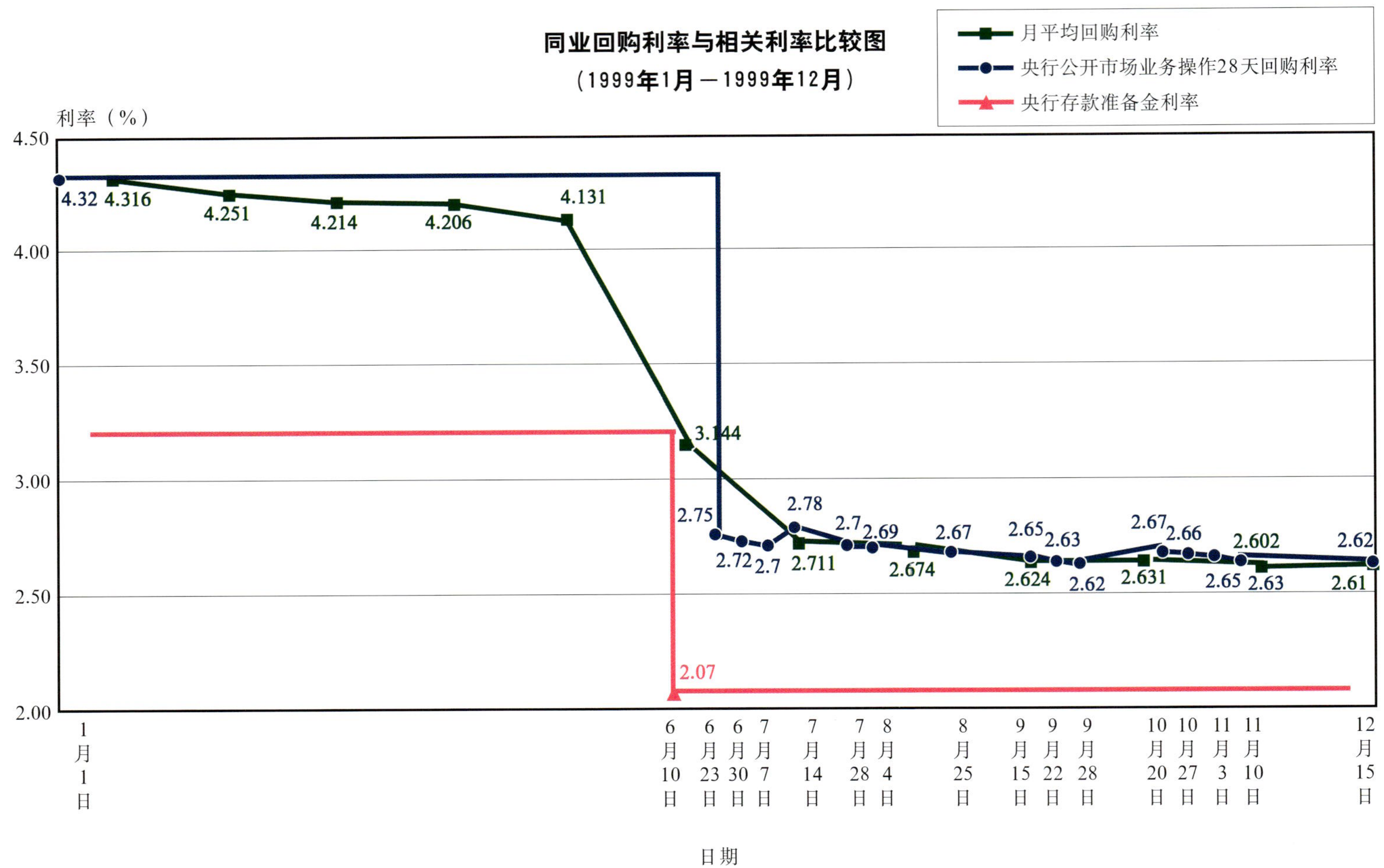

4.1997－1999年全国银行间债券市场各月回购平均利率走势图

全国银行间债券市场各月回购平均利率走势图

（1997年6月－1997年12月）

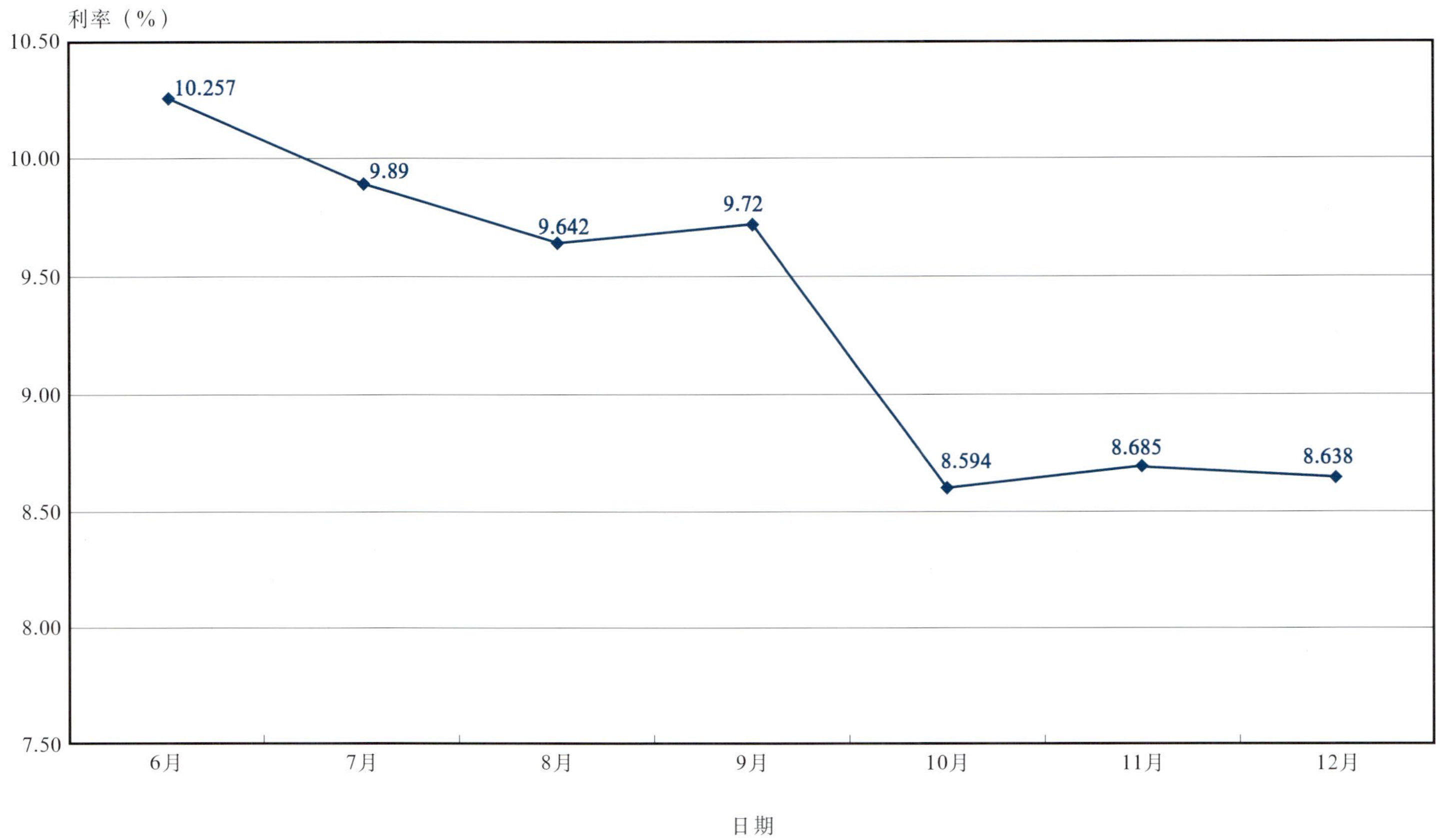

全国银行间债券市场各月回购平均利率走势图

（1998年1月—1998年12月）

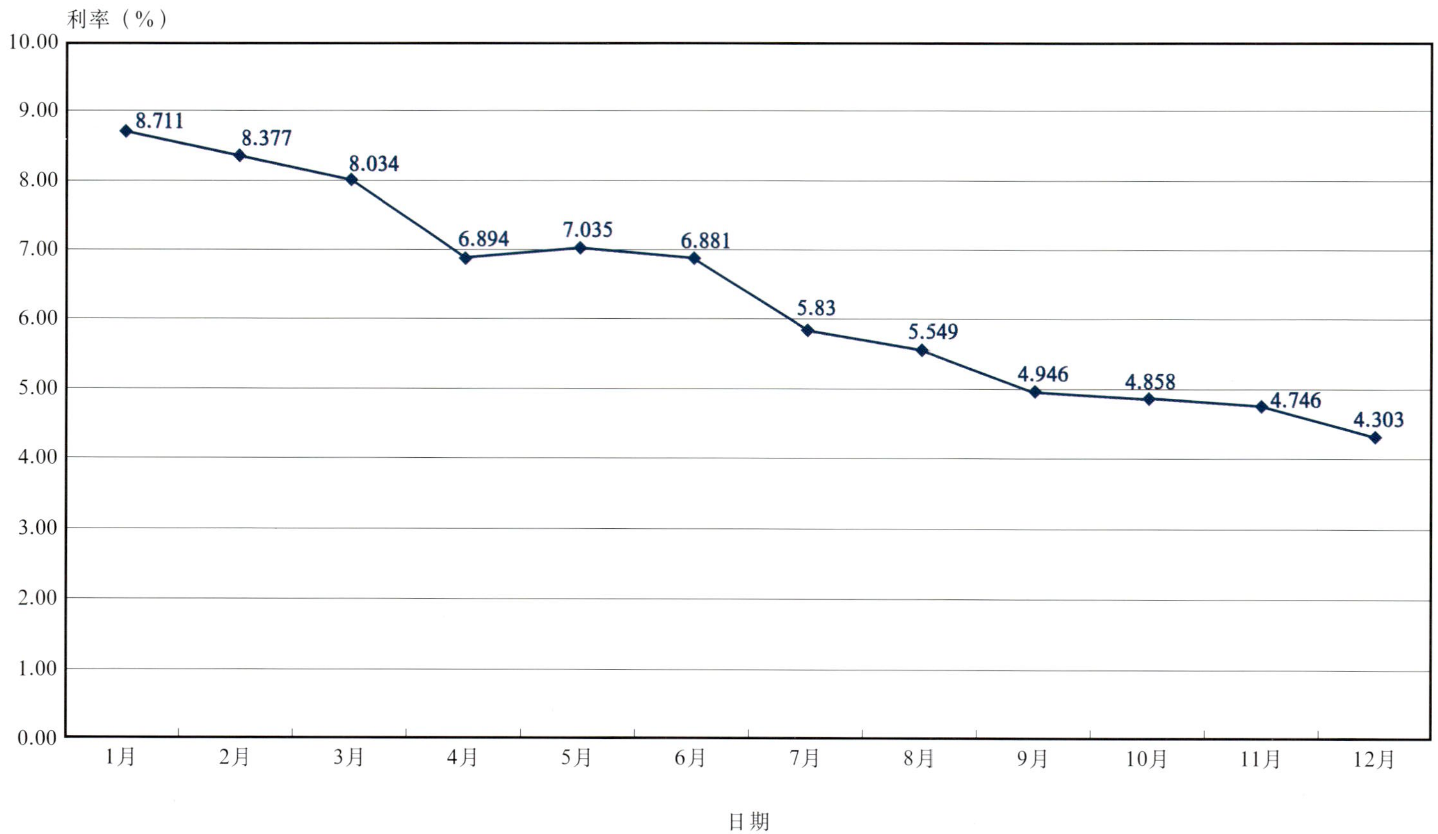

全国银行间债券市场各月回购平均利率走势图

（1999年1月—1999年12月）

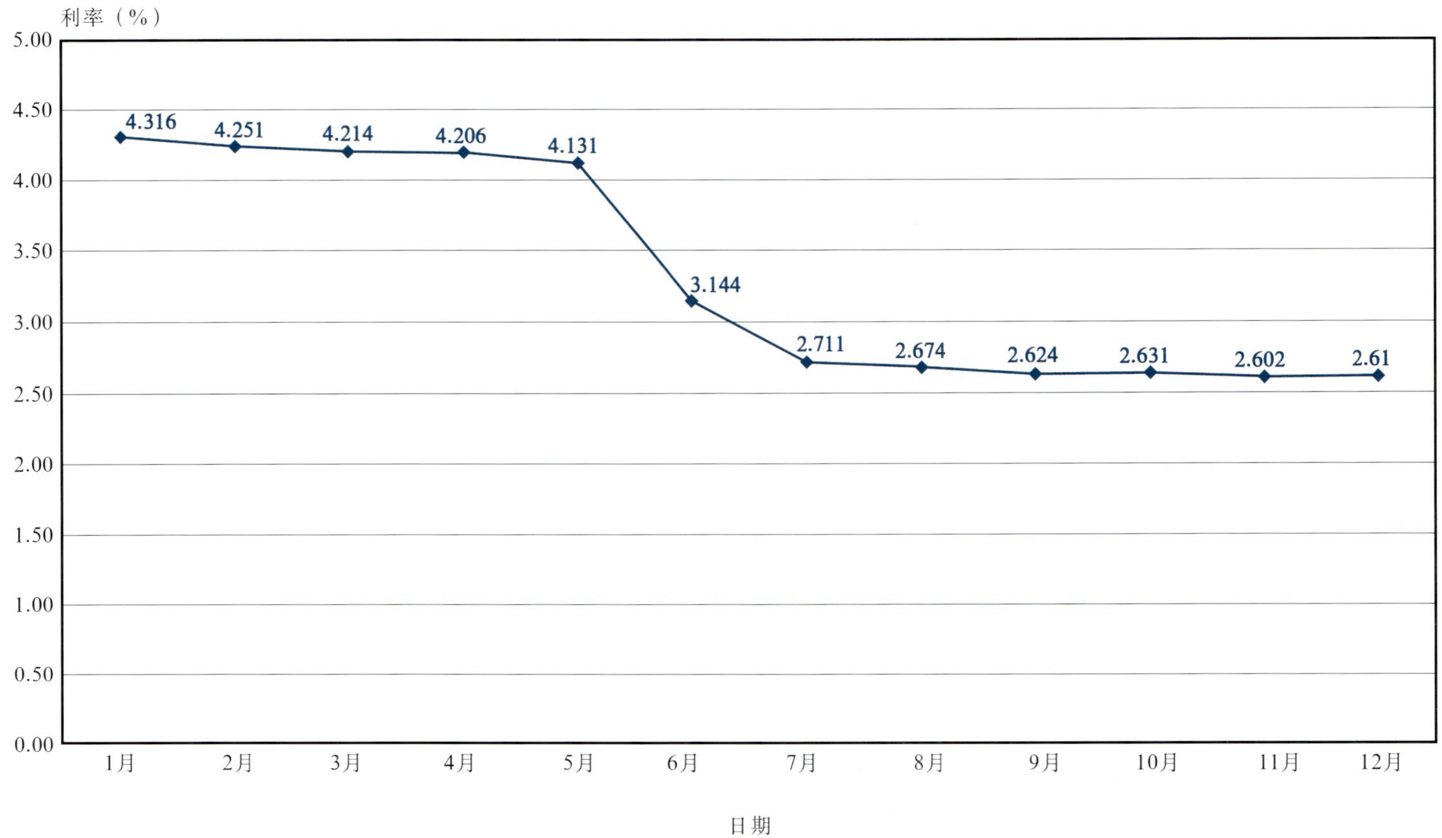

5.1997—1999年两市场回购总量比较图

两市场回购总量比较图

（1997年6月—1997年12月）

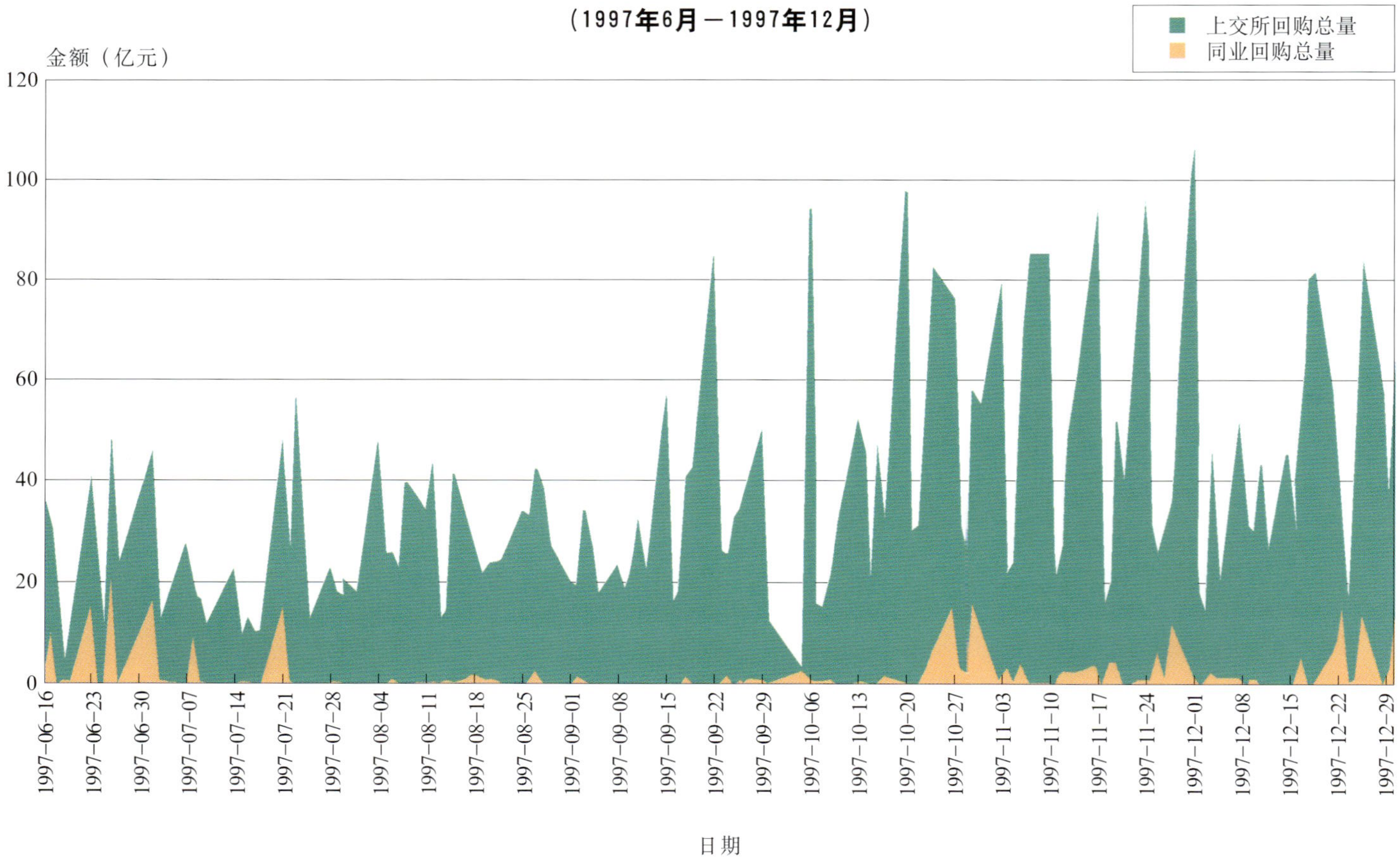

两市场回购总量比较图

（1998年1月—1998年12月）

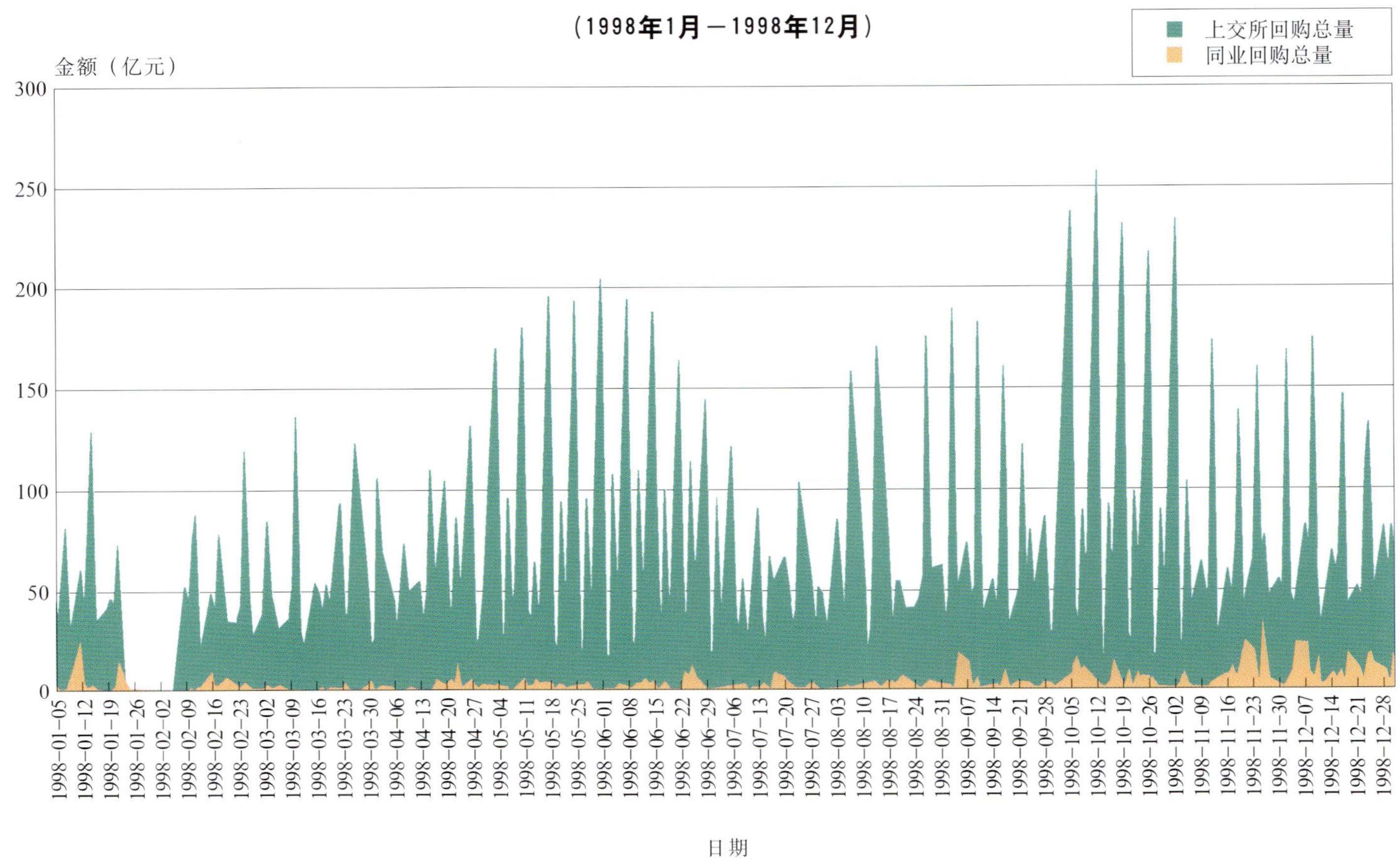

两市场回购总量比较图

（1999年1月—1999年12月）

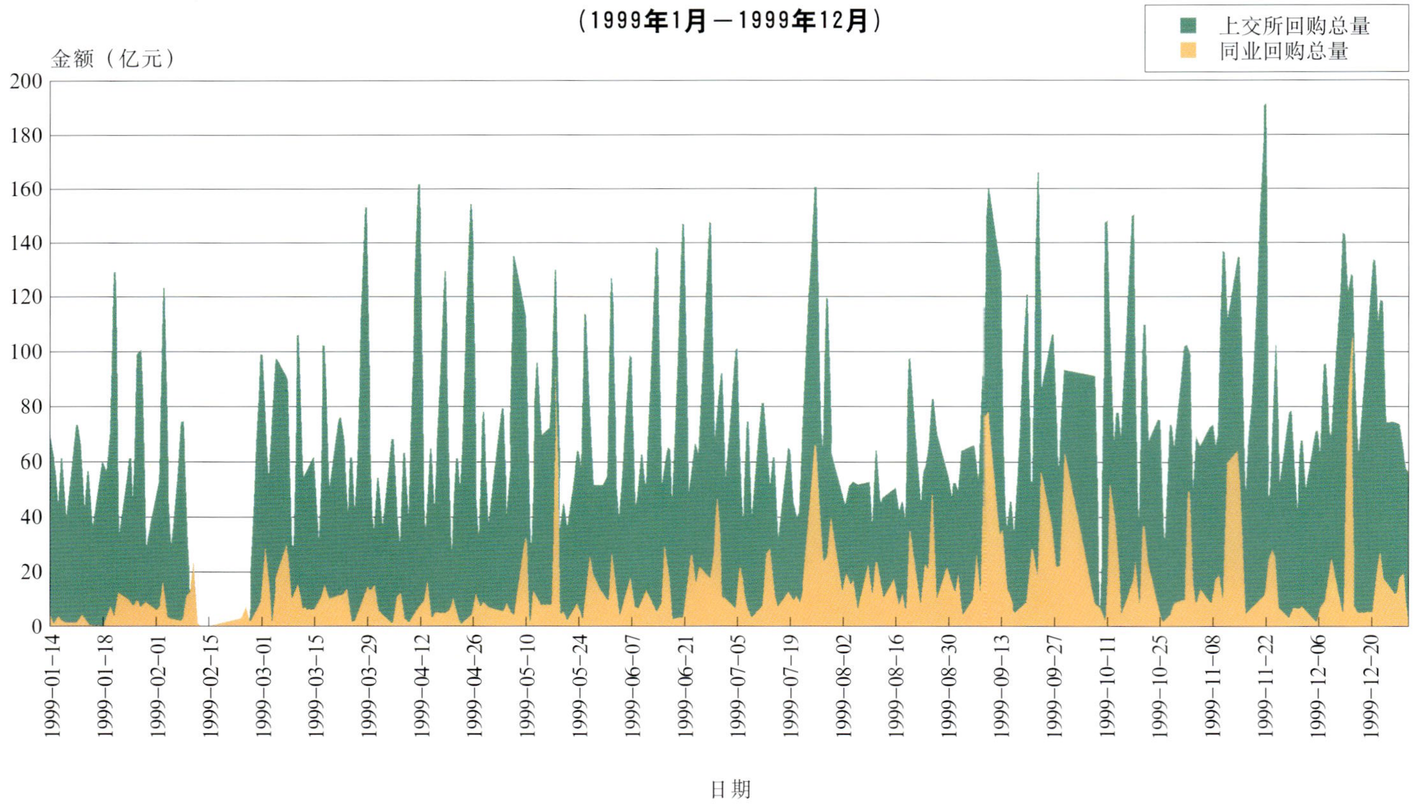

6.1997－1999年全国银行间债券市场各月交割量柱状图

全国银行间债券市场各月交割量柱状图

（1997年6月－1997年12月）

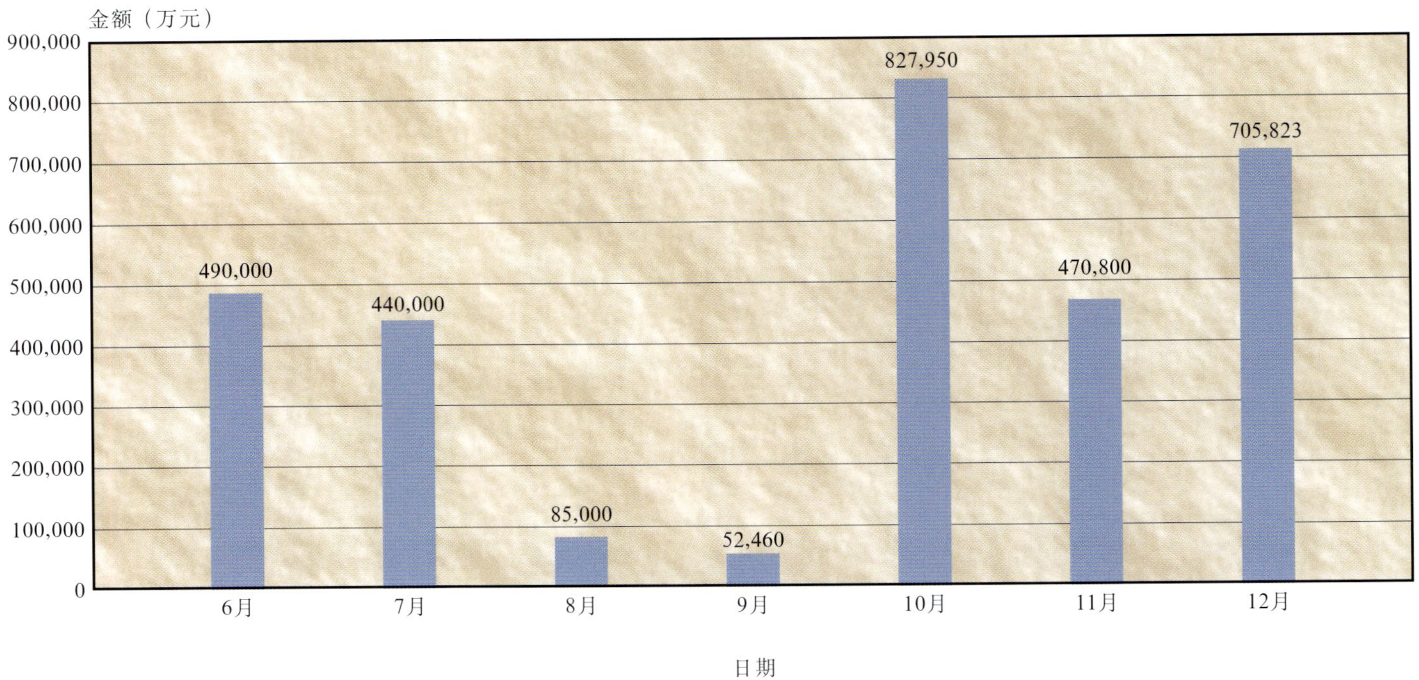

全国银行间债券市场各月交割量柱状图

（1998年1月—1998年12月）

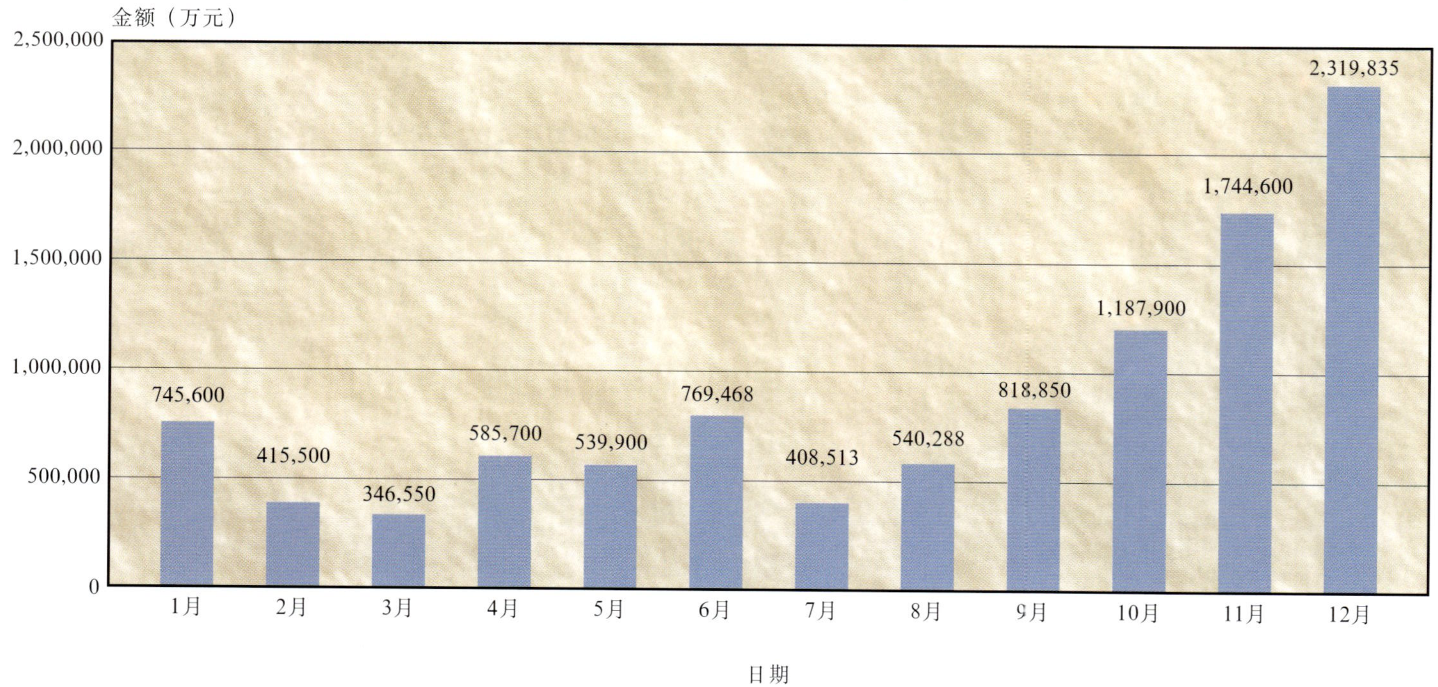

全国银行间债券市场各月交割量柱状图

(1999年1月—1999年12月)

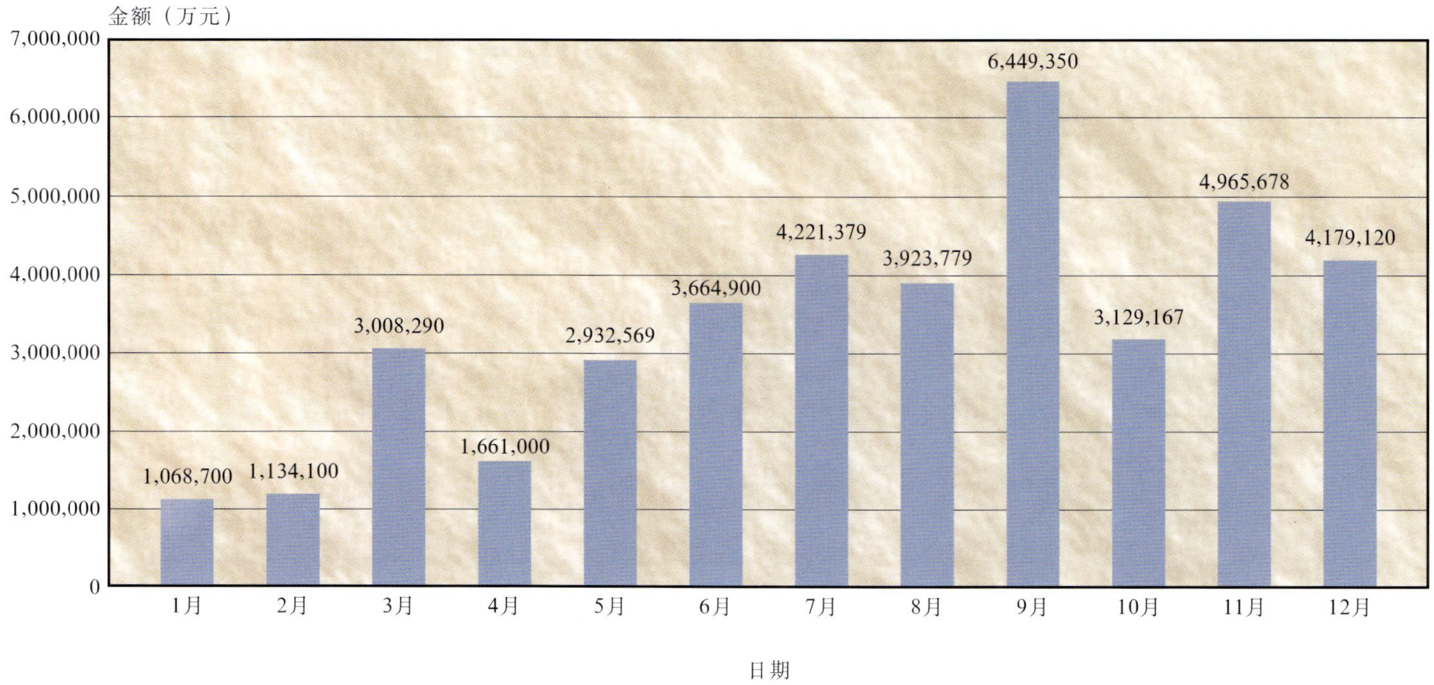

7.1997－1999年全国银行间债券市场各交易品种债券交割量柱状图

全国银行间债券市场各交易品种债券交割量柱状图

（1997年6月－1997年12月）

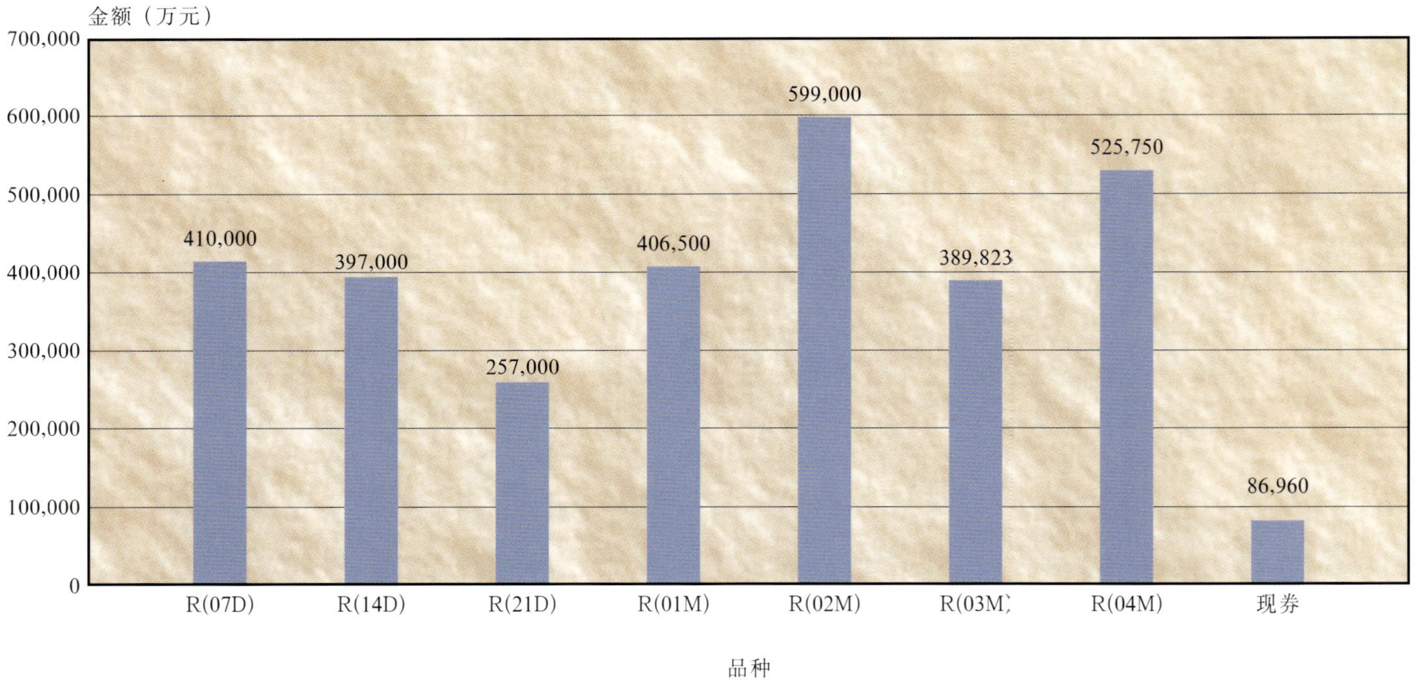

全国银行间债券市场各交易品种债券交割量柱状图

（1998年1月－1998年12月）

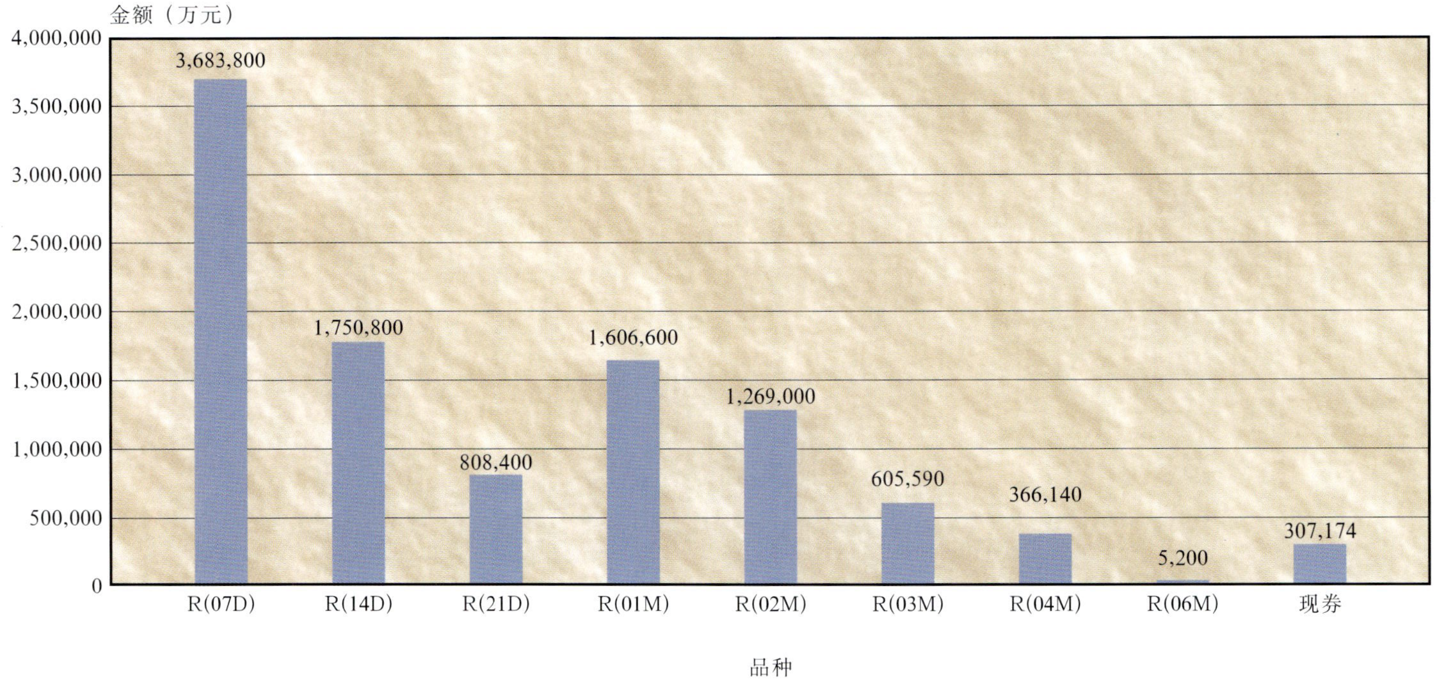

全国银行间债券市场各交易品种债券交割量柱状图

(1999年1月—1999年12月)

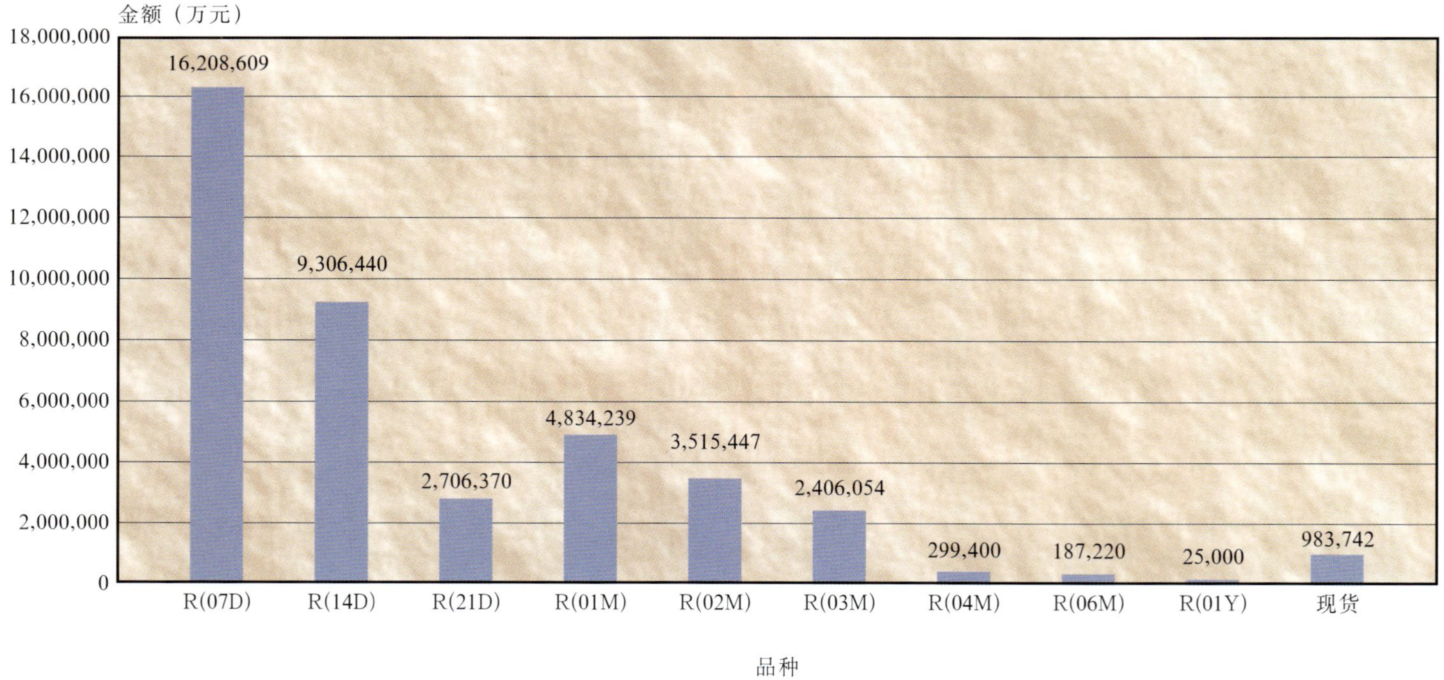

8.1997－1999年全国银行间债券市场债券交易结算券种柱状图

全国银行间债券市场债券交易结算券种柱状图

（1997年6月－1997年12月）

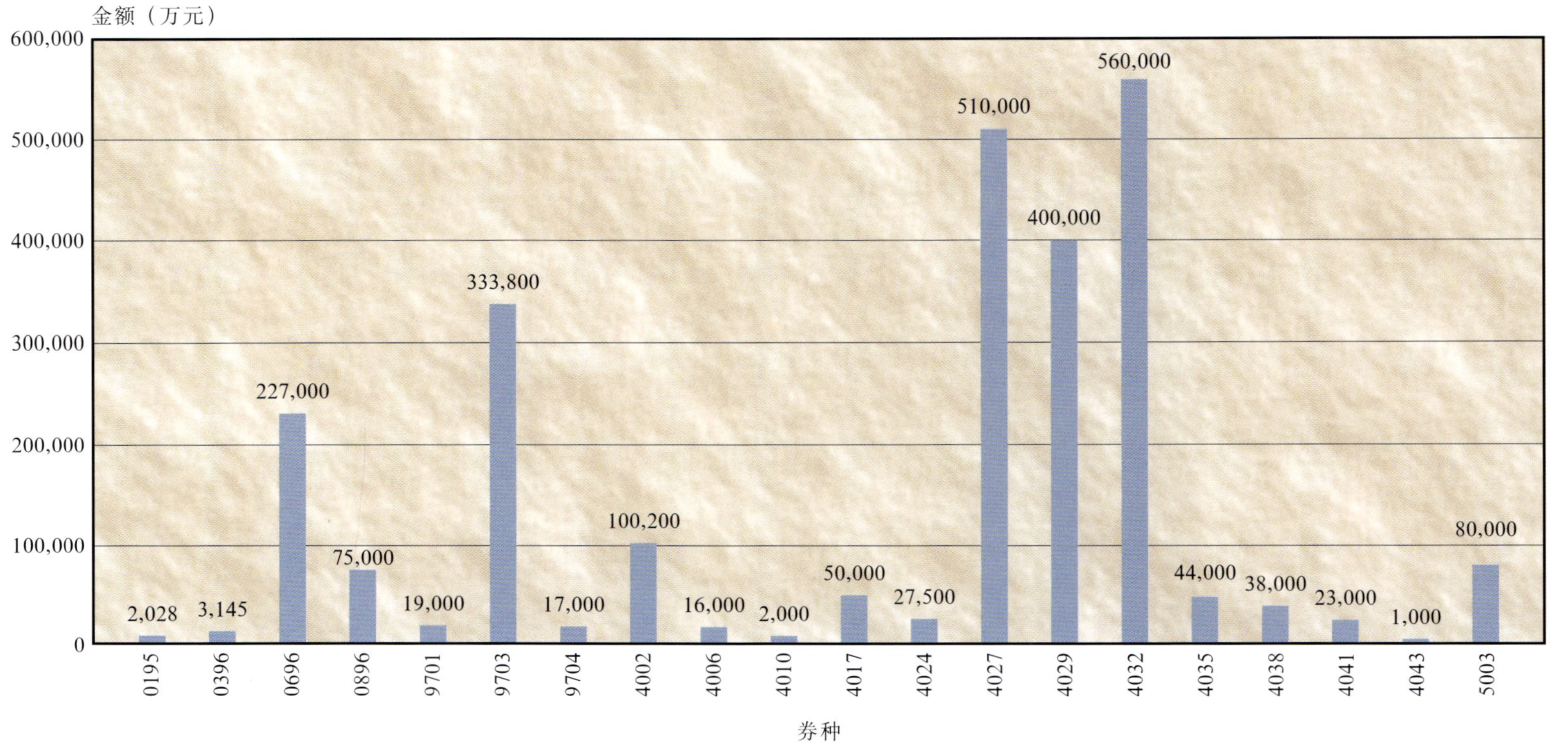

全国银行间债券市场债券交易结算券种柱状图

(1998年1月—1998年12月)

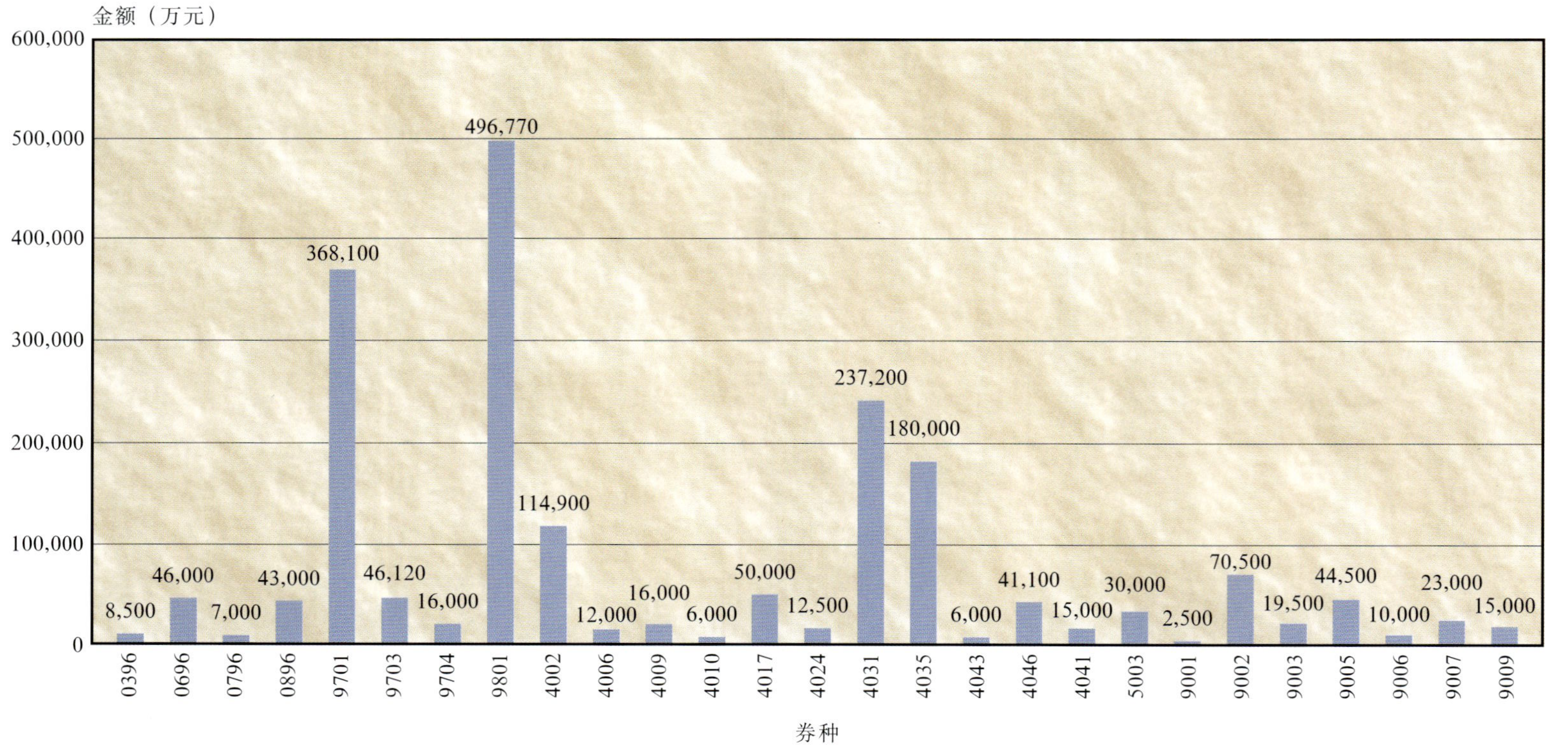

全国银行间债券市场债券交易结算券种柱状图（政策性金融债）

（1999年1月—1999年12月）

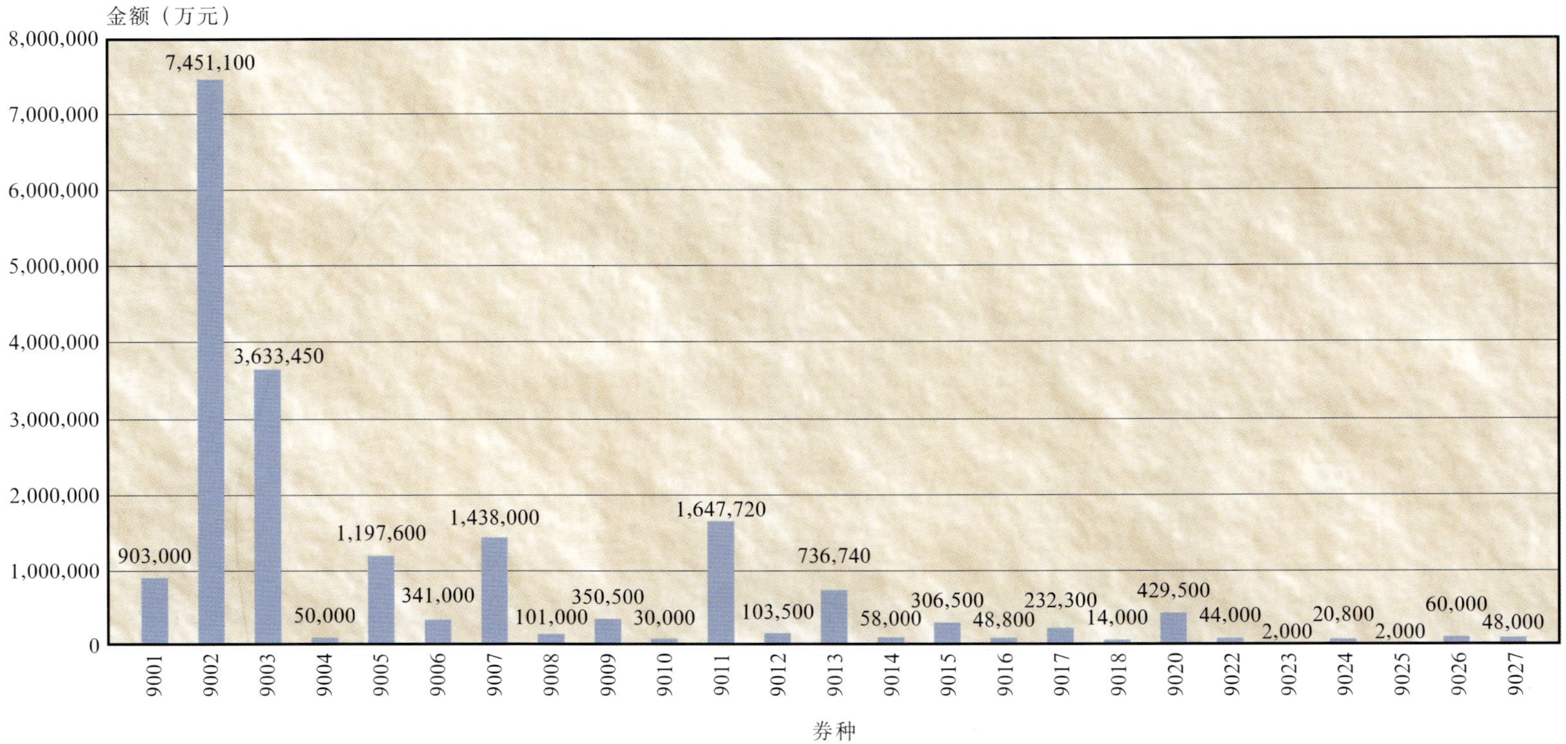

全国银行间债券市场债券交易结算券种柱状图（国债及中央银行融资券）

（1999年1月—1999年12月）

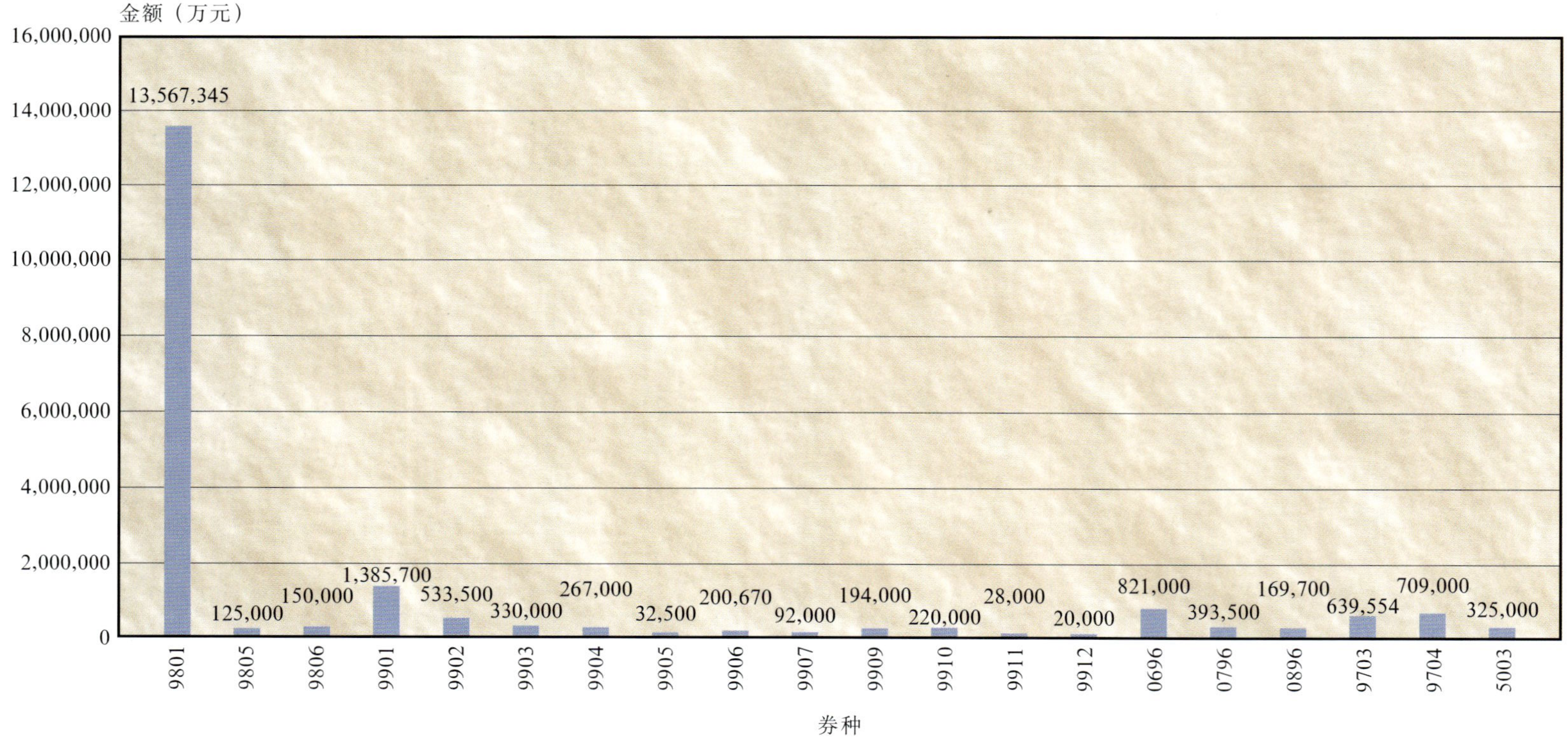

CHINA
MONETARY
MARKET
YEARBOOK
2000

9.1997－1999年全国银行间债券市场债券交易结算量比较图

全国银行间债券市场债券交易结算量比较图

（1997年6月－1997年12月）

单位：万元

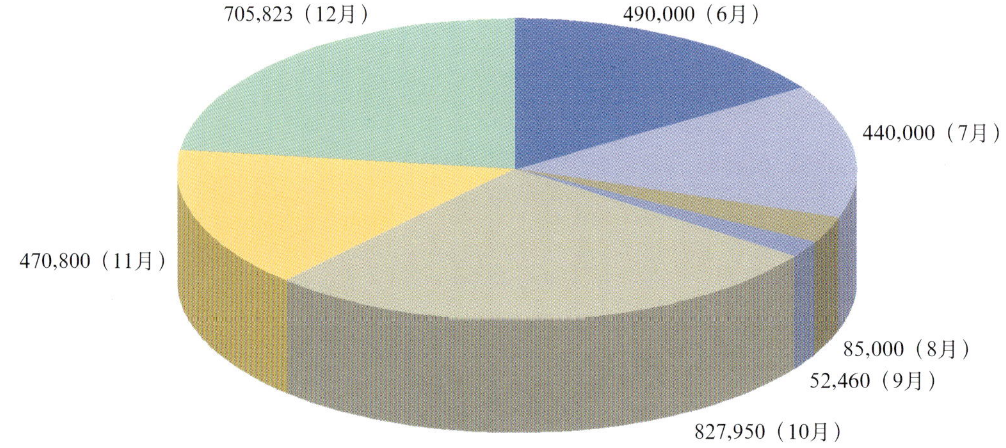

全国银行间债券市场债券交易结算量比较图

（1998年1月－1998年12月）

单位：万元

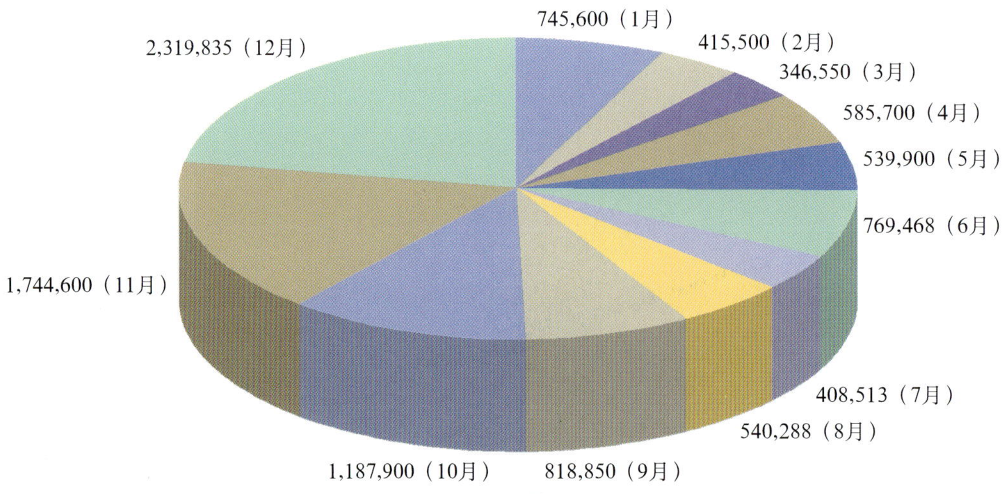

全国银行间债券市场债券交易结算量比较图

（1999年1月—1999年12月）

单位：万元

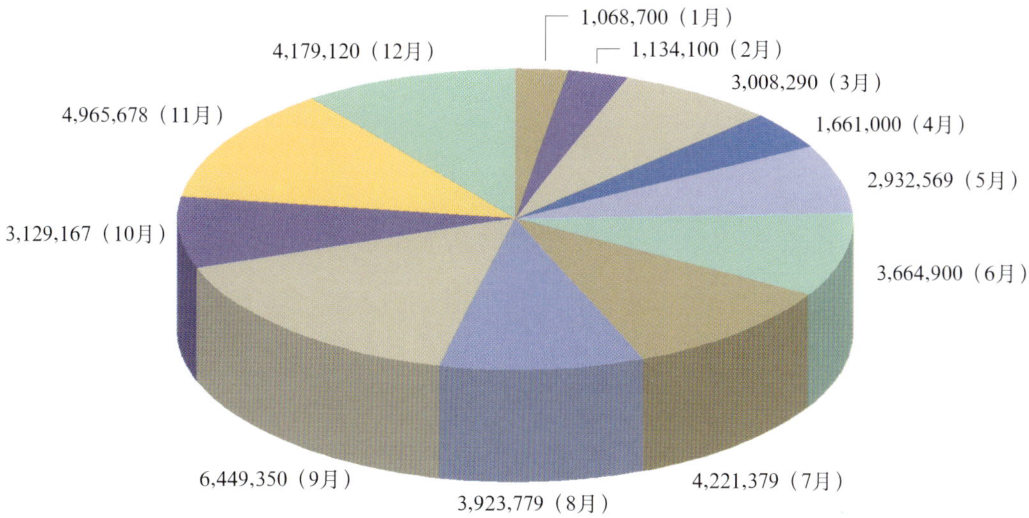

10.1997—1999年全国银行间债券市场债券交易结算分类图

全国银行间债券市场债券交易结算分类图

（1997年6月—1997年12月）

单位：万元

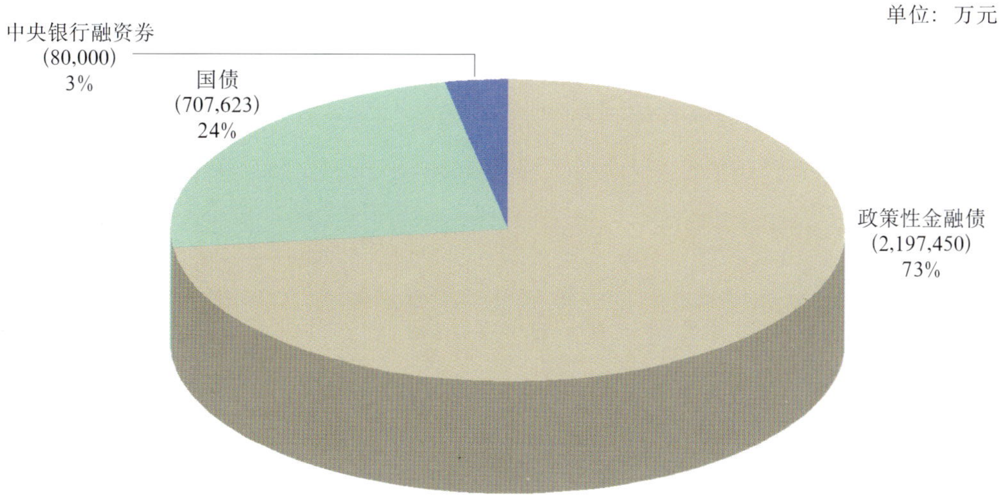

全国银行间债券市场债券交易结算分类图

（1998年1月－1998年12月）

单位：万元

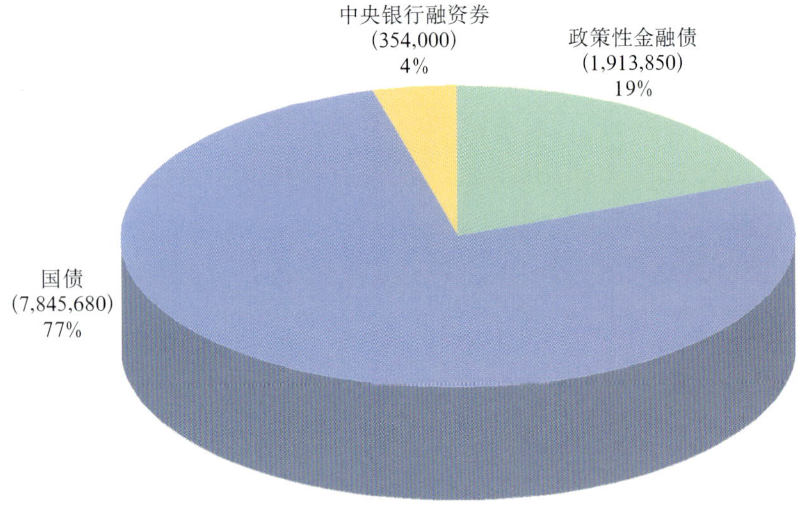

全国银行间债券市场债券交易结算分类图

（1999年1月－1999年12月）

单位：万元

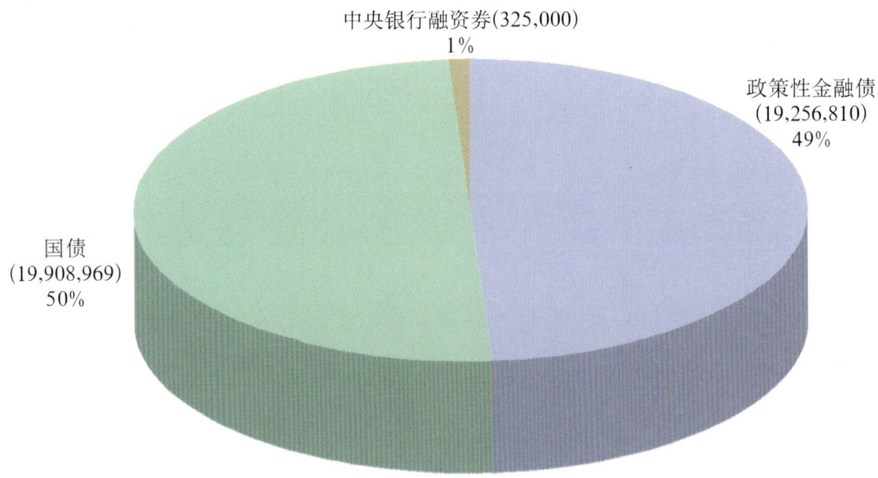

11.1997－1999年全国银行间债券市场债券交易结算券种分布图

全国银行间债券市场债券交易结算券种分布图

（1997年6月－1997年12月）

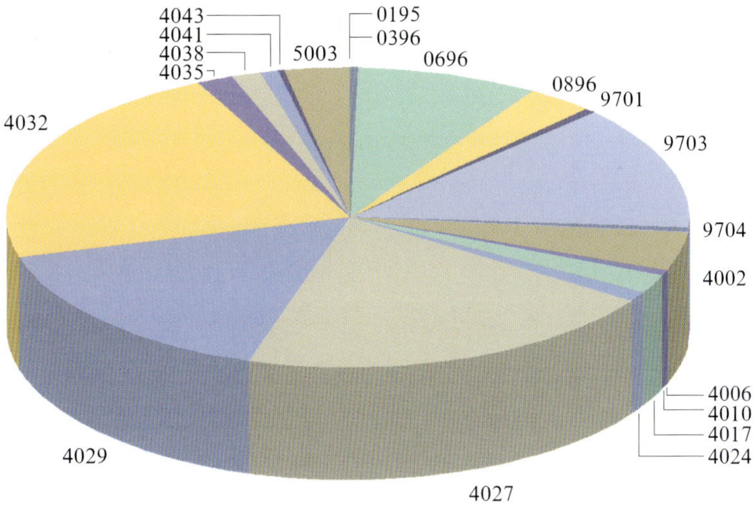

全国银行间债券市场债券交易结算券种分布图

（1998年1月－1998年12月）

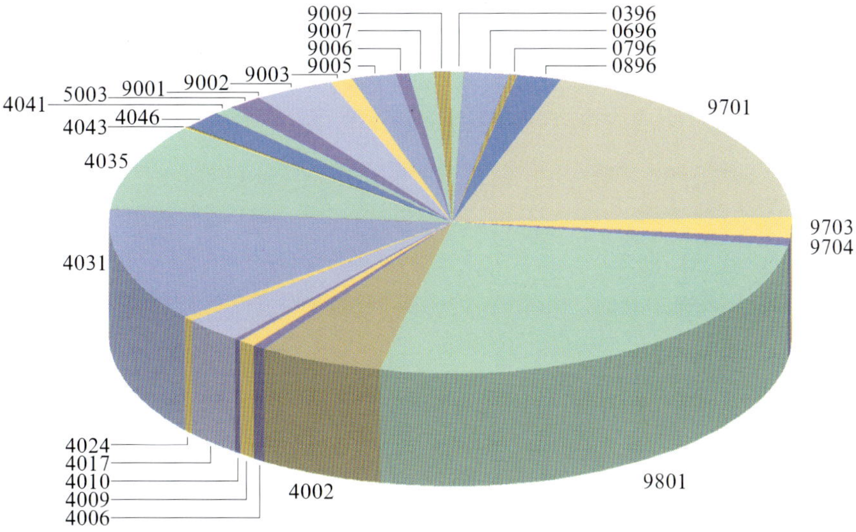

全国银行间债券市场债券交易结算券种分布图（政策性金融债券）

（1999年1月—1999年12月）

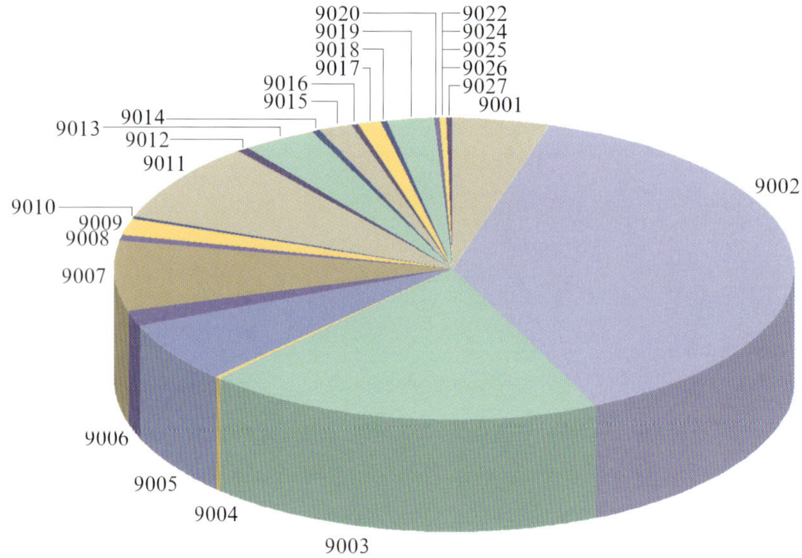

全国银行间债券市场债券交易结算券种分布图（国债及中央银行融资券）

（1999年1月—1999年12月）

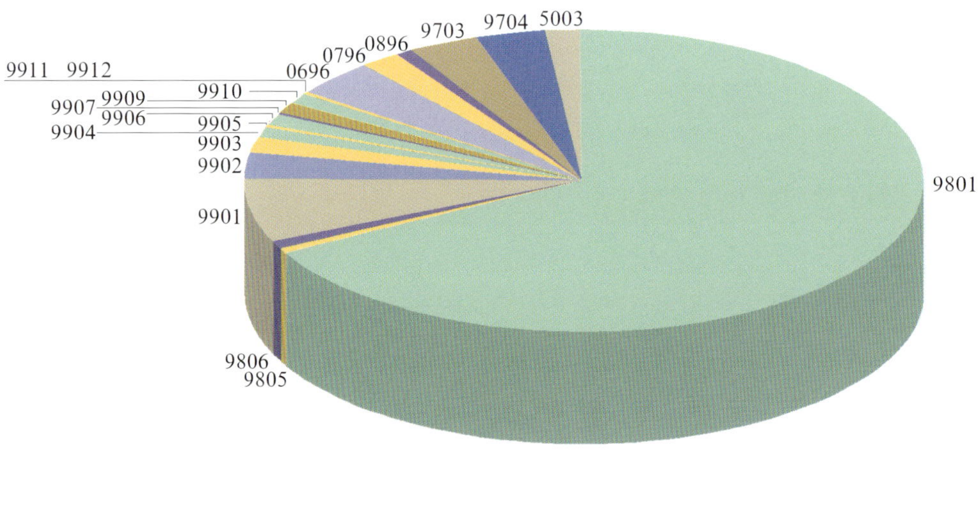

12.1997－1999年全国银行间债券市场机构性质分类交易量比较图

全国银行间债券市场机构性质分类交易量比较图

（1997年6月－1997年12月）

单位：万元

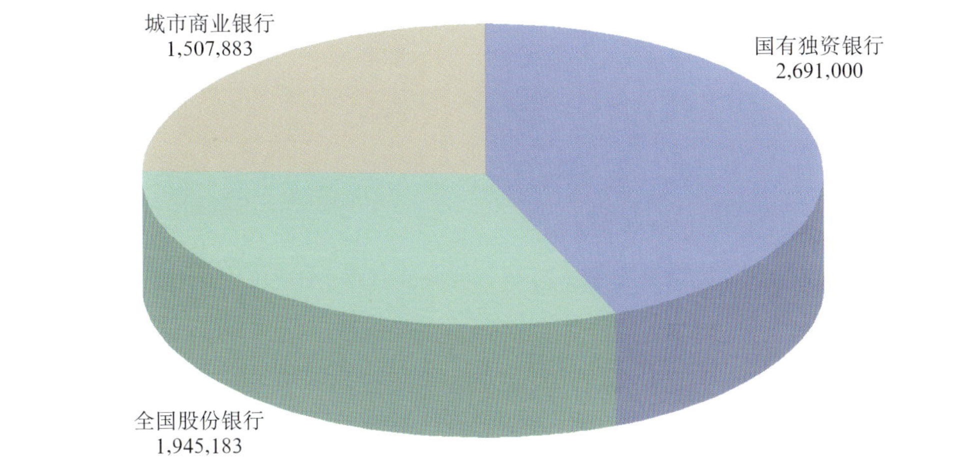

全国银行间债券市场机构性质分类交易量比较图

（1998年1月－1998年12月）

单位：万元

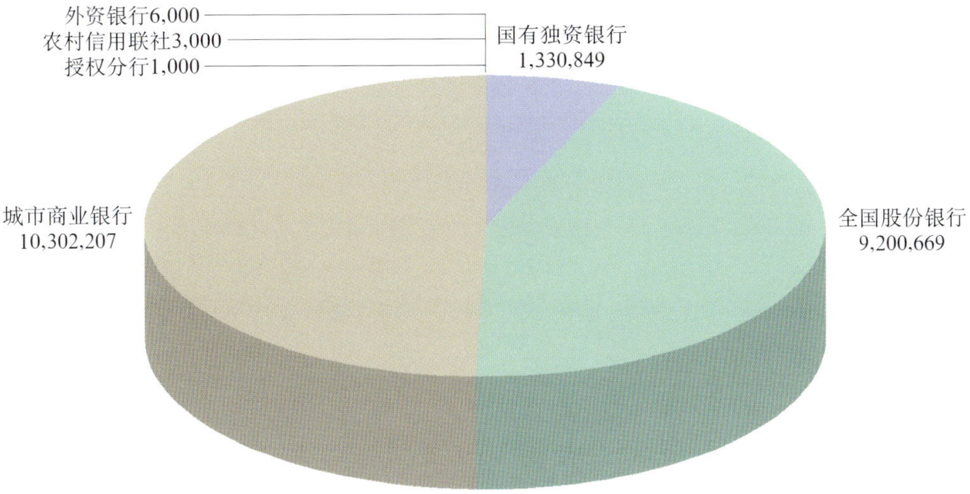

全国银行间债券市场机构性质分类交易量比较图

（1999年1月—1999年12月）

单位：万元

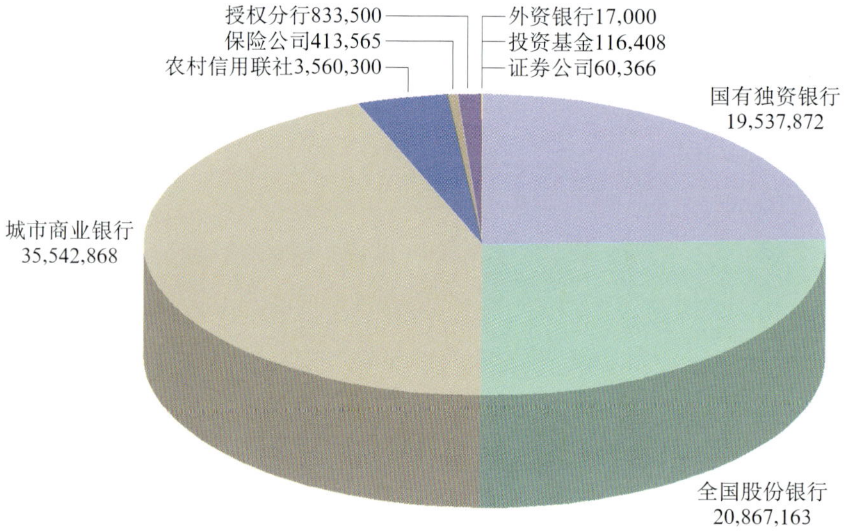

13.1997—1999年全国银行间债券市场发生债券交易业务机构分类图

全国银行间债券市场发生债券交易业务机构分类图

（1997年6月—1997年12月，31家）

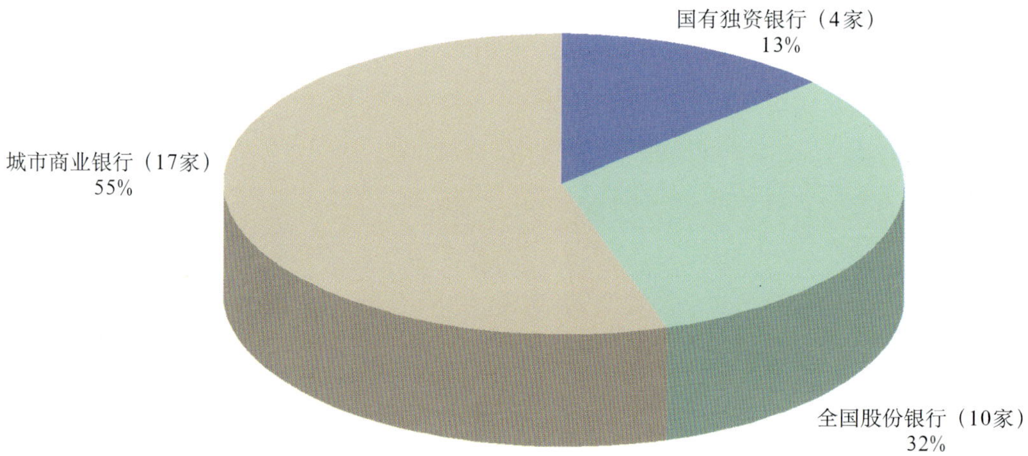

全国银行间债券市场发生债券交易业务机构分类图

（1998年1月—1998年12月，78家）

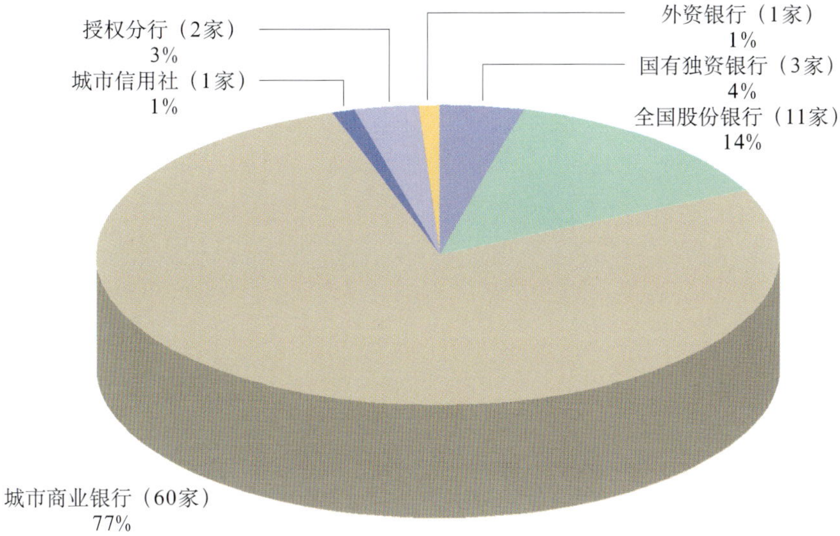

全国银行间债券市场发生债券交易业务机构分类图

（1999年1月—1999年12月，156家）

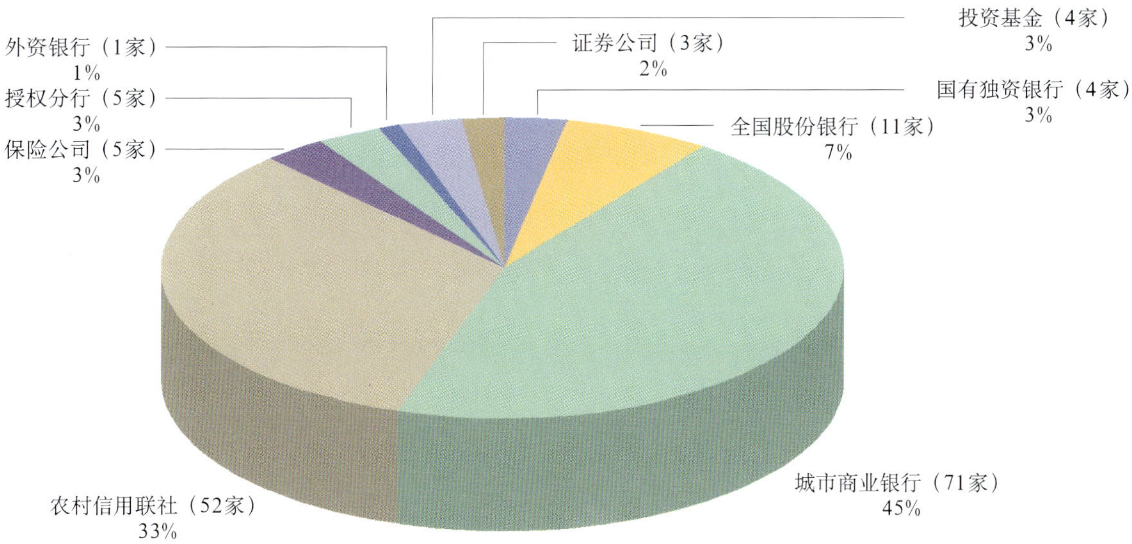

14.1997－1999年中央债券簿记系统用户分布图

中央债券簿记系统用户分布图

（1997年6月－1997年12月，61家）

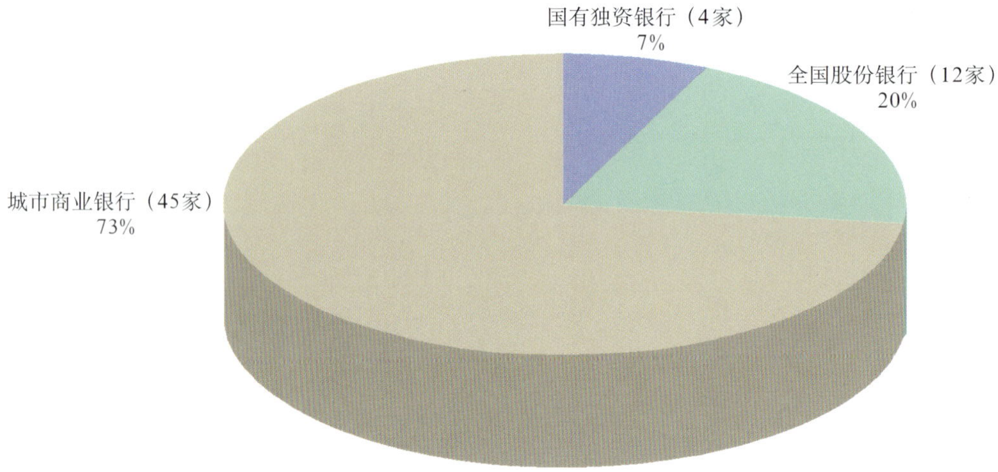

中央债券簿记系统用户分布图

（1998年1月－1998年12月，371家）

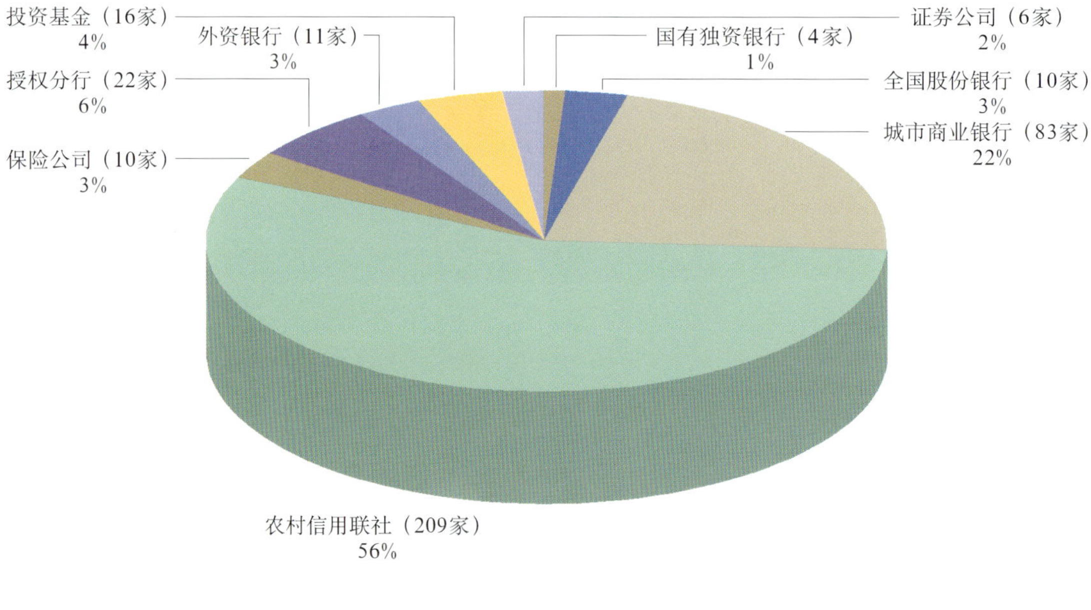

中央债券簿记系统用户分布图

（1999年1月－1999年12月，507家）

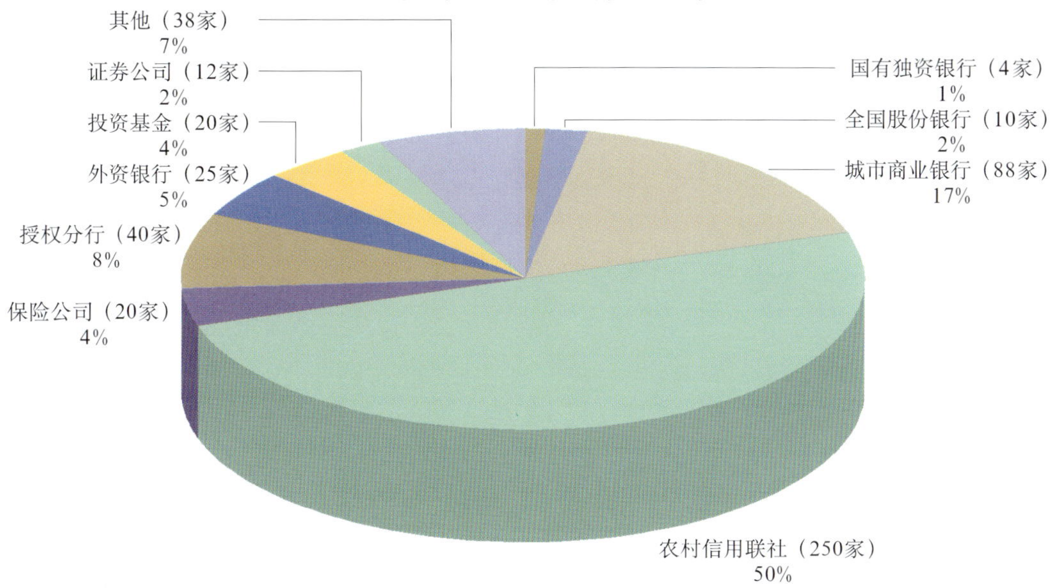

15.1999年上交所国债现券收益率比较图

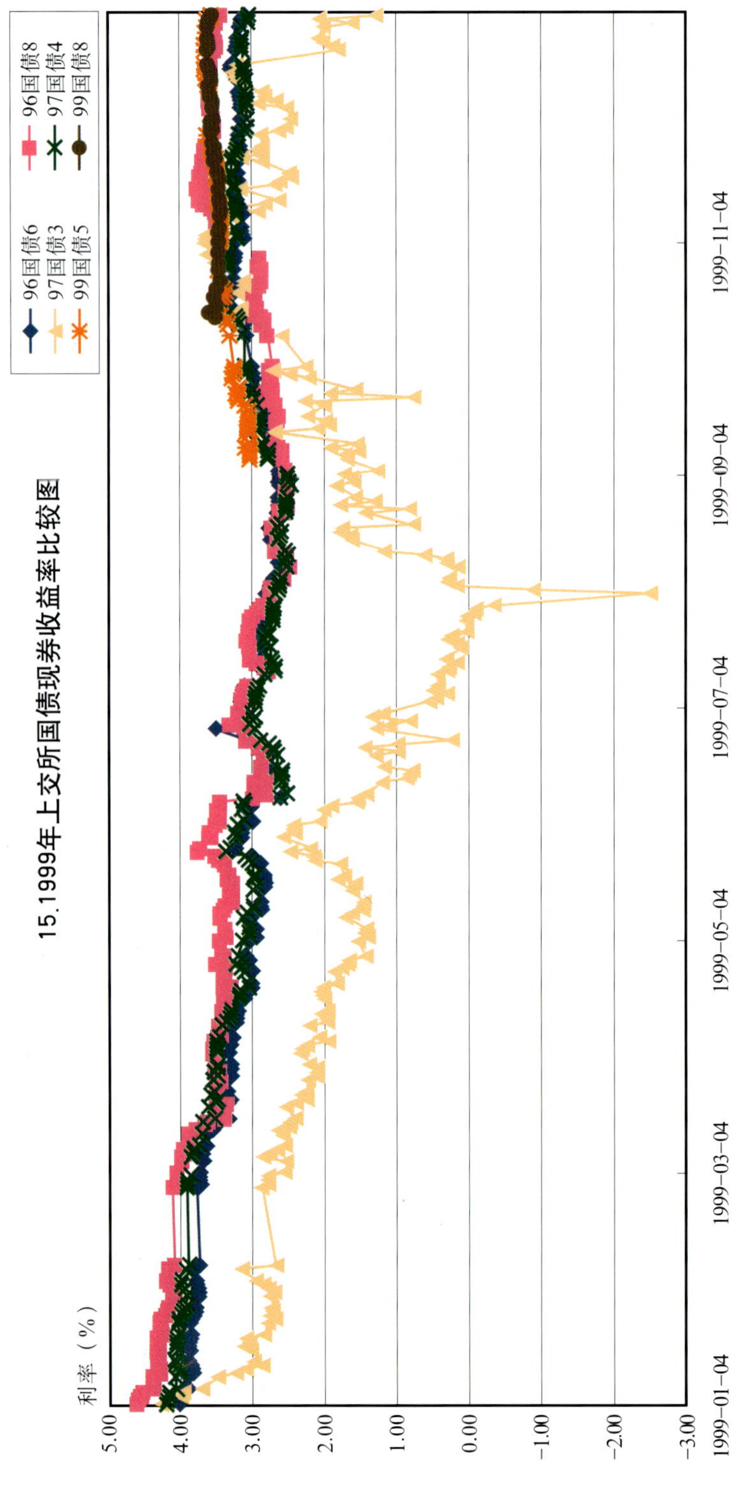

CHINA MONETARY MARKET YEARBOOK 2000

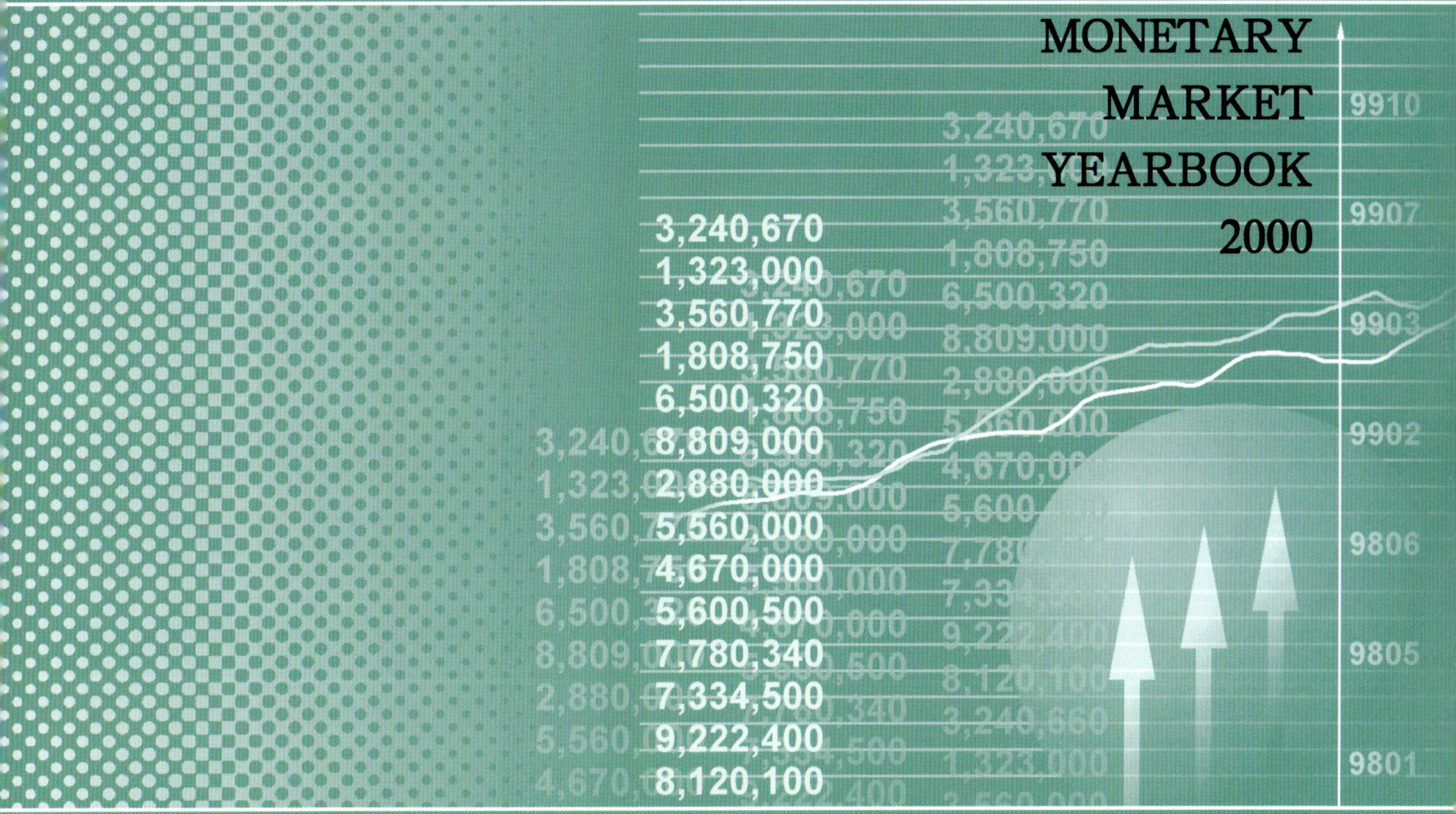

三、通过全国银行间债券市场发行债券情况统计

（一）报表类

1.1998年国家开发银行金融债券发行招标情况（第1期至第5期）

1998年国家开发银行第1期金融债券发行招标情况	
债券名称：98国开债1	债券代码：9004
招标编号：FX0300	日期：1998-09-02
招标总量：500,000万元	应投家数：30家
投标家数：29家	笔数：175笔
有效笔数：174笔	无效笔数：1笔
有效投标总量：1,864,000万元	中标总量：500,000万元
中标家数：20家	中标利率：5.19%

1998年国家开发银行第2期金融债券发行招标情况	
债券名称：98国开债3	债券代码：9005
招标编号：FX0302	日期：1998-09-23
发行总量：1,000,000万元	招标总量：910,000万元
基本承销额：90,000万元	应投家数：30家
投标家数：27家	投标笔数：158笔
有效笔数：158笔	无效笔数：0笔
中标笔数：57笔	有效投标总量：2,194,000万元
中标总量：910,000万元	中标家数：17家
中标利率：5.52%	最高投标利率：6.00%
最低投标利率：5.04%	中标利率价位投标总量：147,000万元
中标利率价位中标总量：72,000万元	

1998年国家开发银行第3期金融债券发行招标情况	
债券名称：98国开债4	债券代码：9007
招标编号：FX0305	发行总量：100亿元
招标总量：91亿元	基本承销额：3,000万元
应投家数：30家	投标家数：26家
投标笔数：97笔	有效笔数：95笔
无效笔数：2笔	中标笔数：84笔
有效投标总量：113.7亿元	中标总量：91亿元
中标家数：23家	中标利率：5.94%
最高投标利率：6.0%	最低投标利率：5.04%
中标利率价位投标总量：11.2亿元	中标利率价位中标总量：3.9亿元

1998年国家开发银行第4期金融债券发行招标情况	
债券名称：98国开债5	债券代码：9009
招标编号：FX0310	发行总量：500,000万元
招标总量：452,000万元	基本承销额：1,600万元
应投家数：30	投标家数：27
投标笔数：259	有效笔数：256
无效笔数：3	中标笔数：83
有效投标总量：1,424,000万元	中标总量：452,000万元
中标家数：13	中标利率：5.07%
最高投标利率：6.0%	最低投标利率：4.8%
中标利率价位投标总量：37,000万元	中标利率价位中标总量：26,000万元

1998年国家开发银行第5期金融债券发行招标情况	
债券名称：98国开债6	债券代码：9010
招标编号：FX0313	发行总量：500,000万元
招标总量：453,600万元	基本承销额：1,600万元/家
应投家数：29	投标家数：24
投标笔数：220	有效笔数：219
无效笔数：1	中标笔数：52
有效投标总量：1,635,600万元	中标总量：453,600万元
中标家数：6	中标价格：99.00
债券收益率：4.04%	最高投标价格：99.24
最低投标价格：98.00	中标利率价位投标总量：93,000万元
中标利率价位中标总量：27,200万元	

2.1998年国家开发银行金融债券发行中标情况（第1期至第5期）

1998年国家开发银行第1期金融债券发行中标情况		
承销人	中标额（万元面值）	中标利率（%）
中国工商银行	19,000	5.19
中国农业银行	4,000	5.19
中国建设银行	160,000	5.19
交通银行	17,000	5.19
中信实业银行	70,000	5.19
光大银行	6,000	5.19
中国投资银行	50,000	5.19
中国民生银行	10,000	5.19
广东发展银行	26,000	5.19
上海浦东发展银行	10,000	5.19
福建兴业银行	7,000	5.19
招商银行	37,000	5.19
北京市城市合作银行	5,000	5.19
天津市城市合作银行	20,000	5.19
上海市城市合作银行	11,000	5.19
南京市城市合作银行	12,000	5.19
中保财产保险有限公司	5,000	5.19
中保再保险有限公司	9,000	5.19
中国太平洋保险公司	1,000	5.19
华泰财产保险股份有限公司	21,000	5.19
合计	500,000	

1998年国家开发银行第2期金融债券发行中标情况

年利率：5.52%

承销人	基本承销额（万元面值）	中标额（万元面值）	认购额合计（万元面值）	缴款金额（元）
中国工商银行	3,000	225,000	228,000	2,280,000,000.00
中国农业银行	3,000	10,000	13,000	130,000,000.00
中国银行	3,000	87,000	90,000	900,000,000.00
中国建设银行	3,000	1,000	4,000	40,000,000.00
交通银行	3,000		3,000	30,000,000.00
中信实业银行	3,000	75,000	78,000	780,000,000.00
中国光大银行	3,000	2,000	5,000	50,000,000.00
华夏银行	3,000		3,000	30,000,000.00
中国投资银行	3,000	3,000	6,000	60,000,000.00
中国民生银行	3,000	47,000	50,000	500,000,000.00
广东发展银行	3,000	215,000	218,000	2,180,000,000.00
上海浦东发展银行	3,000		3,000	30,000,000.00
福建兴业银行	3,000		3,000	30,000,000.00
招商银行	3,000		3,000	30,000,000.00
深圳发展银行	3,000		3,000	30,000,000.00
北京市城市合作银行	3,000	65,000	68,000	680,000,000.00
天津市城市合作银行	3,000	2,000	5,000	50,000,000.00
上海银行	3,000	2,000	5,000	50,000,000.00
南京市城市合作银行	3,000	15,000	18,000	180,000,000.00
广州市城市合作银行	3,000	150,000	153,000	1,530,000,000.00
珠海市城市合作银行	3,000		3,000	30,000,000.00
福州市城市合作银行	3,000		3,000	30,000,000.00
重庆市城市合作银行	3,000		3,000	30,000,000.00
昆明市城市合作银行	3,000		3,000	30,000,000.00
华泰财产保险股份有限公司	3,000	4,000	7,000	70,000,000.00
中保财产保险有限公司	3,000	2,000	5,000	50,000,000.00
中保人寿保险有限公司	3,000		3,000	30,000,000.00
中保再保险有限公司	3,000		3,000	30,000,000.00
中国太平洋保险公司	3,000	5,000	8,000	80,000,000.00
中国平安保险公司	3,000		3,000	30,000,000.00
合计	90,000	910,000	1,000,000	10,000,000,000.00

1998年国家开发银行第3期金融债券发行中标情况				中标利率：5.94%
承销人	基本承销额（万元面值）	中标额（万元面值）	认购额合计（万元面值）	缴款金额（元）
中国工商银行	3,000	210,000	213,000	2,130,000,000
中国农业银行	3,000	5,000	8,000	80,000,000
中国银行	3,000	30,000	33,000	330,000,000
中国建设银行	3,000	251,000	254,000	2,540,000,000
交通银行	3,000	26,000	29,000	290,000,000
中信实业银行	3,000	90,000	93,000	930,000,000
中国光大银行	3,000	24,000	27,000	270,000,000
华夏银行	3,000		3,000	30,000,000
中国投资银行	3,000	22,000	25,000	250,000,000
中国民生银行	3,000	5,000	8,000	80,000,000
广东发展银行	3,000	101,000	104,000	1,040,000,000
上海浦东发展银行	3,000	5,000	8,000	80,000,000
福建兴业银行	3,000	8,000	11,000	110,000,000
招商银行	3,000	5,000	8,000	80,000,000
深圳发展银行	3,000	10,000	13,000	130,000,000
北京市城市合作银行	3,000	20,000	23,000	230,000,000
天津市城市合作银行	3,000		3,000	30,000,000
上海银行	3,000	2,000	5,000	50,000,000
南京市城市合作银行	3,000	43,000	46,000	460,000,000
广州市城市合作银行	3,000		3,000	30,000,000
珠海市城市合作银行	3,000	1,000	4,000	40,000,000
福州市城市合作银行	3,000	2,000	5,000	50,000,000
重庆市城市合作银行	3,000		3,000	30,000,000
昆明市城市合作银行	3,000	9,000	12,000	120,000,000
华泰财产保险股份有限公司	3,000	31,000	34,000	340,000,000
中保财产保险有限公司	3,000		3,000	30,000,000
中保人寿保险有限公司	3,000	7,000	10,000	100,000,000
中保再保险有限公司	3,000		3,000	30,000,000
中国太平洋保险公司	3,000	3,000	6,000	60,000,000
中国平安保险公司	3,000		3,000	30,000,000
合计	90,000	910,000	1,000,000	10,000,000,000

1998年国家开发银行第4期金融债券发行中标情况

中标利率：5.07%

承销人	基本承销额（万元面值）	中标额（万元面值）	认购额合计（万元面值）	缴款金额（元）
中国工商银行	1,600		1,600	16,000,000
中国农业银行	1,600		1,600	16,000,000
中国银行	1,600	101,000	102,600	1,026,000,000
中国建设银行	1,600		1,600	16,000,000
交通银行	1,600	47,000	48,600	486,000,000
中信实业银行	1,600		1,600	16,000,000
中国光大银行	1,600	2,000	3,600	36,000,000
华夏银行	1,600		1,600	16,000,000
中国投资银行	1,600		1,600	16,000,000
中国民生银行	1,600	41,000	42,600	426,000,000
广东发展银行	1,600	26,000	27,600	276,000,000
上海浦东发展银行	1,600		1,600	16,000,000
福建兴业银行	1,600	28,000	29,600	296,000,000
招商银行	1,600	89,000	90,600	906,000,000
深圳发展银行	1,600		1,600	16,000,000
北京市城市合作银行	1,600		1,600	16,000,000
天津市城市合作银行	1,600	6,000	7,600	76,000,000
上海银行	1,600	17,000	18,600	186,000,000
南京市城市合作银行	1,600	26,000	27,600	276,000,000
广州市城市合作银行	1,600	30,000	31,600	316,000,000
珠海市城市合作银行	1,600		1,600	16,000,000
福州市城市合作银行	1,600		1,600	16,000,000
重庆市城市合作银行	1,600		1,600	16,000,000
昆明市城市合作银行	1,600	9,000	10,600	106,000,000
华泰财产保险股份有限公司	1,600	30,000	31,600	316,000,000
中保财产保险有限责任公司	1,600		1,600	16,000,000
中保人寿保险有限责任公司	1,600		1,600	16,000,000
中保再保险有限责任公司	1,600		1,600	16,000,000
中国太平洋保险公司	1,600		1,600	16,000,000
中国平安保险公司	1,600		1,600	16,000,000
合计	48,000	452,000	500,000	5,000,000,000

1998年国家开发银行第5期金融债券发行中标情况

中标价格：99元

承销人	基本承销额（万元面值）	中标额（万元面值）	认购额合计（万元面值）	缴款金额（元）
中国工商银行	1,600	95,100	96,700	957,330,000
中国农业银行	1,600		1,600	15,840,000
中国银行	1,600		1,600	15,840,000
中国建设银行	1,600	185,100	186,700	1,848,330,000
交通银行	1,600		1,600	15,840,000
中信实业银行	1,600		1,600	15,840,000
中国光大银行	1,600	58,100	59,700	591,030,000
华夏银行	1,600		1,600	15,840,000
中国民生银行	1,600		1,600	15,840,000
广东发展银行	1,600	25,100	26,700	264,330,000
上海浦东发展银行	1,600		1,600	15,840,000
福建兴业银行	1,600		1,600	15,840,000
招商银行	1,600		1,600	15,840,000
深圳发展银行	1,600		1,600	15,840,000
北京市城市合作银行	1,600		1,600	15,840,000
天津市城市合作银行	1,600		1,600	15,840,000
上海银行	1,600		1,600	15,840,000
南京市城市合作银行	1,600		1,600	15,840,000
广州市城市合作银行	1,600		1,600	15,840,000
珠海市城市合作银行	1,600		1,600	15,840,000
福州市城市合作银行	1,600		1,600	15,840,000
重庆市城市合作银行	1,600		1,600	15,840,000
昆明市城市合作银行	1,600	15,000	16,600	164,340,000
华泰财产保险股份有限公司	1,600	75,200	76,800	760,320,000
中保财产保险有限责任公司	1,600		1,600	15,840,000
中保人寿保险有限责任公司	1,600		1,600	15,840,000
中保再保险有限责任公司	1,600		1,600	15,840,000
中国太平洋保险公司	1,600		1,600	15,840,000
中国平安保险公司	1,600		1,600	15,840,000
合计	46,400	453,600	500,000	4,950,000,000

3.1998年中国进出口银行金融债券发行招标情况（第1期至第2期）

1998年中国进出口银行第1期金融债券发行招标情况	
债券名称：98进出债1	债券代码：9006
招标编号：FX0304	发行总量：30亿元
招标总量：30亿元	基本承销额：0
应投家数：26家	投标家数：21家
投标笔数：83笔	有效笔数：83笔
无效笔数：0	中标笔数：34笔
有效投标总量：84.7亿元	中标总量：30亿元
中标家数：16家	中标利率：5.31%
最高投标利率：5.85%	最低投标利率：4.86%
中标利率价位投标总量：16.5亿元	中标利率价位中标总量：10.8亿元

1998年中国进出口银行第2期金融债券发行招标情况	
债券名称：98进出口2	债券代码：9008
招标编号：FX0306	发行总量：30亿元
招标总量：30亿元	基本承销额：0
应投家数：27家	投标家数：24家
投标笔数：135笔	有效笔数：135笔
无效笔数：0	中标笔数：33笔
有效投标总量：202.1亿元	中标总量：30亿元
中标家数：15家中标利率：5.1%	最高投标利率：5.4%
	最低投标利率：5.01%
中标利率价位投标总量：16.3亿元	中标利率价位中标总量：10.1亿元

4.1998年中国进出口银行金融债券发行中标情况（第1期至第2期）

1998中国进出口银行第1期金融债券发行中标情况			
单位名称	招标编号	中标总量（万元）	中标利率
中国工商银行	FX3040	90,000	5.31
中国农业银行	FX3040	3,000	5.31
中国银行	FX3040	46,000	5.31
中国建设银行	FX3040	21,000	5.31
交通银行	FX3040	4,000	5.31
中国光大银行	FX3040	4,000	5.31
华夏银行	FX3040		5.31
中国投资银行	FX3040	19,000	5.31
中国民生银行	FX3040	10,000	5.31
广东发展银行	FX3040	23,000	5.31
上海浦东发展银行	FX3040		5.31
福建兴业银行	FX3040		5.31
福州市城市合作银行	FX3040		5.31
招商银行	FX3040	3,000	5.31
深圳发展银行	FX3040		5.31
天津市城市合作银行	FX3040	25,000	5.31
上海银行	FX3040	3,000	5.31
南京市城市合作银行	FX3040	10,000	5.31
广州市城市合作银行	FX3040		5.31
北京市城市合作银行	FX3040	20,000	5.31
昆明市城市合作银行	FX3040		5.31
中保人寿保险有限公司	FX3040		5.31
中保再保险有限公司	FX3040		5.31
中国太平洋保险公司	FX3040	5,000	5.31
中国平安保险公司	FX3040		5.31
华泰财产保险股份有限公司	FX3040	14,000	5.31
合计		300,000	

1998年中国进出口银行第2期金融债券发行中标情况			
单位名称	招标编号	中标总量（万元）	中标利率
中国工商银行	FX0306		5.1%
中国农业银行	FX0306	3,000	5.1%
中国银行	FX0306		5.1%
中国建设银行	FX0306	49,000	5.1%
交通银行	FX0306	30,000	5.1%
中国光大银行	FX0306		5.1%
华夏银行	FX0306		5.1%
中信银行	FX0306	16,000	5.1%
中国投资银行	FX0306	3,000	5.1%
中国民生银行	FX0306	54,000	5.1%
广东发展银行	FX0306	22,000	5.1%
上海浦东发展银行	FX0306		5.1%
福建兴业银行	FX0306		5.1%
福州市城市合作银行	FX0306		5.1%
招商银行	FX0306	7,000	5.1%
深圳发展银行	FX0306		5.1%
天津市城市合作银行	FX0306	30,000	5.1%
上海银行	FX0306	7,000	5.1%
南京市城市合作银行	FX0306	6,000	5.1%
广州市城市合作银行	FX0306	49,000	5.1%
北京市城市合作银行	FX0306	8,000	5.1%
昆明市城市合作银行	FX0306	5,000	5.1%
中保人寿保险有限公司	FX0306		5.1%
中保再保险有限公司	FX0306		5.1%
中国太平洋保险公司	FX0306		5.1%
中国平安保险公司	FX0306		5.1%
华泰财产保险股份有限公司	FX0306	11,000	5.1%
合计		300,000	

5.1998年债券市场化发行情况

1998年国债	编号	发行日期	发行量	期限	票面利率	发行日
98记账式国债	9805	12.22.28	90亿元	7年	5.01%	1998.12.22-28
合计			90亿元			
1998年国开行债	编号	发行日期	发行量	期限	中标利率	划款日
第1期	9004	1998.09.02	50亿元	1年	5.19%	1998.09.10
第2期	9005	1998.09.23	100亿元	3年	5.52%	1998.10.12
第3期	9007	1998.10.14	100亿元	3年	5.94%	1998.10.26
第4期	9009	1998.11.20	50亿元	1年	5.07%	1998.11.26
第5期	9010	1998.12.30	50亿元	3个月	99元	1999.01.05
合计			350亿元			
1998年进出口行债	编号	发行日期	发行量	期限	中标利率	划款日
第1期	9006	1998.10.12	30亿元	2年	5.31%	1998.10.15
第2期	9008	1998.11.06	30亿元	1年	5.10%	1998.11.13
1998年合计			60亿元			

注：1. 1998年财政部市场化发行国债采取的方式为：事先确定价位（利率）、期限，投资人自愿认购。
2. 1998年国家开发银行和中国进出口银行市场化发行债券采取的方式为：网上招标发行、承销团竞价（利率、价格）的方式。

	起息日	到期日	备注	发行手续费	兑付手续费
	1998.12.23	2005.12.23	记账式，每年付息		
	起息日	到期日		发行手续费	兑付手续费
	1998.09.10	1999.09.10	到期日利随本清	0.25%	0.05%
	1998.10.09	2001.10.09	记账式，每年付息	0.30%	0.05%
	1998.10.23	2001.10.23	记账式，每年付息	0.30%	0.05%
	1998.11.26	1999.11.26	到期日利随本清	0.25%	0.05%
	1999.01.05	1999.04.05	到期日按百元面值兑付	0.10%	0.05%
	起息日	到期日	备注	发行手续费	兑付手续费
	1998.10.15	2000.10.15	记账式，每年付息	0.25%	0.05%
	1998.11.13	1999.11.13	到期日利随本清	0.25%	0.05%

6.1999年国家开发银行金融债券发行招标情况（第1期至第13期）

1999年国家开发银行第1期金融债券发行招标情况	
债券名称：99国开01	债券代码：9011
招标编号：FX0316	发行总量：1,000,000万元
招标总量：907,000万元	基本承销额：3000万元/家
应投家数：31	投标家数：30
投标笔数：1,143	有效笔数：1,121
无效笔数：22	中标笔数：441
有效投标总量：1,626,000万元	中标总量：907,000万元
中标家数：21	基本利差：1.165%
最高投标价位：2.0%	最低投标价位：0.44%
中标价位投标总量：12,000万元	中标价位中标总量：9,000万元

1999年国家开发银行第2期金融债券发行招标情况	
债券名称：99国开02	债券代码：9012
招标编号：FX0317	发行总量：100亿元
招标总量：90.7亿元	基本承销额：3,000万元/家
应投家数：31	投标家数：30
投标笔数：568	有效笔数：519
无效笔数：49	中标笔数：65
有效投标总量：267.2亿元	中标总量：90.7亿元
中标家数：5家	基本利差：0.821%
最高投标价位：1.268%	最低投标价位：0.201%
中标价位投标总量：5.7亿元	中标价位中标总量：2.9亿元

1999年国家开发银行第3期金融债券发行招标情况	
债券名称：99国开03	债券代码：9014
招标编号：FX 0319	发行总量：100亿元
招标总量：90.7亿元	基本承销总额：9.3亿元
应投家数：31	投标家数：24
投标笔数：319	有效笔数：319
无效笔数：0	中标笔数：87
有效投标总量：197.9亿元	中标总量：90.7亿元
中标家数：14家	中标价位：98.30元
最高投标价位：98.58元	最低投标价位：97.84元
中标价位投标总量：6 亿元	中标价位中标总量：3.3亿元

1999年国家开发银行第4期金融债券发行招标情况	
债券名称：99国开04	债券代码：9015
招标编号：FX0320	发行总量：100亿元
招标总量：91亿元	基本承销额：9 亿元
应投家数：30家	投标家数：22家
投标笔数：392笔	有效笔数：381笔
无效笔数：11笔	中标笔数：122笔
有效投标总量：244.7亿元	中标总量：91亿元
中标家数：18家	基本利差：0.831
最高投标价位：1.125	最低投标价位：0.281
中标价位投标总量：6.6亿元	中标价位中标总量：5.7亿元

1999年国家开发银行第5期金融债券发行招标情况	
债券名称：99国开05	债券代码：9016
招标编号：FX0321	发行总量：60亿元
招标总量：54.22亿元	基本承销总额：1,700万元
应投家数：34	投标家数：23
投标笔数：207	有效笔数：202
无效笔数：5	中标笔数：80
有效投标总量：113.23亿元	中标总量：54.22亿元
中标家数：9	中标价位：98.78元
最高投标价位：98.96元	最低投标价位：98.00元
中标价位投标总量：3.3亿元	中标价位中标总量：5,900万元

1999年国家开发银行第6期金融债券发行招标情况	
债券名称：99国开06	债券代码：9017
招标书编号：PBCBIAS00001	计划发行总量：1,000,000万元
实际发行总量：1,000,000万元	缴款总金额：10,000,000,000元
一般基本承购额：2,500万元/承销商	基本承购总量：92,500万元
招标总量：907,500万元	应投家数：37
投标家数：26	投标笔数：248
有效笔数：248	无效笔数：0
中标笔数：241	有效投标总量：917,000万元
中标总量：907,500万元	中标家数：22
最高中标价位：3.2300元	最低中标价位：3.2300元
边际中标价位投标总量：908,000万元	边际中标价位中标总量：907,500万元
发行价格：100.00元	票面利率：3.23%

1999年国家开发银行第7期金融债券发行招标情况	
债券名称：99国开07	债券代码：9020
招标书编号：PBCBIAS00005	计划发行总量：1,000,000万元
实际发行总量：1,000,000万元	缴款总金额：9,855,692,060元
一般基本承购额：2,000万元/承销商	基本承购总量：74,000万元
招标总量：926,000万元	应投家数：37
投标家数：25	投标笔数：297
有效笔数：297	无效笔数：0
中标笔数：274	有效投标总量：975,000万元
中标总量：926,000万元	中标家数：24
最高中标价位：98.7600元	最低中标价位：98.4400元
边际中标价位投标总量：16,000万元	边际中标价位中标总量：7,000万元
发行价格：98.56元	

1999年国家开发银行第8期金融债券发行招标情况	
债券名称：99国开08	债券代码：9022
招标书编号：PBCBIAS00007	计划发行总量：1,000,000万元
缴款总额：10,000,000,000元	实际发行总量：1,000,000万元
一般基本承购额：2,000万元	基本承购总量：76,000万元
招标总量：924,000万元	应投家数：38
投标笔数：227	投标家数：22
有效笔数：227	无效笔数：0
有效投标总量：1,166,000万元	中标总量：924,000万元
中标家数：14	中标笔数：154
自营总量（万元）：	分销总量（万元）：
最高中标价位：1.1310元	最低中标价位：1.1310元
边际中标价位投标总量：942,000万元	边际中标价位中标总量：924,000万元
利差：1.131%	发行价格：100.00元
收益率（%）：	票面利率：3.381%

1999年国家开发银行第9期金融债券发行招标情况	
债券名称：99国开09	债券代码：F1001
招标书编号：PBCBIAS00014	计划发行总量：400,000万元
缴款总额：3,942,904,000元	实际发行总量：400,000万元
一般基本承购额（万元）：	基本承购总量（万元）：
招标总量：400,000万元	应投家数：38
投标笔数：243	投标家数：27
有效笔数：243	无效笔数：0
有效投标总量：856,000万元	中标总量：400,000万元
中标家数：13	中标笔数：68
自营总量（万元）：	分销总量（万元）：
最高中标价位：98.6400元	最低中标价位：98.5400元
边际中标价位投标总量：69,000万元	边际中标价位中标总量：21,000万元
利差（%）：	发行价格：98.57元
收益率（%）：	票面利率：0

1999年国家开发银行第10期金融债券发行招标情况	
债券名称：99国开10	债券代码：F2002
招标书编号：PBCBIAS00015	计划发行总量：800,000万元
缴款总额：8,000,000,000元	实际发行总量：800,000万元
一般基本承购额：2,000万元	基本承购总量：76,000万元
招标总量：724,000万元	应投家数：38
投标笔数：256	投标家数：26
有效笔数：255	无效笔数：1
有效投标总量：1,128,000万元	中标总量：724,000万元
中标家数：14	中标笔数：100
自营总量（万元）：	分销总量（万元）：
最高中标价位：3.1100元	最低中标价位：3.1100元
边际中标价位投标总量：48,000万元	边际中标价位中标总量：25,000万元
利差：0	发行价格：100.00元
收益率（%）：	票面利率：3.11%

1999年国家开发银行第11期金融债券发行招标情况	
债券名称：99国开11	债券代码：F2003
招标书编号：PBCBIAS00022	计划发行总量：1,000,000万元
缴款总额：10,000,000,000元	实际发行总量：1,000,000万元
一般基本承购额：2,000万元	基本承购总量：76,000万元
招标总量：924,000万元	应投家数：38
投标笔数：263	投标家数：25
有效笔数：259	无效笔数：4
有效投标总量：1,342,000万元	中标总量：924,000万元
中标家数：15	中标笔数：131
自营总量（万元）：	分销总量（万元）：
最高中标价位：1.0950元	最低中标价位：1.0950元
边际中标价位投标总量：48,000万元	边际中标价位中标总量：30,000万元
利差：1.095%	发行价格：100.00元
收益率（%）：	票面利率：3.345%

1999年国家开发银行第12期金融债券发行招标情况	
债券名称：99国开12	债券代码：F2007
招标书编号：PBCBIAS00025	计划发行总量：2,000,000万元
缴款总额：20,000,000,000元	实际发行总量：2,000,000万元
一般基本承购额（万元）：	基本承购总量（万元）：
招标总量：20,000,000万元	应投家数：39
投标笔数：34	投标家数：34
有效笔数：34	无效笔数：0
有效投标总量：11,235,000万元	中标总量：2,000,000万元
中标家数：29	中标笔数：29
自营总量：2,000,000万元	分销总量（万元）：
最高中标价位：100.00元	最低中标价位：100.0000元
边际中标价位投标总量：11,235,000万元	边际中标价位中标总量：2,000,000万元
利差：0.987%	发行价格：100.00元
收益率（%）：	票面利率：3.237%

1999年国家开发银行第13期金融债券发行招标情况	
债券名称：99国开13	债券代码：F2009
招标书编号：PBCBIAS00028	计划发行总量：1,500,000万元
缴款总额：15,000,000,000元	实际发行总量：1,500,000万元
一般基本承购额：2,500万元	基本承购总量：97,500万元
招标总量：1,402,500万元	应投家数：39
投标笔数：302	投标家数：26
有效笔数：302	无效笔数：0
有效投标总量：3,062,500万元	中标总量：1,402,500万元
中标家数：17	中标笔数：113
自营总量（万元）：	分销总量（万元）：
最高中标价位：0.9990元	最低中标价位：0.9990元
边际中标价位投标总量：241,000万元	边际中标价位中标总量：8,000万元
利差：0.999%	发行价格：100.00元
收益率（%）：	票面利率：3.249%

7.1999年中国进出口银行金融债券发行招标情况（第1期至第3期）

1999年中国进出口银行第1期金融债券发行招标情况	
债券名称：99进出01	债券代码：9013
招标编号：FX0318	发行总量：50亿元
招标总量：45.95亿元	基本承销总额：4.05亿元
应投家数：31	投标家数：26
投标笔数：162	有效笔数：162
无效笔数：0	中标笔数：27
有效投标总量：190.8亿元	中标总量：45.95亿元
中标家数：6	中标利率：3.78%
最高投标利率：4.17%	最低投标利率：3.45%
中标利率价位投标总量：8.1亿元	中标利率价位中标总量：4.4亿元

1999年中国进出口银行第2期金融债券发行招标情况	
债券名称：99进出02	债券代码：9018
招标书编号：PBCBIAS00003	计划发行总量：300,000万元
实际发行总量：300,000万元	缴款总金额：3,000,000,000元
一般基本承购额（万元）：	基本承购总量（万元）：
招标总量：300,000万元	应投家数：39
投标家数：29	投标笔数：127
有效笔数：125	无效笔数：2
中标笔数：54	有效投标总量：727,000万元
中标总量：300,000万元	中标家数：20
最高中标价位：2.9100元	最低中标价位：2.9100元
边际中标价位投标总量：348,500万元	边际中标价位中标总量：300,000万元
发行价格：100.00元	票面利率：2.91%

1999年中国进出口银行第3期金融债券发行招标情况	
债券名称：99进出03	债券代码：F0041
招标书编号：PBCBIAS00021	计划发行总量：600,000万元
缴款总额：6,000,000,000元	实际发行总量：600,000万元
一般基本承购额（万元）：	基本承购总量（万元）：
招标总量：600,000万元	应投家数：39
投标笔数：166	投标家数：27
有效笔数：166	无效笔数：0
有效投标总量：2,068,000万元	中标总量：600,000万元
中标家数：21	中标笔数：73
自营总量（万元）：	分销总量（万元）：
最高中标价位：2.9100元	最低中标价位：2.9100元
边际中标价位投标总量：237,500万元	边际中标价位中标总量：139,500万元
利差（%）：	发行价格：100.00元
收益率（%）：	票面利率：2.91%

8.1999年国债招标发行情况（第9期至第11期）

1999年国债招标发行情况（99国债9(1)，非竞争性）	
债券名称：99记账式（9期）国债	债券代码：F0011
招标书编号：PBCBIAS00012	计划发行总量：300,000万元
缴款总额：3,000,000,000元	实际发行总量：300,000万元
一般基本承购额（万元）：	基本承购总量（万元）：
招标总量：300,000万元	应投家数：
投标笔数：16	投标家数：16
有效笔数：16	无效笔数：0
有效投标总量：900,000万元	中标总量：300,000万元
中标家数：11	中标笔数：16
自营总量（万元）：	分销总量（万元）：
最高中标价位：	最低中标价位：
边际中标价位投标总量：900,000万元	边际中标价位中标总量：300,000万元
利差：0	发行价格：100.00元
收益率（%）：	票面利率：3.31%

1999年国债招标发行情况（99国债9(2)，竞争性）	
债券名称：99记账式（9期）国债	债券代码：F0012
招标书编号：PBCBIAS00013	计划发行总量：1,200,000万元
缴款总额：12,000,000,000元	实际发行总量：1,200,000万元
一般基本承购额（万元）：	基本承购总量（万元）：
招标总量：1,200,000万元	应投家数：38
投标笔数：106	投标家数：27
有效笔数：105	无效笔数：1
有效投标总量：1,535,000万元	中标总量：1,200,000万元
中标家数：21	中标笔数：65
自营总量（万元）：	分销总量（万元）：
最高中标价位：3.3100元	最低中标价位：3.3100元
边际中标价位投标总量：140,000万元	边际中标价位中标总量：115,000万元
利差：0	发行价格：100.00元
收益率（%）：	票面利率：3.31%

1999年国债招标发行情况（99国债10，竞争性）	
债券名称：99记账式（10期）国债	债券代码：F0022
招标书编号：PBCBIAS00018	计划发行总量：1,100,000万元
缴款总额：11,000,000,000元	实际发行总量：1,100,000万元
一般基本承购额（万元）：	基本承购总量（万元）：
招标总量：1,100,000万元	应投家数：40
投标笔数：52	投标家数：16
有效笔数：52	无效笔数：0
有效投标总量：1,170,000万元	中标总量：1,100,000万元
中标家数：16	中标笔数：52
自营总量（万元）：	分销总量（万元）：
最高中标价位：0.6000元	最低中标价位：0.6000元
边际中标价位投标总量：95,000万元	边际中标价位中标总量：25,000万元
利差：0.6%	发行价格：100.00元
收益率（%）：	票面利率：2.85%

1999年国债招标发行情况（99国债10，非竞争性）	
债券名称：99记账式（10期）国债	债券代码：F0021
招标书编号：PBCBIAS00017	计划发行总量：500,000万元
缴款总额：5,000,000,000元	实际发行总量：500,000万元
一般基本承购额（万元）：	基本承购总量（万元）：
招标总量：500,000万元	应投家数：389
投标笔数：11	投标家数：11
有效笔数：11	无效笔数：0
有效投标总量：1,130,000万元	中标总量：500,000万元
中标家数：8	中标笔数：11
自营总量（万元）：	分销总量（万元）：
最高中标价位：100.0000元	最低中标价位：100.0000元
边际中标价位投标总量（万元）：	边际中标价位中标总量（万元）：
利差（%）：	发行价格：100.00元
收益率（%）：	票面利率（%）：

1999年国债招标发行情况（99国债11）	
债券名称：1999年记账式（11）国债	债券代码：F2004
招标书编号：PBCBIAS00023	计划发行总量：700,000万元
缴款总额：7,000,000,000元	实际发行总量：700,000万元
一般基本承购额（万元）：	基本承购总量（万元）：
招标总量：700,000万元	应投家数：42
投标笔数：97	投标家数：27
有效笔数：97	无效笔数：0
有效投标总量：1,009,000万元	中标总量：700,000万元
中标家数：21	中标笔数：60
自营总量（万元）：	分销总量（万元）：
最高中标价位：3.3200元	最低中标价位：3.3200元
边际中标价位投标总量：65,000万元	边际中标价位中标总量：46,000万元
利差（%）：	发行价格：100.00元
收益率（%）：	票面利率：3.32%

9.1999年全国银行间债券市场债券发行情况一览表

序号	简称	发行量（亿元）	期限	利率（价格）
一、	99年国债			
1	99国债1	180.00	7年	4.880%
2	99国债2	160.00	10年	4.720%
3	99国债3	94.00	7年	3.200%
4	99国债4	200.00	3年	2.720%
5	99国债5	31.60	8年	3.280%
6	99国债6	600.00	10年	2.550%
7	99国债7	160.00	2年	2.600%
8	99国债9	150.00	5年	3.310%
9	99国债10	160.00	7年	2.850%
10	99国债11	70.00	5年	3.320%
11	99国债12	292.00	3年	2.920%
12	99定向国债1	80.00	7年	2.750%
13	99定向国债2	40.00	5年	3.500%
	小计	2,217.60		
二、	99年国开行债			
1	99国开01	100.00	10年	4.945%
2	99国开02	100.00	10年	4.601%
3	99国开03	100.00	6个月	98.30元
4	99国开04	100.00	10年	3.081%
5	99国开05	60.00	6个月	98.78元
6	99国开06	100.00	3年	3.230%
7	99国开07	100.00	6个月	98.56元
8	99国开08	100.00	10年	3.381%
9	99国开09	40.00	6个月	98.57元
10	99国开10	80.00	2年	3.110%
11	99国开11	100.00	10年	3.345%
12	定向发行	100.00	7年	3.237%
13	99国开12	200.00	7年	3.237%
14	99国开13	150.00	10年	3.249%
15	定向建行	100.00	7年	3.273%
16	定向邮储	50.00	5年	5.580%
	小计	1,580.00		
三、	99年进出口行债			
1	99进出01	50.00	2年	3.780%
2	99进出02	30.00	2年	2.910%
3	99进出03	60.00	1年	2.910%
	小计	140.00		
	1999年合计	3,937.60		

起息日	到期日	备注
1999.02.26	2006.02.26	非定向协议，每年付息
1999.04.29	2009.04.29	非定向协议，每年付息
1999.06.18	2006.06.18	非定向协议，每年付息
1999.07.13	2002.07.13	非定向协议，每年付息
1999.08.20	2007.08.20	非定向协议，每年付息
1999.09.03	2009.09.03	定向协议，浮动利率，基本利差0.3%
1999.09.23	2001.09.23	非定向协议，每年付息
1999.10.25	2004.10.25	招标，每年付息
1999.11.10	2006.11.10	招标，浮动，基本利差0.6%
1999.11.25	2004.11.25	招标，每年付息
1999.12.17	2002.12.17	非定向协议，每年付息
1999.08.13	2006.08.13	向商业保险公司发行，不上市，利差0.5%
1999.10.25	2004.10.25	向社会保险发行，不上市
1999.03.20	2009.03.20	招标，浮动利率，基本利差1.165%
1999.05.09	2009.05.09	招标，浮动利率，基本利差0.821%
1999.05.24	1999.11.24	招标，到期日按百元面值兑付
1999.06.26	2009.06.26	招标，浮动利率，基本利差0.831%
1999.07.27	2000.01.27	招标，到期日按百元面值兑付
1999.09.06	2002.09.06	招标，记账式，每年付息
1999.10.08	2000.04.08	招标，贴现债，价格招标，多重中标
1999.10.19	2009.10.19	招标，浮动利率；基本利差1.131%
1999.10.28	2000.04.28	招标，贴现债，价格招标，多重中标
1999.11.09	2001.11.09	招标，按年付息，利率招标，统一利率
1999.11.22	2009.11.22	招标，按年付息，利差招标，利差1.095%
1999.11.23	2006.11.23	定向协议，按年付息，浮息债利差0.987%
1999.12.13	2006.12.13	招标，按年付息，数量招标，利差0.987%
2000.01.15	2010.01.15	招标，按年付息，浮息债，利差0.999%
1999.12.27	2006.12.27	定向协议，利差0.987%
1999.03.02	2004.03.02	定向协议，按年付息
1999.05.13	2001.05.13	招标，记账式，每年付息
1999.09.22	2001.09.22	招标，记账式，每年付息
1999.11.16	2000.11.16	招标，记账式，到期一次还本付息

注：浮动利率债券的利率均为第一年利率，即起息日人民银行公布的一年期定期储蓄利率加基本利差。

10.1999年全国银行间债券市场国债招标发行情况一览表

序号	简称	发行量（亿元）	期限	利率	起息日	到期日	备注
1	99国债9	150.00	5年	3.31%	1999.10.25	2001.10.25	招标，按年付息
2	99国债10	160.00	7年	2.85%	1999.11.10	2006.11.10	招标，浮动，利差0.6%
3	99国债11	70.00	5年	3.32%	1999.11.25	2004.11.25	招标，按年付息
	合 计	380.00					

11.1999年全国银行间债券市场国债协议发行情况一览表

序号	简称	发行量（亿元）	期限	利率	起息日	到期日	备注
1	99国债1	180.00	7年	4.88%	1999.02.26	2006.02.26	协议发行，按年付息
2	99国债2	160.00	10年	4.72%	1999.04.29	2009.04.29	协议发行，按年付息
3	99国债3	94.00	7年	3.20%	1999.06.18	2006.06.18	协议发行，按年付息
4	99国债4	200.00	3年	2.72%	1999.07.13	2002.07.13	协议发行，按年付息
5	99国债5	31.60	8年	3.28%	1999.08.20	2007.08.20	协议发行，按年付息
6	99国债7	160.00	2年	2.60%	1999.09.23	2001.09.23	协议发行，按年付息
7	99国债12	292.00	3年	2.29%	1999.12.17	2002.12.17	协议发行，按年付息
	合 计	1,117.60					

12.1999年全国银行间债券市场国债定向发行情况一览表

序号	简称	发行量（亿元）	期限	利率	起息日	到期日	备注
1	99国债6	600.00	10年	2.25%	1999.09.03	2009.09.03	定向，浮动，利差0.3%
2	99定向国债1期	80.00	7年	2.75%	1999.08.13		向商业保险公司发行，不上市，基本利差0.5%
3	99定向国债2期	40.00	5年	3.50%	1999.10.25		向社会保险发行，不上市，按年付息
	合 计	720.00					

13.1999年全国银行间债券市场金融债券发行情况一览表

序号	简称	发行量（亿元）	期限	利率（价格）	起息日	到期日	备注
1	99国开01	100.00	10年	4.954%	1999.03.20	2009.03.20	招标，利差1.165%
2	99国开02	100.00	10年	4.601%	1999.05.09	2009.05.09	招标，利差0.821%
3	99国开03	100.00	0.6年	98.30元	1999.05.24	1999.11.24	招标，按面值兑付
4	99国开04	100.00	10年	3.081%	1999.06.26	2009.06.26	招标，利差0.831%
5	99国开05	60.00	0.6年	98.78元	1999.07.27	2000.01.27	招标，按面值兑付
6	99国开06	100.00	3年	3.230%	1999.09.06	2002.09.06	招标，按年付息
7	99国开07	100.00	0.6年	98.56元	1999.10.08	2009.04.08	招标，按面值兑付
8	99国开08	100.00	10年	3.381%	1999.10.19	2009.10.19	招标，利差1.131%
9	99国开09	40.00	0.6年	98.57元	1999.04.28	2000.04.28	招标，按面值兑付
10	99国开10	80.00	2年	3.110%	1999.11.09	2001.11.09	招标，按年付息
11	99国开11	100.00	10年	3.345%	1999.11.22	2009.11.22	招标，利差1.095%
12	99国开12	200.00	7年	3.237%	1999.12.13	2006.12.13	招标，利差0.987%
13	99国开13	150.00	10年	3.249%	2000.01.15	2010.01.15	招标，利差0.999%
14	定向工行	100.00	7年	3.237%	1999.11.23	2006.11.23	定向，利差0.987%
15	定向建行	100.00	7年	3.237%	1999.12.27	2006.12.27	不上市 定向，利差0.987%，
16	定向邮储	50.00	5年	5.580%	1999.03.02	2004.03.02	定向，按年付息
17	99进出01	50.00	2年	3.780%	1999.05.13	2001.05.13	招标，按年付息
18	99进出02	30.00	2年	2.910%	1999.09.22	2001.09.22	招标，按年付息
19	99进出03	60.00	1年	2.910%	1999.11.16	2001.11.16	招标，到期还本付息
	合 计	1,720.00					

14.1999年全国银行间债券市场国家开发银行债券发行情况一览表

序号	简称	发行量（亿元）	期限	利率（价格）	起息日	到期日	备注
1	99国开01	100.00	10年	4.954%	1999.03.20	2009.03.20	招标，利差1.165%
2	99国开02	100.00	10年	4.601%	1999.05.09	2009.05.09	招标，利差0.821%
3	99国开03	100.00	0.6年	98.30元	1999.05.24	1999.11.24	招标，按面值兑付
4	99国开04	100.00	10年	3.081%	1999.06.26	2009.06.26	招标，利差0.831%
5	99国开05	60.00	0.6年	98.78元	1999.07.27	2000.01.27	招标，按面值兑付
6	99国开06	100.00	3年	3.230%	1999.09.06	2002.09.06	招标，按年付息
7	99国开07	100.00	0.6年	98.56元	1999.10.08	2009.04.08	招标，按面值兑付
8	99国开08	100.00	10年	3.381%	1999.10.19	2009.10.19	招标，利差1.131%
9	99国开09	40.00	0.6年	98.57元	1999.04.28	2000.04.28	招标，按面值兑付
10	99国开10	80.00	2年	3.110%	1999.11.09	2001.11.09	招标，按年付息
11	99国开11	100.00	10年	3.345%	1999.11.22	2009.11.22	招标，利差1.095%
12	99国开12	200.00	7年	3.237%	1999.12.13	2006.12.13	招标，利差0.987%
13	99国开13	150.00	10年	3.249%	2000.01.15	2010.01.15	招标，利差0.999%
14	定向工行	100.00	7年	3.237%	1999.11.23	2006.11.23	定向，利差0.987%
15	定向建行	100.00	7年	3.237%	1999.12.27	2006.12.27	不上市 定向，利差0.987%，
16	定向邮储	50.00	5年	5.580%	1999.03.02	2004.03.02	定向,按年付息
	合 计	1,580.00					

15.1999年全国银行间债券市场国家开发银行债券定向发行情况一览表

序号	简称	发行量（亿元）	期限	利率（价格）	起息日	到期日	备注
1	定向工行	100.00	7年	3.237%	1999.11.23	2006.11.23	定向，利差0.987%
2	定向建行	100.00	7年	3.237%	1999.12.27	2006.12.27	不上市 定向，利差0.987%，
3	定向邮储	50.00	5年	5.580%	1999.03.02	2004.03.02	定向，按年付息
	合 计	250.00					

16.1999年全国银行间债券市场国家开发银行债券招标发行情况一览表

序号	简称	发行量（亿元）	期限	利率（价格）	起息日	到期日	备注
1	99国开01	100.00	10年	4.954%	1999.03.20	2009.03.20	招标，利差1.165%
2	99国开02	100.00	10年	4.601%	1999.05.09	2009.05.09	招标，利差0.821%
3	99国开03	100.00	0.6年	98.30元	1999.05.24	1999.11.24	招标，按面值兑付
4	99国开04	100.00	10年	3.081%	1999.06.26	2009.06.26	招标，利差0.831%
5	99国开05	60.00	0.6年	98.78元	1999.07.27	2000.01.27	招标，按面值兑付
6	99国开06	100.00	3年	3.230%	1999.09.06	2002.09.06	招标，按年付息
7	99国开07	100.00	0.6年	98.56元	1999.10.08	2009.04.08	招标，按面值兑付
8	99国开08	100.00	10年	3.381%	1999.10.19	2009.10.19	招标，利差1.131%
9	99国开09	40.00	0.6年	98.57元	1999.04.28	2000.04.28	招标，按面值兑付
10	99国开10	80.00	2年	3.110%	1999.11.09	2001.11.09	招标，按年付息
11	99国开11	100.00	10年	3.345%	1999.11.22	2009.11.22	招标，利差1.095%
12	99国开12	200.00	7年	3.237%	1999.12.13	2006.12.13	招标，利差0.987%
13	99国开13	150.00	10年	3.249%	2000.01.15	2010.01.15	招标，利差0.999%
	合 计	1,330.00					

17.1999年全国银行间债券市场中国进出口银行债券发行情况一览表

序号	简称	发行量（亿元）	期限	利率（价格）	起息日	到期日	备注
1	99进出01	50.00	2年	3.780%	1999.05.13	2001.05.13	招标，按年付息
2	99进出02	30.00	2年	2.910%	1999.09.22	2001.09.22	招标，按年付息
3	99进出03	60.00	1年	2.910%	1999.11.16	2001.11.16	招标，到期还本付息
	合 计	140.00					

三、通过全国银行间债券市场发行债券情况统计

（二）图表类

1.1998－1999年全国银行间债券市场债券发行方式比较图

1998年全国银行间债券市场债券发行方式比较图

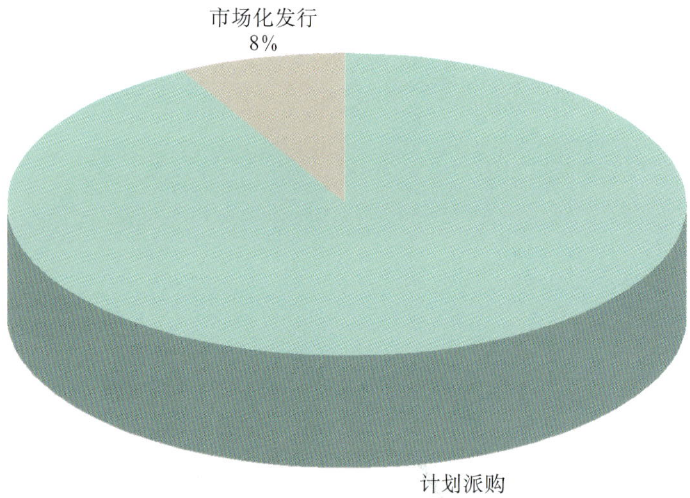

1999年全国银行间债券市场
债券发行方式比较图

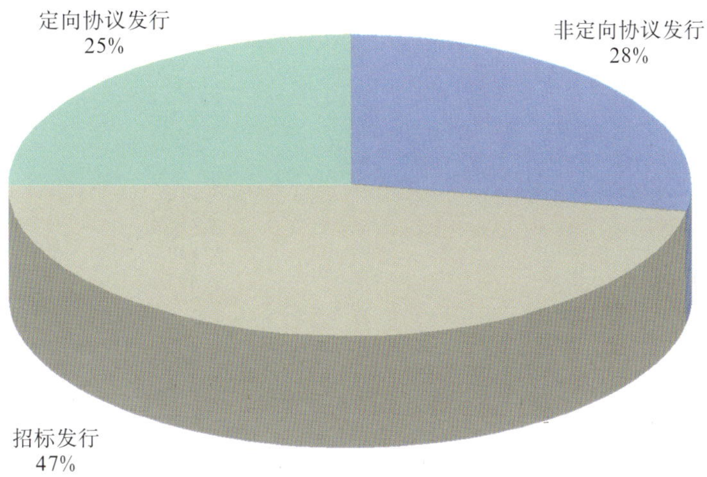

2.1999年全国银行间债券市场
财政部债券发行方式比较图

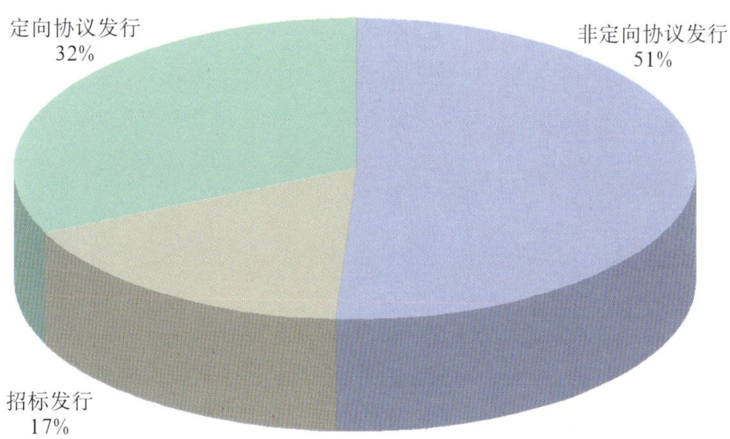

3.1999年全国银行间债券市场
国家开发银行债券发行方式比较图

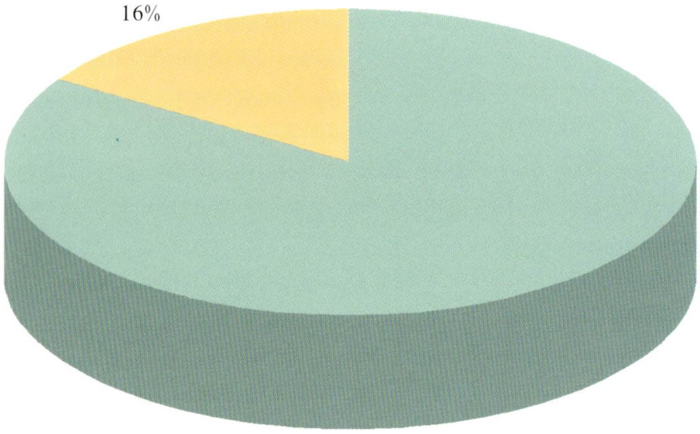

4.1999年全国银行间债券市场
中国进出口银行债券发行方式比较图

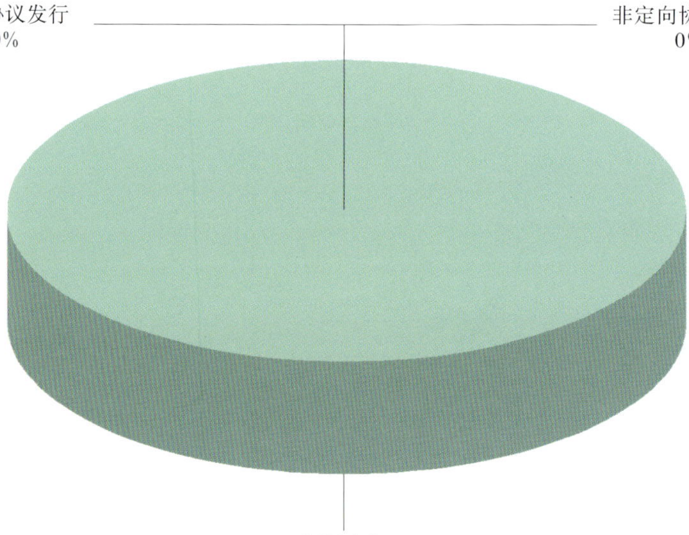

5.1998年全国银行间债券市场
国债、政策性金融债发行量比较图

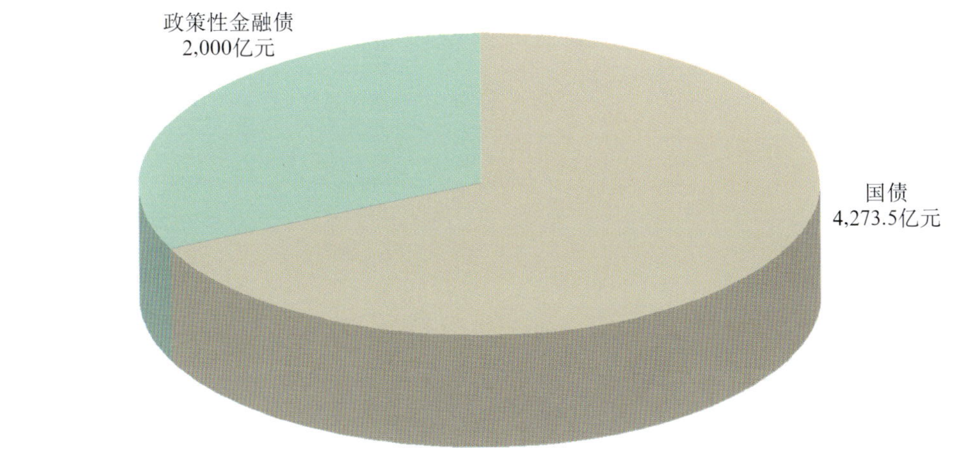

6.1999年全国银行间债券市场
债券发行量比例图

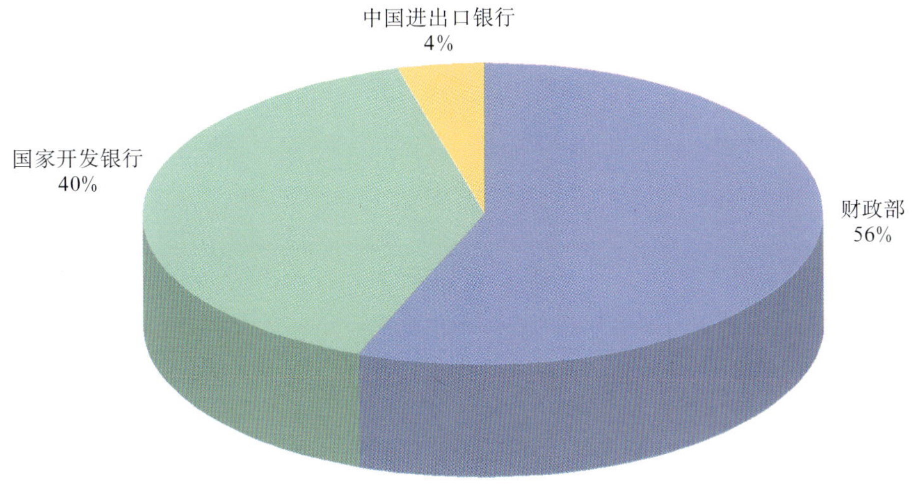

7.1999年全国银行间债券市场债券发行量柱状图

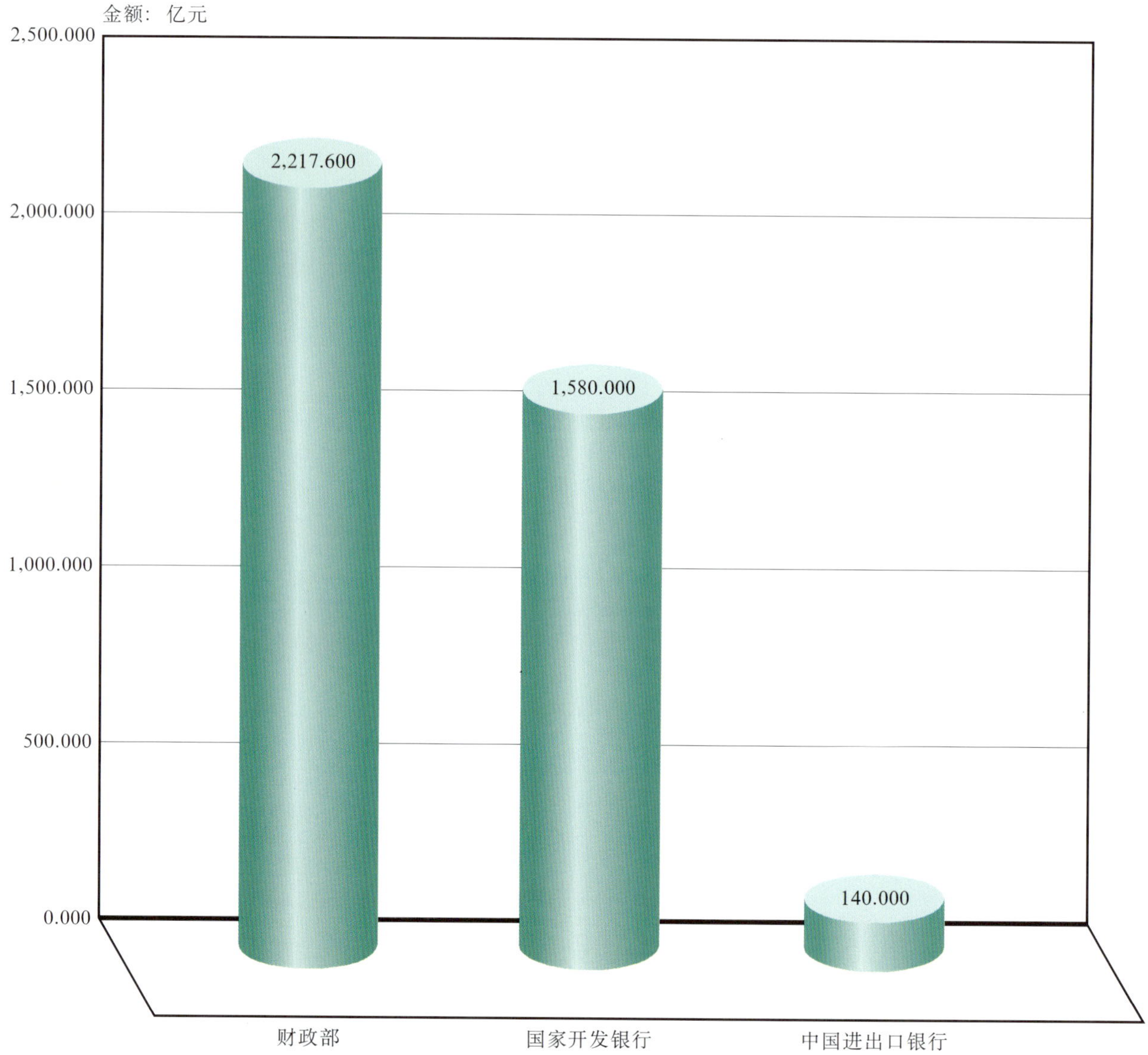

8.1999年全国银行间债券市场短期、中期和长期债券发行量柱状图

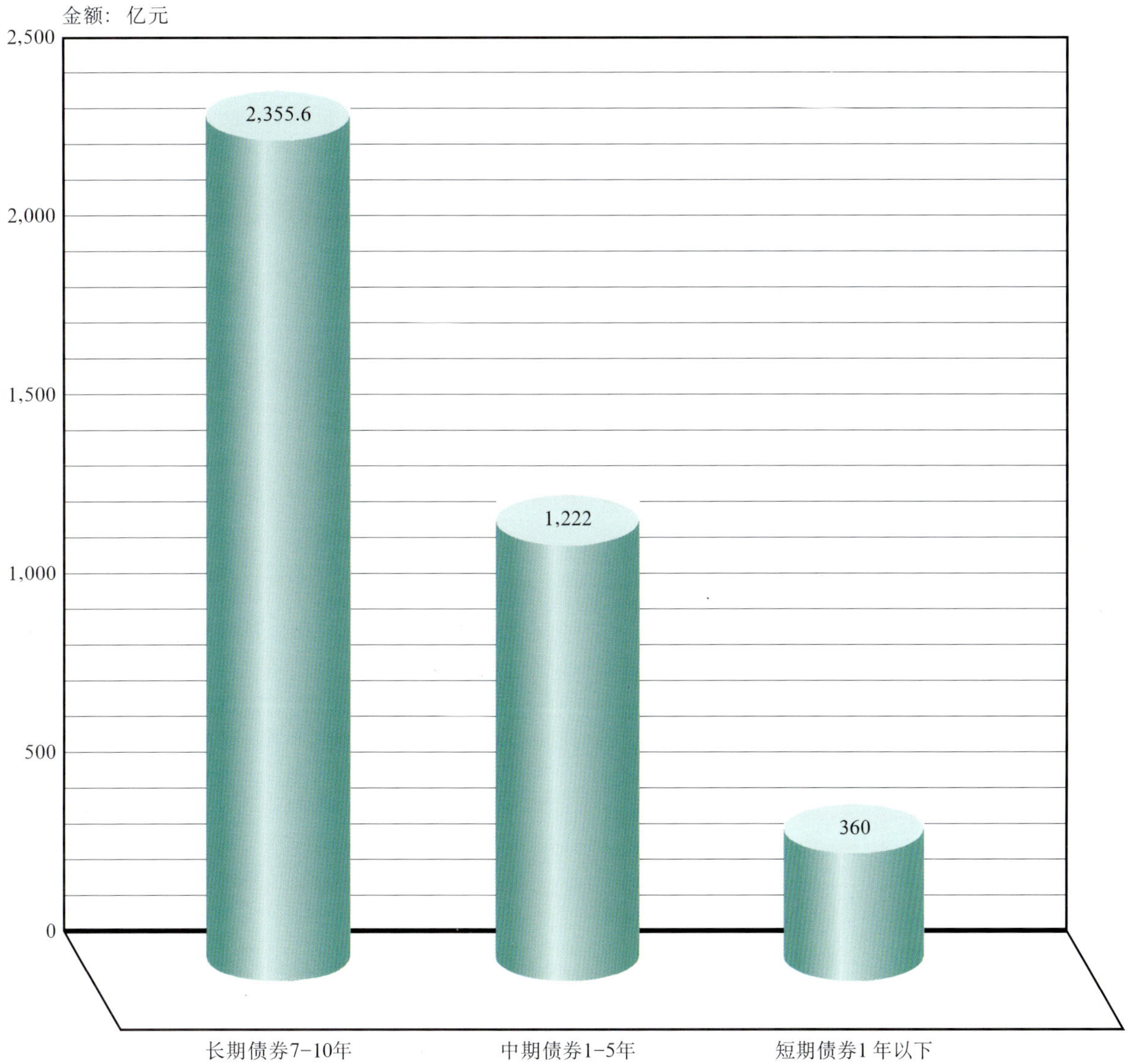

9.1998－1999年全国银行间债券市场国债市场化发行利率表

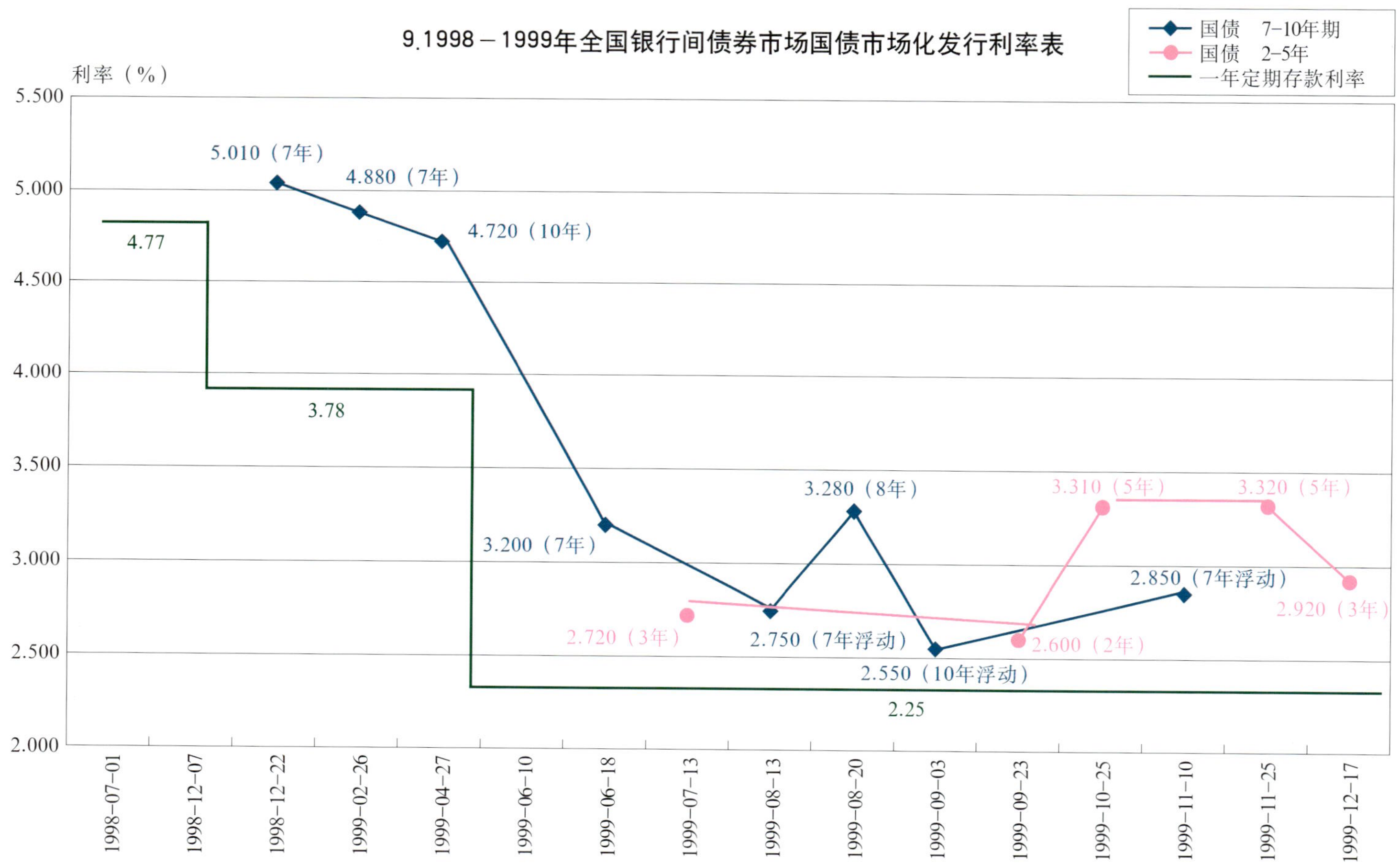

注：浮动利率债券的利率为第一年利率，即起息日中国人民银行公布的一年期定期储蓄利率＋基本利差。